DROEMER ✪

JÜRGEN TRITTIN

ALLES MUSS ANDERS BLEIBEN

EINE POLITISCHE AUTOBIOGRAFIE

Besuchen Sie uns im Internet:
www.droemer-knaur.de

Originalausgabe September 2024
© 2024 Droemer Verlag
Ein Imprint der Verlagsgruppe Droemer Knaur GmbH & Co. KG, München
Alle Rechte vorbehalten. Das Werk darf – auch teilweise – nur mit
Genehmigung des Verlags wiedergegeben werden.
Die Nutzung unserer Werke für Text- und Data-Mining im Sinne
von § 44b UrhG behalten wir uns explizit vor.
Unter Mitarbeit von Stefan Reinecke
Redaktion: Ulrich Wank
Covergestaltung: Büro Jorge Schmidt
Coverabbildung: © Laurence Chaperon
Satz und Layout: Adobe InDesign im Verlag
Druck und Bindung: GGP Media GmbH, Pößneck
ISBN 978-3-426-44913-4

2 4 5 3 1

INHALT

»ES LIEGT EIN GRAUSCHLEIER ÜBER DER STADT«: ÖKOLOGIE

155

EIN BISSCHEN FRIEDEN: INTERNATIONALES
257

ALLES MUSS ANDERS BLEIBEN
365

DANKE   377

BILDNACHWEIS   381

»ICH HASSE UNGERECHTIGKEITEN«

»Wieso Clint Eastwood?«, wurde ich gelegentlich von Besucherinnen oder Besuchern in meinem Büro im Bundestag gefragt. In der Tat hing da ein Schwarz-Weiß-Porträt des Schauspielers. Es war der limitierte Druck eines Fotos, das der große Regisseur Sergio Leone gemacht hat – ein Geschenk meiner Frau Angelika.

Eastwood war nicht nur »Dirty Harry«. Er ist Republikaner und war zwei Jahre Bürgermeister von Carmel in Kalifornien. Auf dem Republikaner-Parteitag 2012 legte er einen peinlichen Auftritt hin, als er mit einem leeren Stuhl ein Streitgespräch mit Barack Obama simulierte. Er wollte dessen Wiederwahl verhindern. Alles keine guten Gründe, im Büro eines Grünen zu hängen. Auch sein Engagement gegen den Ausbau der State Road 241 in Kalifornien ist kein starkes Argument.

Der Grund ist Joe. »Joe, der Fremde« ist der Held in Leones Film »Für eine Handvoll Dollar« aus dem Jahr 1964. Er war der Auftakt von Leones »Dollar«-Trilogie, mit dem dieser das Genre des Italowestern begründete. Dafür transferierte er den Samuraifilm »Yojimbo – Der Leibwächter« von Akira Kurosawa in den Westen – inszeniert zur Musik von Ennio Morricone.

Joe ist ein Killer, der von seinem Auftraggeber betrogen wurde. Um an sein Geld zu kommen, spielt er seinen Auftraggeber und dessen Kontrahenten gegeneinander aus. In diesem Spiel wird er zum Helden – ein Held aus Eigennutz.

Diesen Film haben wir später in den 1970er-Jahren noch unzählige Male gesehen, oft in Nachtvorstellungen, in denen geraucht werden durfte und Bier getrunken. In unserer Lieblingsszene sprachen wir laut den Text mit: In ihr lässt Eastwood einen Mexikaner frei, den eine der Banden eingeknastet hatte. Die Frau dieses Mexikaners fragt ihn:»Warum tun Sie das?« Joe nimmt den Zigarillo aus dem Mund, blickt in die Ferne und sagt:»Ich hasse Ungerechtigkeiten.« Die Szene hat ihren speziell deutschen Charme. Der Western wurde in Almería und Rom gedreht. Die Mexikaner wurden von Deutschen gespielt – heute kaum denkbar. Den befreiten Mann gab Sieghardt Rupp, später als Zollfahnder Kressin im»Tatort« aktiv. Die Frau des Mexikaners spielte Marianne Koch, damals mit Robert Lembke bei»Was bin ich?« eine Ikone öffentlich-rechtlicher Fernsehunterhaltung.

Doch Joe entkommt seiner Bestimmung nicht. Um an sein Geld zu gelangen, befreit er das Dorf von den beiden Gangsterbanden, die es terrorisieren. Einige Dorfbewohner, voran der Bestatter, hatten das früh erkannt und ihm geholfen.

Es war nicht das egoistische Motiv, das die Ungerechtigkeit beseitigte, sondern das Handeln. Das Handeln beendete die Struktur von Herrschaft. Dass es nicht die Motive, sondern die Handlungen sind, die Strukturen von Gesellschaft verändern, verbindet die Italowestern von Sergio Leone mit der 68er-Bewegung. Da gibt es den desillusionierten ehemaligen IRA-Kämpfer Seán»John« Mallory, gespielt von James Coburn, im 1971 gedrehten Film»Todesmelodie«. Der Sprengstoffspezialist will eine Bank ausrauben und befreit mit dem Anschlag die dort inhaftierten Revolutionäre – ohne an sein Geld zu kommen. Der desillusionierte Freiheitskämpfer, in Irland gescheitert, wird zum Helden der mexikanischen Revolution.

In diesen Filmen gibt es nicht Schwarz und Weiß. Es gibt mindestens, wie in»Zwei glorreiche Halunken«, den Blonden, den Hässlichen und den Bösen. Und jeder bekommt von Ennio Morricone seine eigene Melodie. Der 1966 gedrehte Film endet nicht wie »12 Uhr Mittags« mit einem Duell Gut gegen Böse in der Dorfmitte. Er endet in einem Triell auf einem Friedhof. Der Blonde und der Hässliche überleben. Was den deutschen Verleih möglicherweise verführt hat, den schönen italienischen Titeldreiklang»Il buono, il brutto, il cattivo« nicht zu übernehmen.

Wir sehen hier Helden wider Willen – und ungerechte Machtstrukturen. Wir sehen, dass das Handeln der Menschen und was sie gesellschaftlich bewirken, sehr verschiedene Dinge sein können. Menschen handeln nicht autonom, sie agieren in gesellschaftlichen Verhältnissen. Die ironisch zersplitterte Revolutionsromantik und die Doppelbödigkeit dieser Filme erscheinen mir klüger und wahrheitsgetreuer zu sein als der Wunsch, einfach auf der Seite der Guten stehen zu wollen.

Der Soziologe Max Weber hat den Unterschied zwischen »Wollen« und »Tun« auf die Begriffe »Gesinnungsethik« und »Verantwortungsethik« zugespitzt. In »Politik als Beruf« (München 1919) schreibt er: Dem Gesinnungsethiker reiche es, »dass die Flamme der reinen Gesinnung, die Flamme z. B. des Protestes gegen die Ungerechtigkeit der sozialen Ordnung, nicht erlischt«. Der Verantwortungsethiker dagegen setzt nicht einfach auf die »Guten«, hofft nicht auf Helden. Er rechnet mit der Fehlbarkeit des Menschen, und deshalb wälzt er auch die Verantwortung für die Folgen seines Handelns nicht ab.

Leone hat bewusst auf ein publikumswirksames Genre – den Western – zurückgegriffen und es neu begründet. Es wollte mit seinen Botschaften viele Menschen erreichen. Das war stilbildend auch für viele Regisseure des »Neuen Deutschen Films« der 1970er-Jahre. Hans W. Geissendörfer inszenierte 1971 Schillers »Don Carlos« in Israel als Western. Volker Vogeler erfand mit »Jaider – der einsame Jäger« den Heimatfilm neu. Beide Male spielte Gottfried John die Hauptrolle.

In diesen Filmen wurden Menschen gezeigt, die unter den Verhältnissen leiden, dagegen rebellieren – und an ihnen auch scheitern. Das Handeln von Personen kann partielle Veränderung erzeugen – aber die Veränderung von *Strukturen* ist die eigentliche Herausforderung. Sie hängt nicht allein vom Willen, vom Motiv ab, sondern von den gesellschaftlichen Verhältnissen. Die Idee »Wenn wir alle Leute überzeugen, dann funktioniert das neue System« ist naiv.

Um Strukturen zu verändern, bedarf es gesellschaftlicher Macht. Strukturen aber müssen verändert werden, soll Veränderung Bestand haben. Wir müssen uns also einer umfassenden Transformation stellen.

Die verschärfte Klimakrise lässt Kanada und Rhodos brennen, überflutet Slowenien wie Libyen. Weltweit erleben wir eine Renaissance rechter und faschistischer Bewegungen. Sie predigen Rassismus. Sie führen einen Kulturkampf gegen Frauen. Sie verharmlosen, ja leugnen die Klimakrise. Auf dem afrikanischen Kontinent war der Krieg nie verschwunden, nach Europa hat Russland den Eroberungskrieg zurückgebracht – nach Jahrzehnten der Sicherheit und des Friedens. In der multipolar gewordenen Weltordnung wachsen systemische Rivalitäten und verschärft sich der Wettbewerb.

Konflikte um Einflusssphären, Energiesicherheit und Verteilungsgerechtigkeit stellen das Gesellschaftsmodell des europäischen demokratischen Kapitalismus vor existenzielle Fragen. Europas Wohlstandsversprechen, mit dem meine Generation aufwuchs, und die nach 1990 sicher geglaubte Friedensdividende erscheinen gefährdet. Zwischen Demokratie und Autokratie gibt es keine Chinesische Mauer, nicht in Ungarn, nicht in Indien, und sogar in den USA fehlt sie.

Diese existenziellen Konflikte haben die erste Ampelkoalition auf Bundesebene in Deutschland mit voller Wucht getroffen. Die »Fortschrittskoalition« von SPD, Grünen und FDP musste parallel zu grundlegenden Veränderungen akute Reparaturarbeiten erledigen. Was medial als Widerspruch zwischen Idealen und Realpolitik erscheint, ist im Kern ein Konflikt zwischen überfälligem Strukturwandel und kurzfristiger Schadenbegrenzung. Das verunsichert die Menschen und stellt Handelnde vor »ethische Paradoxien« (Max Weber). Um diese Widersprüche und Dilemmata zu leben und zu lösen – dafür braucht es eine wertegeleitete Realpolitik.

»Alles muss anders bleiben« ist der Gegenentwurf zu dem Gedanken »Wann wird es endlich wieder so, wie es nie war«, um Joachim Meyerhoff zu zitieren. Wir müssen verändern, damit wir eine menschliche Gesellschaft bleiben.

Veränderung stößt auf Widerstand. Ob es gelingt, strukturkonservative Haltungen aufzubrechen, ist eine Frage gesellschaftlicher

Hegemonie, auch und gerade kultureller Hegemonie. Nach 25 Jahren im Bundestag und 40 Jahren Politik als Beruf werfe ich einen Blick auf den Ursprung meines politischen Engagements. Anders als in manchen anderen Autobiografien ist dieses Buch deshalb nicht strikt chronologisch, sondern nach Themen gegliedert.

Deshalb beginnt »Alles muss anders bleiben« mit Kultur. Kultur prägt ein gesellschaftliches Klima, Kultur ist politisch. Sei es Film, Theater oder Oper.

Wobei ich die Oper lieber als Film erlebte. Etwa in Sergio Leones »Spiel mir das Lied vom Tod« (»C'era una volta il West«) von 1968. Eine Oper als Western. Eingeführt wird die Heldin Jill McBain (Claudia Cardinale) mit einer grandiosen Kamerafahrt zu »ihrer« Melodie von Ennio Morricone. Die Grundbotschaft des Films lautet: Der amerikanische Kapitalismus beruht auf Gangstertum und der Legalisierung von Landraub. Amerika entstand aus Gewalt. Zivilgesellschaft aber brachten nicht die Rächer (Charles Bronson), weder gute Gangster (Jason Robards) noch fiese Gangster (Henry Fonda). Denn die sterben oder müssen weiterziehen, rastlos, einsam. Aus Leones Sicht geschah der Aufbau der amerikanischen Zivilgesellschaft durch selbstbewusste Frauen.

Kultur ist Politik – das gilt allemal für die Kultur, die ich in meiner Jugend entdecken durfte.

Ich bin Bremer – geboren im Bremer Norden, in Vegesack. In Bremen hatte ich Anfang der 1970er-Jahre das Vergnügen, mein Theaterleben in der Ära des Intendanten Kurt Hübner zu beginnen. Hübner hatte Bremen schon seit den 1960er-Jahren zu einem national viel beachteten Ort für Experimente jenseits der üblichen Stadttheater-Routine gemacht. Hier gab es eine völlig neue Sicht auf Shakespeare und andere Klassiker.

Der Theaterkritiker der *Frankfurter Allgemeinen Zeitung*, Günther Rühle, schrieb später über diese Zeit, in Bremen sei in den späten Sechzigern und frühen Siebzigern »das Zentrum szenischer Arbeit« in deutschen Theatern zu besichtigen gewesen. Mit Hübner in der Mitte, daneben der Bühnenbildner Wilfried Minks und Regisseure wie Peter Zadek, Ballett-Revolutionäre wie Johann Kresnik. Bremer Theater, das war, schrieb Rühle, »die Mischung von Intellekt und Vergnügen«. Und: »Das Stadttheater wurde hier auf eine fast für unmöglich gehaltene Weise produktiv gemacht.«

Das war in Bremen nicht unumstritten. Empörte Bürger kündigten ihr Theaterabonnement – dafür strömten junge Menschen ins Theater, nicht im Smoking, sondern im (original US-)Parka. Das Bremer Theater entstand nicht im luftleeren Raum. Es hatte den Mut, die gesellschaftlichen und politischen Konflikte seiner Zeit zu spiegeln, zu reflektieren, zu hinterfragen. Das Bremer Theater war nicht denkbar ohne die Kämpfe der 68er-Bewegung.

Was als Botschaft von Benno Ohnesorgs Tod aus Berlin nach Bremen herüberwehte, der Kampf gegen Axel-Springer und *Bild* war das eine. Das andere waren die Aktionen in Bremen selbst. Bremen hatte damals noch keine Universität, aber eine aktive Schülerbewegung. Die kämpfte mit Sitzblockaden gegen Fahrpreiserhöhungen bei der Bremer Straßenbahn. Sie stand an einer Seite mit den Gewerkschaften gegen die Notstandsgesetze der Großen Koalition. Wir Schüler demonstrierten gegen die erstarkte NPD des Adolf von Thadden. Immer wieder protestierten Tausende von uns gegen den verbrecherischen Krieg der USA in Vietnam.

Es war noch keine neue kulturelle Hegemonie, die diese Bewegung errungen hatte. Aber es war ein Aufbruch gegen die bleierne Nachkriegskultur der 1950er-Jahre. Laut und kantig.

Diese Atmosphäre prägte das Bremer Theater unter Hübner – gerade in seinem Zugriff auf klassische Stücke. Seitdem bin ich ein großer Verehrer von William Shakespeare. Aus seinen »Rosenkriegen« kann mensch viel über Politik lernen, insbesondere wenn man sie so inszeniert wie Johann Kresnik 1999 »Richard III« in der Volksbühne Berlin.

Doch Hübner beschränkte sich in Bremen nicht auf die Politisierung und Aktualisierung klassischer Stücke. Er holte Ende der 1960er-Jahre einen Regisseur aus München, der dort sein eigenes Off-Theater hatte. Er hatte es »antiteater« genannt. Der junge Regisseur, damals 25 Jahre alt, war 1970 noch ein Geheimtipp: Rainer Werner Fassbinder.

Fassbinder inszenierte in der Bremer Experimentalbühne Concordia im Januar 1971 die Aufführung von Marieluise Fleißers Stück

»Pioniere in Ingolstadt«. Es war in der Weimarer Republik uraufgeführt und in der NS-Zeit natürlich verboten gewesen.

Fassbinder wählte eine besondere Inszenierung. Im Concordia gab es keine Bühne. Die Zuschauer saßen im Bühnenbild – das Stück spielte neben, vor und hinter ihnen. Die Wucht der Inszenierung wurde durch keinen Orchestergraben vom Publikum ferngehalten – es wurde selbst zum Gegenstand des Stücks.

Günter Rühle nannte »›Pioniere in Ingolstadt‹ ein Stück über die Ausweglosigkeit der kleinen Leute«. Es zeigt die Beziehung des Dienstmädchens Berta zu dem Soldaten Karl. Es geht um Demütigungen, Machtverhältnisse zwischen Männern und Frauen wie unter den Soldaten, um menschliche Rohheit, um sexuelle Belästigung und Gewalt. Das Stück zeigt, wie Stärkere mit Schwächeren umspringen, wie ein Feldwebel seine Minderwertigkeitskomplexe verarbeitet, indem er Soldaten schikaniert. Es zeigt, wie das Militär Menschen entzivilisiert, ja verroht. Fassbinder ließ die Soldaten das in Kampfanzügen der Bundeswehr spielen.

Schon das Thema war ein Skandal. Verdichtet wurde es durch die Inszenierung. Wir Zuschauer konnten uns der Rohheit, der Gewalt, die unmittelbar neben uns stattfand, nicht entziehen. Es war beklemmend.

Fassbinder zeigte, dass Schauspielerei harte Arbeit ist. Er spielte selbst mit, und in allen Spielpausen saß er neben mir, Schulter an Schulter – und roch nach Schweiß. »Pioniere in Ingolstadt« war in der Tat Anti-Theater, wenn man Fassbinder mit dem Theater seines Landsmannes Bertolt Brecht verglich.

Für mich war das eine große Entdeckung. Ich hatte selbst im Schultheater gespielt. In »Kai aus der Kiste« gab ich den Kai. In der »Roten Zora« den Branco. Im »Das Gespenst von Canterville« den jugendlichen Liebhaber. Später versuchten wir, den »Dra-Dra« von Wolf Biermann aufzuführen. Ein Stück über den Missbrauch von Revolutionen. In ihm sollte ich den »Gou-Gou«, den Gouverneur, den Gegner des Befreiers Hans Folk, spielen.

Im Bremer Theater erlebte ich als Zuschauer nun, dass die Themen der Zeit auf der Bühne abgehandelt wurden. Dazu war ich gekommen, weil ich die Leitung der Theatergruppe Jugendfreizeitheim Sattelhof in Blumenthal übernommen hatte. Wir bekamen über die Bremer Volksbühne günstig Karten für beste Plätze im Bremer Theater. Die Volksbühne war eine Besucherorganisation mit zeitweilig 12 000 Mitgliedern, die über günstige Preise alle Menschen an der Kultur des Theaters teilhaben lassen wollte.

Im Bremer Theater wurde nicht nur der Zustand der Welt verhandelt. Es war auch Bühne eines Kulturkonflikts zwischen zwei Generationen. Meine Eltern gingen auch regelmäßig ins Theater. Mein Vater war Prokurist, meine Mutter Hausfrau und Angestellte. Sie hatten sich ihre soziale Stellung in Nachkriegsdeutschland erarbeitet. Er mit Volksschulabschluss und Lehre, sie mit der Höheren Handelsschule.

Für beide war die Bundesrepublik mehr als nur ein Wirtschaftswunderland mit Eigenheim. Sie wollten am kulturellen Leben teilhaben. Deshalb lasen sie neben dem örtlichen *Weser-Kurier* das evangelische *Deutsche Allgemeine Sonntagsblatt* und die *Welt am Sonntag*. *Zeit* und *Spiegel* mochten sie nicht. Sie gingen regelmäßig ins Theater und hatten ein Premierenabonnement.

Dort sahen sie dann nicht nur Edith Clever und Jutta Lampe mit Bruno Ganz in neuen ungewohnten Inszenierungen. Sie fanden es unterhaltsam, wie Wilhelm Wieben, der Tagesschausprecher, als »Tunte« in einer Inszenierung von Shakespeares »Troilus und Cressida« auftrat. Sie konnten damit leben, dass sie im Theater auf ihren Sohn in seiner rosa Cordhose und seinen Wildlederstiefeln stießen, der – trotz billiger Karten – weiter vorne saß.

Doch sie mussten sich auch Stücke ansehen wie »Das brennende Dorf«. Ein Stück von Lope de Vega aus dem Spanien des 17. Jahrhunderts. Im Original solidarisiert sich ein Dorf gegen den örtlichen Tyrannen und tötet ihn. Der spanische König will das Dorf deswegen bestrafen, begnadigt aber die Einwohner, weil sich alle gemeinsam solidarisch schuldig an der Tötung bekennen.

Fassbinder machte daraus etwas anderes. Er provozierte und scheute dabei vor Rohheiten nicht zurück. Vor allem das Ende war konträr. Der spanische König will in Fassbinders Fassung das ganze Dorf hinrichten lassen – die Dorfbewohner aber verspeisen das Königspaar und den Hofstaat bei lebendigem Leib. Am Ende steht bei

Fassbinder nicht die Versöhnung von Herrschern und Beherrschten, sondern der gewaltsame Umsturz.

Die Hälfte des Premierenpublikums verließ während des Stücks den Saal. Viele störten sich an der politischen Botschaft. Wir Jüngeren standen am Ende von »Das brennende Dorf« auf und applaudierten und trommelten vor Begeisterung mit den Füßen auf den Boden. Warum? Gerade wegen dieses brutalen Finales. Denn Fassbinder hatte das in dem beeindruckenden Bühnenbild von Minks so inszeniert, dass allen klar war, was mit dem brennenden Dorf gemeint war: My Lai.

Im vietnamesischen My Lai hatte 1968 eine Einheit der US Army unter Leutnant William Calley 500 Menschen, darunter zweijährige Kinder, ermordet und Frauen vergewaltigt. Als einziger Täter wurde Calley verurteilt. Er erhielt lebenslänglich, durfte die Strafe im Hausarrest absitzen und wurde nach vier Jahren von Präsident Richard Nixon begnadigt. My Lai wurde zum Symbol des verbrecherischen Krieges der übermächtigen USA gegen das kleine Vietnam und der Straflosigkeit seiner Kriegsverbrechen.

Es war Zufall, dass meine Eltern und ich gemeinsam diese Aufführungen sahen. Die Karten hatten wir getrennt besorgt. Meine Eltern wählten regelmäßig CDU. Ich rechnete es ihnen hoch an, dass sie sich das Stück bis zum Schluss ansahen – anders als die marodierende Hälfte des Premierenpublikums. Sie hielten eine andere Meinung aus.

Stellvertretend für die Gesellschaft wurde auf der Bühne des Bremer Theaters der zentrale politische Konflikt der Zeit gespiegelt und im Publikum zwischen den Generationen ausgetragen.

Der durch kein Recht gedeckte Vietnamkrieg politisierte meine Generation. Er sensibilisierte uns für viele andere, große und kleine Ungerechtigkeiten und Missstände in der Bundesrepublik Deutschland 20 Jahre nach dem Ende des Zweiten Weltkriegs. Plötzlich stand vieles auf dem Prüfstand.

Warum haben so wenige Menschen Zugang zu besserer Bildung? Wieso sind Bus und Bahn so teuer? Sind Noten nicht Leistungsterror? Beenden die Notstandsgesetze die Demokratie? Kommen mit der NPD die Nazis zurück? Was ist wirklich während des Dritten

Reichs geschehen? Was haben unsere Eltern gewusst? Wieso muss unsere Schule nach einem Kolonialherrn benannt sein?

Das waren Fragen, die wir Schülerinnen und Schüler an meiner Schule, dem Gerhard-Rohlfs-Gymnasium in Bremen-Vegesack, unseren Lehrern, unseren Eltern und zunehmend auch öffentlich stellten.

Wir begannen, Ungerechtigkeiten zu hassen – und in Theater und Film wurde darüber erzählend reflektiert, fand Widerhall und Widerspruch, schuf Öffentlichkeit.

Deshalb beginnt dieses Buch mit »Ich hasse Ungerechtigkeiten« und dem Bild Clint Eastwoods. Der hat übrigens im Alter zur Rolle des Joe zurückgefunden und dabei selbst Regie geführt: In »Gran Torino« spielt er einen alten, weißen Mann, ehemaliger Automobilarbeiter. Walt Kowalski ist nach dem Tod seiner Frau einsam. Er hadert mit seinem heruntergekommenen Viertel und verachtet seine migrantischen Nachbarn. Er ist ein Rassist. Aber er kümmert sich um zwei Hmong-Geschwister. Am Ende opfert er sich, um den beiden Geschwistern eine Zukunft frei vom Terror der Straßengangs zu geben.

»Alles muss anders bleiben« wirft einen Blick auf Ungerechtigkeiten. Auf die Ungerechtigkeit des Ausschlusses von Menschen aus der Demokratie. Auf die Ungerechtigkeit globaler und nationaler Reichtumsverteilung. Auf die Ungerechtigkeit und das Leid von Kriegen. Auf die Ungerechtigkeit der Klimakrise, die die am meisten trifft, die am wenigsten dazu beigetragen haben.

Deshalb das Bild Clint Eastwoods in meinem Büro. Dort hing auch in Wandgröße das Foto eines Ostberliner Straßenzugs mit der Aufschrift: »Freiheit – Eingang C«. Sowie ein Bild mit mir beim Parteitag, der den Atomausstieg beschloss.

So beschreiben diese Bilder auch den Bogen meines politischen Lebens.

»JUGEND OHNE GOTT GEGEN FASCHISMUS«: DEMOKRATIE

◀ Am Rednerpult im Bundestag, 9. Juli 2011.

Von Braunschweig nach Bangalore

Im Frühherbst 2023 saß ich zusammen mit meiner Bundestagskollegin Schahina Gambir auf der Dachterrasse einer Micro-Brewery in Bangalore. Nach mehreren Tagen politischer Gespräche in Neu-Delhi wollten wir deutsche Unternehmen in Bangalore besuchen und uns ein Bild von der Zivilgesellschaft in Indien machen. Nach traditioneller indischer Küche genossen wir nun scharf gewürzte Pizza und probierten das hauseigene Bier.

Mitten im Gespräch erzählte Schahina, dass sie im Alter von zwei Jahren mit vielen anderen Flüchtlingen in Braunschweig in einem Flüchtlingsheim gewesen sei. Ob ich die Unterkunft kennen würde? Schahina ist 1991 in Kabul geboren. Ihre Eltern flohen mit den Kindern aus Afghanistan. Eigentlich wollten sie in die USA. Das hat nicht funktioniert. Schließlich landeten sie in Deutschland. Die Familie wurde dem Land Niedersachsen zugewiesen und musste zunächst in eine »Zentrale Aufnahmestelle« – in diesem Fall in die ZASt Braunschweig.

Da saß die Zweijährige unter lauter Fremden vom Balkan, aus Vietnam, aus Afrika. Sie konnte Hindi, Kandhari (den Dialekt ihrer Eltern) und ein bisschen Farsi, aber kein Wort Deutsch. Schahina lebte mit ihrer Familie in einer schrecklichen Umgebung. Es war für sie ein Fremdheitsschock, der sie zutiefst verunsichert haben muss.

Die ZASt kannte ich nicht nur. Ich hatte sie als niedersächsischer Flüchtlingsminister errichten lassen und selbst eingeweiht. Die ZASt Braunschweig war nach Friedland und dem Kloster Blankenburg die dritte, die die rot-grüne Regierung Anfang der 90er-Jahre in Niedersachsen eröffnete. Die Anlaufstellen dienten der Erstaufnahme, von dort sollten die Menschen schnell in die ihnen zugewiesenen Ortschaften verteilt werden.

Schahinas Familie kam von Braunschweig in ein Flüchtlingsheim im Landkreis Schaumburg. Dort spielte sie mit einer Sozialarbeiterin Memory. Sie hat das Spiel dann behalten dürfen. Mit dem Memory begann sie, Deutsch zu lernen. Sie war die Erste in der Familie, die Deutsch konnte. 2010 machte sie Abitur in Stadthagen und eine Ausbildung zur Veranstaltungskauffrau. Nach der Arbeit in der Tourismusbranche studierte sie Politik und Wirtschaftswissenschaften, in Bielefeld machte sie ihren Bachelor.

Anfangs aktiv in der Grünen Jugend, war Shahina dann zwei Jahre Vorsitzende des Kreisverbandes Bielefeld. Seit 2021 vertritt sie den Wahlkreis Minden-Lübbecke; sie ist über die Landesliste Nordrhein-Westfalen in den Bundestag eingezogen. Heute ist sie ordentliches Mitglied im Familienausschuss und im Auswärtigen Ausschuss, stellvertretendes Mitglied im Innenausschuss. Im Auswärtigen Ausschuss ist sie Berichterstatterin für Südasien. Viel Arbeit investiert sie in die Enquete-Kommission »Lehren aus Afghanistan«, die den gescheiterten 20-jährigen Einsatz der Bundeswehr untersucht. Während der Arbeit im Bundestag hat sie schließlich ihren Masterabschluss in Gender Studies abgeschlossen.

Da saßen wir in Bangalore. Zwei grüne Bundestagsabgeordnete. Die junge Frau, die unter unendlich schwierigen Bedingungen hier gestartet ist und mit 32 schon eine beachtliche Karriere gemacht hat. Und der alte Kämpe, der auf 40 Jahre Landtag und Bundestag zurückblicken konnte. Gemeinsam machten wir nun grüne Außenpolitik. Ich hatte in dem Gespräch ein schlechtes Gewissen. Ich wusste zu gut, wie die Zustände in solchen Massenunterkünften wie der ZASt Braunschweig waren. Ich stellte mir die zweijährige Schahina darin vor. Gemildert wurde meine Trauer durch den Gedanken an die Sozialarbeiterin mit dem Memory.

Sozialarbeitende waren Anfang der 1990er-Jahre meine Antwort auf ein Dilemma gewesen. Weil das Land Niedersachsen mangels Wohnraum Flüchtlinge nicht dezentral in Wohnungen unterbringen konnte, musste ich als zuständiger Minister im ganzen Land (private) Flüchtlingswohnheime anmieten und betreiben lassen. Damit dort nicht zulasten der Flüchtlinge gespart wurde, mussten die Betreiber pro 75 Flüchtlingen eine Sozialarbeitende zu Tarifbedingungen beschäftigen. Ich sorgte auch für eine Vernetzung der Sozialarbeitenden – so hatten wir ein gut funktionierendes Kontrollsystem vor Ort, um Auswüchse durch die privaten Betreiber der Heime zu mindern.

Dass nun eine dieser Sozialarbeiterinnen den Ankommensprozess von Schahina in Deutschland begleitete, hieß dann doch, dass wir damals nicht alles verkehrt gemacht hatten (höchste Form des Lobes in Norddeutschland).

Doch von der Flüchtlingspolitik möchte ich später sprechen. Ich habe diese Geschichte von Schahina mit Absicht an den Anfang des Demokratie-Kapitels gestellt.

Demokratie ist kein Naturzustand. Demokratie musste immer wieder erkämpft werden. Demokratie ist bedroht. Demokratie muss verteidigt werden – in Deutschland, in Europa, ja inzwischen sogar wieder gegen einen Donald Trump in den USA.

Demokratie ist die Herrschaft des Staatsvolkes, griechisch »demos«. Aber wer gehört zum Staatsvolk? Der Versuch, das Staatsvolk ethnisch zu definieren, ist aktuell die größte Gefahr für die Demokratie.

Nicht mehr die Staatsangehörigkeit und die daraus erwachsenen Rechte und Pflichten sind in diesem Konzept entscheidend, sondern willkürlich definierte und völlig diffuse ethnische Kriterien. Das reicht vom Aussehen über die Religion bis zum Bekenntnis zu einer »Leitkultur«. Letztere unterliegt oft schrägen Kriterien, etwa wenn sie von einem organisierten Besäufnis wie auf dem Gillamoos geprägt sein soll. Auf diesem Volksfest meinte Friedrich Merz jenes Deutschland zu entdecken, das er in Kreuzberg nicht finden wollte. Immer geht es um ein »Wir gegen Die« (Anderen).

Wo Friedrich Merz bei seinen Anhängern bloß billig punkten wollte, denken andere weiter. Ihre Ausgrenzung der »Nicht-Deutschen«, der Fremden, zielt auf Vertreibung. »Remigration« – das Lieblingswort identitärer Rechter wie vieler AfD-Anhänger – ist nichts anderes als die Ansage für eine ethnische Säuberung. In den Worten des Thüringer AfD-Vorsitzenden Björn Höcke hätten Kinder wie die zweijährige Schahina nicht Deutsch lernen sollen, sondern mit »wohltemperierter Grausamkeit« ins Taliban-regierte Afghanistan abgeschoben werden müssen.

Ich bin froh, dass Deutschland einen anderen Weg gewählt hat.

Schahina Gambir und ihre Familie sind, wie Millionen andere Deutsche mit Migrationshintergrund, eine Bereicherung für unser Land. Ohne sie wäre Deutschland ärmer, kulturell wie materiell. Doch diese Entwicklung ist massiv von rechts bedroht, wie Recherchen von *Correctiv* über die Pläne zur »ethnischen Säuberung« zeigen. Unter dem politischen Druck von rechts außen verschieben sich Positionen auch demokratischer Parteien.

Die CDU hatte einst einen Bundespräsidenten gestellt, Christian Wulff, der unmissverständlich festhielt, »Der Islam gehört zu Deutschland«. Jetzt fand sich im ersten Entwurf für das CDU-Grundsatzprogramm zunächst der Satz »Muslime, die unsere Werte teilen, gehören zu Deutschland«. Deutschsein wird so für Muslime mit Sonderbedingungen aufgeladen, denen Christen und Atheisten offensichtlich nicht genügen müssen, um zu Deutschland zu gehören. Inzwischen wird der Satz nicht länger auf die einzelnen Muslime, sondern auf den Islam bezogen: »Ein Islam, der unsere Werte nicht teilt und unsere freiheitliche Gesellschaft ablehnt, gehört nicht zu Deutschland.«

Während die Bundesanstalt für Arbeit berechnet, dass Deutschland zur Sicherung seines Wohlstandes eine Zuwanderung von 400 000 Menschen pro Jahr benötige, setzen CDU und CSU auf eine Begrenzung der Zuwanderung, lehnen ein Fachkräfteeinwanderungsgesetz ebenso ab wie ein wettbewerbsfähiges Staatsangehörigkeitsrecht. Flüchtlinge sollen selbst bei Anerkennung in »sicheren Drittländern« untergebracht werden. Aufnahme soll es nur im Rahmen von Kontingenten geben.

Offensichtlich hat sich in Deutschland etwas nach rechts verschoben. Nun gab es auch weiterhin nach 1945 Faschisten, Neonazis, Rassisten, Deutschnationale. Nicht alles, was uns heute als neu und empörend erscheint, ist neu, aber dennoch empörend. Das Beispiel des Hubert Aiwanger und des antisemitischen Flugblatts in seiner Schultasche belegt dies. Lange vor den NSU-Morden und den rechten Mördern von Halle, Hanau oder am Münchener Olympiastadion gab es 1980 das Oktoberfestattentat in München und die Morde der Wehrsportgruppe Hoffmann an Shlomo Lewin und Frida Poeschke.

Aber in vielen Bereichen hat es in den vergangenen 50 Jahren eher eine Stärkung der Demokratie gegeben – allen Befürchtungen auch von mir zum Trotz. Es scheint aber heute so, als träten die Staaten des demokratischen Kapitalismus aus einer Phase der Liberalisierung in eine Phase autoritärer Verhärtung.

Was also ist bei der aktuellen Rechtswendung vieler Gesellschaften anders als in der Vergangenheit – obwohl es doch so viele Parallelen in Ton, Auftreten und Politik gibt?

Dreigeteilt – niemals

Demokratie musste in Deutschland erkämpft werden. Erst gegen den Kaiser, mit mäßigem Erfolg. Die Weimarer Republik, die erste deutsche Demokratie, ging mit der Machtübertragung an die Nazis durch Konservative unter. Nach der Zerschlagung des Nationalsozialismus hatten unsere Befreier den Besiegten ein demokratisches System verordnet, in das sich viele Deutsche bloß murrend einfügten. Die Väter und wenigen Mütter des Grundgesetzes aber hatten ein System demokratischer Institutionen und Regularien geschaffen, das das Murren aushielt und die Versuche des Rückfalls abblockte.

In der westdeutschen Bundesrepublik kam die wirkliche demokratische Neugründung erst 25 Jahre nach Kriegsende. Es war die Revolte der 68er, die Deutschland endlich im demokratischen Westen ankommen ließ. In der DDR war es der Kampf der Bürgerbewegung und der Zusammenbruch der Sowjetunion, die der Demokratie zum Durchbruch verhalfen. So entstand das demokratische Fundament des vereinten Deutschlands.

Doch untrennbar ist die Demokratisierung Deutschlands mit der Politik der Entspannung Willy Brandts und seiner sozialliberalen Koalition verbunden. Was als Projekt für eine andere Außenpolitik begann, erwies sich als ein Projekt zur Demokratisierung der Bundesrepublik. Gerade weil es gegen die Entspannungspolitik massiven Widerstand von rechts gab.

Mein Onkel Kurt wohnte in Deichhausen auf der anderen Seite

der Weser. Wenn wir ihn in den 1960er-Jahren besuchten, passierten wir rote Metallschilder am Straßenrand. »Dreigeteilt niemals« stand darauf. Man sah Deutschland in den Grenzen von 1937. Eine Nation, mit Schlesien und Ostpreußen und der DDR. Die hieß bei den Rechten die »Zone« und unter Vertriebenenfunktionären »Mitteldeutschland«, weil sie auch die Gebiete östlich davon zurückholen wollten.

CDU, CSU, Konservative und Deutschnationale weigerten sich anzuerkennen, dass Deutschland seine Ostgebiete zu Recht verloren hatte. Wer das wie Willy Brandt oder Egon Bahr anders sah, galt in der alten Bundesrepublik lange als Verräter oder fünfte Kolonne Moskaus.

»Dreigeteilt niemals« war klassische Täter-Opfer-Umkehr. Das Deutschland, welches Europa durch seine Kriege in den Abgrund des Zweiten Weltkriegs gestoßen hatte, wurde zu seinem Opfer umgedeutet, dem das Unrecht der Teilung zugefügt wurde.

Für Entspannung zu sein bedeutete, die Täter-Opfer-Umkehr nicht weiter mitzumachen.

Es hieß, sich der Verantwortung für die deutsche Geschichte zu stellen.

Demokratie und Entspannung

Ende der 1960er-Jahre war es Zeit für etwas Neues. Im Oktober 1969 brachte ein früherer Linkssozialist, der das NS-Regime im Exil aktiv bekämpft hatte, im Bundestag in Bonn das Neue auf den Punkt: »Wir wollen mehr Demokratie wagen«.

Willy Brandt war der erste sozialdemokratische Kanzler der Bundesrepublik. Die Regierung Brandt-Scheel wurde zum Wendepunkt in der deutschen Nachkriegsgeschichte, die seit 1949 nur CDU-Kanzler gekannt hatte. Die sozialliberale Koalition versprach mehr Rechte für Gewerkschaften, mehr Entfaltungsmöglichkeiten für Frauen und die weitere Entkriminalisierung der Homosexualität – der skandalöse Paragraf 175 war kurz zuvor schon von der Großen Koalition gestrichen worden.

Die Entspannungspolitik aber war Konservativen und Rechtsextremen ein besonderer Dorn im Auge.

Für Willy Brandt und Egon Bahr war die Anerkennung der Oder-Neiße-Grenze zu Polen Ausdruck eines neuen Geschichtsbildes. Die neue Ostpolitik änderte auch das Bild der Sowjetunion in Deutschland. Das alte Bild vom barbarischen, bösartigen Feind im Osten rückte in den Hintergrund. Die Verbrechen der Nazis und der Wehrmacht wurden zumindest nicht mehr so radikal verdrängt wie in den 1950er-Jahren.

Das missfiel einigen, nicht nur Älteren. Auch meinem jüngeren Sportlehrer. Er hieß Wilhelm Brand. Wenn wir ihn ärgern wollten, nannten wir ihn Willy Brandt. Das war für ihn die größte Beleidigung.

Der echte Willy Brandt hatte gegen die Nazis gekämpft und galt Rechten als Verräter. Als Kanzler war er das Versprechen eines offenen, liberalen, friedlichen Landes, das sich von der NS-Vergangenheit löste. Das Versprechen, dass die postfaschistische Bundesrepublik sich wandeln wollte.

Die Bundesrepublik war 1968 ein postfaschistischer Staat, in dem viele ehemalige Nazis Verantwortung trugen. Bundespräsident Heinrich Lübke hatte in der NS-Zeit den Zwangsarbeitereinsatz von KZ-Häftlingen verantwortet. Bundeskanzler Kurt Georg Kiesinger war 1933 in die NSDAP eingetreten und hatte nach 1940 im Außenministerium Karriere gemacht. Als der hessische Generalstaatsanwalt Fritz Bauer einige der Täter in den Auschwitzprozessen vor Gericht brachte, hatte er sich gegen massive Widerstände durchzusetzen.

Gegen Willy Brandt führte die Rechte einen Kampf voller Häme und Hass. An vorderster Front traten Autoren wie William S. Schlamm auf, bis 1971 Kolumnist in Springers *Welt*. Er denunzierte die Entspannungspolitik als »appeasement« und empfahl, »die Rückgabe der vergewaltigten Gebiete Deutschlands zu erzwingen«. Im ZDF-*Magazin,* das Millionen Zuschauer sahen, blies Gerhard Löwenthal in das gleiche Horn. Ich habe damals das ZDF-*Magazin* regelmäßig gesehen und Autoren wie Schlamm gelesen, um zu wissen, wie meine politischen Gegner denken.

In der Verachtung der Entspannungspolitik und der Verträge mit Moskau und Warschau fand sich eine rechte Front zusammen, die von konservativen Christdemokraten bis zu Deutschnationalen und Neonazis reichte. Brandt warfen sie vor, im Zweiten Weltkrieg in Norwegen gewesen zu sein. Er wurde mit »Brandt alias Frahm« diffamiert. Darin schwang der für die Deutschnationale typische Klassendünkel gegen Ärmere mit. Brandt war 1913 als Kind der unverheirateten Verkäuferin Martha Frahm zur Welt gekommen. Willy Brandt war seit 1933 sein *nom de guerre* im Kampf gegen die Nazis.

Diese Hassorgien gipfelten in dem rechtsextremen Gewaltaufruf »Brandt an die Wand«. Das Ziel dieser rechten Allianz war es, die Zeit anzuhalten, die Reformen zu stoppen, »Mehr Demokratie wagen« zu beenden und die Bundesrepublik wieder als antikommunistischen Frontstaat zu errichten. Die revisionistische Kampagne attackierte Antifaschisten, die auf der richtigen Seite der Geschichte gestanden hatten, und entlastete Nazis und Mitläufer. Sie gipfelte in dem Misstrauensvotum der CDU/CSU im Bundestag 1972, das allerdings scheiterte.

Heute wird oft eine verrohte Kommunikation politischer Kontroversen beklagt. Die sozialen Medien und hermetisch gegen Andersdenkende abgedichtete Blasen befördern eine Kommunikation, die der Demokratie schadet. Aber das ist nicht so neu, wie viele denken. In den Tiraden gegen Brandt, den Vaterlandsverräter und Vasallen Moskaus, brachen sich Ressentiments und eine rechte Wut Bahn.

Ähnlich der antigrünen Hasskampagnen der jüngeren Vergangenheit kamen hier sehr verschiedene Strömungen zusammen. Rhetorisch gab es keine Brandmauer gegen rechts – ob Neonazi, Vertriebenenfunktionär oder CDU-Abgeordneter, das Muster vom Vaterland verratenden Bundeskanzler einte sie alle. Natürlich hat kein Christdemokrat »Brandt an die Wand« gerufen. Aber die Maßlosigkeit ihrer Polemik gegen die Entspannungspolitik bestätigte die offenen Neonazis in ihrem Glauben, mit dieser Parole den eigentlichen Willen des Volkes zum Ausdruck zu bringen.

Die Anti-Brandt-Kampagnen lösten Anfang der 1970er-Jahre bei uns viel Solidarität aus. Auch Linke, die der Sozialdemokratie fernstanden, erkannten in dem aggressiven Revanchismus und der Hetze gegen Brandt einen gemeinsamen Gegner. Der Kommunistische Bund (KB) rief 1972 zur Wahl der SPD auf. Es war das einzige Mal, dass eine K-Gruppe empfahl, die sonst mit viel Herzblut als Arbeiterverräter bekämpfte SPD zu wählen.

Die SPD wurde 1972 zur stärksten Fraktion. »Willy wählen« hatte gewonnen. Die Bundesrepublik war in der Demokratie angekommen. Es war der Bruch mit der verbrecherischen Vergangenheit Deutschlands.

Der Kampf um die Geschichte

In unserer Generation, der in den 1950er-Jahren und später Geborenen, haben viele die Verdrängung der NS-Vergangenheit der Älteren kritisiert. Die Debatten um die Entspannungspolitik schwappten natürlich in die Schule. Sie setzten das Thema Umgang mit Vergangenheit auch in unserer Schule auf die Tagesordnung – nicht nur in der Gemeinschaftskunde und in Geschichte, sondern gerade auch im Deutschunterricht.

Mein Deutschlehrer Hartmut Alt brachte uns Heinrich Bölls Werk nahe. Besonders gefiel mir »Ende einer Dienstfahrt« mit seiner antimilitaristischen und subversiv ironischen Botschaft, der am Ende ein Bundeswehrjeep zum Opfer fällt. Als wir Günter Grass' »Katz und Maus« lasen, gab es einen Skandal. Die Aufregung machte sich vordergründig an der Masturbationsszene auf dem Schiff fest. Gemeint war aber eher die antimilitaristische Haltung von Grass' Werk. Ein Werk, das es mir immer noch unverständlich macht, dass der Autor seine eigene Mitgliedschaft in der Waffen-SS über Jahrzehnte verschwieg – an seiner demokratischen Läuterung konnte doch kein Zweifel bestehen. Allerdings wäre es dann mit dem Nobelpreis schwierig geworden.

Neben den beiden späteren Nobelpreisträgern ließ Hartmut Alt uns auch die Romane von Alfred Andersch lesen. In seinen Werken wie »Sansibar oder der letzte Grund« und »Die Rote« arbeitete Andersch nicht nur mit neuen literarischen Formen, sondern kreiste um den Widerstand gegen den Nationalsozialismus, seine Möglichkeiten und um den Mut und die Angst. Anderschs autobiografischer Roman »Die Kirschen der Freiheit« ist die Geschichte eines Deserteurs, der aus der Wehrmacht flieht. In der alten Bundesrepublik galten Wehrmachts-Deserteure jahrzehntelang noch als Verräter und Feiglinge. Wir sahen in dem Ich-Erzähler dagegen einen Helden, der Mut bewiesen hat.

Anders als Hartmut Alt empfanden das nicht alle unsere Lehrer so. Viele hatten am Krieg teilgenommen. Fragen danach empfanden sie als Belästigung. Wir prallten oft auf eine Mauer des Schweigens.

Mein Vater Klaus ist 1941 mit 17 Jahren zur Waffen-SS gegangen. Er hatte gerade seine kaufmännische Lehre abgeschlossen. Da war er gelandet, weil seine Mutter ihn vom Gymnasium genommen hatte. Nicht weil er schlechte Leistungen gebracht hätte, sondern wegen der ungenügenden Leistungen seines älteren Bruders Helmut. Meine Großmutter wollte keine Bevorzugung eines ihrer Kinder – also mussten beide Brüder das Gymnasium verlassen, als der ältere scheiterte.

Mein Vater meldete sich aus Überzeugung zur Waffen-SS – er erzählte, dass er auch gerne zur Leibstandarte »Adolf-Hitler« gegangen wäre. Aber dafür war er wenige Zentimeter zu klein. Die politische Überzeugung stammte nicht von seiner Mutter. Meine aus Sachsen stammende Oma war eher Anhängerin von August Bebel, an den ich sie später mit meinem Bart erinnerte.

Bei der Waffen-SS machte mein Vater eine für einen Volksschüler beachtliche Karriere. Er wurde Obersturmführer, was dem Rang eines Oberleutnants, also eines Offiziers, entsprach. Klaus Trittin geriet erst nach der Kapitulation am 8. Mai 1945 in Gefangenschaft. Im letzten Wehrmachtsbericht des Zweiten Weltkriegs vom 9. Mai 1945 ist er erwähnt: »In Ostpreußen haben deutsche Divisionen noch gestern die Weichselmündung tapfer verteidigt. Zu diesen Verteidigern gehörte auch unsere kleine Kampftruppe Trittin.« Er wurde als Mitglied der Waffen-SS und damit als Angehöriger einer kriminellen Vereinigung verurteilt und nach Sibirien geschickt.

Die Gefangenschaft in der Kälte Sibiriens war für ihn eine Zeit des Leidens. Zeichnungen aus dieser Zeit zeugen davon. 1950 kam er zurück nach Deutschland. Dennoch hat mein Vater über Russland nie ein böses Wort verloren. Meine Mutter verblüffte er, als sie in den späten 1970er-Jahren in Moskau Silvester feierten. Im Taxi vom Flughafen sprach mein Vater zu ihrer Überraschung mit dem Fahrer plötzlich Russisch.

1969 fuhr mein Vater mit mir und meinem jüngeren Bruder in das frühere Konzentrationslager Bergen-Belsen. Dort wurden bis zur Befreiung 1945 mindestens 52000 Menschen von den Nazis ermordet oder fielen den Haftbedingungen zum Opfer. Neben dem KZ gab es ein Kriegsgefangenenlager, in dem 50000 sowjetische Soldaten starben. Anne Frank war 1945 nach Bergen-Belsen deportiert worden und starb an den unerträglichen Zuständen in dem KZ, wo sie sich mit Fleckfieber infiziert hatte. Sie war 15 Jahre, so alt wie ich 1969.

Mein Vater hat uns dort gesagt:»Guckt euch an, was wir getan haben. Vergesst das nie. So etwas dürft ihr nie mehr zulassen.«

Das war seine Botschaft. Eine Botschaft, die mich durch mein politisches Leben begleitete. Dass ich als niedersächsischer Minister für Bundes- und Europaangelegenheiten die Gedenkstätte Bergen-Belsen um das Erinnern an das Kriegsgefangenenlager ebenso erweitern ließ wie um das Erinnern an die dort ermordeten Sinti und Roma, zeugt davon. Der Aufbau eines Netzes dezentraler Gedenkstätten wie der Startschuss zur Länderspende für die Restaurierung der vom Verfall bedrohten Gedenkstätte im Vernichtungslager Auschwitz waren weitere Aktivitäten der ersten rot-grünen Regierung von 1990 bis 1994 in Niedersachsen.

Die Schule der Demokratie

Im Übergang von den 1960er- zu den 1970er-Jahren begann sich eine neue Auffassung von Demokratie erst zu etablieren. Die antikommunistische Honoratioren-Republik der Adenauer-Zeit war auf dem Rückzug. Es brodelte unter der Decke der Wohlstandsgesellschaft.

Es gab damals beides: das Erbe des Nationalsozialismus samt dem deutschen Obrigkeitsstaat, wie ihn Heinrich Mann in »Der Untertan« beschrieben hatte. Und den Aufbruch in das Neue, Freie, das radikal Demokratische. Demokratie sei, hatte Willy Brandt 1968 gesagt, die »Freiheit zur Veränderung der Gesellschaft«. Diese Freiheit nahmen wir uns.

Das Gerhard-Rohlfs-Gymnasium lag etwas abgelegen im Bremer Norden. Aber es war ein Unruheherd mit einem rebellischen Klima. Bremen hatte früh eine aktive Schülerbewegung. Damals, 1969, hielten wir Noten für Willkür. Wir forderten ihre Abschaffung, um mehr Gleichheit und mehr Freiheit zu haben. Angeführt von Schülern und Schülerinnen aus der zwölften und dreizehnten Klasse, haben wir einmal die Zeugniskonferenz in unserer Schule gesprengt. »Brecht die Kompetenzen der Zeugniskonferenzen« lautete unser Slogan. Bei dieser Gelegenheit ist eine Scheibe zu Bruch gegangen, und ein Feuerwerkskörper flog in das Lehrerzimmer.

Der Kracher, der in das Lehrerzimmer flog, war zwar laut, aber nicht gefährlich. Die Lehrer waren dennoch völlig schockiert. Der stellvertretende Direktor hat in dem Durcheinander Susi, eine Schülerin der achten Klasse, geohrfeigt. Wir waren empört. Dieses Bild – der große stellvertretende Direktor versetzt der zierlichen Schülerin eine Ohrfeige – ließ nur eine Konsequenz zu: Schulstreik.

Den Geist dieser Zeit brachte ein Aufsatz der Schülerin Johanna Köhler zum Ausdruck. Sie war 1970 in der achten Klasse und schrieb: »Da ich gegen den Kapitalismus bin, kann ich auch nicht das Zensurensystem befürworten.« Die antiautoritäre Theorie und Praxis von A. S. Neill im britischen Summerhill habe bewiesen, dass »das sogenannte Faulheitsmoment die Folge der Unterdrückung der Interessen des Kindes ist«. Sie bekam für den Aufsatz eine Vier minus.

Unser Gymnasium war die zweite Schule in Deutschland, die dann das sogenannte Buxtehuder Modell praktizierte. Die Klassen wurden in der zwölften und dreizehnten Klasse zugunsten von Kursen aufgelöst. Das war vor der Einführung der reformierten Oberstufe etwas revolutionär Neues.

Im Kurssystem boten die Lehrer und Lehrerinnen Themen für ein halbes Jahr an. Dann wurde verhandelt, welche Schüler welche Kurse belegten. Die Verteilung konnten die Lehrer nicht allein bestimmen. Das geschah drittelparitätisch durch Eltern, Lehrer und Schülervertreter. Das Kurssystem veränderte die Machtverhältnisse zwischen Schülern und Lehrern. Für uns Schüler war es ein Gewinn an Gleichheit und Mitsprache. Das Ende der festen Klassen bedeutete für uns Schüler mehr Freiheit. Die Lehrer konnten uns weniger kontrollieren. Anders als in der späteren reformierten Oberstufe gab es noch nicht das Punktesystem, das meine jüngeren Geschwister als Leistungsdruck erlebten. Das Buxtehuder Modell hatte die segensreiche Folge, dass ich öfter den Sportunterricht mit dem elenden Geräteturnen schwänzen konnte und anstelle dessen tat, was ich wollte: an der Weser liegen, Handball oder Fußball spielen. Dass das Buxtehuder Modell an unserer unruhigen Schule ausprobiert wurde, war der klassisch sozialdemokratische Versuch, mit mehr Partizipationsmöglichkeit die rebellischen Energien der Schülerbewegung einzudämmen und die unruhige Situation zu befrieden.

Es gab Unterstufensprecher für die Klassen 5 und 6, Mittelstufensprecher für die Klassen 7 bis 10 und die Oberstufensprecher. Dieses System haben wir zugunsten von Schulsprecherräten abgeschafft und damit eine kollektive demokratischere Struktur geschaffen. Ich war früh Klassensprecher und hatte keine Scheu, in der Schulvollversammlung vor vielen Leuten zu sprechen. Vor Publikum aufzutreten kannte ich ja seit der siebten Klasse aus den Theateraufführungen.

Es gab aber ein Problem. Mein Vater war Elternsprecher des Gymnasiums, ich war Mitglied im Schülerrat-Kollektiv. Der familiäre Zwist war damit institutionalisiert. Zum Beispiel waren Eltern und Lehrer gemeinsam dafür, den Samstagsunterricht abzuschaffen. Wir Schüler dagegen wehrten uns gegen die Fünftagewoche. Wir machten am Samstag sowieso oft blau und wollten verhindern, dass wir die Samstagsstunden unter der Woche zusätzlich hatten. Die Schulleitung reagierte geschickt und legte im Stundenplan Mathematik und Physik auf den Samstag – in Fächern, bei denen wir nur begrenzt fehlen konnten, wollten wir nicht den Anschluss verlieren.

Aber in dem institutionellen Konflikt zwischen dem Elternsprecher (meinem Vater) und mir haben wir beide etwas gelernt. Und sei es auch nur, in Konflikten mal festzustellen, »We agree to disagree« – auch wenn wir es damals nicht so formuliert hätten. Die neue Drittelparität gab uns Schülern tatsächliche Macht. Ein Beispiel dafür war die Auseinandersetzung mit einem Erdkundelehrer, mit dem wir schon in der elften Klasse zusammengekracht waren und der sich danach weigerte, uns weiter zu unterrichten. Wir haben unseren Erdkundeunterricht selber gemacht. Ich hielt einen Vortrag zu einem völlig neuen Thema: Umweltschutz. Schließlich bekamen wir einen neuen Lehrer – frisch von der Freien Universität Berlin.

Als der alte Erdkundelehrer einen Kurs in der zwölften Klasse anbot, haben wir kollektiv dafür gesorgt, dass niemand seinen Kurs belegte. Das war für ihn eine Blamage – für uns ein Sieg. Wir setzten durch, dass der neue Lehrer einen Kurs anbieten konnte.

Notstand

Die Bremer Polizei war gegen die Proteste der Schüler bei den Straßenbahnunruhen extrem hart vorgegangen. In der Bremer Bürgerschaft wurde ein Untersuchungsausschuss eingerichtet, der klären sollte, wer für die Gewalteskalation politisch verantwortlich war. Das änderte aber an der Rücksichtslosigkeit der Polizei nichts. Die Gewalt ging nach meiner Erfahrung regelmäßig von der Polizei aus.

Am 15. September 1969 trat der NPD-Vorsitzende Adolf von Thadden in der Bremer Stadthalle auf. Die NPD war damals im Aufwind, saß in sieben Landtagen, und es schien möglich, dass sie 1969 in den Bundestag einzog. Die NPD war ein Sammelbecken für Rechtsradikale, die die Schuld der Deutschen am Mord an den Juden und dem Zweiten Weltkrieg vergessen machen wollten, ein völkisches Weltbild verbreiteten und, wie die Nazis, die USA und den Bolschewismus für »Feinde des deutschen Volkes« hielten.

Einzelne Gegendemonstranten versuchten vergeblich, die Stadt-halle zu stürmen und die NPD-Veranstaltung zu sprengen. Die Polizei schlug massiv zu. Ich bin mit dem Fahrrad von unserem Haus in Vegesack zu der Demonstration nach Bremen gefahren, knapp 20 Kilometer. Wieder zu Hause, habe ich mich erschöpft schlafen gelegt. Als meine Mutter am nächsten Morgen in mein Zimmer kam, brach sie in Tränen aus, aber nicht wegen meiner politischen Betätigung: Mein Zimmer stank intensiv nach Tränengas. Ich hatte bei der Demonstration so viel davon abbekommen, dass es noch in meinen Kleidern hing.

1968 fokussierte sich der Kampf auf die Notstandsgesetze. Wir sahen darin eine Einschränkung der Rechte des Bundestages und ein Symbol für die Verwandlung der bundesdeutschen Demokratie in ein autoritäres Regime. Reichspräsident Hindenburg hatte seinerzeit mit dem Notverordnungsartikel 48 der Weimarer Reichsverfassung Grundrechte außer Kraft gesetzt – ein Prozess, an dessen Ende die Ernennung Hitlers zum Reichskanzler stand. Die Nazis begannen 1933 mit der »Notverordnung zum Schutz von Volk und Staat« die Diktatur zu etablieren.

Wir haben in der Schule diskutiert und zu einer Demonstration aufgerufen, an der auch Werftarbeiter und die IG Metall teilnahmen. Die Gewerkschaften waren scharfe Gegner der Notstandsgesetze, weil dort die Aussetzung des Streikrechts ermöglicht wurde. Unser Beitrag zu der Demo in Bremen war: Wir hatten uns Reclam-Ausgaben des Grundgesetzes besorgt, die wir in einen Sarg packten und in den Hafen von Vegesack warfen.

Das war die erste politische Aktion, die über die Schülerbewegung hinausging. Der Sozialistische Deutsche Studentenbund (SDS) versuchte seinerzeit vergebens, die Gewerkschaften zu einem Generalstreik gegen die Verabschiedung der Gesetze zu bewegen. Im Mai 1968 wurden die Notstandsgesetze verabschiedet.

Im Rückblick waren die Notstandsgesetze eine für das demokratische Deutschland typische Konsensentscheidung. Es gab Gründe für diese Neuregelung – ohne eigene Notstandsgesetze hätten im Katastrophenfall die Alliierten das Sagen gehabt. Um das Grundgesetz zu ändern, bedurfte es einer Zweidrittelmehrheit von Bundestag und Bundesrat. Im parlamentarischen Prozess wurde der Ungeist des autoritären Etatismus der ersten Entwürfe des CDU-Innenministers zugunsten präziser Regeln und Rechte für Bundestag und Bundesrat kassiert. Aufgeklärte Demokraten wie der damalige SPD-Justizminister Gustav Heinemann hatten gegen die Vertreter eines starken Staates die obrigkeitsstaatlichen Tendenzen entschärft. Dem mit den Gesetzen für den Fall eines Angriffs von außen geschaffenen »Gemeinsamen Ausschuss« des Bundestages habe ich jahrelang als Abgeordneter angehört. Er trat aber nie zusammen – es gab keinen Verteidigungsfall, den das Parlament erklären musste.

Doch 1968 erschienen uns diese Gesetze als untrügliches Zeichen: Die Republik schuf ein reaktionäres Instrument, um Veränderungen rigide abwehren zu können. Und die SPD stimmte dabei sogar zu. Bei unserem Protest gegen die Notstandsgesetze ging es nicht nur um die Frage, wie ein demokratischer Staat den Notstand regelt. Er war Teil des größeren Kampfes um die Ausrichtung der Bundesrepublik Ende der 1960er-Jahre und des Kampfes um die Entspannungspolitik.

Als das Misstrauensvotum gegen Brandt 1972 scheiterte und die SPD bei der Wahl im November zum ersten Mal in der Geschichte der Bundesrepublik stärkste Partei wurde, waren wir erleichtert. Das waren Momente, in denen wir dachten: Es geht voran. Es wird besser werden.

Radikalen-Haar-Erlass

Doch auf den Aufbruch folgten Rückschläge. Auf den politischen Visionär Willy Brandt folgte 1974 der Technokrat Helmut Schmidt. Die Restauration und der Rückgriff auf autoritäre Muster hatte schon 1972 mit dem Radikalenerlass begonnen.

Die linken 68er sollten vom Staatsdienst und von den Schulen ferngehalten werden. Wir kannten in unserem Gymnasium Referendare, die von Berufsverboten bedroht waren. Einige zählten zu unseren Lieblingslehrern. Als Schülervertretung machten wir 1972 gegen die Ausgrenzung der Linken mobil. Ich habe mich 1973 nach dem Abitur gefragt: Du bist ein linker Schüler. Du wirst ein linker Student. Steht am Ende ein Berufsverbot? Das war keine irreale Angst, sondern eine realistische Aussicht.

Einen Radikalenerlass gab es in keinem anderen westeuropäischen Land. Er war eine westdeutsche Besonderheit und Ausdruck eines hysterischen Antikommunismus. In Niedersachsen bekamen von 1972 bis 1990 unter CDU-geführten Landesregierungen über 130 Personen Berufsverbot, vor allem Lehrer. 1990 gewannen SPD und Grüne die Wahl. Eine der ersten Amtshandlungen von Rot-Grün 1990 war es, den Radikalenerlass aufzuheben und die Opfer zu rehabilitieren. Jetzt war ein Anwalt Ministerpräsident, der jahrelang Berufsverboteopfer vor Gericht vertreten hatte: Gerhard Schröder.

Anfang der 1970er-Jahre sind Hunderttausende Menschen, darunter viele aus der Schülerbewegung, in die SPD eingetreten. Oft wegen Willy Brandt. Einzelne, die im Bremer USB, im Unabhängigen Schülerbund, eine Rolle gespielt hatten, machten in der Partei Karriere. Christian Bruns etwa leitete lange das Büro des Bremer Senats in Brüssel. Für mich kam das nicht infrage. Die Berufsverbote haben mir und vielen anderen gezeigt, dass die SPD keine Alternative war.

Manchmal sagen Symbole mehr als Worte. Das zweite Symbol für die Restauration der SPD war Helmut Schmidts Haarerlass.

Schmidt, der von Ende 1969 bis 1972 Verteidigungsminister war, hatte längere Haare für Soldaten erlaubt – wenn sie ein Haarnetz trugen. Eine der letzten Amtshandlungen von Schmidt als Verteidigungsminister war es, diesen Haarnetz-Erlass wieder aufzuheben. Das Haar durfte fortan den Kragen nicht berühren, Augen und Ohren mussten frei sein. Als ich 1974 zwangsweise zur Bundeswehr einberufen wurde, musste ich meine Haare entsprechend schneiden.

Die Berufsverbote und der Haarerlass zeigten, dass Willy Brandts Aufbruch zu Ende war. »Mehr Demokratie wagen« war rasiert und von Berufsverbot bedroht.

Wir verstanden diese Signale als Ausgrenzung. In entscheidenden Fragen standen wir gegen ein Kartell der Parteien von CDU/CSU über FDP bis zur SPD. Alle drei Parteien waren für Notstandsgesetze, für Berufsverbote und die Bundeswehr eingetreten. Das war nicht unser politisches System. Wir haben uns nicht als dessen Opfer gefühlt, aber wir standen außerhalb dieses Systems. Wir konnten Druck machen und, wie die Bremer Schülerbewegung gezeigt hatte, Wirkungen entfalten. Auf der Straße, mit Demos und Aktionen. Nicht in Parteien, nicht im Parlament. Das erschien uns hoffnungslos.

Der Deutsche Herbst

Am 1. Juni 1972 fuhr ich mit meinem Vater ins Kino. Wir wollten Roman Polanskis »Macbeth« sehen. Im Radio kam die Nachricht, dass die Polizei in Frankfurt Andreas Baader, Holger Meins und Jan-Carl Raspe verhaftet hatte. Wir verfolgten im Auto die Reportage.

Die Verhaftung fand ich weder überraschend noch bedauerlich. Andreas Baader und Ulrike Meinhof waren für mich keine Helden. Sie nahmen Unbeteiligte als Opfer in Kauf und schossen ohne Vorwarnung. Der Zweck heiligte für sie die Mittel. Die RAF trat mit individuellem Terror gegen den Staat an.

Das war eine politische Sackgasse. Die Tupamaros kämpften in Uruguay und Argentinien mit Gewalt gegen Militärdiktaturen, wie die spätere Präsidentin Dilma Rouseff in Brasilien. Sie taten dies, weil die Militärdiktatur ihnen keine andere Möglichkeit ließ. Aber die Bundesrepublik war keine Diktatur. Sie war ein Land, dessen Parteiensystem Linke ausgrenzte, aber keine Diktatur, in der wie in Argentinien gefolterte und entführte Regimegegner zu Tausenden über dem Meer aus Flugzeugen geworfen wurden und für immer spurlos verschwanden.

Wir haben später die Haftbedingungen von Ulrike Meinhof in Köln-Ossendorf, die Isolationshaft und die Einschränkung von Verteidigerrechten kritisiert. Konservative suggerierten auf der Jagd nach Sympathisanten, dass schon diese Kritik eine Unterstützung der RAF war. Aber auf rechtsstaatlichen Verfahren zu bestehen bedeutete nicht, individuellen Terror gutzuheißen. Die linke Kritik am

RAF-Terror war unbeholfen, floskelhaft und oft holzschnittartig. Aber eine Unterstützung des Terrors war sie definitiv nicht.

Die Atmosphäre der 1970er-Jahre war einschüchternd. Bei Kontrollen hatten Polizisten Maschinenpistolen dabei. Man konnte ihnen oft die Angst ansehen. Wir hatten Angst, sie auch. Eine gefährliche Situation. Der deutsche Staat rüstete nach dem Olympia-Attentat 1972 und den RAF-Attentaten auf. Mobile Einsatzkommandos wurden gegründet. Das Bundeskriminalamt entwickelte unter seinem Präsidenten Horst Herold die Rasterfahndung. Es gab die Debatte um den »finalen Rettungsschuss«, der Polizisten ungestraft tödliche Schüsse erlauben sollte. Die Sicherheitsorgane bekamen mehr Stellen, mehr Waffen, mehr Kompetenzen.

Rechtskonservative versuchten, den linken Terrorismus als Folge von 1968 und von Willy Brandts Aufbruch zu denunzieren. Ein CDU-Bundestagsabgeordneter bezeichnete »Wir wollen mehr Demokratie wagen« 1977 als »den gefährlichsten Satz, den je ein Bundeskanzler gesprochen« hat. Damit habe die SPD Anarchie, professionellen Demonstranten und der RAF den Weg geebnet. Der baden-württembergische CDU-Ministerpräsident und einstige NS-Marinerichter Hans Filbinger sah die RAF als Folge der »geistigen und seelischen Verwilderung« der Revolte. Die Konservativen träumten von einer Rückkehr zu den 1950er-Jahren, zu einem starken, Ehrfurcht gebietenden Staat, fügsamen Bürgern und einer Demokratie ohne Experimente und lästige soziale Bewegungen.

Buback und die klammheimliche Freude

Am 7. April 1977 jobbte ich in der Becks-Brauerei, stapelte Kisten und entlud Lkws. So verdiente ich mir teilweise mein Studium. In der Frühstückspause kam im Radio die Nachricht, dass Generalbundesanwalt Siegfried Buback, sein Fahrer und ein Polizist bei einem Anschlag getötet worden waren. Die Reaktion der Kollegen in der Brauerei war lakonisch: Berufsrisiko, sagten sie. Staatsanwälte kommen nicht unter Gabelstapler, Brauereiarbeiter werden nicht erschossen.

Der Mord an Buback hatte in Göttingen direkte Folgen. In den *Göttinger Nachrichten*, der Zeitung des AStA, erschien 1977 jener Mescalero-Nachruf auf Buback, der durch das Wort von der »klammheimliche[n] Freude« bekannt wurde. 24 Jahre später, 2001, sollte die Union im Bundestag versuchen, mit der »Mescalero-Affäre« mich als Bundesumweltminister der rot-grünen Regierung zu demontieren.

Der Buback-Nachruf war eine vulgäre, im damaligen Sponti-Sound geschriebene Absage an die RAF. Der Schlüsselsatz lautete: »Unser Weg zum Sozialismus (wegen mir: Anarchie) kann nicht mit Leichen gepflastert werden.« In der überhitzten Stimmung kurz vor dem Deutschen Herbst wurde der Nachruf zu einer Staatsaffäre. Schwer bewaffnete Polizeieinheiten veranstalteten Razzien beim AStA und in einem Studentenwohnheim, einem Buchladen, dem Büro des Kommunistischen Bund Westdeutschland (KBW) und 17 Wohnungen.

Der Auftritt der Staatsmacht war martialisch, aber nicht sonderlich effektiv. Die Polizei versuchte, einen »Miggi« Minks dingfest machen, der im Impressum der *Göttinger Nachrichten* aufgeführt war. Minks wohnte in einem selbstverwalteten Studentenwohnheim, in dem die Polizei mit einem beeindruckenden Aufgebot einfiel. Allerdings fahndete die Polizei nach »Miggi« Minks. An seiner Zimmertür stand sein korrekter Name: Karl-Heinz Minks. Das Zimmer wurde nicht durchsucht.

Der Druck war immens. Der AStA wurde durch einen Staatskommissar ersetzt. Die Mitglieder des Göttinger AStA wurden angeklagt. Ein Student wurde als Herausgeber der AStA-Zeitung wegen Gewaltverherrlichung zu drei Monaten Haft verurteilt. Er war ausgerechnet Mitglied der »Gewaltfreien Aktion«. Die Stimmung an der Universität war extrem aufgeladen.

Bei einer Vollversammlung der Studierenden war der Andrang so groß, dass sie vom Hörsaal auf den Campus unter freiem Himmel verlegt werden musste. Ich redete als Vertreter der Fachschaft Sozialwissenschaften und erklärte: »Wir werden uns von diesem Nachruf nicht distanzieren.« Der RCDS und Burschenschaften, zum Teil in vollem Wichs, hatten gegen die Linke an der Uni massiv mobilisiert. Mehrere Hundert Rechte quittierten meine Rede mit »Mörder, Mörder«.

Die Albrecht-Regierung zwang Hochschullehrer in Niedersachsen, sich in einer vorformulierten Erklärung des Wissenschaftsministeriums von dem Mescalero-Text zu distanzieren. Wer nicht gehorchte, wie der linke Professor Peter Brückner, wurde suspendiert und mit Hausverbot in den Universitäten bestraft.

Diese Maßnahmen erinnerten an die finstersten Traditionen des deutschen Obrigkeitsstaates. Göttingen rühmt sich, eine Stadt liberaler Wissenschaftsfreiheit zu sein. Die »Göttinger Sieben« sind Ikonen der deutschen Demokratiegeschichte. Die Göttinger Sieben waren Professoren, die 1837 gegen die Aufhebung der liberalen Verfassung im Königreich Hannover protestierten und deshalb entlassen wurden.

Die Mescalero-Affäre wiederholte als Farce die Tragödie von 1837, mit Ernst Albrecht und dem niedersächsischen Kultusminister Eduard Pestel in der Rolle von König Ernst August. Die Einzigen, die sich vehement gegen diesen Rückfall in feudale Herrschaftspraxis wehrten, waren ein paar linke Studenten. Dafür mussten wir uns als Terroristenhelfer beschimpfen lassen.

Allerdings wussten wir uns gegen diesen Angriff von oben mit den Mitteln der Ironie, der Waffe der Schwächeren, zu wehren. Jürgen Ahrens war damals Hochschulreferent des AStA und wurde wegen des Mescalero-Textes vor Gericht angeklagt. Beim Prozess fragte ihn der Vorsitzende Richter, was er beruflich werden wolle. Ahrens antwortete: »Herr Vorsitzender Richter, ich möchte Vorsitzender Richter am Landgericht werden.« Das Publikum applaudierte lachend. Ahrens fügte hinzu, das Händeklatschen sei »bei teilweise klammheimlicher Freude« erfolgt. Er ist heute ein bekannter Strafverteidiger in Göttingen.

Mir fiel damals ein Anwalt auf, der in der Mescalero-Affäre Ende der 1970er-Jahre engagiert Professoren verteidigte, die den inkriminierten Aufruf herausgegeben hatten. Er hatte ein Gespür für Prozesse, mit denen man bekannt werden kann. Als Juso-Bundesvorsitzender sollte er in den nächsten 25 Jahren zu einer zentralen politischen Figur werden. Sein Name war Gerhard Schröder.

Formal hatte ich mit dem Aufruf nichts zu tun und bin auch nicht, wie viele andere, wegen des Textes angeklagt worden. Ich war 1977 im Fachschaftsrat Sozialwissenschaften, nicht im AStA. Aber als Entsandter der Vollversammlung war ich faktisch Vertreter der Göttinger Studierenden. Der AStA war abgesetzt worden. Als »Reisekader« versuchte ich, an den Universitäten in Hannover und Osnabrück Streiks und Proteste gegen die Absetzung des Göttinger AStA zu organisieren und, mit mäßigem Erfolg, Hochschullehrer zu überzeugen, die erzwungene Distanzierung nicht zu unterschreiben.

Wir wussten, wer den Text verfasst hatte, Klaus Hülbrock, ein Sponti, der später ein bürgerliches Leben als Deutschlehrer führte. In der Blase linker Öffentlichkeit an den Universitäten hatten wir blinde Flecken. Wir haben damals nicht verstanden, wie verletzend der Ton des Mescalero-Textes auf die Angehörigen der Opfer des Terrorismus wirken musste. Wir haben vor allem um das Recht auf Meinungsfreiheit gekämpft. Es ging uns darum, den Grundimpuls des Mescalero-Textes, die RAF von links zu kritisieren, gegen die öffentliche Verzerrung zu verteidigen.

Der KB und die Faschisierung

Die Mescalero-Affäre war in unserer damaligen Wahrnehmung nur ein Puzzleteil eines größeren Bildes. Die Bundesrepublik entwickelte sich in unseren Augen immer weiter nach rechts. Der Aufbruch von 1968 war Geschichte.

Das Berufsverbot-Regime regierte. Das Kontaktsperregesetz im Deutschen Herbst hebelte ein Grundrecht – dass Angeklagte immer Zugang zu Anwälten haben – aus. Der Paragraf 129a des Strafgesetzbuches etablierte ein Gesinnungsstrafrecht, mit dem die linke Opposition kriminalisiert werden konnte. Die Rechte der Verteidiger wurden eingeschränkt. Gespräche zwischen RAF-Anwälten und Mandanten wurden abgehört. Engagierte Anwälte wie Hans-Christian Ströbele wurden juristisch verfolgt.

In Göttingen wurden Linke, die Parolen gegen Haftbedingungen an Häuserwände und Unterführungen gesprüht hatten, wegen Unterstützung einer terroristischen Vereinigung angeklagt. Dass Franz Josef Strauß im Krisenstab im Herbst 1977 während der Entführung der Lufthansa-Maschine nach Mogadischu und des Arbeitgeberpräsidenten Hanns Martin Schleyer die Erschießung der RAF-Inhaftierten ins Spiel brachte, passte ebenso in das Bild wie Helmut Schmidts Atompolitik.

Schmidt machte 1975 mit der Militärdiktatur in Brasilien einen Atomdeal, der den Bau von acht deutschen AKWs vorsah. Wir hielten Helmut Schmidt und Franz Josef Strauß für zwei Seiten derselben Medaille.

Ich hatte schon länger Sympathien für den Kommunistischen Bund (KB), nicht zu verwechseln mit dem Kommunistischen Bund Westdeutschlands (KBW). Enger wurde das Verhältnis durch die Mescalero-Affäre. Ich habe mich beim KB dann gut zwei Jahre, von Ende 1977 bis 1979, intensiv engagiert.

Der Göttinger KB war der einzige außerhalb von Hamburg, der relevanten Einfluss auf den AStA und das Studentenparlament hatte. Auch für die sich rasant entwickelnde Anti-Atombewegung spielte der KB bundesweit eine wichtige Rolle. Der Göttinger Arbeitskreis gegen Atomenergie, der Ende der 1970er-Jahre eine der zentralen Organisationen der Bewegung war, nahm den KB ernst. Denn der konnte effektiv für Demonstrationen in Brokdorf, Kalkar und Grohnde mobilisieren.

Im KB galten wir Göttinger Studierende als bunte Vögel, deren Freigeist die Zentrale in Hamburg mitunter misstrauisch beobachtete. Der KB, laut Bundesregierung eine »konspirativ arbeitende, Gewalt befürwortende, revolutionäre« Gruppe, hatte graue Eminenzen und eine informelle Hierarchie. Aber er war keine Kaderorganisation leninistischen Zuschnitts, in der alles von oben befohlen und unten brav ausgeführt wurde. Für eine maoistische K-Gruppe ging es sehr locker zu. Kandidatenstatus, Mitgliedsausweis oder gar die rigide Praxis anderer K-Gruppen, das Privatleben der Genossen und Genossinnen exakt zu regeln, gab es nicht.

Die Bundesrepublik, so haben wir es damals gesehen, entwickelte sich in Richtung Faschismus. Die Demokratie würde verschwinden, dachten wir, und in einem Prozess der Faschisierung durch ein Regime abgelöst, das mit einer aufgerüsteten Polizei die Linken zu Feinden erklären und entsprechend behandeln würde. Wir waren überzeugt, dass der bürgerlichen Demokratie die Tendenz innewohnt, sich in faschistische Regime zu verwandeln – nicht zwangsläufig, aber als Möglichkeit. Die Faschisierungsthese war ein zentraler Baustein der politischen Analyse des KB.

Sie war falsch.

Vieles, was der Staat damals beschloss, um sich gegen zwei Dutzend RAF-Terroristen zu wehren, war schädlich und überzogen. Aber wir glaubten, es mit einem geschlossenen System zu tun zu haben, und haben dabei die Widersprüchlichkeit der Gesellschaft ausgeblendet. Neben den Repressionen gab es eine stabile Tendenz zur Erweiterung individueller Freiheiten. Die Emanzipationsimpulse, die von der Außerparlamentarischen Oppositon in den späten 1960er-Jahren ausgingen und beschleunigt wurden, waren keineswegs versiegt. Die Frauenbewegung stellte die tradierten Geschlechterverhältnisse infrage. Die Idee, dass man Kinder autoritär erziehen müsse, war auf dem Rückzug. Die Bewegung von Schwulen und Lesben veränderte die Geschlechterordnung. Diese Bewegungen für mehr Rechte und Freiheiten der Individuen sind bis heute wirksam.

Die sozialen Bewegungen von der Umweltbewegung bis zur Friedensbewegung, von den Hausbesetzern bis zu den Geschichtswerkstätten, die verdrängte NS-Verbrechen recherchierten, haben die westdeutsche Gesellschaft weit nachhaltiger verändert als die überzogenen Reaktionen des Staates auf den linken Terrorismus.

Im Rückblick erscheint die Reaktion des Staates auf die Herausforderung der RAF in anderem Licht. Vieles war und ist auch heute kritikwürdig. Wer sich gegen die Bedrohungen des Rechtsstaates und der Meinungsfreiheit wehrte, wurde zum Terrorsympathisanten gestempelt. Die verzerrte Darstellung des Mescalero-Nachrufs zeigte diesen Mechanismus exemplarisch. Aber das Bild war differenzierter.

In ihren Institutionen hat die Bundesrepublik die Herausforderung durch den Terrorismus bestanden. Die Gesetzesveränderungen waren kleinteilige Eingriffe, verglichen mit der Reaktion anderer Länder auf terroristische Anschläge. Die USA haben nach 9/11 Geheimgerichte installiert, ein neues Ministerium mit 200 000 Beschäftigten geschaffen und im »Krieg gegen den Terror« das Illegale legalisiert. Verdächtige wurden mit »waterboarding« gefoltert und ohne Urteil zwei Jahrzehnte lang inhaftiert.

Im Vergleich zu diesen schwerwiegenden Eingriffen waren die gesetzlichen Verschärfungen in der Bundesrepublik in den 1970er-Jahren begrenzt. Der bundesdeutsche Rechtsstaat hat sich als stabil erwiesen.

Wir haben damals vieles an den Rand gedrängt und nicht sehen wollen, was unser Bild der voranschreitenden Faschisierung gestört hätte. Die Unerbittlichkeit, die damals unsere Debatten prägte, ließ zu wenig Platz für Uneindeutiges, Ambivalentes und Widersprüche. Die RAF-Sondergesetze waren nicht der Auftakt eines autoritären Regimes, das die Hülle des Rechtsstaates endgültig abstreifte. Nach dem Deutschen Herbst zweifelten auch in der sozialliberalen Regierung Politiker wie Innenminister Gerhard Baum von der FDP, ob Deutschland nicht zu sehr auf das Bundeskriminalamt, Einschränkung von Grundrechten und Datensammlungen gesetzt hatte und zu wenig auf Dialog.

Die Haltung mancher Ex-Linker, die alles, was sie früher dachten, heute für grundfalsch erklären (und nun, befreit von dem falschen Gestern, erneut in allem völlig recht haben), scheint mir ein Kurzschluss zu sein. Angemessener als billiges Renegatentum ist es, abzuwägen und die produktiven Versuche und Wirkungen ebenso wie die politischen Sackgassen und Fehler zu beschreiben.

Wir lagen mit der Idee der Faschisierung der Bundesrepublik falsch. Und doch war es nützlich, dass Linke und Linksliberale sich gegen die Sympathisantenhatz und Gesetzesverschärfungen in den 1970er-Jahren zur Wehr setzten. Damit verhinderten wir noch weitere Verschärfungen und stärkten die Demokratie. Das dritte internationale »Russell Tribunal« 1979 und 1980, das das Sozialistische Büro und der KB unterstützten, spielte dabei eine produktive Rolle. Es analysierte von den Berufsverboten bis zu den Antiterrorgesetzen, welche Demolierungen des demokratischen Rechtsstaates es gab.

In der bedrückenden Stimmung des Deutschen Herbstes gab es auch Ausnahmen. Manfred Rommel, CDU-Oberbürgermeister in Stuttgart, setzte gegen die öffentliche Meinung durch, dass die RAF-Mitglieder Gudrun Ensslin und Andreas Baader auf Wunsch ihrer Eltern in einem Gemeinschaftsgrab in Stuttgart beerdigt werden konnten. Solche Gesten ließen uns ahnen, dass es auch mutige, kluge Konservative gab – nicht nur Scharfmacher.

Die Entscheidung des Konservativen Rommel war nicht nur eine menschliche Geste gegenüber den Eltern der Toten. Sie zeigte, dass in eskalierenden Auseinandersetzungen markige Entschlossenheit und hartes Durchgreifen oft falsch sind. Das hundertprozentig eindeutige Bekenntnis und die Verzerrung des jeweiligen Gegners als das Böse schlechthin, das mit allen Mitteln bekämpft werden muss, stehen in der öffentlichen Meinung zu oft hoch im Kurs. Rommels Geste zeigte: Um Konflikte zu befrieden, sind zivile Qualitäten nötig.

Die Stimmung schwankte nach dem Deutschen Herbst zwischen Depression und Aufbruch. Die mediale Öffentlichkeit war zensiert. Wir setzten auf Gegenöffentlichkeit wie den *Informationsdienst* für unterdrückte Nachrichten, ID. Der Tunix-Kongress und die Gründung der *taz* 1978 waren Zeichen, dass die Linke Gegenöffentlichkeit schaffen wollte und Wege aus der Isolation suchte.

Die Auseinandersetzung mit der RAF in den 1970er-Jahren hat gezeigt, dass Eskalation und Ausgrenzung schaden. Die RAF löste sich 1998 auf. Sie hatte endlich begriffen, dass sie gescheitert und längst Geschichte geworden war.

Staatsterror: Das Celler Loch des Ernst Albrecht

Wir Linken wurden als Terrorfreunde beschimpft und ausgegrenzt, marginalisiert und kriminalisiert. Auch von Ernst Albrecht, dem CDU-Ministerpräsidenten in Niedersachsen, der stets mit aller Härte gegen die RAF vorging und alle angeblichen Sympathisanten ins Visier nahm.

Doch eine Bedrohung für die Demokratie ging von Ernst Albrecht selbst aus. Er nutzte den Terrorismus in beispielloser Weise, um sich als entschlossener Terrorbekämpfer in Szene zu setzen. So wollte Albrecht 1980 seine Chancen verbessern, gegen seinen Konkurrenten Strauß Kanzlerkandidat der Union zu werden.

Am 25. Juli 1978, zufällig mein 24. Geburtstag, explodierte nachts an der Außenmauer an der Justizvollzugsanstalt Celle eine Bombe. Die Justizbeamten entdeckten ein Loch von rund 40 Zentimetern Durchmesser. In Celle saß Sigurd Debus, der wegen der Beteiligung an Banküberfällen und Bombenanschlägen verurteilt worden war und sich in der Haft zur RAF bekannt hatte. In der Nähe fand sich ein Auto mit Munition und einem gefälschten Ausweis mit einem Foto von Debus. Die Sache schien klar: Linksextreme wollten Debus befreien.

Niedersachsens Landeskriminalamt präsentierte Tage später in Hannover das sogenannte Dellwo-Papier, das von dem RAF-Mitglied Karl-Heinz Dellwo stammen sollte. Es las sich wie die Theorie zur versuchten Gefangenenbefreiung in Celle: Mit Anschlägen auf Gefängnisse sollten die Genossen draußen die Zusammenlegung von RAF-Gefangenen erzwingen. Dann präsentierten die Staatsorgane einen Verdächtigen aus der kriminellen Szene, Klaus-Dieter Loudil. Alles passte perfekt zusammen: die Tat, das Motiv, der Verdächtige.

1986 recherchierte ein Journalist der *Hannoverschen Allgemeinen Zeitung*, wie es wirklich gewesen war. Die GSG 9 hatte mit Wissen der CDU-Regierung das Loch gesprengt. Geplant hatte die Aktion der Erste Kriminalhauptkommissar Manfred Borrak vom niedersächsischen Landesamt für Verfassungsschutz. Den Plan hatte er sich von Ernst Albrecht persönlich genehmigen lassen.

Borraks Idee war, Loudil und Manfred Berger, zwei wegen Tötungsdelikten verurteilte Straftäter, in die RAF einzuschleusen. Die »Aktion Feuerzauber« sollte die beiden zu glaubwürdigen Lockspitzeln machen. Der Verfassungsschutz rechtfertigte diese terroristische »false flag«-Aktion im Auftrag des Staates mit »dem rechtfertigenden Notstand« gemäß Paragraf 34 StGB.

Erstaunlicherweise kam es 1986 zu keinem Prozess, obwohl zumindest die Vortäuschung einer Straftat, § 145d StGB, offenkundig war. Albrecht rühmte sich 1986, getan zu haben, was »unsere Bevölkerung von mir verlangt« hatte. Die Lockspitzel hätten Debus' Ausbruch verhindert, eine konspirative Wohnung mit einer Bombe enttarnt und Informationen über die baskische Terrororganisation ETA geliefert. Nichts davon stimmte.

Der Landtag richtete einen Untersuchungsausschuss ein, der die Lügen, mit denen sich Ministerpräsident Albrecht aus der Affäre ziehen wollte, Punkt für Punkt widerlegte. Debus' Ausbruchsversuch, den der Verfassungsschutz verhindert haben wollte, war vom Verfassungsschutz selbst inszeniert worden.

Mit der Aktion Feuerzauber schreckte die CDU nicht vor einer »Strategie der Spannung« und vor inszenierten Verbrechen zurück, die man sonst nur aus Italien kannte. Dort hatten Neofaschisten seit 1969 in Zusammenarbeit mit dem italienischen Geheimdienst mit militanten Operationen unter falscher Flagge versucht, die Gesellschaft zu verunsichern und von ihnen selbst begangene Morde und Attentate den Roten Brigaden in die Schuhe zu schieben. Das Ziel dort war es, eine Regierungsbeteiligung der kommunistischen Partei KPI zu verhindern.

Beim Celler Loch gab es keine Toten – aber das Prinzip, Taten zu inszenieren, die den Linksterroristen zugeschrieben wurden, ähnelte dem italienischen Vorgehen. Die CDU hat keine Täter angestiftet, die wie bei dem Anschlag auf den Bahnhof in Bologna 1980 mit Bomben Unbeteiligte töteten. Aber sie hat, zum eigenen Vorteil, mit ähnlichen Instrumenten gespielt.

Terrorismus ist der Versuch Einzelner, mit einem Maximum an Schrecken gegen einen übermächtigen Staat zu kämpfen. Beim Celler Loch aber instrumentalisierte der Staat, repräsentiert durch einen christdemokratischen Ministerpräsidenten, den Terrorismus und schürte so Angst.

Ich habe als Abgeordneter und Mitglied des Untersuchungsausschusses nach 1986 viel Zeit in der Geheimschutzstelle des niedersächsischen Landtages verbracht und aus den Akten des niedersächsischen Verfassungsschutzes die abenteuerlichsten Geschichten erfahren. Das Celler Loch und die Aktionen des niedersächsischen

Verfassungsschutzes, gebilligt und unterstützt vom Ministerpräsidenten, übertraf selbst die Fantasien eines westdeutschen Linken im Deutschen Herbst.

Das Celler Loch war bei Weitem nicht der einzige Einsatz von Lockspitzeln, deren Aufgabe es war, andere zu kriminellen Taten zu verführen. Die Sicherheitsbehörden warben systematisch Spitzel aus dem kriminellen Milieu an, die Straftaten initiierten, deren Aufklärung die CDU-Regierung anschließend als triumphale Erfolge verkaufen wollte.

Eine Schlüsselrolle spielte dabei Werner Mauss, früherer V-Mann, Privatdetektiv mit besten Kontakten zum Bundeskriminalamt. Mauss besorgte für die Aktion Celler Loch einen Wagen, der in einer inszenierten Polizeikontrolle benutzt wurde, um einen jugoslawischen V-Mann mit linksextremer Glaubwürdigkeit auszustatten. Die Lockspitzel versuchten, Mitstreiter für die Debus-Befreiung zu rekrutieren, schmuggelten Waffen über die deutsche Grenze und versuchten, allerdings vergeblich, eine terroristische Gruppe zu bilden.

Deshalb musste die GSG 9 die Mauersprengung in Celle am Ende selbst in die Hand nehmen. Das Lockspitzelsystem erstreckte sich auch auf gewöhnliche Kriminalität, mit ähnlichen Verwechslungen von Anstiftung und Aufklärung.

Eine spektakuläre Aufklärung gelang dem Untersuchungsausschuss im »Fall Neuland«. Der offenbarte den Abgrund, in den der niedersächsische Verfassungsschutz mit seinem Kontakt zu Werner Mauss geraten war. Denn faktisch war der niedersächsische Verfassungsschutz 1978 an einem politischen Mordversuch des von Franco-nahen Mitarbeitern durchsetzten spanischen Geheimdienstes an Antonio Cubillo beteiligt.

Cubillo war in den 1970er-Jahren die Leitfigur der kanarischen Unabhängigkeitsbewegung MPAIAC, deren Hauptquartier sich in Algier befand. Diese Bewegung hatte 1977 Anschläge unter anderem auf eine BMW-Niederlassung verübt. Mauss arbeitete in einer Doppelrolle für den niedersächsischen Verfassungsschutz und deutsche Unternehmen, die die MPAIAC für geschäftsschädigend hielten.

Mauss versuchte, einen V-Mann des niedersächsischen Verfassungsschutzes in die MPAIAC einzuschleusen. Bei einem Treffen mit Cubillo bot dieser V-Mann an, deutsche Touristen auf den Kanaren zu entführen und dies als Tat der MPAIAC auszugeben. Cubillo lehnte entsetzt ab.

Der niedersächsische Verfassungsschutz kannte die Pläne für einen Anschlag auf Cubillo und arbeitete in einer illegalen Auslandsoperation mit einem Geheimdienst zusammen, zu dessen Praxis politische Mordanschläge gehörten. Cubillo überlebte das Attentat schwer verletzt. Er arbeitete danach bis zu seinem Tod als Anwalt auf den Kanaren.

Die Arbeit im Untersuchungsausschuss hatte bizarre Seiten. Die verschlungenen Recherchen brachten es mit sich, im Europaparlament unter konspirativen Bedingungen Aktivisten der baskischen Partei Herri Batasuna zu treffen, um die Legende des Verfassungsschutzes zu widerlegen, dass die Lockspitzel erfolgreich ETA-Terroristen enttarnt hätten.

Einmal saß ein Journalist in meinem Büro, der sich brennend für ein paar geheime Dokumente interessierte, die er angeblich unbedingt für seine Arbeit benötige. Mein Kollege Johannes Kempmann und ich haben ihn freundlich mit ein paar harmlosen Landtags-Drucksachen vor die Tür gesetzt.

Später gelang es uns im Untersuchungsausschuss, den ominösen Agenten Mauss vorzuladen. Unter anderem auf meinen Antrag hatte der Ausschuss Mauss und seine Ehefrau zur Fahndung ausgeschrieben. Von Mauss existierten zwar viele sagenhafte Geschichten, aber kein Foto. Als er nach der Verhaftung seiner Ehefrau endlich als Zeuge vor uns saß, wurde mir klar: Den kenne ich. Es war der »Journalist«, der versucht hatte, mich zum Durchstechen geheimer Dokumente zu verleiten. Mauss' Plan war es gewesen, den Ausschuss mit diesen geheimen Dokumenten als nicht vertrauenswürdig zu diffamieren und zu delegitimieren – um nicht vorgeladen zu werden.

Terrorbekämpfung mit dem Mittel des Staatsterrorismus schafft eine Grauzone, in der die Grenze zwischen Legalität und Illegalität in dichtem Nebel verschwindet. Das Celler Loch warf die Frage auf, ob der Verfassungsschutz die Verfassung, die er schützen soll, nicht selbst gefährdet.

Nach 135 Sitzungen veröffentlichten wir 1989 den 390 Druckseiten umfassenden Abschlussbericht. Dass dieser Untersuchungsausschuss so erfolgreich arbeiten konnte, lag auch an seinem Vorsitzenden Heiner Herbst. Der Christdemokrat aus Braunschweig – gleichzeitig Vorsitzender des Rechtsausschusses – war ein unabhängiger Kopf. Seine Loyalität galt der Demokratie und dem Recht, nicht seiner Partei. Er hatte sich schon bei dem verfassungswidrigen Versuch der CDU, die Rotation der Grünen-Fraktion zu blockieren, gegen seine Fraktion und seine Regierung gestellt.

Herbst unterstützte im Untersuchungsausschuss die Haftbefehle gegen Werner Mauss und seine Ex-Frau. Das war eine ungewöhnliche Aktion. Noch nie hatte ein Untersuchungsausschuss in Niedersachsen eine Verhaftung initiiert. Bei einer Befragung, bei der sich Albrecht mal wieder an nicht viel erinnern konnte, blätterte der Ministerpräsident in seinem Kalender. Ich rief: »Herr Vorsitzender, der Ministerpräsident guckt in seinen Terminkalender. Ich beantrage die Beschlagnahmung.« Herbst war einverstanden und kassierte Albrechts Kalender ein.

Unser Versuch, Albrecht 1989 wegen der Affäre Celler Loch zu stürzen, scheiterte dennoch an CDU und FDP, die zu dem ramponierten Ministerpräsidenten standen. Nur Albrechts Innenminister, der CDU-Vorsitzende Wilfried Hasselmann, musste zurücktreten. Allerdings nicht wegen der Machenschaften seines Verfassungsschutzes, sondern weil er in einem anderen Untersuchungsausschuss ein Geschenk der in Konkurs gegangenen niedersächsischen Spielbank verschwiegen hatte. Doch den Ruf des »Skandallandes Niedersachsen« wurde Albrecht nicht mehr los. Das führte 1990 dann zur Wahl der ersten rot-grünen Regierung im Land.

In der Bundesrepublik existiert eine finstere Tradition klandestiner Einflussnahme des Verfassungsschutzes auf die linke Szene. Entscheidendes ist auch Jahrzehnte danach nicht aufgeklärt.

Peter Urbach etwa versorgte als Agent Provocateur des Verfassungsschutzes die linksradikale Szene in Westberlin nach 1967 mit Waffen, Molotowcocktails, Spreng- und Brandbomben. Der Verdacht, dass der Verfassungsschutz ausgerechnet der RAF aktiv bei der Waffenbeschaffung half, ist nie ausgeräumt worden. Urbach sagte 1971 in einem RAF-Prozess aus und verschwand anschließend nach Kalifornien, wo er bis zu seinem Lebensende 2011 unter seinem Klarnamen arbeitete – unter anderem in einem Atomkraftwerk.

Auch mehr als fünfzig Jahre danach ist unklar, wie weit der Verfassungsschutz in Gründung und Ausrüstung der RAF oder den 1969 gescheiterten Anschlag auf das Jüdische Gemeindehaus verstrickt war. Diese Tat soll Dieter Kunzelmann begangen haben – gegen den aber nie Anklage erhoben wurde.

Der Mord an dem linksradikalen Studenten und V-Mann des Westberliner Verfassungsschutzes Ulrich Schmücker 1974 wurde in vier Prozessen verhandelt. Weil der Verfassungsschutz wichtige Beweise vorenthielt, blieb offen, wer die Mörder waren. 1991 wurde das vierte Verfahren eingestellt. Es war nicht zu klären, so das Gericht, ob V-Männer des Verfassungsschutzes oder Mitglieder der terroristischen Bewegung »2. Juni« Schmücker hingerichtet hatten. Sicher sei aber, dass der Verfassungsschutz eine erhebliche Mitschuld an dem Mord trage.

Das Celler Loch reiht sich nahtlos in diese Skandalchronik ein. Mit zwei Unterschieden. Inwieweit Politiker bei Urbach und Schmücker ihre Hände im Spiel hatten, liegt im Dunkel. Beim Celler Loch kam das Ja für die staatsterroristische Aktion vom Ministerpräsidenten persönlich.

Anders als im Fall Schmücker und Urbach, gelang es beim Celler Loch, wenn nicht alle, so doch die grundlegenden Fragen zu klären und die Verantwortlichen zu benennen.

Geheimdienste sind in Demokratien Fremdkörper. Demokratische Prozesse müssen transparent, nachvollziehbar und offen sein, Geheimdienste arbeiten mit Abschottung, Intransparenz und Arkanwissen. Urbach, Schmücker und das Celler Loch sind keine abgelagerten, überwundenen Geschichten aus der Vorzeit. Sie veranschaulichen die Gefahren, die drohen, wenn Geheimdienste nicht strikt kontrolliert werden, wenn sie Recht brechen, Straftaten zulassen oder selbst anstiften.

Politische Instrumentalisierung von Geheimdiensten beginnt nicht erst bei der Anstiftung zu Straftaten und der Vortäuschung von Terroranschlägen. Nicht nur gewaltbereite Linksradikale wurden vom Verfassungsschutz beobachtet. Sie sammelten auch die Unterlagen für die Berufsverbote von DKP-Mitgliedern. Sie nahmen auch Teile der Grünen in den Blick. Mit den dabei gesammelten Erkenntnissen bestückte die Bundes-CDU dann eine Broschüre gegen uns Grüne.

Der niedersächsische Verfassungsschutz, den ich als Abgeordneter kontrollieren sollte, hat informell nie ein Geheimnis darum gemacht, dass er eine Akte über mich hatte. Mein Versuch als Minister, meine Akte beim niedersächsischen Verfassungsschutz einzusehen, scheiterte. Angeblich war sie an das Bundesamt für Verfassungsschutz in Köln geschickt worden. Dort war sie aber später auch nicht mehr auffindbar.

1998 löst sich die RAF auf. In diesem Jahr begann der rechtsterroristische NSU eine mehr als ein Jahrzehnt unentdeckte Mordserie in Deutschland. Mehr als 180 Menschen sind seit 1990 von rechtsextremen Gewalttätern getötet worden.

Die NSU-Morde zeigen, dass die strukturellen Defekte des Verfassungsschutzes auf beklemmende Weise fortbestehen. Denn der Verfassungsschutz hat faktisch ein rechtsextremes Netzwerk rund um die NSU-Terroristen mit Geld für V-Leute finanziert. Dieses Netzwerk von V-Leuten war zehn Jahre zumindest nicht in der Lage zu erkennen, für welche kriminellen Taten der NSU verantwortlich war.

Nach mehreren NSU-Untersuchungsausschüssen in Bundestag und Landtagen steht immer noch der Verdacht im Raum, dass V-Leute selbst in Straftaten verstrickt waren oder diese gedeckt haben. Dass eine rassistische Mordserie mit Staatsgeld mitfinanziert worden sein könnte, ist eine schwindelerregende Vorstellung. Wie schon in den Fällen Urbach und Schmücker sind die Akten, die Aufschluss über die Verstrickung des Verfassungsschutzes geben könnten, verschwunden, wurden geschreddert oder sind verloren gegangen. Manche Zeugen sind überraschend verstorben.

Ein Nachrichtendienst, der der Demokratie nützen soll, muss gewaltbereite Extremisten überwachen und deren Strukturen präzise durchleuchten – aber nicht mit V-Leuten selbst Akteur des Spiels werden.

Buback, ein Nachspiel

Im Januar 2001 sprach mich ein Mann im Zug nach Berlin an und fragte, ob ich mich von dem Mescalero-Nachruf distanziere. Ich verneinte und betonte gleichzeitig, dass ich mir den Text nicht zu eigen mache. Der Mann war Michael Buback, der Sohn des 1977 ermordeten Generalbundesanwaltes. Buback war auf dem Weg zu der Talkshow *Sabine Christiansen*. Er berichtete dort nicht ganz vollständig von unserem Treffen. Dass ich, damals Bundesumweltminister, mir den Mescalero-Text nicht zu eigen machte, ließ er nämlich unerwähnt.

Die folgende »Affäre« war, von manchen Medien befeuert, keine aufklärende Debatte über 1977, keine selbstkritische Reflexion über den Deutschen Herbst, sondern der Versuch einer selbstgerechten Abrechnung. Die *Frankfurter Allgemeine* und *Bild* behaupteten, dass ich als Mitglied des AStA mitverantwortlich für die Veröffentlichung des Mescalero-Nachrufs gewesen sei. Das war eine Falschmeldung, die mich in die Nähe des Aufrufs rücken sollte.

2001 wiederholte sich, was 1977 passiert war. Wer sich nicht vollmundig distanzierte, wer darauf hinwies, dass der Mescalero-Text gegen die Gewaltpraxis der RAF gerichtet war, wurde verdächtigt, ein versteckter Terrorsympathisant (gewesen) zu sein.

Michael Buback und ich haben danach mehrmals miteinander gesprochen. Ich habe betont, dass der Mescalero-Text für Angehörige der Opfer unerträglich sein musste. Er hat mir später versichert, dass er verstehe, dass der Text als eine Absage an den individuellen Terror gemeint war. Er habe auch mit dem Verfasser des Nachrufs gesprochen.

Der Mord an Siegfried Buback, seinem Fahrer Wolfgang Göbel und dem Beamten Georg Wurster ist bis heute nicht aufgeklärt. Ob die drei dafür 1980 Verurteilten geschossen haben, ist unklar. Michael Buback hat mit immenser Energie versucht, herauszufinden, wer seinen Vater getötet hat. Er verdächtigt die Terroristin Verena Becker, die 1981 nach ihrer Verhaftung Informantin des Verfassungsschutzes war. Der Historiker Wolfgang Kraushaar hat etliche Hinweise gefunden, die zeigen, dass Justiz und Staatsschutz Becker schon vor 1981 auffällig schonend behandelten. Womöglich hatte Becker schon vor 1981 Kontakte zum Verfassungsschutz. Michael Buback vermutet, dass Becker von der Justiz geschützt wurde.

Es gibt keine Beweise, dass Becker die Mörderin war oder dass der Staatsschutz sie schützte, um die frühere Zusammenarbeit nicht publik werden zu lassen. Das unterscheidet den Fall Becker vom Celler Loch oder den Waffenlieferungen des V-Manns Peter Urbach an Linksextreme 1969. Aber es gibt Ungereimtheiten und Widersprüche. Die Vermutung, dass der Verfassungsschutz viel mehr wusste, als er preisgab, finde ich plausibel.

Die Fälle Peter Urbach, Verena Becker und Ulrich Schmücker, das Celler Loch und die V-Leute im Umfeld des NSU führen mich zu der gleichen Erkenntnis: Geheimdienste dürfen in der Demokratie nicht im Graubereich zwischen Legalität und Illegalität agieren.

Die Erfahrungen mit den illegalen Machenschaften der Geheimdienste waren gute Gründe dafür, dass die frühen Grünen die Abschaffung des Verfassungsschutzes gefordert haben. Als wir 1990 in Niedersachsen in die Regierung eintraten, haben wir den Verfassungsschutz allerdings dann doch nicht abgeschafft, aber umorganisiert. Aus einem eigenen Landesamt wurde eine Abteilung des Innenministeriums. Die Kontrollrechte des Landtages wurden gestärkt.

Ohne Zweifel hat der tradierte Geheimdienstansatz Schwächen. Er lebt von der Vorstellung, dass sich klandestine Gruppen von Verschwörern verabreden, die demokratische Ordnung umzustürzen. Die gibt es – siehe die mutmaßliche Verschwörung von Reichsbürgern und AfDlern unter dem Prinzen Reuß. Doch den Fokus darauf zu verengen erschwert es oft, Strukturen und Netzwerke zu erkennen. Es bedarf auch der wissenschaftlichen Analyse, um die Bedrohungen für die Demokratie erkennen zu können. Aufklärung ist die Grundlage für eine politische Bekämpfung der Antidemokraten. Deshalb ist die Arbeit von Informationsdiensten wie etwa *Der*

Rechte Rand, *Volksverpetzer* oder *Correctiv* so wichtig. Sie bieten die Grundlage für das Engagement der Zivilgesellschaft zur aktiven Verteidigung der Demokratie.

Die Demokratie muss sich gegen Feinde auch mit nachrichtendienstlichen Mitteln zur Wehr setzen können. Die Alternative zum Verfassungsschutz wäre ein Geheimdienst, der bei der Polizei angesiedelt ist. Das wäre jedoch kein Fortschritt, im Gegenteil. Es würde das Legalitätsprinzip, nach dem die Polizei jede Straftat zu verfolgen hat, mit Opportunitätserwägungen durchlöchern, bei bestimmten Straftaten wegen erwarteter Erkenntnisse wegzuschauen. Die Dienste müssen strikt rechtsstaatlich handeln und streng und effektiv kontrolliert werden. Sonst wächst im Schoß der Demokratie eine antidemokratische Institution heran.

Bild, eine Fälschung

Schon beim Attentat auf Buback hatte die *Bild*, wie beschrieben, eine Kampagne befeuert, die mich in die Nähe des Mescalero-Nachrufs rückte. Sie war aber harmlos gegen den Versuch, mich mit einem gefakten Foto als Sympathisant militanter Gewalttäter zu überführen. Im April 2001 zeigte *Bild* ein Foto, auf dem ich 1994 bei einer Demonstration in Göttingen zu sehen war. Die Redaktion hatte, um für ausreichend Dramatik zu sorgen, zwei Gegenstände auf dem Foto eingekreist, mit roten Strichen markiert und beschriftet: Vermummte führten neben mir einen »Bolzenschneider« und einen »Schlagstock« mit sich. »Was machte Minister Trittin auf dieser Gewalt-Demo?«, lautete die *Bild*-Überschrift.

Bei der Demonstration am 16. Juli 1994 hatten Autonome gegen den Paragrafen 129a Strafgesetzbuch und Hausdurchsuchungen protestiert. Ich war, wie oft bei Demonstrationen in Göttingen, nicht nur als Teilnehmer dort, sondern auch und vor allem als Vermittler.

Das *Bild*-Foto war eine Fälschung. Der »Schlagstock«, der meine gewalttätige Einstellung bebildern sollte, war ein Seil, das den schwarzen Block von mir und anderen Demonstranten abteilte. Der staatsfeindliche »Bolzenschneider« war der Dachgepäckträger des Lautsprecherwagens. Das Ganze war eine Erfindung von *Bild* und ihrer Chefredaktion. Ein Redakteur des *Göttinger Tageblatts*, Hermann Hillebrecht, hat das ganze Foto von 1994 veröffentlicht und die Manipulation enttarnt. Auch der *Focus* veröffentlichte rasch danach das Original.

Die Manipulation war so dreist, dass die Landeszentrale für politische Bildung sie als Lehrstück für den Politikunterricht aufbereitete. Der Vorgang fand Eingang in eine Ausstellung im Bonner Haus der Geschichte über prominente Bildfälschungen vom Kaiserreich über die Stalinzeit bis heute.

Bild-Chefredakteur Kai Diekmann hat sich danach bei mir entschuldigt. Ich habe die Entschuldigung angenommen und von weiteren Schritten abgesehen. Meine Überlegung war 2001: Ein Minister, der eine Zeitung verklagt, hätte den Eindruck von Zensur erwecken können. Im Rückblick wäre es besser gewesen, *Bild* auf Schmerzensgeld oder Schadensersatz zu verklagen. Denn Diekmann versicherte stets, dass alles ein bedauerlicher handwerklicher Fehler gewesen sei, der bei Zeitungen immer mal vorkommen könne. Auch in seiner Autobiografie »Ich war Bild« wiederholt er das. Diekmann und Springer sind sogar mit gerichtlichen Drohungen gegen Medien vorgegangen, die den *Bild*-Fake als das bezeichnet haben, was er war – eine Fälschung. Eine Schadensersatzklage hätte das auftrumpfende, aggressive Verhalten von *Bild* und Springer womöglich etwas gedämpft.

Göttingen und der Staatsschutz

Dass der Einsatz der Polizei nicht immer ein Fortschritt für den Rechtsstaat sein muss, erfuhren wir in Göttingen Ende der 1980er-Jahre recht handfest. Wir wurden von der Polizei und dem Landeskriminalamt umfassend überwacht.

Das »Aufklärungs- und Festnahmekommando« der Göttinger Polizei widmete sich besonders intensiv den Hausbesetzern, den Grünen und später der autonomen Antifa. Die Szene stand unter

Generalverdacht. Das Landeskriminalamt schleuste zwei V-Leute in den Göttinger Arbeitskreis gegen Atomenergie ein. Auch die Grünen zählten zu den Beobachtungsobjekten der Ordnungsmacht. Es gab kleinkarierte Schikanen.

Meine Nachbarin, eine Lehrerin mit zwei Kindern, engagierte sich bei »Bürger beobachten die Polizei« – eine angesichts des Übereifers der Ordnungskräfte nötige Initiative. Ihr Sohn kam abends oft aus dem Jugendzentrum »JuZi« nach Hause. Er wurde dabei regelmäßig von Zivilpolizisten aufgegriffen. Er sei bei Rot über die Ampel gegangen, das koste zehn Mark. Bei Widerstand würde er verhaftet. Meine Nachbarin gab ihrem Sohn jeden Abend einen Zehnmarkschein mit.

Die linken Demonstrationen richteten sich zu dieser Zeit oft gegen die neonazistische FAP. Die Polizei schützte Veranstaltungen der Nazis und ging mit überflüssiger Gewalt gegen Linke vor. Das führte zu Verbitterung und Verhärtung.

Ein schwarzer Tag war der 17. November 1989. Nach einer handgreiflichen Konfrontation zwischen Linken und berüchtigten rechten Schlägertrupps aus dem Umfeld der FAP sagte im Polizeifunk jemand: »Sollen wir sie jetzt plattmachen?« Gemeint waren wie immer Linke. Ordnungskräfte verfolgten eine kleine Gruppe von Autonomen. Unter ihnen war Conny Wessmann, 24 Jahre alt, Studentin, unmaskiert und unbewaffnet. Sie wurde auf der Flucht vor der Polizei von einem Auto erfasst und getötet.

Solche Erfahrungen haben viele dem Staat entfremdet. Anstatt wie heute eher üblich auf Deeskalation zu setzen, heizte die Staatsmacht damals Konflikte an. Das Jugendzentrum JuZi und die Autonomen wurden wie Feinde behandelt, die Nazis lange nicht.

Ich war in den 1980er- und 1990er-Jahren als Landtagsabgeordneter oft bei Demonstrationen in Göttingen. Nicht nur als Teilnehmer, auch als Vermittler. Die Polizei redete nicht mit den Autonomen. Die Autonomen redeten nicht mit der Polizei. Kommunikation aber war nötig, um Missverständnisse zu vermeiden und gewalttätige Eskalationen zu verhindern.

Im November 1989 gab es eine Trauerdemonstration für Conny Wessmann. »Conny, von den Bullen getötet« stand auf Transparenten. Krawalle waren vorprogrammiert. Ich habe durch Gespräche mit Autonomen und der Polizei geholfen, den Sachschaden in Grenzen zu halten. Beide Seiten hätten vehement widersprochen, wenn man diese Kommunikation »Absprache« genannt hätte. Aber es hat funktioniert. Die Demo mit mehr als 20 000 Teilnehmern ging recht friedlich zu Ende. Nach dem Ende der Demonstration irrte allerdings eine ortsunkundige Hundertschaft der Polizei aus Braunschweig durch die Stadt und marschierte zufällig am JuZi vorbei. Die Autonomen hielten das für einen Räumungsversuch. Flaschen flogen, die Straßenschlacht begann. Diese Episode zeigt, wie wichtig verlässliche Kommunikationskanäle sind, um Eskalationen zu verhindern.

Auf Drängen der rot-grünen Landesregierung Niedersachsens wurde dann die FAP in den Neunziger Jahren verboten. Das Provokationspotenzial der Rechten wurde so verringert. Die Forderung der Autonomen Antifa war berechtigt.

Die neue Linke hat Macht und Herrschaft in Staat und Gesellschaft nach 1968 radikal infrage gestellt. Dabei gab es Übertreibungen und Kurzsichtigkeiten. Doch sie hat damit den Prozess der »Fundamentalliberalisierung« (Jürgen Habermas) der Gesellschaft beschleunigt und die Demokratisierung der Institutionen erwirkt. Die offene Demokratie ist hart erkämpft worden. Jetzt stehen die liberale Gesellschaft und die Demokratie massiv unter Druck. Von rechts außen.

Die Antiparteienpartei – parlamentarische Integration

Mit der Revolte von 1968 hatte sich in fast allen Staaten des demokratischen Kapitalismus eine neue Linke herausgebildet. Diese stand in scharfem Kontrast sowohl zu den Konservativen und Rechten als auch zur tradierten Sozialdemokratie. Die gewaltsame Niederschlagung des reformkommunistischen Prager Frühlings durch die Panzer des Warschauer Paktes hatte die Differenz der neuen Linken zu den tradierten, moskauorientierten kommunistischen Parteien verschärft.

Diese neue Linke fand aber in ihren Ländern zum Teil höchst unterschiedliche politische Systeme vor. In den USA und Großbritannien mit ihren Mehrheitswahlsystemen konnten sich solche Strömungen nur durch Entrismus, also den Beitritt zur Labour Party oder in den USA zu den Demokraten, Einfluss im System verschaffen.

In Ländern mit Verhältniswahlsystemen aber bildeten sich neue Parteien. In Skandinavien, den Niederlanden und Italien entstanden aus der 68er-Bewegung heraus schon in den 1970er-Jahren eigene politische Formationen. Sie rückten in die Parlamente ein. In einer damals liberalen Gesellschaft wie den Niederlanden saßen schon 1970 Mitglieder der Kabouter-Bewegung im Stadtrat von Amsterdam. Ähnliches vollzog sich mit linkssozialistischen Parteien in Skandinavien.

Die Erfolge der pazifistisch-sozialistischen Partei PSP in den Niederlanden, ein Vorläufer von GroenLinks, waren aber in der Bundesrepublik in den 1970er-Jahren kaum denkbar. Die neue Linke stand nicht nur einem All-Parteien-System bei den Notstandsgesetzen gegenüber. Es gab zudem die institutionelle Hürde der Fünfprozentschranke bei Wahlen. Schon das machte die Bildung einer Partei links von der SPD schwierig.

Es kam aber ein Weiteres hinzu. Die westdeutsche Bundesrepublik war der Frontstaat mit einer unmittelbaren Grenze zum Warschauer Pakt. Es gehörte zur Standardrhetorik, auf Kritik von links zu antworten: »Geht doch nach drüben.« Obwohl die neue Linke gar nichts mit der kleinbürgerlichen »Bockwurst-Republik« (so der DDR-Naturschützer, Pazifist und Vegetarier Kurt Kretschmann über seinen Staat) am Hut hatte, wurde sie durchgehend unter den Verdacht gestellt: »Ihr seid doch von Pankow gesteuert.«

Die parlamentarische Integration der 68er dauerte in der Bundesrepublik rund fünfzehn Jahre länger als in anderen westlichen Staaten. Statt wie anderswo linkssozialistische Parteien zu gründen, fand sich die neue Linke in der Bundesrepublik mit Naturschützern, enttäuschten Sozial- wie Christdemokraten Ende der 1970er-Jahre bei den Grünen zusammen. Diese sehr unterschiedlichen Strömungen einte die Gegnerschaft zu einem Parteiensystem, in dem alle anderen für Atomwaffen und für Atomkraft waren. Die Grünen verstanden sich als »Antiparteienpartei« (so Petra Kelly, eine ihrer Gründerinnen).

Aus dem Antiparteienpartei-Verständnis und der Erfahrung der Ausgrenzung suchten die frühen Grünen nach anderen Wegen der demokratischen Legitimation und Partizipation. Hierzu gehörte die zeitliche Begrenzung von Mandaten (Rotation) ebenso wie die Begrenzung der Abgeordnetendiäten auf »Facharbeiterniveau«. Beides hatte keine lange Haltbarkeit – in der Praxis erforderte der Parlamentsbetrieb zu viel Professionalität dafür.

Bis heute aber gilt bei den Grünen die Frauenquote, wonach mindestens jeder zweite Listenplatz mit einer Frau besetzt sein muss. Die so sichergestellte Partizipation von Frauen ist überaus erfolgreich. Sie zeigte Wirkung bis hinein in andere Parteien wie SPD und CDU, die mit zum Teil Jahrzehnten Verzögerung und oft halbherzig ebenfalls Frauenquoten einführten.

Es ist ein historischer Erfolg, mit dem diese einst belächelte innergrüne Regelung der Partizipation von Frauen in der Politik diesen entscheidenden Schub versetzt hat.

Vom Elend der direkten Demokratie – die Kultur des politischen Konsenses

Aus der Erfahrung des Ausschlusses aus dem System resultierte ein hohes Maß an Misstrauen gegenüber der repräsentativen Demokratie. Deshalb forderten die frühen Grünen regelmäßig, Elemente direkter Demokratie wie Volksbegehren und Volksentscheide einzuführen. Dort, wo sie in den Ländern regierten, gelang es ihnen auf kommunaler – wie in Niedersachsen – oder auch wie in Hamburg auf Landesebene tatsächlich, diese Veränderungen durchzusetzen.

Die direkte Demokratie erschien vielen Grünen ein Hebel zu sein, die Macht des Allparteienkartells in der repräsentativen Demokratie zu durchbrechen. Hatten nicht die Österreicher per Volksentscheid das Atomkraftwerk Zwentendorf verhindert? Und gelang es später nicht den Münchner Grünen mitten im schwarzen Bayern, per Bürgerentscheid die dritte Startbahn für den Flughafen zu verhindern? Den Berlinern, die Bebauung des Tempelhofer Feldes zu unterbinden? Auch wir Göttinger Grüne verhinderten mit einem Bürgerentscheid den Bau der Südumgehung.

Dennoch habe ich dieses Instrument immer kritisch gesehen. Warum soll eine Partei, die sich dem Schutz der Menschen- und Minderheitsrechte verschrieben hat, dem »gesunden Volksempfinden« ein solches Instrument in die Hand geben?

Die Frage lässt sich nicht nach den Ergebnissen solcher Abstimmungen beantworten. Anders als in München hatte sich in Berlin eine Mehrheit für das Offenhalten des innerstädtischen Flughafens Tegel ausgesprochen. In Österreich besiegelte eine Volksabstimmung das Ende der Atomkraft, in der Schweiz scheiterten Ausstiegsplebiszite – während in Deutschland der Ausstieg per Gesetz vom Bundestag beschlossen wurde. Die Schweiz schaffte eine ambitionierte Lkw-Bemautung per Volksabstimmung, ambitionierter als Deutschland. Aber dort scheiterten etliche Initiativen für mehr Klimaschutz in Volksabstimmungen – bis dahin, dass sich die Schweiz vom Europäischen Gerichtshof für Menschenrechte wegen ungenügenden Klimaschutzes verurteilen lassen musste. Nein, vom möglichen Ausgang eines Plebiszits her können wir unsere Haltung zur direkten Demokratie nicht ableiten.

Im geltenden grünen Grundsatzprogramm findet sich die Forderung nach Volksbegehren und Volksabstimmung heute nicht mehr. Hierzu hat die Ablehnung des europäischen Verfassungsvertrags durch Plebiszite in Frankreich und den Niederlanden beigetragen – aber auch der Aufstieg faschistischer Bewegungen und Parteien in Europa. Das führte dazu, dass sich die Grünen 2021 von der Idee der direkten Demokratie verabschiedeten. Für die Streichung haben auf dem Parteitag Robert Habeck und ich gemeinsam erfolgreich geworben.

Mit dieser Entscheidung stellte sich die Partei hinter die Lehren, die die (wenigen) Mütter und die Väter des Grundgesetzes aus dem Scheitern der Weimarer Republik und der Machtübertragung an die Nazis gezogen hatten. Das Grundgesetz ist eine Antwort auf 1933. Hitler wäre 1933 ohne Reichspräsident Hindenburg, der mit der

Autorität, direkt vom Volk gewählt zu sein, ausgestattet war, nicht an die Macht gekommen.

Bei zwei alternativen Legitimationssystemen, einem repräsentativen, parlamentarischen und einem direktdemokratischen, besteht immer die Gefahr, dass Letzteres bevorzugt wird, weil es mit der vermeintlich größeren moralischen Autorität ausgestattet ist.

Verfassungsrechtlich kann zum Beispiel der Berliner Senat mit seiner Mehrheit die Entscheidung zum Tempelhofer Feld aufheben und es bebauen lassen. Seine aktuellen Pläne zur Betonierung der Grünfläche zielen aber darauf, sich die Bebauung durch eine Volksbefragung zusätzlich legitimieren zu lassen. Politisch wie moralisch wird der direkten Entscheidung durch das Volk eine höhere Legitimität zugesprochen wie der Entscheidung durch frei vom Volk gewählte Abgeordnete in der repräsentativen Demokratie.

Direkte Demokratie schwächt so die gewählten Institutionen. Sie ist offen auch und gerade für den Missbrauch durch Autokraten. So wollte der argentinische Präsident Javier Milei den Ausnahmezustand zur Absicherung seiner wirtschaftlichen Notmaßnahmen per Volksentscheid einführen, weil er keine Mehrheit dafür im Parlament hatte. Italiens faschistische Ministerpräsidentin versucht eine Verfassungsreform, die ihre Herrschaft über Legislaturperioden hinaus sichern soll, ebenfalls über eine Volksbefragung durchzubringen.

In all diesen Fällen beruft sich die politische Rechte ungeniert auf den »eigentlichen«, den »wahren« Willen des Volkes, um die gewählten Institutionen als korrupt und ineffizient hinzustellen. Argentiniens Präsident Milei will sogar mit der »Kettensäge« an die Wurzeln demokratischer Institutionen gehen.

Eine ähnliche Motivation treibt Landwirte, die ihre sechsstellig teuren Hightech-Trecker nutzen, um unter der Parole »Die Ampel muss weg« gewaltsam grüne Veranstaltungen zu sprengen. Sie fürchten um einen kleinen Teil ihrer riesigen Agrarsubvention. Die Transferleistungen der Steuerzahler an die Bauern machen gut die Hälfte ihres Einkommens aus, und über 30 Prozent des EU-Haushaltes gehen in den Agrarsektor. Pro Arbeitskraft erhalten Bauern deutlich mehr vom Steuerzahler als Bürgergeldempfänger.

Selbstverständlich behaupten die Randale-Bauern beim Kampf um mehr Staatsknete, nicht zum eigenen Vorteil zu randalieren. Sie glauben, für den wahren Willen des Volkes zu streiten. Sie setzen um, was Hubert Aiwanger auf einer Demonstration gegen das Heizungsgesetz forderte: sich gegen die gewählte Bundesregierung »die Demokratie zurückzuholen«.

Demokratie ist nicht, wie es Lenin einmal formulierte, die Diktatur der Mehrheit. Sie ist auch die reale Möglichkeit einer anderen Mehrheit – eine Mehrheit kann zur Minderheit werden und umgekehrt. Dazu müssen Minderheiten unveräußerliche Rechte haben. Gewaltenteilung, unabhängige Gerichte und Pressefreiheit sind fundamental für Demokratien. Sie brauchen »Checks und Balances«. Starke Institutionen machen Fehler handhabbar und reversibel. Fehlerredundanz ist in komplexen Systemen moderner Gesellschaften ebenso wie in Flugzeugen und Atomkraftwerken unabdingbar.

Über all das wacht das Bundesverfassungsgericht. Die Richter und Richterinnen werden mit Zweidrittelmehrheit abwechselnd von Bundestag und Bundesrat gewählt und für zwölf Jahre berufen. Eine weitere Amtszeit ist ausgeschlossen. Diese Konstruktion garantiert Unabhängigkeit. Keine Bundesregierung kann das Bundesverfassungsgericht einschüchtern – und von den Auskunftspflichten der Bundesregierung zu Europafragen, zum Wahlrecht oder zur Umsetzung der Schuldenbremse und vielem anderen mehr hat das Gericht den Regierungen in Bund und Ländern einiges ins Stammbuch geschrieben.

Andererseits garantiert diese Konstruktion mehr Durchlässigkeit und Veränderung als der US-amerikanische Supreme Court, dessen Richter und Richterinnen von einer Kammer – dem Senat – auf Lebenszeit gewählt werden.

Die Grünen waren seit ihrer Gründung eine veränderungswütige Partei. Das bundesdeutsche föderale System mit Bundesregierung und Bundesrat als Konterpart arbeitet langsam. Es garantiert dafür Stabilität und relativ große Akzeptanz. Dieses System bildet nicht den spontanen Volkswillen ab, aber mindert Fehler und Schnellschüsse und fördert eine Kultur des Kompromisses und des Kon-

senses. Mit fast gesetzmäßiger Regelmäßigkeit verliert jede neu gewählte Bundesregierung rasch ihre Mehrheit im Bundesrat. Durch-
regieren ist damit so gut wie ausgeschlossen. Darin drückt sich der
bundesdeutsche Geist der Mitte aus.

Die Langsamkeit unseres politischen Systems, verstärkt durch die
5-Prozent-Klausel für den Bundestag, war ein Grund, warum sich
die Veränderung der parteipolitischen Landschaft der Bundesrepublik zähflüssiger als in anderen Ländern vollzog. Die Geschichte der
Grünen zeigt aber, dass das politische System der Bundesrepublik
offen genug für Erneuerungen war.

Gewaltmonopol

In den 1970er- und auch noch in den 1980er-Jahren waren wir neu-
en Linken überzeugt, dass wir das Richtige wollen. Dass auch wir
Fehler machen können und werden, war uns, wenn überhaupt,
höchstens abstrakt klar. Dass politische Systeme Fehlerredundan-
zen brauchen, haben wir nicht gesehen. Deshalb wurde die Bedeutung der Gewaltenteilung gering geschätzt. Institutionen wurden
eher als Mittel der Repression wahrgenommen.

Besonders misstrauisch war die neue Linke gegenüber dem staatlichen Gewaltmonopol. Die Knüppeleinsätze der Bremer Polizei gegen Sitzblockaden und Antifaschisten, die Hubschrauber-Attacken
der Polizei in Brokdorf, prügelnde Reiterstaffeln in Grohnde und
die Schikanen durch den polizeilichen Staatsschutz nicht nur in
Göttingen gaben Anlass genug für Misstrauen.

Staatliche Gewalt bedarf der Regulierung und der Kontrolle.
Beim Erhalt von Sicherheit und Ordnung heiligt der Zweck nicht
die Mittel. Prinzipien wie Verhältnismäßigkeit und Deeskalation
sind Errungenschaften, die mühsam erkämpft wurden durch ge-
waltfreie Sitzblockaden auf Straßenbahnschienen und vor Kasernen
wie durch Klagen vor dem Bundesverfassungsgericht.

In seiner Brokdorf-Entscheidung von 1985 stellte das Gericht das
Demonstrationsrecht in Deutschland umfassend auf eine neue
Grundlage.

Es muss der Grundsatz gelten: Physische Gewalt gegen Menschen darf in einer Gesellschaft nur eine Instanz ausüben, die rechtsstaatlich und demokratisch legitimiert und kontrolliert ist und der gerichtlichen Überprüfung unterliegt, eine staatliche Instanz.

Ohne dieses kontrollierte Gewaltmonopol drohen somalische Verhältnisse. Auch wer meint, es besser zu wissen, im Recht zu sein und sich im Besitz höherer Wahrheiten wähnt, steht nicht über dem Gesetz. Als die Grünen dieses Grundprinzip einmal akzeptiert hatten, hörten sie auf, das zu sein, was sie in den 1980er-Jahren gewesen waren: eine Antiparteienpartei.

Die rot-grüne Landesregierung in Niedersachsen, der ich als Minister angehörte, hat nach 1990 nicht nur ein neues Polizeigesetz geschaffen, mit dem die Missstände der Albrechtzeit überwunden werden sollten. Rot-Grün hat gleichzeitig viel Geld für die Polizei ausgegeben – obwohl wir keins hatten. Wir mussten sparen. So sehr, dass wir einem beachtlichen Teil der roten und grünen Wählerschaft, den Lehrerinnen und Lehrern, eine Stunde mehr Unterricht abverlangen mussten – ohne Lohnausgleich. Dafür durften sich die Lehrenden von Ministerpräsident Schröder noch als »faule Säcke« titulieren lassen – eine ebenso überflüssige wie respektlose Sottise.

Zur Polizei waren Rot und Grün netter. Wir haben den mittleren Dienst bei der niedersächsischen Polizei abgeschafft. Der gehobene Dienst wurde zur Regel. Alle Polizisten in Niedersachsen haben heute ein Fachhochschulstudium.

So unnötig Schröders Polemik gegen Lehrende war, so richtig war die Politik gegenüber der Polizei – strategisch wie in der Sache. Eine Mitte-Links-Regierung durfte der konservativen Opposition beim Thema innere Sicherheit und Recht und Ordnung keine Angriffsflächen bieten. Wo ein Wilfried Hasselmann (CDU) Ausstattungsmängel noch mit markigen Sprüchen überspielen konnte, hätte die CDU seinem Nachfolger Gerhard Glogowski (SPD) das nie durchgehen lassen.

Doch wichtiger war etwas anderes. Gute Ausbildung, gute Ausstattung sind kein Widerspruch zur kritischen Haltung gegenüber der Polizei, sondern deren Konsequenz. Eine gut qualifizierte und bezahlte Polizei tritt ziviler und besonnener auf als eine, die schlecht ausgebildet und bezahlt ist.

Die strategische Dimension einer solchen Politik wiederholte sich dann in der ersten rot-grünen Bundesregierung, erneut unter Gerhard Schröder. Rot-Grün funktionierte auf dem Gebiet der inneren Sicherheit nicht obwohl, sondern weil Otto Schily so rechts war, dass sein Nachfolger Wolfgang Schäuble (CDU) als Linksrutsch empfunden wurde.

Asyl: Das outgesourcte Grundrecht

Einer der dunkelsten Momente der bundesdeutschen Politik war der 26. Mai 1993. Bundestagspräsidentin Rita Süssmuth gab das Abstimmungsergebnis über die Einschränkung des Asylrechts bekannt. Die Zweidrittelmehrheit von Union, SPD und FDP schaffte de facto das individuelle Recht auf Asyl ab – indem sie die Prüfung des Schutzstatus an andere Länder (sogenannte sichere Drittstaaten) auslagerte.

Politische Flüchtlinge, die aus einem »sicheren Herkunftsstaat« nach Deutschland kamen, hatten fortan keinen Rechtsanspruch mehr auf ein Asylverfahren. Weil die Bundesrepublik ausschließlich von solchen Staaten umgeben ist, hieß das nichts anderes, als dass die Wahrnehmung des Rechts an andere delegiert wurde. Mit der trickreichen »Drittstaatenregelung« lagerte die Bundesrepublik das Problem an andere Staaten aus, damals vor allem nach Polen. 1993 wurde der Mechanismus etabliert, Asylbewerber als Feind und Problem zu definieren, das Deutschland sich mit Pufferstaaten möglichst vom Leib hält.

»Politisch Verfolgte genießen Asylrecht« – das war die Lehre aus dem Terror der Nazizeit gewesen, als Verfolgte oft vergeblich an den Grenzen anderer Staaten Schutz suchten. Zwar steht der Satz noch im Grundgesetz – aber er wird mit fünf Absätzen zu Verfahrensfragen belastet, die regeln, wann politisch Verfolgte kein Asylrecht genießen. Wolfgang Schäuble und Gerhard Schröder, die diese Regelung verhandelten, haben Karl Marx eindrücklich bestätigt.

Der hatte über bürgerliche Verfassungen im »18. Brumaire des Louis Bonaparte« gespottet, sie enthielten ihre eigene Antithese, »nämlich in der allgemeinen Phrase die Freiheit, in der Randglosse die Aufhebung der Freiheit«.

Der 26. Mai 1993 war ein fatales Datum. Das amputierte Asylrecht beschädigte einen Kernbestand des Grundgesetzes, das 1949 aus guten Gründen in die Verfassung aufgenommen worden war. Die Parteien der politischen Mitte, Union, FDP und SPD, ließen sich zu dieser Gesetzesänderung auch durch die Gewalttaten treiben, die die nach der deutschen Wiedervereinigung 1990 erstarkten Rechtsextremen begangen hatten.

In den zweieinhalb Jahren vor dem Mai 1993 waren 49 Menschen aus rassistischen Motiven ermordet worden. Im Herbst 1991 hatten einige Hundert Jugendliche im sächsischen Hoyerswerda tagelang versucht, ein Wohnheim für Ausländer zu stürmen, und es mit Brandsätzen beworfen. Die Polizei war unfähig, die Täter zu verhaften und die Angegriffenen zu schützen. Stattdessen räumte sie das Ausländerheim.

Das gleiche, pogromartige Muster wiederholte sich 1992 in Rostock-Lichtenhagen, wo Hunderte rechte Jugendliche ein Wohnheim, in dem vor allem Vietnamesen lebten, in Brand setzten. Die überforderte Polizei evakuierte die Opfer des rassistischen Angriffs.

Die politische Mitte der Bundesrepublik reagierte mit dem sogenannten Asylkompromiss so ähnlich wie die ratlosen Ordnungshüter in Hoyerswerda und Lichtenhagen: Sie gaben dem Druck des rechtsextremen Mobs nach.

Der Berliner Innensenator Dieter Heckelmann (CDU) hielt, so berichtete der *Spiegel,* den Applaus der zahlreichen Zuschauer der Mordversuche des Mobs in Rostock-Lichtenhagen »nicht für Rechtsradikalismus, Ausländerfeindlichkeit oder gar Rassismus, sondern vollauf berechtigten Unmut« über »den Massenmissbrauch des Asylrechts«. Ein Innensenator, verantwortlich für Recht und Ordnung, rechtfertigte so Beifall für Straftaten als begrüßenswerte politische Meinungsäußerung.

Die öffentliche Debatte Anfang der 1990er wirbelte einen Bodensatz von rassistischen Klischees empor. Bewusst und unbewusst wurde das rassistische Angstbild bedient, dass ein »ethnisch unreines« Volk degeneriert sei.

Die Asylbewerber, die uns angeblich zu überrennen drohten, wurden in der rechten und kollektiven Fantasie meist als Afrikaner, Araber oder Vietnamesen imaginiert. Mit der realen Zuwanderung hatte das wenig zu tun. Die Asylbewerber, die in den Jahren 1990 bis 1994 nach Deutschland kamen, stammten zum größten Teil aus Rumänien, Russland, Ex-Jugoslawien und anderen osteuropäischen und südosteuropäischen Ländern. Die Mehrheit der Zuwanderer, rund 2 Millionen, kam auch nicht als Asylbewerber, sondern als Aussiedler (knapp 1,1 Millionen von 1990 bis 1993), als Familiennachzügler und aus Ländern der Europäischen Gemeinschaft mit Arbeitserlaubnis.

Anstatt den Rechtsstaat durchzusetzen und das Leben von Geflüchteten gegen den Mob zu verteidigen, gaben Unionspolitiker »den Ausländern« die Schuld an dem Terror gegen sie.

Der Berliner CDU-Fraktionschef Klaus-Rüdiger Landowsky sah Ausländer »bettelnd, betrügend, ja auch messerstechend durch die Straßen ziehen«, die »nur, weil sie das Wort ›Asyl‹ rufen, dem Steuerzahler in einem siebenjährigen Verfahren auf der Tasche liegen«.

Dies war bezeichnend für die Stimmung Anfang der 1990er-Jahre. Der CDU-Mann Landowsky formulierte vor, was 2018 Alice Weidel von der AfD im Bundestag so ausdrückte: »Burkas, Kopftuchmädchen und alimentierte Messermänner und sonstige Taugenichtse werden unseren Wohlstand, das Wirtschaftswachstum und vor allem den Sozialstaat nicht sichern.« Dafür bekam sie einen Ordnungsruf von Bundestagspräsident Wolfgang Schäuble.

Gegen den Trend:
Rot-Grün in Niedersachsen

1993 gab es in Deutschland nur eine Kraft, die sich diesem Kurs entgegenstemmte. Nachdem die Westgrünen sich wegen Uneinigkeit aus dem Bundestag katapultiert hatten, waren dies die Grünen in der niedersächsischen Landesregierung.

Im Mai 1990 hatte es ein kleines antizyklisches Wunder gegeben. Helmut Kohl, der im Sommer 1989 als Kanzler noch wankte, gelang es, mit seiner entschlossenen Politik der Wiedervereinigung die SPD zu marginalisieren. Der Mauerfall rettete der Union die Macht. Im folgenden Jahr verloren SPD und Grüne nahezu alle Landtagswahlen. Doch im Mai 1990 gab es in Niedersachsen eine Mehrheit für Rot-Grün.

Rot-Grün löste nach 14 Jahren Ernst Albrecht ab. Das »Skandalland Niedersachsen« mit dem Celler Loch und einer bankrotten Spielbank war Geschichte. Der Sieg von Rot-Grün in Hannover verdankte sich beharrlicher Oppositionsarbeit und dem Kampf für Demokratie gegen Albrechts Selbstherrlichkeit. Diese Selbstherrlichkeit hatte die ganzen 14 Jahre seiner Amtszeit geprägt. Das zeigte sich auch im Kleinen. So ging das halbe Kabinett am Buß- und Bettag 1984 auf Fasanenjagd. Der Bußtag war ein stiller Feiertag, Tanzen und Jagen waren verboten. Darauf definierten die Beteiligten die Jagd zu einem »bewaffneten Spaziergang« um. Dummerweise kam raus, dass die Fasanen erst am Tag zuvor ausgewildert worden waren.

Gegen diese Arroganz der Macht hatten SPD und Grüne gekämpft. Gerhard Schröder und ich kannten uns aus gut fünf Jahren Oppositionsarbeit gegen die CDU-FDP-Regierung. Als Fraktionschefs waren wir Konkurrenten um die Meinungsführerschaft gewesen. Ich hatte ihn im Landtag unter Beifall der Union den »sogenannten Oppositionsführer« genannt, »den man zum Jagen tragen muss«.

Aber trotz aller Konkurrenz hatten wir 1990 ein gemeinsames Interesse: Wir wollten Albrecht ablösen, Atomkraftwerke wie Stade stilllegen und dafür die erste rot-grüne Regierung bilden, die vier

Jahre an der Macht bleibt. In Hessen war Rot-Grün 1987 zerbrochen, der SPD-AL-Senat in Westberlin zerfiel im November 1990.

Schöder kam zwar von den Jusos, hatte als Rechtsanwalt Berufsverboteopfer vertreten und in seiner Bundestagszeit reichlich mit Grünen abgehangen, aber er war kein Linker. Gerhard Schröder war und ist ein überzeugter Sozialdemokrat. Von seinem Machtbewusstsein zeugte die Geschichte, wie er angeblich nächtens am Zaun des Kanzleramts gerüttelt hatte. Mit diesem Machtbewusstsein hatte er sein Mandat direkt geholt. Er war 1986 aus dem Bundestag nach Niedersachsen zurückgekehrt. Aber in der Schlussphase des Tschernobyl-Wahlkampfs 1986 hatte ihn die Bundes-SPD-Spitze um Johannes Rau hängen lassen. Rot-Grün in Niedersachsen war für ihn zum einen Rache an dieser SPD-Spitze und zum anderen Vorbereitung für eine spätere Kanzlerschaft. Die musste nicht Rot-Grün sein. Schröder hätte auch mit einer Union unter Volker Rühe als Juniorpartner koaliert. Es kam anders. Aber für eine solche Kanzlerschaft musste er sich als regierungsfähig beweisen. Deshalb war es Schröders wie unser grünes Ziel, die erste rot-grüne Koalition zu bilden. Das gelang.

Der Start war extrem schwierig. Die Grünen hatten lediglich 5,5 Prozent geholt. Die SPD setzte mit äußerstem Machtbewusstsein durch, dass die Umweltministerin keine Grüne, sondern eine unabhängige Expertin wurde, Monika Griefahn, die von Greenpeace kam. Die Grüne Waltraud Schoppe wurde Frauenministerin, eine Querschnittsaufgabe. Ich wurde Minister für Bundes- und Europaangelegenheiten, ebenfalls ein Amt mit wenig exekutiver Macht. Die Grünen verfügten in der Regierung kaum über die administrativen Instrumente, die wir brauchten, um Politik konkret durchzusetzen. Die *taz* schrieb ironisch über die grüne Regierungsbeteiligung: »Tolerierung mit Dienstwagen«.

Doch das traf nicht zu. Weil bei den Bundestagswahlen im Dezember 1990 die Grünen unter 5 Prozent blieben, waren Waltraud Schoppe und ich damit als Angehörige einer Landesregierung 1991 die einzigen Grünen aus dem Westen, die im Bundestag Rederecht hatten.

Zudem verfügten die SPD-Länder im Bundesrat über eine Mehrheit. Das eröffnete Rot und Grün in Niedersachsen die Möglichkeit, bundespolitisch mitzumischen. Nicht nur mit Reden in Bundestag und Bundesrat. Ich nahm an vielen Runden der sogenannten A-Länder – der SPD-geführten Bundesländer – teil. In kleiner Runde vertrat ich Niedersachsen, als wir mit Heide Simonis und Oskar Lafontaine 1993 über Theo Waigels Steuererleichterungen für Unternehmen verhandelten.

Vor allem in der Asylpolitik aber wurde das grün-mitregierte Niedersachsen zum Gegenpol der Bundesregierung. Niedersachsens Ministerium für Bundes- und Europaangelegenheiten war als früheres Heimatministerium verantwortlich für die Aufnahme von Übersiedlern, Aussiedlern und Flüchtlingen. Von den in diesen Jahren nach Deutschland kommenden Menschen hatte Niedersachsen gemäß dem »Königsteiner Schlüssel« immer 10 Prozent unterzubringen. So kamen jährlich 40 000 bis 50 000 Asylsuchende und Aussiedler nach Niedersachsen.

Ihre Unterbringung wurde für die Landesregierung zu einer Herausforderung. Es gab zu wenig Wohnungen und Heime. In Hannover lebten Geflüchtete zeitweise in Zelten. Die Stimmung war aufgeheizt. Die Einrichtung neuer Heime stieß auf Proteste von Anwohnern. In meinem Ministerium gingen mit Klarnamen unterschriebene Faxe mit üblen Beschimpfungen und Drohungen ein. Zum ersten Mal in meinem Leben wurde ich bei Veranstaltungen von Polizisten begleitet. Bei einer Veranstaltung in Wolfenbüttel hatten Rechtsextreme telefonisch gedroht, mit einem Gewehr mit Zielfernrohr auf mich zu schießen, sobald wir den Saal verlassen würden. Die Polizisten vor Ort erklärten uns hilflos, sie könnten uns nur raten, so schnell wie möglich das Weite zu suchen. Mein Fahrer fuhr mich nach Hannover zurück.

Doch wir stießen in den frühen 1990ern nicht nur auf Ablehnung und Rassismus. So waren erstaunlicherweise CDU-Landräte und Bürgermeister im Emsland bereit, mehr Flüchtlinge als vorgesehen aufzunehmen, als in Hannover und Osnabrück nichts mehr ging. Wenn es sich um Christen aus dem Libanon oder um Vietnamesen handelte, die als fleißig galten, waren die Landräte offen für Lösungen. Viele der Geflüchteten haben schnell Jobs bei Firmen in der

Agrarindustrie bekommen. »Meica macht das Würstchen« stimmte eben nur, wenn Menschen die Würstchen stopften.

Die unterschiedliche Behandlung von Aussiedlern und Asylsuchenden zeigte aber auch etwas Weiteres: Integration hilft, Probleme zu mindern. Frühe Sprachkurse und berufliche Weiterbildung sorgten dafür, dass die Integration der vielen Aussiedler weniger Konflikte verursachte als die Geflüchteten, die mit Sachleistungen und ohne Bleibe-Perspektive untergebracht wurden. Als solche Maßnahmen von der Kohl-Regierung von anderthalb auf ein halbes Jahr verkürzt wurden, wurden junge Aussiedler aus Russland plötzlich verstärkt kriminell und landeten häufiger im Jugendstrafvollzug. Ohne deutsche Sprache und Integrationsperspektive zogen sich die jungen Russen in eine Parallelwelt zurück.

Das befeuerte die anschwellende Hetze gegen »Wirtschaftsflüchtlinge« und »Scheinasylanten«. Irgendwann war die SPD durch die Kampagne der CDU sturmreif geschossen. Am Ende einigte sich Gerhard Schröder mit Wolfgang Schäuble auf die faktische Abschaffung des Asylrechts.

Sein eigenes Bundesland aber stimmte im Bundesrat nicht zu. Wir Grünen hatten Nein gesagt, und dann galt die Bundesratsklausel der Koalition. Die Zweidrittelmehrheit für die Grundgesetzänderung musste anderswo hergeholt werden. Wir Grünen konnten diese Mehrheit nicht verhindern – im Bundestag saßen zu diesem Zeitpunkt gerade acht ostdeutsche Mitglieder der Fraktion Bündnis 90/Die Grünen. Auch mit dem rot-grün gewordenen Hessen reichte es nicht für eine Sperrminorität.

Doch leider war damit der Konflikt nicht beendet. Ein Argument der Befürworter der Änderung des Asylgesetzes lautete, man würde damit der rassistischen Gewalt den Boden entziehen. Es wurde drei Tage nach dem 26. Mai 1993 brutal widerlegt.

In Solingen wurden bei einem Brandanschlag auf ein Wohnhaus fünf türkische Mädchen und Frauen ermordet. Die Täter waren vier rechtsextreme Jugendliche aus der Nachbarschaft. Die Opfer waren keine Asylbewerber. Der mörderische Rassismus galt nicht nur Asylbewerbern, sondern allen, die nicht »bio-deutsch« wirkten. Das ist eine Lehre aus den frühen 1990er-Jahren. Die Rhetorik des »Das

Boot ist voll« und die Inszenierung der Asylbewerber als untragbare Last bedrohte auch Menschen, die schon seit Jahrzehnten in Deutschland lebten.

Was in den frühen 1990er-Jahren geschah, wurde zur Folie für die bundesdeutsche Ausländerpolitik und die immer wiederkehrenden Migrationsdebatten. Die Rechten entdeckten ein Migrationsproblem, die Parteien der Mitte (die SPD stets mit leicht schlechtem Gewissen) gaben dem Druck nach und beschlossen Verschärfungen, die Flüchtlinge fernhalten sollten. Zu sinkenden Flüchtlingszahlen in Europa führte das nicht, verstärkte aber ausländerfeindliche Stimmungen und erzeugte einen fatalen Lerneffekt: Der Aktionismus der Regierung ermutigte die Rechtsextremen, Migrationsprobleme aufzubauschen, die die Politik zu lösen hat. Das rassistische Weltbild des mörderischen NSU-Trios formte sich in den aggressiv migrationsfeindlichen Ressentiments der frühen 1990er-Jahre.

Wer als Politiker den bundesdeutschen Rassismus als das benannte, was er war, galt hingegen als nicht mehr tragbar. Die Opposition im niedersächsischen Landtag versuchte drei Mal – vergeblich –, mich zu stürzen – immer aus dem gleichen Grund. 1993 habe ich in London in einer Rede gesagt, dass Deutschland von Rassismus geprägt sei. Das wurde mit »infiziert von Rassismus« falsch übersetzt. Die Union nahm daran Anstoß und fand meine These unerträglich, dass »Rassismus keine Randerscheinung, sondern ein Massenphänomen« sei. Dabei war das angesichts von Dutzenden ermordeter und erschlagener Migranten eine zutreffende Beschreibung. Die Union und auch Teile der SPD waren empört – nicht über die Tatsache, sondern dass ein Minister sie aussprach.

Christian Wulff, damals CDU-Fraktionschef, hielt meine Aussage, dass Deutschland ein Einwanderungsland ist, für so skandalös, dass er einen Misstrauensantrag gegen mich im Landtag einbrachte. Wulff hat mir später im persönlichen Gespräch gesagt: »Sie hatten recht.«

Es ist erfreulich, dass sich Teile der Union von der lange eisern verteidigten Doktrin, dass Deutschland ein ethnisch reiner Staat ohne Einwanderung ist, verabschiedet haben. Wulff und die liberalen Christdemokraten sollten auch die Konsequenzen ziehen. Das bedeutet, mit der Doktrin der politischen Rechten zu brechen, dass Migration durch Abschotten, Abschreckung und Abschiebung geregelt werden kann. Dass Deutschland kein Einwanderungsland sei, war die alte Lebenslüge der Rechten, die ein Blick auf die Straßen deutscher Großstädte mühelos hätte korrigieren können.

2015: Der Asylkompromiss scheitert

2015 platzte die Illusion von 1993, die Bundesrepublik könne mit den sicheren Drittstaaten das Problem von Flucht und Migration an andere auslagern. Menschen machten sich von Ungarn auf den Weg nach Deutschland. Kanzlerin Angela Merkel weigerte sich, die deutschen Grenzen zu schließen und Geflüchtete nach Osteuropa zurückzuschieben.

Noch 2013 hatte der deutsche CSU-Innenminister Hans-Peter Friedrich, als auf der italienischen Insel Lampedusa Tausende Flüchtlinge ankamen und Ertrunkene an den Strand gespült wurden, erklärt, die EU habe damit nichts zu tun: »Italien muss sein Flüchtlingsproblem selbst regeln.«

Deutschland hatte jahrelang vom Dublin-Abkommen und der Drittstaatenregelung profitiert. 2015 kam der deutsche Egoismus wie ein Bumerang zurück: Jetzt ließen die anderen EU-Staaten die Bundesrepublik bei der Aufnahme von Flüchtlingen im Stich.

Zunächst erschien der Herbst 2015 der Kontrapunkt zu 1993. Zehntausende Bürgerinnen und Bürger nahmen Flüchtlinge auf, kümmerten sich um Sprachkurse und leisteten, was der überforderte Staat nicht schaffte. Vizekanzler Sigmar Gabriel saß mit dem »refugee-welcome«-Sticker der *Bild*-Zeitung auf der Kabinettsbank im Bundestag. Das andere, hilfsbereite, weltoffene Deutschland war für einen kurzen Moment sichtbar.

Doch die Debatte kippte schon nach kurzer Zeit in die gewohnten Bahnen zurück. Der unterfinanzierte Staat war unfähig, die Herausforderung zu bewältigen. Weil Flüchtlinge in Turnhallen untergebracht wurden, hatten Schulkinder mehr als ein Jahr lang keinen

Sportunterricht. Das sorgte verständlicherweise für Verärgerung. 2016 beherrschte die Losung vom Abschotten und Abschieben wieder den Diskurs.

Rassismus ist kein Unterschichtphänomen. Nach der Flüchtlingskrise 2015 hatte mich ein prosperierendes Unternehmen in Westdeutschland zu einem Vortrag über die internationale Lage eingeladen. Das Honorar habe ich wie immer gespendet. Das Publikum bestand aus Managern und Vorstandsmitgliedern, die alle internationale Kontakte hatten und viel in der Welt herumgekommen waren – das Gegenteil von Globalisierungsverlierern. Sie waren aber an der internationalen Lage wenig interessiert. Die Debatte verengte sich schnell auf eine affektgeladene Abrechnung mit Merkels Flüchtlingspolitik.

Ich war schon wieder in der Situation, als Oppositionspolitiker die Kanzlerin gegen ihre Kernwählerschaft in der Wirtschaft zu verteidigen. Als mein Büro mich anschließend fragte, wie es gewesen sei, antwortete ich: »Das waren lauter Kevins aus Marzahn mit Lufthansa-Senatorkarte.« Ich entschuldige mich hiermit bei allen Kevins dafür.

2015 zeigt eines deutlich: Abschotten, abschrecken und abschieben sind keine Migrationspolitik. Es führt nicht zu weniger Geflüchteten und Migranten, sondern zu mehr Problemen. Es stärkt die radikale Rechte, weil diese Politik Dinge verspricht, die erkennbar nicht eingelöst werden. Das gilt auch für Kanzleransagen von Olaf Scholz, der 2023 versprach, »in großem Stil« abzuschieben. Es wird Zeit für Realpolitik.

Realpolitik wäre es, anzuerkennen, dass wir jährlich Zuwanderung in sechsstelliger Größe brauchen, wenn wir unseren Wohlstand sichern wollen. Dafür müssen wir legale Zuwanderungsmöglichkeiten schaffen, damit Arbeitsmigranten sich nicht mehr von kriminellen Schleppern misshandeln lassen müssen. Wir müssen auch temporäre Arbeitsmigration ermöglichen.

Die Ampel hat kleine Schritte in die richtige Richtung gemacht, etwa mit dem Fachkräftezuwanderungsgesetz. Die Duldung von Geflüchteten, die nur eine zeitlich begrenzte Aussetzung von Abschiebungen bedeutet, ist institutionalisierte Ausgrenzung. Dass

Flüchtlinge aus dem libanesischen Bürgerkrieg hier mit 20-jähriger Kettenduldung leben mussten, war nicht nur inhuman. Es war ein Förderprogramm für kriminelle Clans. Wer Menschen bloß duldet, ihnen Arbeit und Ausbildung verwehrt, darf sich nicht wundern, wenn sich Parallelstrukturen zum Staat entwickeln.

Die Ampel versucht, mit dem Chancen-Aufenthaltsrecht einen Weg aus dieser Falle zu öffnen und einigen Geduldeten einen rechtlich abgesicherten Aufenthaltsstatus zu ermöglichen. Der von der Ampel initiierte Spurwechsel ermöglicht es einer begrenzten Anzahl von Asylbewerbern, die einen Job oder einen Berufsabschluss haben, eine Aufenthaltserlaubnis zu bekommen. Klug wäre es, dies auszuweiten und Geflüchteten, die schon wegen mannigfacher Abschiebehindernisse meistenteils bleiben werden, schnell durch Sprachkurse zu integrieren und ihren Kindern den Schulbesuch zu erleichtern. Das ist mit Blick auf den wachsenden Arbeitskräftemangel auch in unserem Interesse.

Eine solche Realpolitik muss auf einem gesellschaftlichen Konsens beruhen. Die Union aber fällt, unter dem Druck der Konkurrenz zur AfD, in alte Muster zurück. Es führt eine gerade Linie von den Rücktrittsforderungen des Jahres 1993 an mich über Roland Kochs Wahlkampagne gegen die doppelte Staatsangehörigkeit (»Wo kann man hier gegen Ausländer unterschreiben?«) in Hessen und Jürgen Rüttgers Insinuation »Kinder statt Inder« bis zu Friedrich Merz' Diffamierung ukrainischer Flüchtlinge als Sozialtouristen.

Der Entwurf für ein neues CDU-Grundsatzprogramm plädiert dafür, nicht nur die Verfahren, sondern auch den Schutz für Geflüchtete komplett Drittstaaten zu überantworten. Allerdings verschweigt das Programm, an welche Staaten die Union dabei denkt. Das Hamas-Unterstützerland Tunesien, welches Geflüchtete in die Wüste zum Verdursten schickte? Das von menschenhandelnden Warlords in den Bürgerkrieg gestürzte Libyen? Oder wollen wir uns erneut von der Türkei Erdogans abhängig machen?

Die CDU will dann, dass »eine Koalition der Willigen innerhalb der EU jährlich ein Kontingent schutzbedürftiger Menschen aus dem Ausland aufnimmt und auf die Koalitionäre verteilt«. Die Beispiele USA und Kanada zeigen, dass bei Kontingentlösungen nicht

Hunderttausende, sondern eher Hunderte kommen dürfen. Eines ist sicher: Illegale Migration wird so nicht verhindert, sondern befördert.

Der zweite Grundsatz einer realistischen Migrationspolitik ist der Abschied von einer Lebenslüge. Bisher war jede Einschränkung des Asylrechts von dem Vorsatz begleitet, endlich Fluchtursachen bekämpfen zu sollen. Bekanntlich ist der Weg in die Hölle mit guten Vorsätzen gepflastert.

Bislang sind diesem Vorsatz jedenfalls keine Taten gefolgt. Die Wahrheit ist: Die Fluchtursachen nehmen nicht ab, sondern weltweit zu. Der Arabische Frühling hat eine Kette von zerfallenden Staaten hinterlassen. Die US-Intervention im Irak hat den gesamten Nahen Osten destabilisiert und in Afghanistan ein Desaster angerichtet. Die bis zum Sturz Gaddafis durchgezogene Intervention in Libyen, an der sich Deutschland nicht beteiligte, hat den gesamten Sahel destabilisiert. Frankreichs neokoloniale Politik in Mali, Tschad, Niger und Gambia verstärkt den Zerfall. Die von Europa, den USA und China im Wortsinn befeuerte Klimakrise eskaliert und wird verstärkt für Fluchtbewegungen sorgen.

Laut UNHCR waren Ende 2022 mehr als 100 Millionen Menschen auf der Flucht, so viele wie nie zuvor. Wir bekämpfen Fluchtursachen nicht, wir haben sie zum Teil mit geschaffen. Wie dramatisch die Lage ist, zeigt die gesteigerte Anerkennung von Geflüchteten in Deutschland. Anders als in den 1990er-Jahren ist die Anerkennungs- und Schutzquote hoch. 2022 lag sie bei Syrern und Afghanen bei über 80 Prozent.

Von der Rechten hören wir oft, wir könnten nicht die Probleme der Welt lösen. Allein können wir das nicht. Aber: Wir können uns vor den Problemen der Welt nicht abschotten. Wir sollten die Menschen, die zu uns kommen, willkommen heißen. Wir sollten sie nicht einsperren und sie nicht jahrelang in den demütigenden Status der Duldung und Rechtlosigkeit zwingen. Der Versuch, Asylbewerber abzuschrecken, indem man ihnen mit viel bürokratischem Aufwand kein Geld, sondern Sachleistungen gibt, ist bestenfalls naiv. Wer sein Leben riskiert, um nach Europa zu kommen, wird sich von der Aussicht auf Bezahlkarten nicht stoppen lassen.

Die deutsche Migrationspolitik ist so irrational, weil viele glauben, sie müssten eine »deutsche Identität« gegen das Fremde verteidigen.

Doch gibt es die deutsche Identität überhaupt – und ist sie 2024 die gleiche wie 2000, 1990, 1945, 1933, 1918 oder 1871? Die Rechten instrumentalisieren einen betonierten Begriff deutscher Identität, um auszugrenzen, was ihnen nicht passt. Das Deutsche ist aber ein endloser Prozess von Vermischungen und kulturellen Aneignungen. Wer das Deutsche kulturell oder ethnisch definieren will, begibt sich auf abschüssiges Gelände.

Das gilt auch für die Leitkulturdebatten, die Friedrich Merz 2001 und erneut 2023 führen wollte. Sie sind entweder still versandet oder haben den Rechtsextremen eine Steilvorlage gegeben: »Ich bin stolz, ein Deutscher zu sein.«

Angela Merkel hat einmal auf die Frage, was deutsch sei, geantwortet: Kartoffelsuppe. Sie hat recht. Die Kartoffel ist ein Migrant aus Südamerika. Nach Deutschland führte sie ein preußischer König ein, der am liebsten Französisch sprach und in Oranienburg Holländer ansiedelte. Merkels Antwort zeigt, dass Versuche, deutsch zu definieren, etwas immer Flüssiges fixieren wollen.

Deutscher zu sein ist ein Privileg, kein Verdienst. Denn Deutscher zu sein verschafft mir im globalen Maßstab eine komfortable Position, für die ich nichts getan habe. Uns verbindet in Deutschland keine fixe nationale Identität, sondern der Konsens, auf den sich diese Gesellschaft verständigt hat: das Grundgesetz.

Meine erfreulichste Erfahrung mit Migration habe ich in den 1990er-Jahren als Flüchtlingsminister in Niedersachsen mit den jüdischen Migranten aus der früheren Sowjetunion gemacht, die wir aufgenommen haben. Damals wanderten Tausende Menschen jüdischen Glaubens mit ihren Familien aus der zerfallenden Sowjetunion aus. Viele gingen nach Israel – aber viele wollten nach Deutschland, zum Missfallen der israelischen Likud-Regierung. Nach kontroversen Gesprächen in Israel gelang es uns 1992 mit den anderen Bundesländern, eine informelle Quote von 15 000 Menschen auszuhandeln, die jährlich nach Deutschland einwandern durften. Darüber gab es einen parteiübergreifenden Konsens.

Natürlich war das nicht einfach. Migration ist immer kompliziert. Einwanderung ist kein harmonisches Multikulti-Straßenfest. Die Menschen aus der Sowjetunion fanden nur schwer Arbeit. Sie waren oft hoch qualifiziert, aber ihre Qualifikationen wurden nicht anerkannt. Die Jobs, die ihnen angeboten wurden, unterforderten sie. Wir haben in Kooperation mit dem Landesverband der jüdischen Gemeinden ein Integrationsprogramm aufgelegt, und wir haben Sozialarbeiter, Sprachkurse und Berufsqualifikationen angeboten. Mit Erfolg.

Doch es waren nicht nur diese Maßnahmen. Entscheidend war der gesellschaftliche Konsens. Die Einwanderung der Jüdinnen und Juden aus der Sowjetunion war von allen relevanten politischen und gesellschaftlichen Gruppen in Deutschland gewollt. Deutschland hat davon profitiert. Die von den Nazis aus Deutschland vertriebene jüdische Kultur lebte wieder auf. Eines meiner schönsten politischen Erlebnisse war 2017 die Einladung, eine Rede zum 25-jährigen Jubiläum der Wiedergründung der jüdischen Gemeinde in Oldenburg halten zu dürfen. Sie war am 6. August 1992 erfolgt.

Doch in deutschen Migrationsdebatten kommen solch positive Beispiele wenig vor. Stattdessen erleben wir einen globalen Aufschwung von Rassismus und Fremdenfeindlichkeit.

Der Angriff von rechts auf das Herz der Demokratie

Die gewachsenen Demokratien mit ihrem komplexen Regelungssystem stehen international unter Druck wie seit Langem nicht mehr. Seit der Finanzkrise 2008 erleben wir nicht nur in den Staaten des demokratischen Kapitalismus einen globalen Schwenk nach rechts.

Für dieses Phänomen fand sich schnell der Begriff des Rechtspopulismus. Im Unterschied zu klassisch rechtsradikalen oder neonazistischen Parteien suggerierte der Terminus Rechtspopulismus, dass es sich um eine populistisch aufgeladene Variante konservativer Politik handele. Das war eine gefährliche Unterschätzung mindestens der Dynamik dieser rechten Strömungen. Sie sind nicht eine rechte Variante demokratischer Politik. Sie zielen auf das Herz der Demokratie – und sie sind dabei, die konservativen Volksparteien zu zerstören.

Die Entwicklung der AfD in Deutschland zeugt davon. Die »Alternative für Deutschland« war zu Beginn eine euroskeptische, neoliberale Partei. Sie war in der Finanzkrise gegen die Rettung Griechenlands durch die Europäische Union und forderte einen harten Konsolidierungskurs auch um den Preis des Zerbrechens der Währungsunion. Im Kern war sie wohlstandschauvinistisch – aber selbst in ihrer Erzählung gegen die »faulen Griechen« noch nicht offen rassistisch.

Mit dem Einzug in den Bundestag im zweiten Anlauf – 2013 war sie knapp an der Fünfprozenthürde gescheitert – verschob sich der Schwerpunkt ihrer Erzählung von der Gegnerschaft zur EU zu einem offen migrationsfeindlichen, ja rassistischen Diskurs. Wer erwartet hatte, dass die AfD durch das Parlament zivilisiert werden und moderatere Töne anschlagen würde, wurde enttäuscht. Die AfD hat sich im Gegenteil im Bundestag radikalisiert – und jene Bildungsbürger, die vor mehr als zehn Jahren begeistert die rassistischen Thesen von Thilo Sarrazin goutiert haben, mit ihr. Die AfD hat sich in eine offen faschistische Partei verwandelt.

Es ist viel zu kurz gegriffen, in Deutschland den Aufstieg der AfD allein als Reflex auf Angela Merkels Flüchtlingspolitik zu erklären. Der Aufstieg faschistischer Bewegungen hat nicht nur in Deutschland stattgefunden – hier sogar mit Verspätung. Ähnliche Entwicklungen sind in fast allen Staaten des demokratischen Kapitalismus zu beobachten.

Typisch für die neuen wie alten faschistischen Bewegungen ist die Verachtung der Institutionen der Demokratie und die Gegenüberstellung eines vermeintlich wahren Volkswillens und eines politischen Systems, das als korrupt denunziert wird. Dieser »wahre Volkswille« wird meist durch eine charismatische Führerfigur verkörpert – die bunte Galerie reicht von Viktor Orbán über Marine Le Pen und Giorgia Meloni bis zu Donald Trump. Kommen diese Rechtsextremen an die Macht, wird die Gewaltenteilung Stück für

Stück abgebaut. Die Institutionen der Gegenkontrollen werden beschränkt und manipuliert, um die eigene Herrschaft auf Dauer abzusichern.

Orbáns Wort von der »illiberalen Demokratie« ist Augenwischerei. Ein System, in dem die Minderheit faktisch nicht mehr zur Mehrheit werden kann, hört auf, eine Demokratie zu sein. Machtwechsel ist fundamental für Demokratien.

In meiner Jugend galten die skandinavischen Länder und die Niederlande als leuchtende Vorbilder an Liberalität, Sozialstaatlichkeit und Gerechtigkeit, mit einem leistungsfähigen Staat, der Unterschiede ausglich. Heute sind diese Länder Beispiele für den Machtzuwachs der extremen Rechten. In den Niederlanden sind die bisher regierenden Rechtsliberalen Teil einer Koalition unter Führung von Geert Wilders – das Kabinett dieser Koalition soll aber aus Experten bestehen. In Finnland sind die rechtsextremen »Wahren Finnen« Teil einer Koalitionsregierung mit Konservativen. In Schweden lassen sich die bürgerlichen Parteien von den »Schwedendemokraten« tolerieren, die neonazistische Ursprünge haben. Das gilt auch für andere europäische Länder: In Spanien koaliert die konservative »Partido popular« in Regionalparlamenten mit der Rechtsextremen »Vox«. In der Schweiz ist die rechte, ausländerfeindliche SVP stärkste politische Kraft. In Italien geht die offen neofaschistische Ministerpräsidentin Meloni daran, sich per Plebiszit ein Dauerabo auf die Macht zu sichern.

Die Gründe für den globalen Aufschwung faschistischer Bewegungen und Parteien liegen tiefer. Sie führen zurück ins Jahr 2007. Als der Neoliberalismus in der Finanzkrise scheiterte, haben wir Linke gejubelt. Der Crash der Lehman Brothers hatte den Neoliberalismus zertrümmert. Wir glaubten, dass es nun möglich wäre, die erfolgte Umverteilung von unten nach oben zurückzudrehen und endlich entschlossen die sozialökologische Transformation umzusetzen. Unser Jubel war vorschnell.

Die Rechten präsentierten eine andere Antwort auf das Versagen des Marktes. Sie entwarfen gesellschaftliche Feinderklärungen gegen die, die unten stehen. Statusprivilegien sollten verteidigt werden. Männlicher Wohlstandschauvinismus wurde rassistisch aufgeladen. »Wir gegen Die« lautet seitdem die Botschaft. Dazu gehört auch die Ausgrenzung von Transsexuellen oder das Verbot des Genderns in staatlichen Behörden – was Markus Söder in Bayern per Gesetz geregelt hat.

Die rechten Botschaften waren erfolgreich. Anstatt gerechte Steuern für die Reichen, die mit jeder Krise reicher geworden sind, zu fordern, verachten die Rechten Arme, Asylbewerber, Migranten, Frauen, Schwule und Lesben. Die Flüchtlingskrise 2015 war nur ein Trigger für die AfD, nicht die Basis ihres Aufstiegs.

Die neue Stärke der Faschisten

Die neue Stärke der Faschisten darf nicht mit dem hergebrachten Niveau von Rassismus und Rechtsextremismus gleichgesetzt werden, auch wenn manches mir sehr bekannt vorkommt – etwa, dass Konservative die Stichworte für Rechtsextreme liefern.

Wie bereits beschrieben, verbündeten sich schon in den 1970er-Jahren Christdemokraten mit Rechtsradikalen in Hetzkampagnen gegen die Entspannungs- und Reformpolitik von Willy Brandt. Deutschtümelnde, ausländerfeindliche Narrative haben Konservative und Extremisten schon länger verbunden. Deshalb gründeten wir 1989 eine Zeitschrift, die diese Mesalliance mit ihren Querverbindungen beobachtete und analysierte: *Der Rechte Rand.*

Die Beispiele von Roland Kochs Kampagne gegen die doppelte Staatsangehörigkeit oder Jürgen Rüttgers' Parole »Kinder statt Inder« wurden schon genannt. Horst Seehofer verkündete beim politischen Aschermittwoch 2015: »Wir sind nicht das Sozialamt der Welt« – eine Parole, die NPD wie AfD fast wortgleich plakatierten.

Neu ist auch nicht der Rassismus in der deutschen Gesellschaft. Die Studien von Wilhelm Heitmeyer haben schon in den 1990er-Jahren gezeigt, dass 20 Prozent der Deutschen rassistisch eingestellt sind.

Neu ist, dass aus dieser fremdenfeindlichen Haltung verstärkt ein geschlossenes rechtsextremes Weltbild erwächst. Die »Mitte-Studie 2023« hat gezeigt, dass 8 Prozent ein geschlossen rechtsextremes

Weltbild haben – fast drei Mal mehr als in den Jahren zuvor. Jeder Siebte hält Gewalt gegen Politikerinnen und Politiker für gerechtfertigt. Diese Gewaltbereitschaft geht weit über die AfD hinaus, wie die als Bauernproteste kostümierte Randale gegen grüne Veranstaltungen zeigt.

Diese Klientel hat mit der AfD eine parlamentarisch politische Vertretung, die das zweite Mal den Sprung in den Bundestag geschafft hat, Bei der Europawahl zeigte sich eine neue deutsche Spaltung. Östlich der alten Zonengrenze wurde die AfD stärkste Kraft – mit Ausnahme des grünen Berlins. In der alten Bundesrepublik siegte die Union, auch hier mit einzelnen grünen Einsprengseln. Diese Wahlerfolge sind keine Momentaufnahme. Heute ist klar: Die AfD wird nicht trotz, sondern wegen ihrer fremdenfeindlichen, rechtsextremen Haltung gewählt.

Ganz wichtig: Die AfD ist kein Unterschichtenphänomen. Mir hat Michael Schmelich, damals Vorsitzender der Dresdner Grünen, auf meine Frage nach den Schwerpunkten der AfD-Wähler gesagt: »Guck mal bei Google-Maps – da wo zwei Carports vor dem Einfamilienhaus stehen.« In der Tat unterscheidet sich die Wählerschaft der AfD sozioökonomisch kaum von der der CDU und FDP. Wer zudem die Videos der »Ausländer raus« grölenden Prosecco-Nazis in einem Sylter Edel-Klub vom Mai 2024 gesehen hat, wird nie wieder glauben, dass Rassismus die Folge wirtschaftlicher Benachteiligung ist. Im Gegenteil – es geht um die Verteidigung der eigenen Statusprivilegien.

Bei populistischen Parteien folgt auf plötzliche Erfolge oft der Absturz in die Bedeutungslosigkeit. Wenn die Themenkonjunktur sich ändert, zerfallen sie. In Deutschland war das bei der Schill-Partei in Hamburg und bei den »Republikanern« in den 1990er-Jahren zu beobachten. Doch derzeit findet in der Gesellschaft eine tiefgreifende Verschiebung in Richtung Autoritarismus statt. Die AfD wird nicht so einfach verschwinden wie die bisherigen rechtspopulistischen Parteien.

Immer weniger sind CDU und CSU in der Lage, Kräfte aus dem rechten Spektrum zu (re-)integrieren. Friedrich Merz wollte die AfD halbieren – seitdem hat sie bei manchen Wahlen ihren Stimmenanteil verdoppelt. Der Satz von Franz Josef Strauß, wonach rechts von CSU nur die Wand sein darf, ist Geschichte. Der rechte Rand der Union erodiert. Rechts von der CSU haben sich in Bayern die Freien Wähler des Hubert Aiwanger etabliert – neben der AfD. Doch CDU wird nicht nur von der Rechten herausgefordert, sondern musste erleben, dass eine Strömung aus der Partei – die »Werteunion« – sich inzwischen als Partei ausgegründet hat. Geführt wird die Werteunion von einem ehemaligen Präsidenten des Bundesamtes für Verfassungsschutz. Der wird wegen seiner Reden über »Globalisten« – ein Codewort, das Rechtsextreme für Jüdinnen und Juden benutzten – von seiner ehemaligen Behörde inzwischen selbst als Rechtsextremist geführt.

Überschneidungen zwischen Christdemokraten und Rechtsextremen sind in der Bundesrepublik nichts Neues. Neu ist, dass die Union nicht mehr das Monopol auf die Vertretung dieser Kräfte in Bundestag und Landtagen hat. Das bringt CDU und CSU in ein Dilemma.

Seit 2002 hat es in Deutschland keine Mehrheit links der Mitte gegeben – aber bis auf 2009 bis 2013 haben immer Parteien der linken Mitte mitregiert. Die Mehrheit rechts der Mitte ist über die letzten Wahlen größer geworden. Die Erosion der Volkspartei CDU/CSU erzwingt aber, dass die Union nur zusammen mit einer Kraft der linken Mitte eine Mehrheit hat. Das war in den großen Koalitionen von Angela Merkel der Fall. Das ist so auch bei vielen Koalitionen mit den Grünen auf Landesebene. Lagerübergreifende Koalitionen mit Parteien der linken Mitte aber machen der Union die Integration nach rechts schwerer.

Deshalb liebäugeln – insbesondere im Osten Deutschlands – viele CDUler mit der Idee einer Machtbeteiligung der AfD. Andreas Rödder, früher Vorsitzender der Grundwertekommission der CDU, fordert, dass sich die Union in den Bundesländern ihre Mehrheit auch bei der AfD beschaffen können soll.

In Thüringen ist das schon geschehen. Zuletzt verabschiedeten CDU und FDP zusammen mit der »gesichert rechtsextremen« (so die Erkenntnis des Verfassungsschutzes) AfD des Björn Höcke ein Gesetz gegen Windkraft in Forsten. Entscheidend ist, ob die Union nun den nächsten Schritt macht und zu Bündnissen oder Tolerierungen bereit ist.

Folgt die Union diesem Kurs, führt das zu einem schweren Schaden für die Demokratie. Die Tolerierung in Bundesländern wäre der Einstieg in die Bildung eines rechten Blocks aus Union und AfD, der damit auch im Bund denkbar wird.

Die Vorstellung, man könne eine aggressiv antidemokratische Partei zügeln, indem man sie mitregieren lässt, ist geschichtsvergessen und gefährlich. Wie gefährlich, hat Armin Laschet mit einer Rede in Aachen klargemacht. Die Haltung, es wird schon »nicht so schlimm«, habe Deutschland in den Nationalsozialismus geführt. Nach der Machtübertragung an die Nazis sei es dann sehr schnell gegangen: Vom 30. Januar 1933, dem Tag der Ernennung Hitlers zum Reichskanzler, dauerte es nur bis zum 23. März, dem Tag der Verabschiedung des Ermächtigungsgesetzes, bis das Ende der Demokratie besiegelt war. »In zwei Monaten«, so Laschet, »war alles zerstört.«

Good Governance

Machtpolitisch hilft gegen die AfD nur Abgrenzung und Isolierung. Und Good Governance.

Mit mehr Sozialleistungen sind AfD-Wähler nicht für die Demokratie zurückzugewinnen. Im Gegenteil. Der Hass aufs Bürgergeld in den Reihen der Rechten wächst. Bei Good Governance geht es um das Gegenteil von Chaos. Chaos – und sei es das selbst inszenierte – ist das, vor dem die AfD, Viktor Orbán oder Donald Trump versprechen, ihre Gesellschaften zu retten.

Good Governance bedarf starker Institutionen. Die Mitte-Studie 2023 zeigte, dass nur knapp 60 Prozent den demokratischen Institutionen vertrauen. Das ist ein Alarmsignal. Es muss genug Lehrer und Lehrerinnen geben, es müssen genug Busse fahren. Es muss genug Geld vorhanden sein, um verfallene Schulen zu renovieren, um genug Polizei auf der Straße zu haben und Verbrechen aufzuklären. Wenn der Staat daran spart, schafft er Anknüpfungspunkte für antidemokratische Ressentiments. Good Governance kostet also Geld.

Die politische Stimmung hat sich mit dem Aufstieg der AfD bedrohlich verändert. Dass im Wahlkampf in Bayern 2023 ein Stein auf die grüne Spitzenkandidatin Katharina Schulze flog, zeigte, dass zum Feindbildspektrum der Rechtsextremen neben Rassismus und Frauenfeindlichkeit auch der Anti-Ökologismus zählt. In Dresden wurden Plakatkleber der SPD und der Grünen verprügelt, in Göttingen die Landtagsabgeordnete Marie Kollenrott. Beim Fest der Deutschen Einheit in Hamburg 2023 sind Angehörige der »Jungen Alternative«, der AfD-Jugendorganisation, auf grüne Bundestagsabgeordnete zugekommen und haben gefragt, ob sie Walter Lübcke kennen würden? Das war die unverhüllte Androhung von Gewalt. Lübcke, CDU-Mitglied in Kassel, wurde wegen seiner Haltung zu Geflüchteten von einem Rechtsextremen ermordet.

Dass Friedrich Merz die Grünen zum Hauptgegner der Union erklärte, dass Markus Söder 2023 mit offenen Lügen und Verleumdungen eine massive antigrüne Wahlkampagne führte, war die Folie für Gewalt und Drohungen. Ich hatte als Bundesminister nie permanent Polizeischutz. Sogar im Wahlkampf 2013, als ich massiv angefeindet wurde, konnte ich als Spitzenkandidat auf Personenschützer verzichten. Angesichts der antigrünen Enthemmung, der AfD und Union rhetorisch den Boden bereitet haben, wäre das heute für grüne Spitzenpolitiker nicht ratsam.

Zur Good Governance und zur Isolierung der AfD kann als letztes Mittel, um die Demokratie zu verteidigen, ein Verbot der AfD gehören. Ein Verbot würde einer Partei, die in drei Bundesländern inzwischen als gesichert rechtsextrem eingestuft worden ist und die eine ebenso gesichert rechtsextrem eingestufte Jugendorganisation hat, das organisatorische und finanzielle Gerüst nehmen. Es würde den Wählerinnen und Wählern dieser faschistischen Partei klarmachen, dass die Demokratie nicht wehrlos ist.

Ein Verbot würde die Faschisten in der Gesellschaft nicht verschwinden lassen. Es würde sicherlich versucht werden, die AfD in neuem Gewand wieder auferstehen zu lassen. Doch der Aufbau einer Ersatzorganisation würde das Jahrzehnt brauchen, das auch die AfD benötigte. Eine Nachfolgeorganisation müsste zudem viel Mühe darauf verwenden, sich von der dann verbotenen Partei abzugrenzen.

Ein Parteiverbot ist das letzte Mittel, das das Grundgesetz vorsieht – aber: Es sieht es vor. Die Hürden dafür sind hoch. Deshalb will ein solcher Schritt wohlüberlegt sein. Denn ein gescheiterter Verbotsantrag wäre ein Riesensieg für die AfD und würde alle Bemühungen zur Isolierung einreißen und den Weg zu einer Machtbeteiligung der AfD ebnen.

Um die Chancen eines Verbotsantrages beim Bundesverfassungsgericht abzuschätzen, lohnt es, das Urteil des Gerichts in Sachen NPD aus dem Jahr 2017 anzuschauen. Das Gericht lehnte ein Verbot ab. Die NPD sei zwar klar verfassungsfeindlich, aber zu unbedeutend, um die verfassungsmäßige Ordnung zu gefährden, und nicht in der Lage, mit Drohungen und Angst die demokratische Willensbildung in der Republik zu unterminieren.

Dagegen gilt: Die AfD ist keinesfalls zu unbedeutend, um die verfassungsmäßige Ordnung zu zerstören. Sie stellt Landräte und Bürgermeister. Sie ist in weiten Teilen offen verfassungswidrig und tritt auch aggressiv auf. Es gibt Überschneidungen mit der gewaltbereiten Reichsbürgerszene wie mit der Identitären Bewegung. Die AfD arbeitet hart daran, das Kriterium der Verfassungsfeindlichkeit komplett zu erfüllen.

Es ist zu früh für ein abschließendes Urteil. Wenn die AfD sich weiter radikalisiert, muss ein Verbotsverfahren ernsthaft geprüft werden. Falls es zum Verbotsantrag kommt, sollte nicht nur die Bundesregierung den Antrag stellen. Dann sollten alle drei Verfassungsorgane, Bundesrat, Bundestag und Bundesregierung, den Verbotsantrag unterstützen. Es bedarf hier der Zusammenarbeit der Demokraten.

Das gilt nicht nur für die Institutionen. Das gilt auch für die Zivilgesellschaft. Sie hat im Winter 2023/2024 in vielen Städten Deutschlands eine Antwort auf die AfD gegeben. Die Veröffentlichungen der Recherchen von *Correctiv* über ein Geheimtreffen von AfDlern und »Identitären« in Potsdam haben klargemacht, auf was »Remigration« zielt: auf die Ausbürgerung und Deportation von vielen Tausend

Deutschen. Dagegen ging das demokratische Deutschland auf die Straße. In Metropolen wie Berlin, Hamburg oder München zu Hunderttausenden – aber selbst in Lingen gingen 12 000 Menschen für die Demokratie auf die Straße. Jeder vierte Bürger der Stadt, und das mitten im schwarzen Emsland. Das war ein gutes, ein demokratisches Signal.

Trump – ein Faschist

Ich habe eine Reihe von Zitaten aufgeführt, in denen sich Christdemokraten und Konservative ähnlich geäußert haben wie Rechtsextremisten. Dennoch möchte ich festhalten: Christdemokraten sind keine Rechtsextremen. Äußerungen, die das behaupten, sind kurzsichtig und gefährlich. Ich kenne kenne von Armin Laschet über Christian Wulff bis zu Angela Merkel genügend Christdemokraten, die es ablehnen, den Rechtsextremen nach dem Munde zu reden. Sie möchten nicht Faschisten in ihrem Wahn bestätigen, sie würden für den »wahren« Willen »des« Volkes sprechen.

Doch deutsche Christdemokraten sind in Europa mittlerweile eine Ausnahme. In vormals gefestigten europäischen Demokratien paktieren Konservative mit Rechtsextremen und öffnen ihnen die Tür zur Macht. In Schweden, in Finnland, den Niederlanden, in Italien, in Spanien: Überall koalieren Konservative und Christdemokraten mit Faschisten.

Das ist geschichtsvergessen. Benito Mussolini kam 1922 in Italien an die Macht, weil etablierte Parteien glaubten, die Schwarzhemden für eigene Zwecke instrumentalisieren zu können und dafür mit den Faschisten zusammenarbeiteten. In Deutschland wurde die Macht 1933 friedlich an die Nazis übertragen. Die reaktionären Eliten glaubten, die Nazis in ihrem Sinne kontrollieren zu können.

Beides sind warnende Beispiele. Lässt man Faschisten in die Nähe der Macht, droht der Untergang der Demokratie. Um den Faschismus des 21. Jahrhunderts zu begreifen, müssen wir uns von den historischen Bildern faschistischer Fackelmärsche und Massenveranstaltungen lösen. Sie machen blind für die gegenwärtige Bedrohung.

Faschistische Herrschaft im 21. Jahrhundert ist der Endpunkt eines langsamen, schleichenden Verfallsprozesses, in dem die demokratischen Institutionen verleumdet, beschränkt und abgeschafft werden. Das ist schon lange kein europäisches Phänomen mehr. Inzwischen ist ein Mutterland der Demokratie, sind die Vereinigten Staaten von Amerika einer massiven faschistischen Bedrohung ausgesetzt.

Madeleine Albright, die frühere US-Außenministerin, hat in ihrem Buch »Faschismus, eine Warnung« geschrieben: »Was eine Bewegung faschistisch macht, ist nicht die Ideologie, sondern die Bereitschaft, alles zu tun, was nötig ist – einschließlich Gewaltanwendung und der Missachtung der Rechte anderer –, um sich durchzusetzen und Gehorsam zu verschaffen.«

Madeleine Albright hat dies 2018 geschrieben. Es liest sich wie eine Vorhersage des Versuchs von Donald Trump und seiner Anhänger, am 6. Januar 2021 die Amtseinsetzung von Joe Biden gewaltsam zu verhindern. Es war ein versuchter Staatsstreich, getrieben von der »Bereitschaft, alles zu tun, was nötig ist – einschließlich Gewaltanwendung und der Missachtung der Rechte anderer –, um sich durchzusetzen und Gehorsam zu verschaffen«.

Trump hat seine Rhetorik seitdem eskaliert. Er will Amerika nicht nur vor einer »korrupten politischen Klasse« retten. Offen bekannte er am 11. Dezember 2023 bei einer Gala mit seinen Unterstützern: »Ich habe gesagt, ich möchte für einen Tag ein Diktator sein. Wissen Sie, warum ich ein Diktator sein wollte? Weil ich eine Mauer will und bohren, bohren, bohren möchte.« Doch die Diktatur soll sich nicht auf Mauern und Bohren beschränken: »Es wird eine Zeit der Vergeltung sein. Alle, die für die Zerstörung unseres einst großartigen Landes verantwortlich sind, werden zur Rechenschaft gezogen werden.«

Mittlerweile sehen auch bekennende Neokonservative wie Robert Kagan »Amerika vor der Trump-Diktatur«; so in Deutschland in den *Blättern für deutsche und internationale Politik* veröffentlicht. Das Ende der amerikanischen Demokratie bei der nächsten Präsidentschaftswahl wird in den USA offen diskutiert. Die »Grand Old Party«, die Republikaner, wurde von Trump schon zertrümmert und zu seinem Abnickverein gemacht.

In den Staaten des demokratischen Kapitalismus sind faschistische Bewegungen nicht nur stärker geworden. Europa ist sehr schlecht vorbereitet darauf, wenn Donald Trump in einer zweiten Amtszeit aus der Demokratie der USA eine Autokratie macht.

Brandmauer

In Deutschland mag mancher verbal an der Brandmauer nach rechts rütteln. Aber noch steht der Konsens, keine Antidemokraten an der Macht zu beteiligen. CDU und CSU sind nicht wie die amerikanischen Republikaner oder die spanischen Konservativen. Diese deutsche Besonderheit beruht auf einem Umstand: Anders als in Spanien oder den USA sind hier lagerübergreifende Koalitionen möglich.

Man mag sie nicht – aber man macht sie. Auch wenn es schwerfällt. In der Ampel im Bund, in Grün-Schwarz in Baden-Württemberg, ja auch in Schwarz-Rot in Hessen. »Kenia« liegt, koalitionär gesehen, in Sachsen und Brandenburg. Alles lagerübergreifend. Das ist kein Ausweis von Beliebigkeit. Es ist Ausdruck von Verantwortung.

Wenn Demokraten nicht zusammenstehen, kommen Antidemokraten an die Macht. Die Botschaft ist im Reichstag zu besichtigen – im Untergeschoss. Dort befindet sich der Tunnel, durch den die Brandstifter kamen, die den Reichstag und die Demokratie 1933 anzündeten.

Dort steht auch das Kunstwerk von Christian Boltanski: Das Archiv der deutschen Abgeordneten. Für jeden frei gewählten Abgeordneten von 1918 bis 1998 ein Metallkasten – auch für mich. Für die, die die erste Demokratie Deutschlands begründeten. Für die, die sie zerstörten. Für die, die dagegen Widerstand leisteten und mit ihrem Leben bezahlten. Für die, die die Demokratie des Grundgesetzes aufbauten, in der alten Bundesrepublik, im vereinten Deutschland.

Auf ihren Schultern steht die deutsche Demokratie. Man darf Antidemokraten keine Macht übertragen. Nie wieder.

»DAS IST UNSER HAUS«: GLEICHHEIT

◀ Gemeinsam mit Renate Künast und Franz Müntefering auf einer DGB-Demonstration am 16. Mai 2009.

Wette mit Udo

Udo sollte recht behalten. Wir standen im September 2013 am Ende unserer 40-jährigen Abiturfeier vor dem »Fährhaus« in Bremen-Vegesack. »Ihr kriegt 8 Prozent bei der Bundestagswahl«, meinte mein nach Tübingen emigrierter Klassenkamerad zum Abschied. »Wir werden zweistellig«, war meine Antwort.

Wir bekamen 8,4 Prozent. 2,3 Prozent weniger als 2009. Damals, vier Jahre zuvor, hatten Renate Künast und ich mitten in der Finanzkrise unter dem Motto »Aus der Krise hilft nur Grün« das bis dahin beste Ergebnis unserer Geschichte geholt. Vier Jahre später – diesmal mit Katrin Göring-Eckardt und mir als Spitzenkandidaten – wollten wir diesen Erfolg ausbauen. Stattdessen kassierten wir eine herbe Niederlage.

Nicht nur wir. Es traf die gesamte linke Mitte Deutschlands. Erneut hatte die rechte Mitte eine Mehrheit von 51 Prozent der Wähler gewonnen. Nur weil FDP wie AfD knapp an der Fünfprozenthürde scheiterten, gab es keine rechte Mehrheit im Bundestag. SPD und Grüne bekamen zusammen 34,1 Prozent. Sie waren also wie 2009 weit entfernt von jener eigenen Mehrheit, die sie 2002 noch erobert hatten. Daran änderten auch die 8,6 Prozent nichts, die eine weder regierungswillige noch regierungsfähige Linke geholt hatte. Eine Politik für mehr Gleichheit war schon im Ansatz gescheitert.

Angela Merkel konnte sich aussuchen, mit wem sie koalierte. CDU und vor allem die CSU erfüllten den Wunsch von BDI und DGB für eine Koalition mit der SPD. Das versprach ruhiges Regieren.

Die Sondierungen mit den Grünen auf der einen und der SPD auf der anderen Seite fasste ihr späterer Kanzleramts- und Wirtschaftsminister Peter Altmaier gegenüber mir einmal so zusammen: »Ihr könnt anbieten, was ihr wollt, der Sigmar (Gabriel) unterbietet euch immer.« Doch so weit kam es gar nicht. Da sich die Union sowohl beim Klimaschutz wie bei der Forderung nach mehr Geld für Bildung komplett sperrte, scheiterten die ersten schwarz-grünen Sondierungen. Zur inhaltlichen Unbeweglichkeit der Union hatte die offenkundige Festlegung der CSU auf die SPD und gegen Die Grünen erheblich beigetragen. Die CSU wollte kein Schwarz-Grün. Die zweite große Koalition unter Merkel konnte beginnen.

»Lechts und rinks kann man nicht velwechsern – werch ein Illtum« (Ernst Jandl)

Gleichheit ist die zentrale Scheidelinie zwischen links und rechts. Oft sind links und rechts zu veralteten, gestrigen Ideen des 20. Jahrhunderts erklärt worden. Das war entweder voreilig oder scheinheilig. Es bedient eine Sicht, die es als Ausdruck gottgewollter, natürlicher Ordnung ansieht, dass die Rechte regiert und die Linke opponiert. Dagegen habe ich immer Politik gemacht.

Links und rechts trennt etwas Zentrales – das Verständnis von Gleichheit. Konservative halten Gleichheit seit den Zeiten Edmund Burkes für eine verführerische Vorstellung, die die natürliche, gewachsene Gesellschaftsordnung bedroht. Säulenheilige des Neoliberalismus wie Friedrich August von Hayek und Milton Friedman bekämpften Gleichheit als Knechtschaft, die das freie Individuum und die Marktkräfte fesselt. Die Geringschätzung der Gleichheit ist ein Muster der politischen Rechten, von Konservativen über Neoliberale bis zu den Faschisten, von Trump bis zu Argentiniens neuem Präsidenten Milei.

Für Linke ist Gleichheit nicht der Konterpart der Freiheit, nicht das Gift, das deren Wachstum hemmt. Gleichheit ist die Voraussetzung der individuellen Freiheit und Teilhabe. Zu viel Ungleichheit bedroht die Gesellschaft. Ungleichheit untergräbt die Freiheit.

»70 Pfennig – lieber renn ich.«

Dass es in der Gesellschaft Ungleichheiten gibt, die ungerecht sind, wurde mir zum ersten Mal 1968 bewusst. Die Fahrkarten für Bus und Bahn wurden in Bremen 10 Pfennig teurer.

Unsere Klasse am Gerhard-Rohlfs-Gymnasium in Bremen-Vegesack war sozial gemischt. Kinder aus sehr unterschiedlichen Schichten lernten zusammen. Alle einte, dass sie mal was Besseres werden sollten und wollten als ihre Eltern. Zugang zu Bildung bedeutete Zugang zur besseren Teilhabe an der Gesellschaft. Da spielten Buspreise eine Rolle.

Für Kinder aus einem Arzthaushalt waren 10 Pfennig nicht erheblich. Für andere schon. Mein Klassenkamerad Rolf wohnte bei uns um die Ecke. Seine Eltern waren Arbeiter. Wir fuhren beide mit dem Rad ins Gymnasium. Ich, weil ich es wollte. Rolf, weil er musste. Für Bus oder Bahn war bei ihm kein Geld da.

Am 15. Januar 1968 setzten sich vier Dutzend Bremer Schüler beim Domshof auf die Gleise und blockierten die Straßenbahn. Sie protestierten gegen die Erhöhung der Preise für den Nahverkehr. Der Bremer Senat hatte beschlossen, dass Bus und Bahn teurer werden sollten. Ab dem 15. Januar 1968 kostete ein Einzelfahrschein nicht mehr 60, sondern 70 Pfennig. Die Zehner-Sammelkarte für Schüler, Studenten und Lehrlinge kostete ab nun 4 Mark.

Die Schüler hielten selbst gemalte Plakate hoch, auf denen stand, »70 Pfennig, lieber renn ich«. Die Passanten reagierten meist verständnisvoll. Niemand, nicht die Schüler, nicht die Polizei, nicht der SPD-Senat, ahnte, dass dieser schüchterne Protest in ein paar Tagen zu einer explosiven Massenbewegung anschwellen sollte. Sie ging als die »Bremer Straßenbahn-Unruhen« in die Geschichte ein. Den Protesten schlossen sich immer mehr an.

Der sozialdemokratische Polizeipräsident Erich von Bock und Polach, vor 1945 Standartenführer bei der Waffen-SS, setzte gegen Sitzblockaden und Demonstrierende auf Gewalt und die in Westberlin zu zweifelhafter Berühmtheit gekommene »Leberwursttaktik«: Die Polizei ging gegen die Mitte der Menge der Demonstrierenden vor, damit die an den Enden auseinanderplatzen sollte. Das war die Taktik der Westberliner Polizei bei der Demonstration gegen den Schah-Besuch am 2. Juni 1967 gewesen, bei der der Student Benno Ohnesorg von dem Polizeibeamten Karl-Heinz Kurras erschossen wurde.

Die Bremer Polizei ging im Januar 1968 mit ähnlicher Gewalt gegen die Blockierenden vor. Ihre Losung lautete »Draufhauen, draufhauen, nachsetzen«. Menschen, die auf Schienen saßen, wurden mit dem Wasserwerfer weggefegt. Die Bremer Polizei setzte Hunde, Tränengas und Gummiknüppel gegen friedlich sitzende Menschen ein. Deeskalation war ein Fremdwort. Es gab Verletzte und tagelang Hunderte von Festnahmen. »Chaos in Bremen« titelte die *Bild*-Zeitung. Arbeiter der Bremer Vulkan Werft sandten Solidaritätsadressen an die Schülerbewegung. Das beeindruckte dann auch die SPD-Führung.

Im Januar 1968 war ich 13 Jahre alt. Wir sind zu den Demonstrationen von Vegesack in die Innenstadt gefahren, auch aus Neugier. Es war ja ein Spektakel. Aber viele von uns waren auch betroffen. Sie waren auf Bus und Bahn angewiesen, um die Schule besuchen zu können.

Den Aufruhr der Schüler beendeten nicht die SPD-Betonfraktion und die Härte ihres Polizeipräsidenten. Auch nicht Bürgermeister Hans Koschnick, sondern die Vize-Bürgermeisterin Annemarie Mevissen. Sie debattierte am 19. Januar erst vier Stunden mit den Schülern über eine Lösung des Konflikts und stellte sich abends mit einem Mikrofon in der Hand auf eine Kiste vor 2000 Demonstranten und sagte: »Dies ist eine legale Demonstration zu einer Sachfrage.« Mit ihrer nachdenklichen Haltung glättete sie die Wogen. Am 22. Januar nahm der Senat die Preiserhöhungen weitgehend zurück. Die Zehnerkarte für Schüler, Lehrlinge und Studenten wurde zwar teurer und kostete nun wirklich 4 Mark. Dafür galt sie für 11 Fahrten. Eine Fahrt kostete damit nicht mehr 40 Pfennig, sondern gut 36.

Die Bremer Schülerbewegung hatte gezeigt: Es lohnt sich, zu demonstrieren. Und: Wenn man einen sich aufschaukelnden Konflikt befrieden will, müssen alle ihr Gesicht wahren können. Der Senat konnte nicht vollständig nachgeben und musste das Defizit des

Öffentlichen Nahverkehrs etwas reduzieren. Die Zehnerkarte für 4 Mark und 11 Fahrten war so eine Lösung. Wir Schüler hätten die Proteste nicht beenden können, wenn der Senat stur bei der Erhöhung geblieben wäre. Es war keine Niederlage, als die Demonstrationen aufhörten. Wir hatten etwas erreicht. Nicht alles, aber etwas. Die Bremer Straßenbahnblockaden waren für mich die erste Erfahrung, dass aus der Regelverletzung, aus dem gewaltfreien Rechtsbruch, realpolitische Erfolge erwachsen können.

Ich war der Erste in unserer Familie, der zur Universität ging. Mein Vater hatte eine kaufmännische Lehre gemacht, meine Mutter die Höhere Handelsschule absolviert. Abitur zu machen war 1973 noch etwas Besonderes. Damals erwarben nur knapp 12 Prozent eines Jahrgangs die Allgemeine Hochschulreife. Die Aufstiegschancen waren in den 1960er-Jahren höchst ungleich verteilt. Frauen waren extrem benachteiligt. Wer aus einem Arbeiterhaushalt kam oder auf dem Land wohnte, für den war eine akademische Karriere fast unmöglich.

Die SPD-FDP-Koalition unter Willy Brandt führte 1971 das BAföG ein. 1973 bekam fast die Hälfte der Studierenden Geld vom Staat. Mich persönlich betraf das nicht. Aber dass es Studienförderung nicht nur für Hochbegabte gab, dass es Gleichheit und Gerechtigkeit helfen würde, wenn viele sozial aufsteigen könnten, war einleuchtend. Die sozialdemokratische Bildungsreform entfaltete in den 1970er-Jahren ihre Wirkung. 1983 machten schon fast 24 Prozent eines Jahrgangs Abitur. Wir haben Willy Brandt und die SPD-Bildungspolitik damals gegen die Hetze der Rechten verteidigt.

Denn die Politik von Willy Brandt brachte mehr Chancengerechtigkeit, mehr Teilhabe und Umverteilung. Der Sozialstaat wurde ausgebaut. Der Spitzensteuersatz wurde leicht von 53 auf 56 Prozent angehoben, die Erbschaftssteuer stieg 1974 von 15 auf 35 Prozent. Unternehmen und Vermögende zahlten mehr Steuern, Arbeitnehmer und Konsumenten weniger. Diese Steuerreformen, resümiert Marc Buggeln in seiner Geschichte der Steuerpolitik in Deutschland »Das Versprechen der Gleichheit«, verschoben die Belastungen real – nämlich Richtung Entlastung unten und Belastung oben.

1973 fasste ein SPD-Parteitag sogar den Beschluss, den Beruf des

Maklers zu verbieten. Der Präsident des Maklerverbandes RDM fand, dass dieser Beschluss der SPD die Bundesrepublik aus dem »Kreis der westlichen Welt« katapultiere. Schon zu Beginn der 1970er-Jahre war sichtbar, wie hart Interessenverbände gegen Regierungen vorgehen, die ihre Privilegien infrage stellen. Gebremst wurde der Versuch der SPD, mit Steuern mehr soziale Gleichheit durchzusetzen, schon damals von der FDP. Aber die sozialliberale Regierung zeigte auch, dass Umverteilung Richtung mehr Gerechtigkeit möglich ist.

Der Künstler Klaus Staeck hat die Besitzstandwahrung-Kampagnen auf unübertroffene Art ironisiert. Er druckte 1972 das Plakat: »Deutsche Arbeiter! Die SPD will euch eure Villen im Tessin wegnehmen.« Es hing lange über meinem Schreibtisch.

Als Schüler interessierten uns globale Gerechtigkeit und Ausbeutung. Es ging nicht nur um den Krieg der USA gegen Vietnam, sondern früh darum, dass unser Konsum hier im Norden Not im Süden erzeugt. Auf einer Wandzeitung haben wir dargestellt, wie viel Wasser für die Produktion einer Orange in armen, von Trockenheit geprägten Ländern benötigt wird. Der Preis unseres Wohlstands hier war der Wassermangel dort.

Die Horizonterweiterung über das Nationale hinaus war ein Effekt der 68er-Revolte. 68 war eine internationale Bewegung, die von Paris nach Prag, von Mexico bis San Francisco reichte. Die 68er brachten einen neuen Internationalismus hervor, der die strikte Loyalität zu einer der beiden Seiten im Kalten Krieg, dem Westen und dem Realsozialismus, infrage stellte.

Mit anderen Schülern habe ich die Kampagne »Nestlé tötet Babys« unterstützt. Der Schweizer Nestlé-Konzern hatte das Geschäftsmodell entwickelt, Milchpulver in arme Länder zu verkaufen, und behauptete, damit die Säuglingssterblichkeit zu bekämpfen. In der Nestlé-Werbung traten Konzernangestellte als Krankenschwestern verkleidet auf, um so zu suggerieren, dass dieses Produkt ein wissenschaftlich erprobtes Mittel wäre, um Krankheiten zu verhindern. Die Folge des Milchpulvers waren oft massive Mangelerscheinungen bei Babys, weil das Pulver zu wenig Nährstoffe enthielt oder die Menschen so arm waren, dass sie es streckten. Ein

Gericht stellte fest, dass die Geschäftsmethoden von Nestlé in der Dritten Welt »unmoralisch« seien und den »Tod oder bleibende geistige und körperliche Schäden Tausender von Kindern« verursacht hatten.

Als linke Schüler und Studenten haben wir die ungleiche Verteilung von Vermögen und Chancen in der Bundesrepublik kritisiert. Wir kannten den Text des Songs »Die Luft gehört denen, die sie atmen« der Rockgruppe Floh de Cologne auswendig: »Der Unternehmer heißt Unternehmer, weil er etwas unternimmt. Der Arbeiter heißt Arbeiter, weil er arbeitet. Würden die Arbeiter was unternehmen, müssten die Unternehmer arbeiten.«

In den 1970er-Jahren waren wir Studierenden solidarisch mit Streikenden, die in einem Chemiebetrieb in Hannoversch-Münden gekämpft haben. Wir engagierten uns für den oppositionellen Gewerkschafter Willi Hoss in Stuttgart. Hoss hatte bei Daimler die »Plakat-Gruppe« mitgegründet, die erfolgreich bei Betriebsratswahlen angetreten war. Hoss wurde deshalb 1972 aus der IG Metall ausgeschlossen.

Willi Hoss war der einzige »Biodeutsche« in der Plakat-Gruppe. Die anderen waren Migranten – Spanier, Türken, Italiener. Sie mussten bei Mercedes die Drecksarbeit machen. Für sie zeigte die IG Metall wenig Interesse. In den 1970er-Jahren verband mich mit Gewerkschaften und Arbeitern politische Solidarität, aber keine gelebte Praxis – auch wenn ich heute auf 40 Jahre Mitgliedschaft bei Verdi zurückblicke.

Aber mit Willi Hoss kam ich früher zusammen – bei den Grünen. Er war einer ihrer Gründungsväter. In einer berührenden Inszenierung von »Rückkehr nach Reims« hat die Schauspielerin Nina Hoss die Geschichte ihres Vaters in den 2000er-Jahren auf die Bühne der Berliner Schaubühne gebracht.

Die Beteiligung oppositioneller Gewerkschafter an der Gründung einer Partei links der SPD wird oft vergessen. Die IG Metall von heute wäre stolz auf einen wie Willi Hoss. Auch die größte Einzelgewerkschaft der Welt hat sich gewandelt.

Da weitere Verwahrlosung droht

Einen ganz anderen Ausschnitt sozialer Wirklichkeit im bundesdeutschen Wirtschaftswunderland habe ich Anfang der 1970er-Jahre beim Zivildienst in Lemwerder in einem Heim des CVJM kennengelernt – in einem Heim für sogenannte verhaltensdeviante Jungen.

Ich hatte früh den Kriegsdienst verweigert, war aber in zwei Instanzen nicht anerkannt worden. So musste ich bis zum Erfolg meiner Klage vor dem Verwaltungsgericht Dienst bei der Bundeswehr tun – und dafür mein Studium unterbrechen. Nach den Elektrikern, Bahnarbeitern, Schlossern, mit denen zusammen ich beim Bund diente, mit denen ich mich gegen die Vorgesetzten wehrte, lernte ich nun im Zivildienst eine ganz andere soziale Gruppe kennen. Menschen aus den ärmsten Schichten der deutschen Gesellschaft.

Viele dieser Jungen hatten Heimkarrieren hinter sich. Kaum einer kam aus einem Zwei-Eltern-Haushalt. Mütter in der Prostitution, Väter im Knast, das waren oft die Lebenserfahrungen dieser Jungen. Manche waren nicht schulfähig, einer aber schaffte es bis zum Abitur. Sie waren nur wenige Jahre jünger als wir Zivildienstleistenden – zwischen 9 und 17 Jahre. Aber sie sahen ihre Lage desillusionierter als die sie betreuenden Kriegsdienstverweigerer aus gutbürgerlichen Haushalten.

»Mein Vater sitzt im Knast. Ich werde da auch landen. Aber ich werde ein intelligenter Krimineller«, beschrieb einer seine Zukunft. Gemäß diesem Motto brach er in den noblen Weseryachtclub ein und räumte die Bar aus. Die Beute wurde am Weserstrand vergraben. Wir hatten das nicht mitbekommen. Leider war sein Zimmerkumpel nicht so intelligent und versteckte einen der geklauten Schnäpse bei sich. So flog der große Coup im Yachtclub bei einer Schrankkontrolle auf. Die Segler bekamen ihre teuren Spirituosen zurück.

Es war eine echte Herausforderung, mit den Jungen zusammenzuleben – zumal sie Zuneigung wie Ablehnung gerne auch körperlich auslebten. Ein Kollege hat einmal eine Schere in den linken Arm bekommen. In einer Küchentür, vor der ich gerade noch gestanden hatte, ist im Streit um den Abwasch ein Brotmesser gelandet. Ein 15-Jähriger hatte es nach mir geworfen. Eine halbe Stunde später schnorrte derselbe Jugendliche mich an: »Kannst du mir mal Tabak leihen?« Unser Alltag im Zivildienst beinhaltete Gewalterfahrungen, die anders, aber deutlich direkter waren als beim Dienst bei der Bundeswehr.

Das Heim in Lemwerder lag hinter der Werft Abeking & Rasmussen. Dort arbeitete mein Onkel Kurt als Schmied. Er und seine Kollegen waren auf diese Jungs nicht gut zu sprechen. Die Industriearbeiter sahen die Heiminsassen als Lumpenproletariat. Heute würden wir sie Prekariat nennen.

Unter den neuen Linken aber war Heimerziehung damals ein großes Thema. Bücher wie Prodosh Aichs »Da weitere Verwahrlosung droht« oder Ulrike Meinhofs »Bambule – Fürsorge, Sorge für wen?« spielten eine große Rolle. Meinhof beschrieb die Erfahrungen von Mädchen in Erziehungsheimen, die an den Rand gedrängt wurden, Mädchen, für die sich niemand interessierte.

In der Linken nach 1968 wurde viel über die Randgruppentheorie debattiert, die der Sozialphilosoph Herbert Marcuse skizziert hatte. Marcuse vertrat die Idee, dass die organisierte Arbeiterschaft in das kapitalistische System integriert sei und sich die Widersprüche dieses Systems gerade am Rand »bei den Geächteten und Außenseitern« zeigten. Einige kleine linksradikale Gruppen wollten in der Bundesrepublik Heiminsassen politisieren und sahen in ihnen ein revolutionäres Potenzial oder sogar ein neues revolutionäres Subjekt.

Mir hat das nicht eingeleuchtet. Dafür waren die Verhältnisse in dem Heim zu elend. Der erwähnte 15-Jährige war so nikotinsüchtig, dass er die Mülleimer und Papierkörbe von Lemwerder nach alten Kippen absuchte, um sie neu zu drehen und zu rauchen. Die Jungs waren nur damit beschäftigt zu überleben.

Wo sollte da ein revolutionäres Subjekt wachsen? Das war eine Illusion. Wir haben versucht, den Jungen ein bisschen aufrechten Gang beizubringen. Das war schwer genug. Insbesondere in einem Heim, in dem es für 40 Jungen gerade drei ausgebildete Erzieher gab. Der Rest der Arbeit wurde von uns, von jungen Zivis gemacht.

So fertigte ich aus den Akten Anamnesen für die Begutachtungen der Jungen durch den Psychiater des Heims. Er hörte tatsächlich auf den Namen Dr. Frankenstein. Die Wirklichkeit übertraf hier die Namensgebung in den Romanen von Heinrich Böll, wo ein skrupelloser Reporter in »Die verlorene Ehre der Katharina Blum« Tötges getauft wurde.

Das ist unsere Stadt – die besetzte Augenklinik

1975 habe ich nach dem Zivildienst das Studium der Sozialwissenschaften in Göttingen wieder aufgenommen, das ich wegen der Zwangszeit bei der Bundeswehr unterbrechen musste. Während meiner Zeit im Schülertheater war mir Schauspieler noch als ein attraktiver Beruf erschienen. Mit dem Ende der Schule schälte sich ein anderer Berufswunsch heraus. Ich wollte Journalist werden. Dafür sind Sozialwissenschaften ein gutes Studium, insbesondere im damaligen Göttinger Zuschnitt. Der dortige Studiengang war aus der gewerkschaftlichen Bildungsarbeit hervorgegangen und dann in die Georg-August-Universität integriert worden.

Um Diplom-Sozialwirt zu werden, musste man fünf Fächer gleichgewichtig studieren, davon musste jeweils eines ein sozialwissenschaftliches, ein wirtschaftswissenschaftliches und ein juristisches Fach sein. Für Journalismus schuf das eine gute Grundlage. Man musste nicht hoch spezialisiert sein, aber die Methodik und die Denkweise von Gesellschaft, Wirtschaft und Recht verstehen können. Ich entschied mich für Soziologie, Wirtschaftspolitik, zunächst Arbeits-, dann Verfassungsrecht, Politikwissenschaft und Kommunikationswissenschaft.

Allerdings machte ich mit den Professoren und Dozenten eine irritierende Erfahrung. Bei einem konservativen Professor bekam ich in Verfassungsgeschichte trotz eines heftigen Streits eine gute Note. Bei einem linken Stadtsoziologen, der Marx' Theorie der Grundrente offensichtlich weniger kannte als wir, wurden wir schlechter benotet.

Ich hatte schon immer viele Zeitungen und Zeitschriften gelesen – vom *Time Magazine* über *Spiegel* bis *Konkret*. Dazu gehörten Zeitungen mit einer anderen Ausrichtung als meiner: Die *Welt am Sonntag* meiner Eltern oder, seitdem ich AStA der Uni war, neben der *Frankfurter Rundschau* in der WG auch die *Frankfurter Allgemeine Zeitung*. Aus der Gegnerbeobachtung wurde im letzteren Fall ein bis heute währendes Abonnement – neben *taz* und *Bild*.

Als Student las ich zudem den *Arbeiterkampf*, das Organ des Kommunistischen Bundes, und die Zeitschrift *links*, die vom Sozialistischen Büro gemacht wurde. In ihr schrieben Intellektuelle wie Oskar Negt, Elmar Altvater, Wolf-Dieter Narr und andere. Wichtig war uns der ID, der *Informationsdienst zur Verbreitung unterdrückter Nachrichten*, ein Vorläufer der *taz*, aber auch der *Pflasterstrand*, das Monatsmagazin der Frankfurter Spontis. Die Spontis galten als Erzfeinde der K-Gruppen. Wir in Göttingen konnten beides gut vereinbaren.

In manchen Porträts wurde der Kommunistische Bund (KB) als extrem hierarchische K-Gruppe geschildert. So war es nicht. Das Klischee von engstirnigen Dogmatikern, die nicht nach links und rechts geschaut haben und nur Direktiven von oben angenommen haben, hatte mit meiner Alltagswelt in den 1970er-Jahren nicht viel zu tun.

So sah das auch die Konkurrenz der anderen K-Gruppen, von KPD/ML (Marxisten/Leninisten) über die KPD-AO (Aufbauorganisation, wir spotteten »A-Null«) bis zum KBW (Kommunistischer Bund Westdeutschland). Sie haben dem KB damals vorgeworfen, er würde sich zu wenig um den Hauptwiderspruch zwischen Kapital und Arbeit kümmern. Das war verwunderlich, denn gerade im KB gab es im Vergleich zu anderen K-Gruppen viele Betriebsräte. Bei den Betriebsratswahlen 1975 waren es 100, die dem KB nahestanden und gewählt wurden. Rainer Trampert, eine der Führungsfiguren des KB, war im Betriebsrat bei Texaco. Der KB war in Hamburg in Betriebsräten verankert – aber eben nicht in Göttingen.

Die Idee, dass Kapital und Arbeit für Linke der Hauptwiderspruch der Welt sein sollten und alle anderen Kämpfe für mehr Gleichheit nur Nebenwidersprüche seien, haben wir nicht geteilt.

Der KB hat sich eher den konkreten politischen Kämpfen gestellt. Seine Konkurrenz warf ihm »RAF«-Politik vor. Die Alliteration mit der terroristischen Gruppe war beabsichtigt, gemeint war aber etwas anderes – der Kampf des KB gegen Repression, gegen Atomkraftwerke und für Frauenrechte, also zugkräftige Themen, was ihm den Ruf des »Trüffelschweins« unter den K-Gruppen einbrachte.

In der Tat war der KB in den 70er-Jahren in der Anti-AKW-Bewegung, in Anti-Repressions-Initiativen und der Antifa-Bewegung und der Frauenbewegung verankert. Das war produktiver als die dogmatische Fokussierung auf eine idealisierte Arbeiterklasse, der manche K-Gruppen mit dem erfolglosen Verkaufen ihrer Zentralorgane an den Werkstoren jahrelang nachjagten.

Doch in diesen konkreten Kämpfen ging es auch um Gleichheit. Die Theorie der Grundrente haben wir nicht nur studiert. Es ging auch um die praktischen Folgen des kapitalistischen Grundstücksmarkts etwa in Göttingen. Das Kampffeld, auf dem wir für mehr Gleichheit rangen, war das Wohnen. Die Frage lautete: Wie erkämpft man in der Stadt bezahlbare Wohnungen?

Die Antwort waren Hausbesetzungen und ihre Legalisierung.

Als ich 1973 das erste Mal nach Göttingen kam, fiel mir eine Bausünde auf. Das Reitstallviertel war bereits 1968 abgerissen worden, nachdem man die Besetzer geräumt hatte. Dort entstand ein Betonklotz, der später ein Hertie-Kaufhaus beherbergte und heute eine Investitionsruine ist.

Das war typisch für westdeutsche Städte in dieser Zeit. Stadtverwaltungen und finanzstarke Investoren setzen auf großflächige Sanierungen und Neubauten. Teile der Innenstädte wurden zu Spekulationsobjekten. Die Bedürfnisse der Bevölkerung nach bezahlbarem Wohnraum waren oft nur Hindernisse, die mit rabiaten Mitteln beiseitegeräumt wurden.

Damals wollte in Göttingen eine Große Koalition rücksichtslos vierspurige Straßen bauen und alte Häuser abreißen. Als Ideal galt die autogerechte Stadt mit gewaltigen Ringstraßen. Den Zweiten Weltkrieg hatte Göttingen relativ glimpflich überstanden. Die massiven Zerstörungen begannen in den 1960er- und 1970er-Jahren. Es war Fortschritt mit der Brechstange à la SPD. Auch in Göttingen regte sich Widerstand gegen die Kommerzialisierung der Innenstadt.

Eine Besonderheit der Universitätsstadt Göttingen war, dass Tausende von Studierenden in die Stadt kamen, die auf bezahlbare Wohnungen angewiesen waren. 1980 wurde die Lage dramatisch. Für 10 000 Menschen fehlten Zimmer. Die ehemalige Augenklinik und eine weitere Klinik standen indes leer.

Der AStA organisierte eine Vollversammlung. Als der Saal voll war und die Wohnungsnot genügend kritisiert worden war, habe ich als Mitglied des AStA gesagt: »Liebe Genossinnen und Genossen, gerade erreicht mich die Nachricht, dass es gelungen ist, die Tür der Augenklinik zu öffnen und das Gebäude zu besetzen. Wir gehen jetzt gemeinsam dorthin und unterstützen die Besetzer.« Die Polizei war auch dort, zog sich aber angesichts der Masse der Studierenden nach einer kurzen Schubserei zurück.

Die Besetzung dauerte ein halbes Jahr. Sechs Monate mussten nicht nur über 800 Menschen ihre Besetzung politisch gegen Räumungen verteidigen. Es galt auch, das Alltagsleben in und zwischen rund 50 Wohngemeinschaften zu organisieren. Basisdemokratisch – ohne eine Hausordnung – mit einem täglichen Besetzerplenum. Besetzung ist harte Arbeit.

Wir schafften es durch politischen Druck und mithilfe der Öffentlichkeit, eine polizeiliche Räumung zu verhindern. Aber der polizeifreie Raum Augenklinik hatte auch seine Nachteile. Natürlich gibt es bei gut 800 Menschen auch Regelverstöße und Straftaten, zumal Obdachlose und auch Drogenabhängige in den besetzten Häusern eine Unterkunft fanden. Schallplatten wurden geklaut, auch Taschendiebstahl fand statt. Es gab Übergriffe gegen Studentinnen. Wir mussten das selbst regeln. Wir konnten ja schlecht die Polizei holen. Nicht nur einmal mussten dann die Längsten aus dem Besetzerrat Einzelne des Hauses verweisen. Ich bin 1,96 m groß. Wir lernten so praktisch, dass ein staatliches Gewaltmonopol auch seine Vorteile hat.

Wir haben monatelang mit dem Universitätspräsidenten verhandelt. Das Ergebnis war: Wir beendeten die Besetzung, im Gegenzug gab es Wohnraum für gut 200 Studierende anderswo. Selbstverwaltet, aber unter dem Dach des Studentenwerkes.

Ich habe für diese Lösung geworben. Auch Studierende können nicht Fulltime-Besetzer sein. Die Göttinger Linke war eher pragmatisch und unterstützte diese Lösung. Bei der Vollversammlung der Hausbesetzer war hingegen die Mehrheit dagegen. Manche in der Hausbesetzerbewegung waren aus Prinzip gegen Deals, ohne eine reale andere Perspektive zu haben. Zu denen habe ich gesagt: »Wenn ihr es braucht, geräumt zu werden, macht das. Aber bringt eure Plattenspieler vorher in Sicherheit. Die gehen dabei als Erstes kaputt.«

Der Häuserkampf der 1970er- und 1980er-Jahre hat das Stadtbild Göttingens geprägt. Fachwerkhäuser wurden besetzt und erhalten, wertvolle historische Stadtsubstanz gerettet. Ohne Häuserkampf wäre Göttingen heute eine hässlichere, gesichtslosere Stadt. Die Hausbesetzer haben gegen Gesetze verstoßen und Rechtsbrüche begangen – aber sie hatten Erfolg. Die Häuser wurden saniert und sind bewohnt. Besetzt wurde mit revolutionärem Schwung. Das Ergebnis war im besten Sinne bewahrend. Der Rechtsbruch erwies sich als wertkonservative Aktion.

Eine gerechtere Stadt

1980 war mehr soziale Gleichheit unser Ziel. Es gab viel Wohnraum, der aus Spekulationsgründen leer stand, auf der anderen Seite drängende Wohnungsnot. Einen Einschnitt bedeutete die gescheiterte Besetzung in der Weender Landstraße gegenüber der Universität 1981. Das Haus sollte abgerissen werden, um Eigentumswohnungen Platz zu machen. Diese Besetzung hatte nichts mehr mit studentischer Wohnungsnot zu tun. Es ging um Göttinger Bürger, die von dem drohenden Abriss betroffen waren. Die hatten Sympathien für uns Besetzer. Aber das nutzte nichts. Die Polizei räumte das Haus.

Eine Erkenntnis dieses Scheiterns war: Eine Besetzerbewegung, die sich ausschließlich um Studierende kümmert, wird ihrer gesellschaftlichen Herausforderung nicht gerecht. Das war einer der Gründe, warum wir zu dem Schluss kamen: Wir brauchen eine Vertretung im Kommunalparlament, um mehr Gleichheit und Minderheitenrechte in der Stadt durchzusetzen.

Mieterinitiative, Stadtteilinitiativen, Bewohner von vormals besetzten, dann legalisierten Häusern haben an der Plattform der »Alternative Grüne Initiativen Liste« (AGIL) mitgearbeitet. Bei der Wahl 1981 kamen wir mit drei Abgeordneten in den Stadtrat. Ich war ihr erster Fraktionsassistent. Es war ein doppelter Übergang – von der Universität in die Stadt, von der außerparlamentarischen Politik ins Parlament. Allerdings haben wir Wert darauf gelegt, mit den außerparlamentarischen Bewegungen in der Stadt verbunden zu bleiben. Wir haben jeden Monat vier Zeitungsseiten produziert, die der alternativen Göttinger Stadtzeitung beigelegt wurden. Wir wollten eine kommunale Gegenöffentlichkeit schaffen und deren Teil sein.

Bei den Grünen kamen 1980 viele Außenseiter aus allen Richtungen zusammen. Linksradikale und Brokdorf-Kämpfer, Biobauern und Deutschnationale, Ausgetretene aus CDU wie SPD. Wir empfanden uns als »Antiparteienpartei«, wie es Petra Kelly formuliert hat.

Es wird oft vergessen, dass an der Gründung der Grünen auch Gewerkschafter wie Willi Hoss beteiligt waren. Es gab in den 1980er-Jahren eine starke gewerkschaftliche Strömung in der Partei. Schon im ersten Bundesprogramm von 1980 wurden die »ungleichen Einkommens- und Vermögensverhältnisse zwischen Arm und Reich« kritisiert. Das unter anderem von Jürgen Reents mitgeschriebene »Saarbrücker Programm« der Grünen war ein klar linkes Programm. Neben der Ökologie und Minderheitenrechten war Gleichheit eine Säule der grünen Partei.

Das änderte sich Ende der 1990er-Jahre. Der Konsens, dass die Grünen mehr soziale Gleichheit anstrebten, bekam Risse. Politiker und Politikerinnen wie Margarethe Wolf, Christine Scheel und Oswald Metzger versuchten, die Partei kompatibel mit dem neoliberalen Mainstream der Wirtschaftswissenschaften zu machen, dem Wirtschaftsliberalismus. Sie setzten auf mehr Markt und Deregulierung. Dieser Versuch fand 1998, als Rot-Grün an die Macht kam, Widerhall – bei den Grünen wie bei der SPD.

Agenda der Ungleichheit

Die Idee, dass man den Sozialstaat umbauen müsste, war Ende der 90er-Jahre weit verbreitet. 1998 forderte der damalige SPD-Parteivorsitzende auf dem Bundesparteitag seiner Partei, dass Arbeitslose, die Privatvermögen oder gut verdienende Ehepartner hätten, weniger Arbeitslosengeld und Arbeitslosenhilfe bekommen sollten. Dieser SPD-Parteivorsitzende kam danach zu uns in die Koalitionsrunde. Er verkündete Gerhard Schröder, Joschka Fischer, Gunda Röstel und mir stolz, dass er gerade ein Tabu in seiner Partei gebrochen habe. Es war der gleiche Oskar Lafontaine, der später aus Protest gegen die Agenda-Politik die SPD verließ. Im Kern war Lafontaine ein Vordenker jener Hartz-Reformen, die er später erbittert bekämpfen sollte.

Diese Episode veranschaulicht, dass die rot-grüne Regierung schon zu Beginn enorm unter Reform-Druck stand. 1998 waren 12 Prozent der arbeitsfähigen Bevölkerung arbeitslos. Ab 2002 setzte Wolfgang Clement dann als »Superminister« für Arbeit und Wirtschaft die Agenda 2010 um. Die Agenda 2010 und Hartz IV wurden Synonyme für soziale Ungerechtigkeit. Dafür gibt es gute Gründe.

Aber das Bild ist differenzierter.

Die Zusammenlegung von Arbeitslosen- und Sozialhilfe, ein Kernelement von Hartz IV, war richtig. Wir Grüne forderten schon lange eine einheitliche Grundsicherung, allerdings mit höheren Regelsätzen. Warum sollten arbeitslose Frauen keinen Anspruch auf Arbeitsförderung und Weiterbildung haben, nur weil sie vor ihrer Scheidung Hausfrauen waren? Warum sollten Jugendliche nach der Schule in die Sozialhilfe abgeschoben werden?

Die Agenda 2010 war kein Sparprogramm. Sie hat die Sozialleistungen ausgeweitet. Es wurde danach nicht weniger Geld für Soziales ausgegeben, sondern rund 3 Milliarden Euro mehr. Die Agenda hat verdeckte Armut sichtbar gemacht und begonnen, Jugendliche und Ältere, Frauen und Männer gleichzubehandeln. Dabei gab es Gewinner und Verlierer.

Dass der gewerkschaftlich organisierte Arbeitnehmer so ähnlich behandelt wurde wie die geschiedene Ehefrau und der Lehrling, der keinen Job gefunden hatte, empfanden viele männliche Gewerkschafter als Skandal. Es half auch nicht der Hinweis, dass die bis dahin gezahlte Arbeitslosenhilfe oft niedriger war als der unter Hartz IV gezahlte Regelsatz – abzulesen an den 3 Milliarden Mehrkosten. Die Kollegen fühlten sich mit dieser Gleichbehandlung in ihrer Lebensleistung abqualifiziert. Schließlich hätten sie selber »mal was geleistet«, anders als der junge Mensch in der Ausbildung oder die Mutter, die »nur« zwei Kinder großgezogen hatte. Für sie zählte nur die bezahlte Arbeit.

Es gibt gleichzeitig eine Reihe von Gründen, warum die Agenda 2010 keineswegs als Fortschritt empfunden wurde, sondern als unsozial und Lohndrückerei. Der wichtigste war, dass nicht gleichzeitig ein allgemeiner gesetzlicher Mindestlohn in angemessener Höhe beschlossen wurde.

Einen solchen Mindestlohn forderten zur Einführung von Hartz IV als einzige Partei wir Grüne auf einem Sonderparteitag in Cottbus. Vergeblich. Dabei hätte er die Ausweitung des Niedriglohnsektors, an dem die Agenda ihren Anteil hatte, mindern können. Die SPD war, wie die IG Metall und die IG Bergbau, Chemie, Energie (IGBCE), gegen einen allgemeinen Mindestlohn.

2004 traf sich das rot-grüne Kabinett zu einer Klausur im Hotel Königshof in Bonn. Kanzler Gerhard Schröder hatte den damaligen schwedischen Ministerpräsidenten Göran Persson und den ehemaligen niederländischen Ministerpräsidenten Wim Kok eingeladen. Beide sollten mit der Rentenreform in Schweden und der Arbeitsmarktreform in den Niederlanden die Kronzeugen für die Notwendigkeit Schröderscher Agenda-Politik sein. Es zeigte sich jedoch, dass wir Grünen den beiden Sozialdemokraten aus Schweden und Niederlande näher standen als Gerhard Schröder.

Auf meinen Einwand, dass wir, um die negativen Effekte der Agenda zu mindern, einen gesetzlichen Mindestlohn bräuchten, gab mir Wim Kok recht. Genau so hätten sie es in den Niederlanden gemacht. In den Niederlanden gab es damals einen Mindestlohn von 7,70 Euro.

Noch deutlicher wurde Persson. Er verwies darauf, dass die Rentenreform in Schweden mit höheren Belastungen für Besserverdienende verbunden war. Dass die eigenen Kronzeugen für einen Mindestlohn und für mehr Belastungen der Reichen plädierten, stimmte den Kanzler nicht fröhlicher und löste bei seinem »Superminister« Wolfgang Clement Zornesflecken aus. Die SPD bewegte sich dennoch nicht.

Dabei gab es gute Gründe für den Mindestlohn. 2005 gab es in Deutschland Tarifverträge mit knapp über vier Euro Stundenlohn. Der »Christliche Gewerkschaftsbund« in Sachsen schloss im Überwachungsgewerbe einen Tarifvertrag über 3,60 Euro ab. Wer vier Euro in der Stunde bekam, erzielte damit ungefähr 630 Euro netto im Monat. Das waren gut 300 Euro weniger als die gerichtlich anerkannte Pfändungsuntergrenze. Solche legalen Ausbeutungsjobs gab es vor allem im Osten. Künftig sollte jeder Arbeitslose mit Sanktionen belegt werden, der sich weigerte, in solche Arbeit vermittelt zu werden.

Die Mehrheit der Gewerkschaften – außer Verdi – hatte sich gegen die parallele Einführung eines gesetzlichen Mindestlohns gewehrt, weil sie Machtverlust und eine Nivellierung bei schlechter bezahlten Jobs befürchteten.

Die Haltung der IG Metall und der IGBCE war verwunderlich. Denn die Ausweitung des Niedriglohnsektors hatte massive Auswirkungen auf die Kollegen in der Metall- und Chemie-Industrie – auch auf die gut bezahlten Facharbeiter. Das zunehmende Outsourcing von Teilen des Produktionsprozesses untergrub die Tarifpolitik der Gewerkschaften.

Wenn etwa die Maschinenreinigung im industriellen Fertigungsprozess an Fremdfirmen ausgelagert wurde, waren dort häufig Niedriglöhner beschäftigt. Für diese galten keine oder niedrigere Tarifverträge. Das war eine Bedrohung der industriellen Kernarbeitnehmerschaft. Die Agenda ohne Mindestlohn hat die Kampfkraft der Gewerkschaften massiv geschwächt. Das ist die bittere Pointe.

Dass die Agenda 2010 ohne Mindestlohn und trotz gesteigerter Sozialausgaben als unsozial empfunden wurde, hatte einen weiteren Grund. Sie war genauso gemeint – mindestens vom verantwortlichen Minister Wolfgang Clement. Hinter seiner Formel vom »Fordern und Fördern« stand der ebenso eingängige wie falsche Gedanke, dass die meisten Erwerbslosen einfach zu faul seien, um zu arbeiten. Dieses Argument bemühen *Bild,* Union und FDP bis heute gegen das Bürgergeld.

Clement und Schröder wollten 2002 um jeden Preis die Massenarbeitslosigkeit senken. Ihr Heilmittel war, besser qualifizierten Arbeitslosen so zuzusetzen, dass sie auch Jobs als Pförtner oder in der Dienstleistungsbranche annehmen mussten. Hauptsache, die Arbeitslosenstatistik sah besser aus.

Wöchentlich stellten Wolfgang Clement und sein Parlamentarischer Staatssekretär Gerd Andres im Kabinett einen Fortschrittsbericht vor, der zeigen sollte, wie die Arbeitsmarktreform voranschreite und die Agenda-Politik ein Erfolg war. Die Realität war eine andere.

Meine Tochter war damals arbeitslos. Ihre Mutter arbeitete in der Erwachsenenbildung und vermittelte Langzeitarbeitslose mit beachtlichem Erfolg in Jobs. Die Reform strich als Erstes diesen sogenannten Zweiten Arbeitsmarkt. Die ausfallende Vermittlungsarbeit der freien Träger konnte aber gar nicht von den Arbeitsagenturen ersetzt werden – denn die waren (und sind bis heute) hauptsächlich Leistungsverwaltung. Was sie konnten, war Menschen unter Druck zu setzen, miese Jobs anzunehmen. So drängte die Agentur meine alleinerziehende Tochter dazu, abends in Gaststätten zu arbeiten. Hatte sie früher ja mal gemacht – nur hatte sie da noch kein Kind. Ihre Mutter durfte sich dafür Sorgen machen, ob sie ihren Job in der Erwachsenenbildung behalten würde. Auch ein Teil der Fördermaßnahmen diente mehr der Schikane als der Förderung. So nötigte die Arbeitsagentur Prenzlauer Berg einem Ausländer einen Deutschkurs auf. Der Mann war Österreicher.

Kurz gesagt – es wurde gefordert und nicht gefördert. Das entsprach dem Geiste eines formal sozialdemokratischen Wolfgang Clement. Er hatte gute Gründe, später in die FDP zu wechseln.

Manchmal offenbart sich die Wahrheit in Randglossen. Die PR-Agentur, die die Agenda 2010 und die neu geschaffenen Arbeitsmöglichkeiten für Arbeitslose vorstellen wollte, schlug vor, diese »Tausend-Euro-Job« zu nennen. In der Tat kam, wer den Regelsatz plus Miete und einen Euro pro Stunde als Zuschlag bekam, etwa auf diesen Betrag. Es wären knapp 400 Euro mehr gewesen, als im Bewachungsgewerbe Sachsens verdient wurde. Doch der Slogan »Tausend-Euro-Job« war mit Clement nicht zu machen. Er verfügte, dass es »Ein-Euro-Job« heißen müsse. Er wollte abschrecken. Das war ein Turbo für die Montagsdemos gegen die Agenda 2010 und eine der Ursachen für das Ende von Rot-Grün 2005.

Angefangen hatte es mit einer Fehlentscheidung 2002. Nach der erfolgreichen Wiederwahl entschied Schröder, das bisher vom Gewerkschafter Walter Riester geführte Arbeitsministerium und das von Werner Müller professionell gemanagte Wirtschaftsministerium erstmals seit 1949 unter dem »Superminister« Wolfgang Clement zu einem »Bundesministerium für Wirtschaft und Arbeit« zusammenzufassen.

Das führte nicht nur zu massiven Konflikten zwischen den Bürokratien der beiden traditionell verfeindeten Häuser. Es war auch mit einem Verlust an Checks und Balances verbunden. Der Zwang, Konflikte zwischen Kapital und Arbeit vor einer Kabinettsbefassung in einem Kompromiss zwischen Arbeits- und Wirtschaftsministerium zu lösen, wurde durch das erratische Machtwort des Ministers ersetzt. So wurde das Arbeitsministerium wirtschaftlichen Kalkülen untergeordnet.

Damit entfiel ein wichtiges Frühwarnsystem. Der Kanzler, sein Superminister und seine Partei liefen ungebremst in einen Konflikt mit der organisierten Arbeitnehmerschaft und den Gewerkschaften. Orts- und Bezirkssekretäre, Betriebsräte verließen die SPD. Manche von ihnen gründeten zusammen mit Gregor Gysi und Oskar Lafontaine die Partei »Die Linke«.

Sicher war die Agenda 2010 auch aus Verzweiflung geboren. 5 Millionen Arbeitslose treiben jede Regierung um, besonders eine sozialdemokratische Regierung. Schröder war, anders als Clement, kein Neoliberaler. Doch um erfolgreich zu sein, fehlte der Mut, nicht nur den Menschen unten Krisenlasten aufzubürden, sondern auch die da oben einzubeziehen.

Die schwedischen Sozialdemokraten hatten in den 1990er-Jahren eine Rentenreform umgesetzt, die das Umlageverfahren mit Kapitaldeckung verband. Man muss dieses Rentensystem nicht zum Vorbild erklären. Aber wichtig daran war, dass die schwedischen Sozialdemokraten diese Reform mit einer Pflichtversicherung und mit einer Zwangsabgabe auf hohe Einkommen verbanden. Dies fehlte bei der Agenda 2010. Das war ihr Kardinalfehler. Sie verstärkte die Ungleichheit in der Gesellschaft.

Ich habe im Bundestag trotz aller Vorbehalte für die Hartz-Gesetze gestimmt. Das Sozialsystem war reformbedürftig. Es war richtig, die Arbeitslosenhilfe abzuschaffen. Und grundsätzlich: Wenn die Koalition etwas beschließt, muss das gelten. Sonst kann sich der Koalitionspartner auch bei grünen Anliegen von Rußpartikelfiltern für Dieselautos bis zum Emissionshandel weigern, koalitionstreu abzustimmen.

Falls man als Minister einem zentralen Gesetz auf keinen Fall zustimmen kann, muss man das Amt niederlegen. Denn Koalitionen sollten möglichst geschlossen auftreten. Absprachen nicht einzuhalten, schafft für einen Partner in einer Koalition kurz einen Vorteil – langfristig schadet es der Koalition und damit auch jenen, die Absprachen brechen. Die gegenwärtigen Konflikte in der Ampel-Koalition legen davon Zeugnis ab. Am Ende droht der Verlust der Mehrheitsfähigkeit.

Feed the Rich

Parteien der linken Mitte können nicht nur aus Mangel an Loyalität und Kooperationsfähigkeit ihre Mehrheitsfähigkeit verlieren. Der gleiche Effekt stellt sich ein, wenn sie das Gebot der Gleichheit missachten. Genau das passierte in den Jahren nach 2001: Die Agenda 2010 folgte dem damaligen neoliberalen Zeitgeist. Die rot-grüne Steuerreform von 2001 entlastete die Reichen und Gutverdienenden massiv. Rot-Grün befreite Veräußerungsgewinne bei Unternehmensverkäufen von der Steuer. Sogar linke Grüne haben das damals unterstützt. Entnommene Gewinne, die reinvestiert werden, könne man doch nicht versteuern, wenn man Investitionen fördern wolle, so das Argument. Dabei wurde übersehen, dass auch der Kauf von Aktien als Reinvestition galt. Bei den Fondsmanagern an der Frankfurter Börse soll man anfangs nicht geglaubt haben, dass diese Steuerbefreiung komme. Dann knallten die Champagnerkorken.

Die Arbeitslosigkeit in Deutschland beruhte weniger auf der Faulheit der Erwerbslosen als auf Wachstumsschwäche. Die Wachstumsschwäche Deutschlands hat seit Langem mit einem Mangel an Investitionen zu tun, nicht mit einem Mangel an Profiten. 1991 reinvestierten die Unternehmen noch über 40 Prozent ihrer Gewinne, im Jahr 2000 nur noch rund 25 Prozent. Ab 2001 lag diese Quote unter 10 Prozent. Die Behauptung, dass steigende Gewinne zu steigenden Investitionen führen, ist ein Märchen der Wirtschaftslobby.

Makroökonomisch war es damals sinnlos, dass Rot-Grün den Reichen mit Steuersenkungen noch mehr Geld gab. Nachdem die Dotcom-Blase geplatzt war, war viel Kapital auf der Suche nach Anlagemöglichkeiten unterwegs. Wir haben die Menge des suchenden Kapitals mit der rot-grünen Steuerreform erhöht, anstatt Geld in Bildung und Infrastruktur zu investieren. Das hätte geholfen, die Wachstumsschwäche zu beheben, und die ersehnten arbeitsmarktpolitischen Effekte gehabt.

Zudem hat die rot-grüne Steuerpolitik die strukturelle Unterfinanzierung des Gemeinwesens verstärkt. 60 Milliarden Euro jährlich fehlen dem Staat wegen der rot-grünen Steuerreformen und schränken die Möglichkeiten einer Politik für mehr Gleichheit ein. Heruntergekommene Schultoiletten, marode Turnhallen und Schulen, überlastete Schienennetze mit notorisch verspäteten Zügen, bröselnde Brücken sind Folge einer Politik des Senkens staatlicher Investitionen. Sie führen zur Vernichtung des Vermögens der Gesellschaft.

Wachsende Ungleichheit ist eine bedrohliche Tendenz – in Deutschland und global. Die acht reichsten Milliardäre besitzen so viel wie die 3,5 Milliarden Menschen, die die ärmere Hälfte der Weltbevölkerung bilden. Die Ungleichheit hat seit Mitte der 1980er-

Jahre in zwei Dritteln der OECD-Länder zugenommen – und in Deutschland besonders stark. Die rot-grünen Reformen haben diese Tendenz nicht verursacht, aber verstärkt.

Die Agenda 2010 und der Entschluss, die Reichen zu entlasten, waren politische Entscheidungen, kein Zwang der Verhältnisse. Der Zeitgeist, der Druck von Medien und Interessenverbänden haben eine Rolle gespielt. Doch Grüne und Sozialdemokraten haben ihm nachgegeben. Wir haben darüber die Mehrheit links der Mitte, die uns 1998 an die Regierung brachte und die wir 2002 erfolgreich verteidigten, verloren. Für mehr als 16 Jahre.

Der neoliberale Mainstream der Ökonomen und Wirtschaftsverbände hat die Agenda-Politik später zur Initialzündung des deutschen Wirtschaftswunders der letzten Jahre und der deutschen Dominanz in Europa verklärt. Viele neoliberale Meinungsmacher pflegen den Mythos, die deutsche Wirtschaft stehe nur deshalb so solide da, weil Rot-Grün damals die Arbeitslosen gehörig unter Druck gesetzt habe. Die deutsche Wirtschaftsstärke nach 2005 aber fußte auf dem Export und den kernindustriellen Bereichen von Maschinen- und Anlagenbau, Automobil, Chemie, Umwelttechnik – alles Bereiche, in denen überdurchschnittliche Löhne gezahlt werden. Entscheidend für die deutsche Wirtschaft war der Nachfrageschub aus wachsenden Schwellenländern und die stabilen Preise für deutsche Waren im europäischen Ausland, die durch den Euro garantiert wurden.

Wir Grünen haben uns in einem komplizierten Prozess von der Agenda 2010 entfernt und gefordert, dass das Sanktionssystem beendet und ein Bürgergeld eingeführt werden muss. Markus Kurth und Sven Lehmann haben die neoliberale Agenda bei den Grünen Schritt für Schritt zurückgedrängt. 2002 waren die linken Grünen in der Partei noch in der Minderheit. Nach der Finanzkrise 2008 hat sich das gewandelt. Das Scheitern des Neoliberalismus verschob auch die Gewichte bei den Grünen. Heute sind wir strömungsübergreifend Ökokeynesianer.

Der Euro in der Finanzkrise

Die Grünen waren Anfang der 1990er-Jahre dem Euro gegenüber skeptisch. Die Befürchtung war, dass die ärmeren südeuropäischen Länder leiden würden, weil sie nicht mehr die Möglichkeit hatten, Unwuchten mit Wechselkursanpassungen auszugleichen. Ich war damals als Landesminister in Niedersachsen für Europaangelegenheiten zuständig. Ich verstand diese Bedenken, teilte sie aber nicht – ich hielt den Euro politisch für nötig.

Deutschland war mit der Unterstützung der USA gegen den Widerwillen der Briten und der Franzosen wiedervereinigt worden. In Europa drohte ein Ungleichgewicht zulasten Frankreichs. Es ging darum, dieses vereinte Deutschland unwiderruflich in das gemeinsame Europa einzubinden. Dafür musste es das einzige Nationalsymbol opfern, das es neben dem Wunder von Bern 1954 und einer erfolgreichen Fußball-Nationalmannschaft (West-)Deutschlands hatte: die D-Mark. Dass Deutschland seine Währungssouveränität aufgab und sein Nationalsymbol, die D-Mark, opferte, war die notwendige politische Antwort auf die Deutsche Einheit. Auch um den Preis, dass es eine dafür notwendige vergemeinschaftete europäische Finanz- und Steuerpolitik noch nicht gab. Am Ende setzte ich mich mit dieser Haltung bei den Grünen durch, und wir stimmten dem Vertrag von Maastricht zu. Auch deshalb gelten die die Grünen heute als die Europapartei.

Die Sorgen über eine Währungsunion ohne vergemeinschaftete Finanzpolitik waren aber nicht aus der Luft gegriffen. Eine gemeinsame Währung ohne Wirtschafts- und Finanzunion produzierte Gewinner und Verlierer. Anfangs merkte man das nicht. Es gab »nur« kleinere und größere Gewinner.

Auch den Ländern des Südens verschaffte die Währungsunion wachsenden Wohlstand. Aber exportstarke Ökonomien profitierten stärker von dem für sie billigen Euro. Ärmere Länder finanzierten den Konsum über Schulden, die sie bei Banken in reicheren Ländern wie Deutschland aufnahmen. Unter dem Druck der Bankenkrise 2008 brachen diese Widersprüche auf – und die Euro-Konstruktion fast zusammen.

Der Kern der Krise war nicht der Euro, sondern die fahrlässig deregulierten Finanzmärkte. Diese führten von den USA bis zu Irland und Spanien zu komplett überschuldeten Volkswirtschaften. Unternehmen, private Haushalte, Banken hatten Schulden von über weit 300 – in Irland 600 – Prozent der Wirtschaftsleistung aufgetürmt, die nun fällig wurden. Um den Kollaps des Bankensystems zu verhindern, brachten Staaten viel Steuergeld auf. Plötzlich war das Gerede von »Mehr Markt, weniger Staat« verstummt. Alle wollten einen handlungsfähigen, starken Staat.

Ehrlich wäre 2009 die politische Ansage gewesen: Die Hypo Real Estate ist kriminell, die Commerzbank ist eine Spekulationsbude, aber der Staat muss sie retten, um Schlimmeres, den Zusammenbruch der Volkswirtschaft, zu verhindern. Doch wirkmächtig wurde in Deutschland eine andere Erzählung: Die faulen Griechen seien schuld. Dabei arbeiteten Griechen im Schnitt 150 Stunden mehr im Jahr als Deutsche.

Die Geldverschwendung im Süden und die »mediterrane Fiskalpolitik« (Christian Lindner) galten vielen in Deutschland als Grund für die Krise. Dabei lag die Staatsverschuldung von Spanien vor der Bankenkrise mit 36 Prozent vom BIP weit unter der von Deutschland (64 Prozent). Weder in den USA noch Spanien und Irland war Staatsverschuldung das Problem. Es war die Überschuldung von Unternehmen und Haushalten und damit der Banken.

Beide Legenden – Faulheit und Staatsschuld – sollten ärmere Länder zum Sündenbock machen und von dem eigentlichen Problem ablenken. Die Banken konnten im Investmentbanking lange unreguliert Geld verdienen und mussten nun auf Kosten der Allgemeinheit vor dem Bankrott gerettet werden. Sie waren »too big to fail« – zu groß, um in Konkurs zu gehen, ohne die gesamte Gesellschaft mitzureißen.

Ich war 2009 kurz vor dem Amtsantritt von Barack Obama in den USA. Im Zug von New York nach Washington kamen wir mit einem Broker ins Gespräch. Es gab drei Monate nach dem Kollaps der Lehman Brother Investmentbank und dem Ausbruch der größten globalen Finanzkrise seit 1929 nur ein Thema: Was passiert mit dem US-Banken- und Finanzsystem? Der Broker hatte eine klare Prognose: »In zwei, drei Jahren machen wir genauso weiter wie vor Lehman.« Das klang zynisch. Aber er sollte recht behalten.

Die Stabilität des Finanzsystems wurde durch Auflagen und Neujustierungen wie eine höhere Eigenkapitalquote der Banken, die das Crash-Risiko dämpfen sollten, erhöht. Aber die Schäden haben die Staaten mit mehr Schulden bezahlt – weil sie die Schulden der Banken übernahmen.

In den USA wurden die Banken verstaatlicht und am Ende immerhin mit Gewinn verkauft. In Deutschland sorgte Angela Merkels Zögerlichkeit – *too little, too late* – dafür, dass der Staat hierzulande draufzahlte.

2009 wählten die Deutschen mitten in der Finanzkrise Schwarz-Gelb an die Regierung. Ausgerechnet im Zusammenbruch des Neoliberalismus die neoliberalste deutsche Partei zu stärken und an die Macht zu bringen, war ein erstaunliches Ergebnis. In ihr drückte sich eine naive Hoffnung aus. Viele Menschen glaubten, dass man sich gerade in der Krise gut mit der Wirtschaft stellen musste. Die, die das nicht glaubten, verschafften 2009 den Grünen wie der Linken Rekordergebnisse. Die SPD wurde wegen ihrer Mitarbeit in der Großen Koalition abgestraft. Rechts der Mitte hatte endgültig eine Mehrheit erobert.

Schwarz-Gelb aber setzte nicht die von Merkel 2005 in Leipzig versprochene neoliberale Wende durch, sondern war vor allem damit beschäftigt, die Folgen der Finanzkrise zu managen. Doch trotz Verstaatlichung der Commerzbank, der Abwicklung der Hypo Real Estate mit Milliarden an Steuergeldern, blieben die Grundparameter der deutschen Wirtschaftspolitik gleich. Es blieb bei der – gerade widerlegten – These, dass, wenn man Banken und große Konzerne hinreichend Gewinne machen ließ, die Wirtschaft wieder florieren würde.

2008 nahm Deutschland 80 Milliarden Euro Schulden auf, um Banken zu retten und mit Konjunkturprogrammen die Krise zu mildern. Aber anders als in China oder in Korea wurde dieses Geld nicht gezielt in eine klimaneutrale Transformation investiert. Das beste Beispiel war die Abwrackprämie, die blind den Erwerb eines Autos subventionierte, anstatt die Autoindustrie in Richtung Elektromobilität zu pushen. Als Ergebnis hat Deutschland einen Entwicklungsrückstand von einem Jahrzehnt gegenüber China und verliert dort heute massiv Marktanteile.

Anders als in den USA wurden Banken nicht verstaatlicht, um sie hart zu sanieren und gewinnbringend an der Börse wieder zu verkaufen. Merkel und Steinbrück kauften noch ein Viertel der Commerzbank und zahlten dafür ein Vielfaches des aktuellen Börsenwerts der Bank. Deutschland blieb lange auf der Commerzbank sitzen. So wurde zwar der Systemcrash vermieden, die Chance auf ein Umsteuern auf nachhaltiges und stabileres Wachstum aber wurde verschenkt.

Zudem blieben Kernprobleme aus der Finanzkrise ungelöst. Das spitzte sich in der folgenden Eurokrise zu. Italien und Griechenland hatten schon vor der Krise Staatsschulden angehäuft. In Spanien und Irland stiegen die Staatsschulden durch die Bankenkrise. Die Verstaatlichung der Banken war in Wahrheit die Sozialisierung privater Schulden zur Entlastung der Anteilseigner – häufig anderer Banken, auch deutscher. Dies stürzte diese Länder in große Finanzierungsprobleme an den Kreditmärkten. Die Spreizung der Zinsen auf Staatsanleihen in der Eurozone wuchs stark. Auf den Kapitalmärkten begannen die Wetten, wann es gelingen würde, das erste Land aus der Eurozone herauszubrechen. Erster Kandidat war Griechenland, das als schwächstes Glied galt.

Innerhalb der schwarz-gelben Koalition von Angela Merkel gab es auf die Eurokrise zwei gegensätzliche strategische Antworten – eine pro-europäische und eine deutsch-dominante. Während die einen den EZB-Präsidenten Mario Draghi 2011 für seine Rettung des Euro (»What ever it takes«) lobten, hielten ihn andere für einen Verräter an der Geldwert-Stabilität und kritisierten einen angeblichen Bruch des Vertrages über die Währungsunion. Dieser Zoff zerlegte das gesamte rechte Lager. Getrieben von der *Bild,* die den Griechen empfahl, zur Sanierung ihrer Finanzen einfach ein paar ihrer Inseln zu verkaufen, verabschiedeten sich reihenweise CDU-, CSU- und FDP-Abgeordnete aus der Koalitionsdisziplin, darunter Wolfgang Bosbach (CDU) und Frank Schäffler. Über dessen Motto lästerten seine FDP-Kollegen gerne »Lebenslanges Lärmen«. Das war noch liebevoll. Kanzleramtsminister Roland Pofalla wütete Bosbach an: »Ich kann deine Fresse nicht mehr sehen.«

Wir Grünen waren in der Opposition nach 2009 in einer unbequemen Lage. War es richtig, im Bundestag Merkels Hilfspaketen für Griechenland und für die Rettung des Euro zuzustimmen? Linke Grüne wie Gerhard Schick kritisierten zu Recht, dass diese Pakete für die Griechen soziale Verwüstungen bedeuteten und deutsche Banken bei der Finanzierung der Pakete geschont wurden. Aber: Ein Rausbrechen Griechenlands aus dem Euro samt Staatskonkurs wäre für die Banken zwar teuer geworden, hätte aber für die Bevölkerung Griechenlands noch verheerendere soziale Folgen gehabt. Das Beispiel des Staatsbankrotts Argentiniens nach Carlos Menem stand mir vor Augen.

Als Fraktionsvorsitzender habe ich mich dafür eingesetzt, dass die Grünenfraktion geschlossen für die Pakete stimmte. Nicht der Rauswurf Athens, sondern eine schwierige, aber europäische Lösung musste die Antwort sein. Beim zweiten Rettungspaket 2012 fehlte Kanzlerin Merkel die eigene Mehrheit. Nur weil SPD und wir Grüne sie unterstützten, passierte das Paket den Bundestag.

Das war linke Realpolitik. Denn ein Scheitern hätte bedeutet, dass der Plan von Finanzminister Wolfgang Schäuble konkret geworden wäre – Griechenland aus dem Euro zu werfen. Das wäre eine Ermunterung für die Finanzmärkte gewesen, danach auch gegen Italien, Spanien und Portugal zu spekulieren, die Zinsen dort weiter in die Höhe zu treiben und so den Euro zu zerstören. Ein Nord-Euro wäre eine aufgewertete Währung gewesen, die der deutschen Wirtschaft schockartig geschadet hätte. Es drohte eine Zerstörungsspirale, an deren Ende der Zerfall der Europäischen Union und ein Aufschwung des Nationalismus gestanden hätte. Das Ja zu Merkels Rettungspaketen war das kleinere Übel.

Schwarz-gelbe Doppelmoral

Nach der Finanzkrise setzten die USA und auch China auf große Konjunkturprogramme, um die globale Ökonomie wieder in Schwung zu bringen. Merkel und Schwarz-Gelb hingegen zwangen, zur Verärgerung der Obama-Regierung, Europas Krisenländern einen Sparkurs auf, obwohl sie selbst in Deutschland mit 80 Milliarden Euro gegensteuerten. Während sich Deutschland einen Stimulus für die Konjunktur leistete, wurde dieser Griechenland, Irland und Spanien erschwert. Wir geben mehr aus, aber ihr müsst sparen.

2011 war ich bei der Bilderberg-Konferenz in den USA eingeladen. Die Bilderberger sind von vielen Mythen umgeben – manche sahen in dem seit 1954 stattfindenden internationalen Treffen von Konzernlenkern, Spitzenpolitikern, Wissenschaftlern und Monarchen eine geheime Weltregierung. Diese Rolle spielt in den aktuellen Verschwörungstheorien heute das Weltwirtschaftsforum in Davos. Doch weil die Bilderberger anders als die Tagung in Davos klandestin tagen, umgibt sie der Ruf einer Geheimgesellschaft. Dabei ist sie bloß ein Kind des Kalten Krieges.

Verglichen mit ihrem sagenumwobenen Ruf, ging es bei der Konferenz 2011 eher profan zu. In einem im Grünen gelegenen Hotel bei Washington fand eine Konferenz statt, die sich wenig von Diskussionen auf der Münchner Sicherheitskonferenz oder im Londoner Chathamhouse unterschied. Wir wurden, recht demokratisch, nach Namen platziert. Der *Zeit*-Journalist Matthias Nass saß so neben »Her Majesty The Queen of the Netherlands«, der Königin von Holland. Vortragende bekamen genau zehn Minuten Zeit. Das galt für alle – nur Henry Kissinger durfte natürlich so lange reden, wie er wollte.

Das mit den zehn Minuten war für mich ein Problem. Ich erfuhr erst nach meinem Eintreffen von dem Wunsch der Veranstalter, ich möge den Teilnehmern – viele aus den USA – am nächsten Tag die Finanzpolitik von Frau Merkel erklären. Die sei doch eine Katastrophe. Angela Merkels Kurs – Austeritätspolitik plus Exportweltmeister – galt in den USA parteiübergreifend, von Demokraten bis zu den Republikanern, als egoistisch und kurzsichtig. In der deutschen Öffentlichkeit hat das kaum jemand registriert.

In zehn Minuten fair etwas darzustellen, was man selbst für falsch hält, und dazu noch die eigene Position unterzubringen, war eine Herausforderung. Ich habe mich dafür entschieden, die Unterschiede zwischen den USA und Deutschland historisch zu erklären.

Im kollektiven Gedächtnis der USA und Deutschlands werden die 20er-Jahre des letzten Jahrhunderts komplett unterschiedlich erinnert. Das kollektive Gedächtnis der USA und der Wirtschaftspolitik dort ist durch das Trauma der »Great Depression« 1929 geprägt. Im kollektiven Gedächtnis der Deutschen spielt die Hyper-Inflation 1923 die zentrale Rolle. Die große Depression wurde mit massiven staatlichen Investitionen, finanziert durch Kredite und Steuern auf Vermögen und Erbschaften, überwunden. Die Antwort auf die Inflation war die Austerität Brüningscher Sparpolitik.

Hier liegt der Grund für die ebenso neurotische wie sehr deutsche Furcht vor Überschuldung. So vermittelte ich den deutschen Ansatz Merkels – wohl halbwegs fair, wie mir einzelne anwesende deutsche Wirtschaftsführer mit CDU-Parteibuch anschließend konzedierten.

Aber ich habe auch klargemacht – wir haben nicht mehr 1923. Es war 2011 durch die gemeinsamen Anstrengungen der G 20 unter aktiver Beteiligung Chinas gelungen, eine fatale Kettenreaktion zu bremsen, die nach einem Bankencrash ganze Volkswirtschaften in den Abgrund gezogen hätte. Aber die Krise hatte tiefe Wachstumseinbrüche zur Folge. Deutschlands Bruttoinlandsprodukt war um 6 Prozent gesunken. Wollte man diese Wachstumsschwäche überwinden, musste investiert werden. Deshalb war der Kurs der USA, von China und anderen Ländern richtig – und Merkels Austeritätspolitik für Europa falsch.

Im Kern sah das auch Merkel so – deshalb die Abwrackprämie und andere schuldenfinanzierte Programme. Die schwarz-gelbe Doppelmoral – selbst investieren, andere zum Sparen zwingen – war doppelt falsch. Es wurden mit Italien und Spanien gerade die Volkswirtschaften in die Krise gestoßen, die für den Exportweltmeister Deutschland wichtig waren. Dies wäre noch schlimmer gekommen, hätten sich die Bosbachs und Schäfflers durchgesetzt. Daran haben sie Grüne und Sozialdemokraten mit ihrem Votum für den Euro gehindert.

Dass es nicht ganz so schlimm kam, ist der EZB unter Mario Draghi zu verdanken. Sein »Whatever it takes« und die aufgelegten Anleihekäufe retteten den Euro und erhielten für Deutschland wichtige Märkte.

Ende des Neoliberalismus

Die Bankenkrise 2008 hatte gezeigt, dass der Neoliberalismus mit seinem Dreiklang aus Steuersenkungen, Privatisierung und Deregulierung gescheitert war. Der schlanke Staat als Leitbild hatte ausgedient. Um einen Kollaps zu verhindern, verschuldete sich der Staat: Deutschland hat extrem viel Geld aufgebracht, aber die Gläubiger und Spekulanten dabei fast vollständig geschont.

Die Bankenkrise hatte auch gezeigt: Zu viel Ungleichheit ist nicht nur unmoralisch und frisst sich wie Rost in das Gerüst der Gesellschaft und zerstört ihren Zusammenhalt. Ungleichheit war auch ein Treiber für die Bankenkrise. Das Finanzvermögen hatte weltweit von 1980 bis 2006 um den Faktor 14 auf 167 Billionen Dollar zugenommen. Im gleichen Zeitraum stieg das Weltbruttosozialprodukt nur um das knapp Fünffache auf nicht einmal 50 Billionen Dollar. 1980 waren beide Zahlen noch in etwa gleich gewesen.

Aus dem Scheitern des Neoliberalismus ergaben sich drängende Fragen.

Wer sollte für die Kosten der Krise aufkommen? Wenn die Steuerzahler für die verstaatlichten Spekulationsverluste aufkommen sollten, warum sollten Normalverdiener für diese Verluste zahlen?

Wenn der Markt eben nicht alles regelt, wenn es eines handlungsfähigen Staates bedurfte, wie sichern wir seine Finanzierung? Sonst bleibt nur die Wahl, künftigen Generationen entweder eine verrottete Infrastruktur oder Milliarden Schulden zu hinterlassen. Wie finanzieren wir die Investitionen zur Sicherung der Zukunft kommender Generationen?

Auf die erste Frage hatten wir bereits im Wahlprogramm 2009 eine Antwort gegeben. Die Schulden der Finanzkrise sollten über eine Vermögensabgabe finanziert werden, die ein Prozent, das oberste, der Reichen in Deutschland betreffen sollte.

Die Antwort auf die zweite Frage erarbeitete sich die Grünen-Bundestagsfraktion unter meinem Vorsitz in der Legislaturperiode danach. Die dafür gebildete Arbeitsgruppe hieß zunächst »Ehrlich machen«. Diese Ehrlichkeit scheiterte bei der Bundestagswahl 2013. Udo behielt mit seiner Prognose recht: Das Wahlergebnis der Grünen war enttäuschend.

Ehrlich machen –
links und schwäbisch

Fritz Kuhn, grüner Fraktionsvorsitzender von 2005 bis 2009, und Reinhard Bütikofer, grüner Parteivorsitzender von 2002 bis 2008, hatten nach dem Ende unserer Regierungsbeteiligung begonnen, bei den Grünen eine andere Wirtschafts- und Finanzpolitik zu entwickeln, als sie Marktradikale wie Oswald Metzger oder Christine Scheel vertraten. Kuhn und Bütikofer stritten sich gerne über die Frage, wer den Slogan »Mit grüner Politik schwarze Zahlen schreiben« wirklich erfunden hat. Am Ende schaffte es Fritz Kuhn, dass alle das für seinen Slogan hielten.

Während dieses Konzept stark wirtschaftspolitisch ausgerichtet war, kam ein finanzpolitischer Ansatz hinzu – besonders geprägt von Gerhard Schick. Er verwies auf die Notwendigkeit, die Finanzmärkte und Banken besser zu regulieren. Das galt wegen der Komplexität des Themas lange als Spezialistenthema, doch mit der Finanzkrise wurde offenbar, wie wichtig eine bessere Regulierung war.

Kuhn kam aus Stuttgart, Bütikofer aus Heidelberg und Schick aus Mannheim – und obwohl zwei der drei Städte im Badischen liegen, entstand aus dem Zusammenwirken eine neue grüne Wirtschafts- und Finanzpolitik: links und schwäbisch.

In einem ersten Schritt 2009 hatten Gerhard Schick, ich und andere uns erfolgreich dafür engagiert, die Forderungen nach einer Vermögensabgabe ins Wahlprogramm der Grünen aufzunehmen. Die Vermögensabgabe sollte gezielt deutsche Millionäre für den Abbau der Schulden in Haftung nehmen, die durch die Bankenkrise entstanden waren.

Diese Abgabe sollte das oberste eine Prozent der Bevölkerung leisten. Die Freibeträge sollten bei einem Vermögen von einer Million Euro liegen, bei Betriebsvermögen bei 5 Millionen Euro. In Spanien lag der Freibetrag bei 700 000 Euro. Die grüne Vermögensabgabe hätte in zehn Jahren 100 Milliarden Euro erbracht und so die Lasten der Finanzkrise schultern können. Die Vermögensabgabe orientierte sich an dem Lastenausgleich in den 50er-Jahren, mit dem die Folgen des Zweiten Weltkriegs gemindert wurden. Die Vermögensabgabe war auch als Mittel gedacht, um die wachsende Ungleichheit zu mildern. Sie war zumutbar und steuersystematisch sinnvoll. Steuern auf Vermögen machten in den USA 13 Prozent der gesamten Steuereinnahmen aus, in Frankreich gut 8 Prozent, in der Bundesrepublik nur 2,3 Prozent.

Fritz Kuhn hatte als Fraktionsvorsitzender schon vor 2009 die Arbeitsgruppe »Ehrlich machen« auf den Weg gebracht – später mussten wir sie in »AG Prioritäten« umbenennen. Als Fraktionsvorsitzender habe ich ab 2009 diese Arbeitsgruppe übernommen. Zunächst ging es darum, die grünen Forderungen, von der Kindergrundsicherung bis zum ökologischen Umbau, solide zu finanzieren und zu priorisieren.

Doch es stellte sich schnell heraus, dass das Problem größer war und es nicht reichte, die Kosten für eine sozial-ökologische Transformation zusammenzurechnen. Während wir im Bund in der Opposition saßen, regierten wir bereits eine ganze Reihe von Bundesländern mit. Wir wurden zur Verantwortung gezogen, wenn es in einem Bundesland zu wenig Lehrende gab und der öffentliche Nahverkehr unattraktiv blieb. Es gehört zum Föderalismus, dass Bund, Länder und Kommunen über ihre Anteile am Steueraufkommen streiten, dass sich reiche Länder über den Länderfinanzausgleich beschweren und Kommunen beklagen, dass Geld vom Bund von den Ländern an sie nicht weitergeleitet werden, sie aber immer mehr Aufgaben übertragen bekommen. Deshalb wurden Mitglieder von Landesregierungen und Kommunalpolitiker an der Arbeitsgruppe beteiligt.

Es stellte sich schnell heraus, dass der übliche Finanzstreit zwischen Bund, Ländern und Kommunen in die Sackgasse führte. Alle drei Ebenen des Staates hatten und haben zu wenige Einnahmen, um Regelaufgaben wie Erziehung, Bildung, Polizei, den Erhalt der Infrastruktur und des Verkehrs zu finanzieren. Kurz gesagt: Es gibt in Deutschland eine strukturelle Unterfinanzierung aller staatlichen Ebenen. Es stellte sich aber auch heraus, dass jenseits der Regelaufgaben für die sozialökologische Transformation nicht nur zusätzlich investiert werden musste, sondern mit ihr auch neue Einnahmen und auch geringere Kosten entstehen können.

Claus Peter Murawski, Staatskanzleichef von Winfried Kretschmann, der seit 2011 eine grün-rote Koalition in Baden-Württemberg anführte, machte in dieser Arbeitsgruppe den Vorschlag, den Spitzensteuersatz auf 49 Prozent zu erhöhen. So stand es damals in Winfried Kretschmanns rot-grünem Koalitionsvertrag. Wir übernahmen diese Idee. Kernpunkte des Steuerkonzepts waren damit die Vermögensabgabe, das Abschmelzen des Ehegattensplittings, die Anhebung des Spitzensteuersatzes auf 49 Prozent ab 80 000 Euro Jahreseinkommen – sowie der Abbau ökologisch schädlicher Subventionen von der Steuerfreiheit für die Chemieindustrie und das Flugbenzin bis zum Abschmelzen des Diesel- und Dienstwagenprivilegs. Wer unter 5500 Euro brutto im Monat verdiente, hätte nach unserem Konzept weniger Steuern bezahlt. Das Konzept war ein ausgewogener Mix aus Subventionsabbau, dauerhaften Steuererhöhungen für Reiche, Steuerentlastungen der unteren Einkommen und der zeitlich begrenzten Vermögensabgabe, um die akuten Folgen der Bankenkrise einzudämmen.

Bei Familienunternehmern denken viele an kleine und mittlere Betriebe. In Wirklichkeit ist die Stiftung Familienunternehmen eine Vorfeldorganisation des organisierten Reichtums in Deutschland, eine schlagkräftige Lobbyorganisation der oberen zwei Prozent. Familienunternehmen – das sind beispielsweise VW (Familien Porsche, Piëch) und BMW (Familien Klatten, Quandt), die Handelsunternehmen der Schwarz-Gruppe (Lidl und Kaufland) ebenso wie die Albrecht-Brüder mit ihrem Aldi oder Konzerne wie Henkel und Beiersdorf. Treffenderweise sollte man besser von Oligarchen statt von Familien sprechen. Die Stiftung Familienunternehmen wehrt sich bis heute mit Händen und Füßen dagegen, die Größe eines Familienunternehmens zu definieren.

Diese Organisation gilt in Deutschland als gemeinnützig – anders als das globalisierungskritische Netzwerk Attac oder die Kampagnenorganisation Campact. Dabei verteidigt sie den privaten Nutzen weniger gegen die Allgemeinheit. Die Stiftung inszenierte zur Bundestagswahl 2013 eine gezielte Kampagne gegen das grüne Steuerkonzept. Aus ihrer Sicht hatte dies gute Gründe. Es war weniger die Höhe der geplanten Vermögensabgabe. Bei den erzielten Kapitalrenditen wäre 1 Prozent leicht zu erwirtschaften gewesen. Aber mit der Vermögensabgabe hätte es einen Mechanismus gegeben, Vermögen offiziell und justiziabel zu erfassen.

Plötzlich wären die Vermögen der Superreichen genauso transparent geworden wie die Konten der Hartz-IV-Empfänger. Die Vermögensabgabe wäre genauso an der Quelle eingezogen worden wie die Lohnsteuer, die Millionen Arbeitnehmer bezahlen müssen. Damit wäre das wichtigste Argument gegen die Wiedereinführung der ausgesetzten Vermögenssteuer zusammengebrochen – der Erhebungsaufwand. Angeblich lohnt sich die Wiedereinführung der ausgesetzten Vermögenssteuer nicht, so geht die Mär, da der Aufwand das Aufkommen zu stark mindert. Was im digitalen Zeitalter natürlich Blödsinn ist.

Weil die Erfassung des tatsächlichen Reichtums durch den Staat weit über den Tag hinauswirken würde, weil eine steuerliche Gleichbehandlung von Einkommen aus Arbeit und aus Kapital drohte, durfte es aus Sicht der Reichenlobby 2013 keine rot-grüne Mehrheit geben. Deshalb wurde die Kampagne gegen die Grünen und ihr Steuerkonzept gestartet.

Erstaunlich war, dass Winfried Kretschmann im Wahlkampf als Kronzeuge der Familienunternehmer auftrat. Dabei war dieses Konzept in enger Abstimmung mit den Grünen in Baden-Württemberg, ja dem Chef seiner Staatskanzlei entstanden. Es hatte auf dem Parteitag bei der Verabschiedung des Programms keine relevanten Gegenstimmen gegeben. Die sich sonst oft beharkenden Strömungen von Linken und Reformern bei den Grünen waren sich in der links-schwäbischen Finanzpolitik einig.

Einmal mehr erwies sich, dass Ministerpräsidenten nicht mit der parteipolitischen Elle zu messen sind. Sie sind in erster Linie Lobbyisten ihres Landes und des Wirtschaftsstandortes. Das gilt für Winfried Kretschmann in Stuttgart wie für Bodo Ramelow in Erfurt. Da mochten Schröder und Stoiber gegeneinander um die Kanzlerschaft gekämpft haben, als Ministerpräsidenten war der eine für Volkswagen und Audi, der andere für BMW und Audi. Beide zusammen waren für die deutsche Automobilindustrie.

Die Eigentümer vieler Unternehmen im reichen Baden-Württemberg hätten zur Vermögensabgabe beitragen können – und müssen. Das galt weniger für Mercedes-Benz (damals noch Daimler AG) als für innovative Familienstiftungen wie Bosch oder den kurz zuvor wegen Steuerhinterziehung verurteilten Schraubenmilliardär Reinhold Würth. Sie alle übten massiven Druck auf ihren Ministerpräsidenten aus.

Mit dem Kronzeugen Kretschmann hatte die Lobby-Kampagne Erfolg. Am Ende schützte sogar der Deutsche Gewerkschaftsbund DGB die Superreichen vor uns Grünen. Der DGB-Vorsitzende Michael Sommer distanzierte sich in der Schlussphase des Wahlkampfs 2013 von dem grünen Steuerkonzept – obwohl das verblüffende Ähnlichkeit mit den Steuerkonzepten der IG Metall und von Verdi hatte. Für jemanden wie mich, der bei den Grünen immer für eine enge Bindung an die Gewerkschaften gekämpft hatte, war das eine bittere Erfahrung. Offensichtlich setzte der DGB nach dem Einbruch der Umfragewerte für die SPD unter Peer Steinbrück im Frühjahr 2013 schon vor der Wahl auf eine neue Große Koalition.

Damit stand der DGB nicht allein. Auch eher linksliberale Zeitungen, die immer kritisiert hatten, dass Deutschland ein Niedrigsteuerland für Vermögen sei und die Vermögens- und Erbschaftssteuern erhöht werden sollten, um die Ungleichheit zu senken, schossen 2013 gegen das grüne Steuerkonzept. Umfragen, in denen sich Mehrheiten für mehr Gleichheit aussprechen, sind das eine. Wenn es aber ernst wird, wachsen auch die Widerstände und die Ängste.

Das grüne Steuerkonzept von 2013 war keine Symbolik, sondern linke Realpolitik. Deshalb wurde es als reale Bedrohung empfunden.

Viele Linke verbanden mit dem Scheitern des Neoliberalismus 2009 und der Renaissance des Staates Hoffnungen. Im Rückblick sieht man, dass die meisten vergeblich waren. Der Staat war zwar wieder ein zentraler finanzpolitischer Akteur geworden. Aber statt die Ungleichheit zu verringern, wurde er eingesetzt, die Ungleichheit zu stabilisieren. Die Erwartung, dass nach dem Ende des Neoliberalismus eine Ära mit mehr Demokratie, mehr sozialer Gerechtigkeit und Teilhabe wie etwa in den frühen 70er-Jahren anbrechen würde, wurde enttäuscht. Stattdessen wurde die Erzählung populärer, wonach unser Wohlstand von »denen da unten« und von außen bedroht werde.

Statt eines neuen sozial-ökologischen Gesellschaftsvertrages blühten Nationalismus und Fremdenfeindlichkeit.

Nicht alles, was richtig ist, ist auch durchsetzbar

Das schlechte Ergebnis der Grünen 2013 war Folge der Lobby-Kampagne einer ganz großen Koalition gegen uns Grüne. Erfolgreich aber konnte diese Kampagne nur sein, weil es eine Demobilisierung in unserer eigenen Klientel gab. Diese ging weit über den Kronzeugen Kretschmann hinaus. Viele in der grünen Kernwählerschaft sahen die geplante Abschmelzung des Ehegattensplittings skeptisch. Bei Wahlkampfveranstaltungen bekam man bei der Vermögensabgabe lauten Beifall, beim Spitzensteuersatz warmen Applaus, beim Abschmelzen des Ehegattensplittings gab es maximal respektvolles Nicken – und in der Bürgersprechstunde danach bitteres Klagen. Etwa von jenem Wissenschaftler im Göttinger Max-Planck-Institut mit einem 5-Jahres-Vertrag, dessen Frau keinen ihrer Qualifikation angemessenen Job hatte – und die das Splitting zur Grundlage ihrer Familien-Kalkulation gemacht hatten.

Wir mussten dann erklären. Carl Rove, der Wahlkampfmanager von Georg W. Bush, hat über Wahlkämpfe gesagt: Wer erklärt, hat verloren. Wir mussten 2013 zu viel erklären – insbesondere zum Ehegattensplitting.

Es zeigte sich: Wenn die eigene Klientel nicht von zentralen Forderungen begeistert ist, kann man nicht gewinnen. Die oft gestellte Frage, ob wir im Wahlkampf unsere Kernmilieus erreichen wollen oder neue Wählerschichten ansprechen, ist eine Scheinalternative, ja eine Falle. Es gibt keinen Widerspruch zwischen der Mobilisierung der Kernwählerschaft und der Mobilisierung der Mitte. Das eine ist die Voraussetzung des anderen. Nur wenn wir unsere unmittelbare Umgebung davon überzeugen, dass wir die richtigen Ideen vertreten, können wir andere Milieus gewinnen. Wir hatten im Wahlkampf 2013 zu wenig Unterstützung für das Ende des Ehegattensplittings.

Natürlich bleibt die Forderung nach Abschmelzen des Ehegattensplittings richtig. Das Ehegattensplitting wirkt als eine Subventionierung der Alleinverdienerehe. Es schreibt eine Arbeitsteilung zwischen den Geschlechtern mit fest, die im Ergebnis Frauen ein im Schnitt um ein Fünftel Arbeitseinkommen und um ein Drittel niedrigere Renten beschert.

Doch nicht alles, was wir als richtig erkennen, ist gleichzeitig durchsetzbar.

Wir hatten nicht nur den Gegenwind der Lobbygruppen unterschätzt, sondern uns auch selbst geschwächt. Wer für mehr Gleichheit streitet, muss angesichts des Gegenwinds vor allem die eigenen Reihen zusammenhalten. Wenn der eigene Anhang glaubt, Opfer der Umverteilung zu werden, wird es schwierig.

Bei Verteilungsfragen kommt hinzu, dass Menschen sich öfter reicher einschätzen, als sie sind.

Das bekam 2023 Familienministerin Lisa Paus zu spüren, nachdem sie auf Druck von Finanzminister Lindner das Elterngeld deckelte. Sie musste in ihrem Etat 500 Millionen Euro einsparen. Ihre Lösung war sozial durchdacht. Paare, die mehr als 150 000 Euro zu versteuerndes Einkommen haben – also Haushalte mit einem Bruttoeinkommen von über 180 000 Euro im Jahr –, sollen nicht mehr in den Genuss von Elterngeld kommen. Zuvor lag diese Grenze bei 300 000 Euro. In einer Friedrichshainer Kita wurde umgehend eine Petition verfasst, in der gegen die unsoziale Kürzung des Elterngeldes protestiert wurde. Dabei dürfte nur ein Bruchteil der Eltern in Friedrichshain von Paus' Neuregelung des Elterngeldes betroffen sein. Manche hielten Paus' Neuregelung für einen Angriff auf die Mittelschicht, obwohl sie bloß eine kleine Gruppe von Reichen betrifft. Ab 2025 gilt der Deckel von 175 000 Euro zu versteuerndem Einkommen – und betrifft damit nur die obersten drei Prozent.

In Deutschland wollen alle Mitte sein. Dafür halten sich die einen für reicher, als sie sind – und glauben fälschlicherweise, von einer Politik für mehr Gleichheit negativ betroffen zu sein.

Die Reichen in Deutschland aber inszenieren sich gerne als Mittelschicht, wenn sie ihre Privilegierung bedroht sehen. Das gilt nicht nur für den mehrfachen Millionär mit Privatflugzeug Friedrich Merz, der sich zum Angehörigen der Mittelschicht erklärte. Im Herbst 2023 organisierte die Kabarettistin Monika Gruber eine Demonstration gegen das Gebäudeenergiegesetz, auf der Bayerns Ministerpräsident Markus Söder ebenso sprach, wie sein Vize Hubert Aiwanger unwidersprochen fordern durfte, »holt euch die Demokratie zurück«. Laut Gruber sei der Einbau einer Wärmepumpe sozial unzumutbar. Parallel dazu versuchte sie, ihr Haus zu verkaufen – auf einem Immobilienportal inserierte sie es mit über 6 Millionen Euro.

Das Risiko, dass Umverteilungspolitik Empörungswellen und irrationale Ängste auslöst, lässt sich nie ausschließen. Ist aber kein Grund, sich mit der wachsenden Ungleichheit abzufinden.

Camouflage und Keynes

Aus der Wahlniederlage 2013 zogen die Grünen die Konsequenz, nicht mehr anecken zu wollen. Nie wieder sollte es einen »Veggie Day« geben. Er bestand in dem Vorschlag, in Kantinen von Kitas und Schulen an einem Tag in der Woche auf Fleisch zu verzichten. Nie wieder sollte es nachrechenbare Steuerkonzepte geben. Zwar ist es hilfreich, dem Gegner wenig Angriffsfläche und keine Schlagworte für Kampagnen zu bieten. Sich nicht unnötig angreifbar machen, darf nicht damit verwechselt werden, die eigenen Inhalte zu verstecken. Denn das geht regelmäßig schief.

Die Politik der Camouflage grüner Inhalte führte die Partei im Wahlsommer 2017 an den Rand der Fünfprozenthürde in Umfragen. Zwar gelang es, strömungsübergreifend dieses Tief mit einer deutlichen ökologischen Schwerpunktsetzung zu überwinden, doch am Ende landeten wir bei der Wahl 2017 dort, wo wir 2013 schon waren.

Als Christian Lindner anschließend die Verhandlungen zu einem Jamaika-Bündnis aus Angst vor Angela Merkel platzen ließ, war auch für die Grünen unter Annalena Baerbock und Robert Habeck neue Profilbildung angesagt.

In der Wirtschafts- und Finanzpolitik wurde das keynesianische Element durch Robert Habeck massiv gestärkt. Wo 2013 vor allem die Stärkung der Einnahmeseite im Mittelpunkt stand, wurde nun mehr darüber nachgedacht, wie notwendige Investitionen besser kreditfinanziert werden könnten. Das neue Konzept war mehr vom linken Wirtschaftsexperten Peter Bofinger als von Fritz Kuhn inspiriert.

Die 2009 ohne Zutun der Grünen-Bundestagsfraktion von Union, SPD und FDP ins Grundgesetz gebrachte Schuldenbremse sollte so flexibilisiert werden, dass auch für Deutschland wieder die Regeln des Europäischen Stabilitätspakts galten. Es machte und macht keinen Sinn, dass ausgerechnet das Land, das sich seine Exporte in andere EU-Staaten zum Teil aus Krediten bedienen ließ, sich hinsichtlich der eigenen Staatsverschuldung schärferen Regeln unterwarf als der Rest Europas.

Es ist sinnvoll, die Schulden des Staates nicht ins Unermessliche wachsen zu lassen. Aber die jetzige Schuldenbremse ist kontraproduktiv, weil sie es nicht erlaubt, schnell und angemessen auf konjunkturelle Lagen zu reagieren. Sinnvoll ist die Regelung in der Europäischen Union, in der die Neuverschuldung die Grenze von 3 Prozent vom BIP nicht überschreiten soll. Die deutsche Schuldenbremse führt dazu, dass die nächste Generation zwar wenig Verbindlichkeiten bei der Bank hat, aber dafür die Infrastruktur marode ist.

Das alte grüne Steuerkonzept 2013 gab eine strukturelle Antwort auf die Unterfinanzierung des Gemeinwesens. Das grüne Steuerkonzept 2021 setzte auf einen Wachstumsschub durch antizyklische Ausgabenpolitik.

Die Wahl 2021 brachte den Grünen das beste Wahlergebnis aller Zeiten – aber keine Mehrheit für eine solche Politik. Auf dem Papier wäre ein solches Konzept mit der SPD kompatibel gewesen. In der Realität wurde nun der bisherige Finanzminister Olaf Scholz Kanzler. Er war stolz darauf gewesen, die von Wolfgang Schäuble übernommene »Schwarze Null« geschafft zu haben, einen Haushalt ohne Neuverschuldung. Zudem hatten SPD und Grüne keine Mehrheit. Es bedurfte einer lagerübergreifenden Koalition – mit der FDP. Für die Liberalen ist die Schuldenbremse – neben dem Nein zu Steuererhöhungen – der Heilige Gral.

Ampel in der Schuldenbremse

Die von den drei Parteien gebildete »Fortschrittskoalition« fand einen kreativen Ausweg aus dem finanziellen Dilemma – bei dem alle ihr Gesicht wahrten und doch das Notwendige getan werden konnte. Es war in den ersten zwei Jahren der Ampel möglich, zusammen mit der FDP für ein bisschen mehr Gleichheit und soziale Gerechtigkeit zu sorgen.

Dazu gehört die Erhöhung des gesetzlichen Mindestlohns auf 12 Euro, die das Lohndumping im Niedriglohnsektor bremste. Arbeitsminister Hubertus Heil setzte auf Fördern und Fordern, Ausbildung und Qualifizierung. Die Bundesregierung hat die Kindergrundsicherung und die Bürgergeldreform verabschiedet. Die Koalition hat Fortschritt versprochen, auch im Bereich der Partizipation. Alleinerziehende Mütter sollen sich nicht mehr zeitraubend durch einen Wust von Anträgen kämpfen müssen, um den Kinderzuschlag zu erhalten. Es muss möglich sein, dass Kinder unabhängig vom Einkommen der Eltern im Sportverein sind, Musikunterricht haben und Geld für jede Klassenfahrt vorhanden ist. Die Kindergrundsicherung ist ein Schritt in diese Richtung.

Investitionen finanzierte die Ampel im Wesentlichen durch sogenannte Sondervermögen. Doch sowohl das in den Klimaschutzfonds überführte »Sondervermögen Corona« wie das mit der Union aufgesetzte 100-Milliarden-»Sondervermögen Bundeswehr« sind nichts anderes als vom Bundeshaushalt separierte Schuldentitel, die bei der Schuldenbremse nicht angerechnet werden sollten. Die Ampel hielt auf diese Weise an der Schuldenbremse fest – aber umging sie mit (umgewidmeten) Sondervermögen. Scholz und die FDP bewiesen ein erstaunliches Maß an Flexibilität im Umgang mit eigenen Positionen.

Diese Flexibilität ging dem Bundesverfassungsgericht ab. In präziser Auslegung des Grundgesetzes untersagte es 2023 der Ampel, die Schuldenbremse zu umgehen – auf der Basis einer Klage von CDU/CSU, die selbst unzählige Sondervermögen auf den Weg gebracht hatten. Plötzlich fehlten 60 Milliarden im Klima- und Transformationsfonds.

Das Urteil traf nicht nur die Bundesregierung. Etliche Landesregierungen, die noch härteren Schuldenregeln als der Bund unterliegen, haben ihre Kredite ebenfalls über Sondervermögen ausgeweitet.

Der Ausweg, die Schuldenbremse durch eine Änderung des Grundgesetzes abzuschaffen oder zu verändern, ist versperrt, solange CDU und CSU im Bund in der Opposition sitzen und die FDP an der Regierung beteiligt ist. Dabei mangelt es nicht an Ideen, wie man mit dem Problem eines zu engen finanzpolitischen Korsetts anders umgehen könnte. So schlägt das arbeitgebernahe Institut der Deutschen Wirtschaft – ein langjähriger Verfechter der Schuldenbremse – vor, Netto-Investitionen nicht länger zur Berechnung der Schuldenbremse hinzuzurechnen.

Doch mit den Vorschlägen entstehen neue Probleme. Unzweifelhaft sind Ausgaben für den Bau von Bahnstrecken oder Autobahnbrücken Investitionen. Was aber ist mit den fehlenden Ingenieuren in den kaputtgesparten Verwaltungen, die diese Investitionen planen sollen? Wenn sie in den Investitionsbegriff nicht eingehen, dürfte viel Geld fehlen. Und was ist mit sauber renovierten Schulklos und Turnhallen, wenn kein Geld für gut ausgebildete Lehrende in diesen Schulen da ist? Es bedarf bei einer Reform der Schuldenbremse auch einer Neudefinition des Investitionsbegriffs.

Dies verweist auf ein weiteres Problem. Es geht nicht nur um Neuinvestitionen. Der Staat ist vielfach nicht mehr in der Lage, die Investitionen zum Erhalt unserer Infrastruktur zu leisten. Das berechtigte Anliegen, kommenden Generationen keine Unmengen an Schulden bei Banken zu hinterlassen, wird teuer erkauft durch die Vernichtung des gesellschaftlichen Volksvermögens. Im Ergebnis werden kommende Generationen dann sehr viel höhere Kredite bei Banken aufnehmen müssen, um die Grundlagen für den gesellschaftlichen Wohlstand wiederherzustellen.

Den einzigen kurzfristigen Ausweg hat sich die Ampel selbst verbaut. Sie hat die Schuldenbremse, die wegen Corona und dem Ukrainekrieg zu Recht ausgesetzt war, zu früh wieder eingesetzt. Der 2023 beschlossene Sparkurs konterkariert das Versprechen des Koalitionsvertrags, nach 16 Jahren Merkel schwungvoll für mehr Fortschritt zu sorgen.

Zum Teil wird der erreichte eigene Fortschritt dementiert. Die Ankündigung von Arbeitsminister Hubertus Heil, hartnäckigen Job-Verweigerern die Hilfe zum Lebensunterhalt – nicht die Miete – für zwei Monate komplett zu streichen, bringt zwar nur wenige Millionen in die Staatskasse, demoliert aber ein Herzstück der Bürgergeldreform der Ampel. Die hatte die vom Bundesverfassungsgericht beanstandete verfassungswidrige Sanktionspolitik beendet und setzte stattdessen auf Qualifikation statt Vermittlung um jeden Preis. Die Reform sollte eine Antwort auf den Fachkräftemangel sein. Nun aber bediente Heil den von CDU, CSU, AfD wie FDP forcierten Diskurs vom faulen Arbeitslosen, den der Staat mit Schikanen in den Job prügeln muss. Verschärft wurde dies noch durch die Streichung des Weiterbildungsgeldes, das den grassierenden Fachkräftemangel durch Umschulung mildern sollte.

Nach zwei Jahren fleißiger Gesetzgebung für mehr Energiesicherheit, mehr Klimaschutz, mehr Selbstbestimmung und sozialen Fortschritt geriet die Ampel 2023 völlig in die Defensive. Wenn die Abgeordneten in den Wahlkreisen erklären müssen, warum das Mehrgenerationenhaus und das Demokratieförderprogramm radikal gekürzt werden sollen, bleibt kein Raum für positive Erzählungen über Fortschritt und Transformation.

Haushaltskürzungen sind auch strategisch kurzsichtig. Gekürzt wird überall dort, wo Ausgaben nicht gesetzlich vorgeschrieben sind. Das Goethe-Institut ist verantwortlich für die Kulturarbeit im Ausland und für den Spracherwerb händeringend gesuchter Fachkräfte. Es bekommt nun weniger Geld. Auf der einen Seite jammert Deutschland über die Offensive Chinas, das mit dem Ausbau seiner Konfuzius-Institute seinen Einfluss global ausdehnt. Gleichzeitig kürzt Deutschland beim Vermitteln der eigenen Kultur, demokratischer Werte und der deutschen Sprache.

Sparen kostet zudem politische Glaubwürdigkeit. Auf dem Papier wird die humanitäre Hilfe in Zeiten der Kriege im Gaza und der Ukraine gekürzt. Tatsächlich hat Annalena Baerbock die humanitäre Hilfe für Gaza massiv erhöht. Selbst Christian Lindner würde sich in einem solchen Fall nicht sperren, Geld über- und außerplanmäßig freizugeben. Wenn aber heute schon klar ist, dass wir wegen der globalen Krisen mehr Geld für humanitäre Hilfe ausgeben müssen, warum wird es dann im Haushaltsplan gestrichen, um es anschließend außerplanmäßig doch auszugeben? Es handelt sich um einen Buchungstrick, mit dem Nachteil, den eigenen Ruf zu beschädigen. Ein deutsches Motto: Tue Gutes und rede schlecht darüber?

Wie wenig die kriegsbedingten Lasten beendet sind, zeigt der Krieg Russlands in der Ukraine. Deutschland hat nicht nur rund eine Million Menschen aus der Ukraine aufgenommen. Wir unterstützen das angegriffene Land mit Waffen, Munition und Geld. Inzwischen zahlt Deutschland mehr an militärischer und ziviler Hilfe an die Ukraine als der Rest der EU plus Großbritannien. Nichts davon ist von dem Sondervermögen Bundeswehr von 100 Milliarden Euro gedeckt.

Die Wiedereinsetzung der Schuldenbremse war unnötig und durch das Grundgesetz nicht geboten. Die Ampel spart in der Krise und wiederholt einen Fehler von Rot-Grün. Eine Regierung, die in der Situation eines wirtschaftlichen Abschwungs und kriegsbedingter Sonderlasten Haushaltssanierung betreibt, ohne die Einnahmeseite zu stärken, gefährdet ihre Mehrheitsfähigkeit.

Olaf Scholz scheint aus 2005 zu wenig gelernt zu haben. Fehler sind in der Politik unvermeidlich. Aber man sollte nicht zweimal gegen die gleiche Wand rennen.

Wollen wir kommenden Generationen eine wettbewerbsfähige Wirtschaft hinterlassen, aber auch keine Schuldenberge bei Banken und keine verrottete Infrastruktur, muss mehr investiert werden. Diese Investitionen werden auch mit Fremdkapital finanziert werden, aber sie bedürfen eines ausreichenden Eigenkapitals.

In Zeiten, in denen die USA gut 700 Milliarden Dollar Steuergelder in den Ausbau von erneuerbaren Energien, Batterietechnologie, Wasserstoffwirtschaft, Infrastruktur und Künstliche Intelligenz investieren, um eine Antwort auf Xi Jinpings Programm »Made in China 2025« zu geben, darf sich der ehemalige Exportweltmeister Deutschland nicht aus dem globalen Wettbewerb verabschieden.

Wir müssen also über Erhalt unseres Eigenkapitals ebenso reden wie über mehr Einnahmen. Auch dies ist eine Frage der Gerechtigkeit gegenüber kommenden Generationen.

Wer das Eigenkapital der Gesellschaft stärken will, muss Verschwendung beenden, muss Subventionen abbauen. Wer mehr Gleichheit will, muss leistungsloses Einkommen angemessen besteuern.

Erben – leistungsloses Einkommen

Der Wirtschaftswissenschaftler Thomas Piketty hat 2013 in »Das Kapital im 21. Jahrhundert« gezeigt, dass das System des Kapitalismus eine immer stärker werdende Ungleichheit produziert. Das durch Erbschaft weitergegebene Vermögen wächst in der Regel schneller als das Einkommen aus Arbeit. Der Zins auf Kapital, also das Einkommen auf Vermögen, war historisch meist größer als das Wirtschaftswachstum: »r > g« heißt die Formel. Der Graben zwischen dem obersten einen Prozent und der unteren Hälfte der Gesellschaft wird in kapitalistischen Ökonomien immer tiefer.

Es gibt keine Demokratie ohne das Versprechen der Chancengerechtigkeit: Alle können durch Arbeit etwas erreichen. Wenn aber faktisch nicht allein die Arbeit und Leistung, sondern stark das zufällige Glück der Geburt über den sozialen Status entscheidet, bedroht das die Demokratie. Deutschland hat heute beim Vermögen den hohen Gini-Wert von 0,80 – dem Maßstab für Ungleichheitsmessung. Die Vermögen sind in Deutschland ungleicher verteilt als in Frankreich und Großbritannien, Italien und Japan, Schweiz und China.

Aber r > g ist kein Naturgesetz. Die Liberalisierung der Finanzmärkte in der Zeit von Reagan und Thatcher war das Ergebnis politischer Entscheidungen. Die Agenda 2010 war nicht das Ergebnis des stummen Zwangs der Verhältnisse, sondern von Politik. Das heißt auch: Solche Entscheidungen sind umkehrbar. Immer mehr Ungleichheit ist kein Schicksal. Es ist kein, wie manche Wirtschaftswissenschaftler nahelegen, unvermeidbarer Effekt von technologischen Sprüngen wie der Digitalisierung.

Piketty hat in dem Buch »Kapital und Ideologie« (2020) betont, dass ständig wachsende Ungleichheit kein ehernes Gesetz ist. In den kapitalistischen Demokratien haben politische Kämpfe für progressive Steuern und mehr Rechte für Arbeitnehmer vor allem bis 1980, dem Beginn des Siegeszugs des Neoliberalismus, den immer weiter steigenden Reichtum der Elite eingeschränkt.

Ein Mittel, für Gleichheit zu sorgen und Ungleichheit abzubauen, ist die Erbschaftssteuer. Die Gründe für eine wirksame Erbschaftssteuer liegen auf der Hand. Ohne sie vererbt sich die Ungleichheit der Vermögen über die Generationen hinweg und nimmt, ohne Krieg und Hyperinflation, kontinuierlich zu. Die Ungleichheit wird zementiert. Dem reichsten Zehntel der Deutschen gehören, laut einer Bundesbankstudie, 60 Prozent des Vermögens. Die untere Hälfte besitzt nur 2,5 Prozent.

Kinder reicherer Eltern sind ohnehin von Geburt an bevorteilt. Sie machen mit einer doppelt so großen Wahrscheinlichkeit Abitur wie Kinder aus der Unterschicht oder der unteren Mittelschicht. Wer aus einem reichen Haushalt kommt, dem stehen die Türen zur akademischen Bildung weit offen. Wer das Pech hat, Eltern aus dem unteren Einkommensviertel zu haben, für den ist Aufstieg in die Bildungselite theoretisch möglich, aber praktisch unwahrscheinlich.

Kinder reicher Eltern haben nicht nur bessere Startchancen. Sie erben oft viel Geld – für das der Staat kaum Steuern erhebt. Wenn Ärzte sehr viel mehr Geld als Krankenschwestern verdienen, können wir das als ungerecht und unangemessen kritisieren. Aber auch Ärzte, die überbezahlt sind, leisten etwas.

Was leisten Erben und Erbinnen? Nichts. Erben ist leistungsloses Einkommen.

Der Präsident des Deutschen Instituts für Wirtschaftsforschung (DIW), Marcel Fratzscher, hat darauf hingewiesen, dass pro Jahr rund 300 Milliarden Euro vererbt werden. Daraus erhält der Staat – konkret die Bundesländer – rund 10 Milliarden Euro Erbschaftssteuer. Das macht einen Steuersatz von 3 Prozent auf das Einkommen aus Erbschaften. Einkommen aus Arbeit werden im Schnitt mit 30 Prozent besteuert. Dass auf Arbeitseinkommen der zehnfache Steuersatz erhoben wird im Vergleich zu leistungslosem Erben ist eine Ungerechtigkeit. Von ihr profitieren jene 10 Prozent der Bevölkerung, die steuerpflichtig erben. Es handelt sich in der Regel, so Fratzscher, durchgehend um Männer mittleren Alters, guter Bildung, hohem Einkommen – überwiegend aus dem Westen Deutschlands.

Doch selbst in dieser Gruppe ist die Steuerlast ungleich verteilt. Sind auf Erbschaften über den Freibeträgen von einer halben Million noch 11 Prozent Steuern zu zahlen, so ist die Steuerlast bei Erb-schaften über 20 Millionen geringer. Unternehmenserben bleiben nach der Steuerreform von 2016 sogar steuerfrei. Seitdem zahlen Erben von Milliardenvermögen so gut wie keine Erbschaftssteuer mehr. 2019 mussten die 40 größten Erbschaften in Deutschland durchschnittlich einen Steuersatz von 1,9 Prozent zahlen. Von 2009 bis 2020 wurde fast eine halbe Billion Euro wegen Privilegien für große Unternehmen steuerfrei gestellt.

Die geltende Regelung ist mit hoher Wahrscheinlichkeit verfas-sungswidrig.

Insgesamt dreimal, 1995, 2006 und zuletzt 2014 hat das Bundes-verfassungsgericht das Erbschafts- und Schenkungsrecht für verfas-sungswidrig erklärt. Jedes Mal wegen der unverhältnismäßigen Be-günstigung von Betriebsvermögen. Jedes Mal haben Bundesregie-rung, Bundestag und Bundesrat dieses Urteil erst ausgesessen, um dann die Betriebsvermögen durch neue Schlupflöcher erneut zu schonen. Mit dem Ergebnis, dass heute die Erbschaftssteuer für sehr große Vermögen geringer ist als für mittlere. Der Umgang mit den Entscheidungen des Bundesverfassungsgerichts zur Erbschafts-steuer ist ein Abgrund an Rechtsungehorsam – getrieben von der dreisten Lobby der Superreichen.

Angesichts der krassen Bevorteilung superreicher Erben, die der Idee progressiver Steuern Hohn spricht, hatte kurzzeitig sogar die CDU zaghafte Überlegungen zu einer Reform angestellt. Sie wollte mit einer flat tax die gröbsten Ungerechtigkeiten dämpfen. Die Ant-wort der Stiftung Familienunternehmen kam 2023 prompt: Damit sei »eine rote Linie« überschritten. Bei höheren Erbschaftssteuern werde man ins Ausland abwandern.

Blöd nur, dass dort Erbschaften und Vermögen härter besteuert werden als in der Erbschaftssteueroase Deutschland. Das gilt für Frankreich und Spanien, aber auch die USA. Selbst in der Schweiz stammen 7 Prozent der Steuereinnahmen aus Steuern auf Vermö-gen, in Deutschland sind es 2,3 Prozent.

Wirksame Erbschaftssteuern sind keine originär linke Idee – son-dern sogar in der Verfassung des Freistaates Bayern verankert. In Artikel 123 (3) heißt es wörtlich: »Die Erbschaftssteuer dient auch dem Zwecke, die Ansammlung von Riesenvermögen in den Händen Einzelner zu verhindern.«

John Stuart Mill, einer der großen Liberalen des 19. Jahrhunderts, hielt große Erbschaften für eine Gefahr für die Marktwirtschaft, die auf Konkurrenz beruhe. Mill wollte extrem hohe Erbschaftssteuern und möglichst geringe auf selbst verdientes Einkommen. Dass wenige zufällig und ohne etwas dafür getan zu haben, viel Geld bekommen, widerspricht dem Leistungsideal und der Idee der Chancengerechtigkeit, die Liberale hochhalten. Es hat eher mit Erbfolgen und feudalen Traditionen zu tun.

Die bayerische Verfassung fordert auch, die Erbschaftssteuer nach dem Grad der Verwandtschaft zu staffeln. Das geschieht in Deutschland über die Freibeträge von 500 000 für Lebenspartner, 400 000 für Kinder und 200 000 für andere Erben. Damit wird auch dem Märchen vorgebeugt, es ginge darum, Omas kleines Häuschen zu enteignen.

Auch das vielfach vorgebrachte Argument, das Vermögen sei aus versteuertem Einkommen entstanden, trägt nicht. Es trägt schon mal nicht bei ererbtem Vermögen, das weitervererbt wird – es trägt aber vor allem nicht hinsichtlich der Steuerpflichtigen. Die Erblasser mögen das Vermögen (auch) aus versteuertem Einkommen aufgebaut haben. Nur geht es gar nicht um sie – sie sind nicht steuerpflichtig, sondern die Erben. Die Erbenden erhalten ein steuerfreies, leistungsloses Einkommen – und dieses wurde von ihnen noch nicht versteuert.

Um eine gerechtere Erbschaftssteuer durchzusetzen, reicht es nicht, die Propaganda der Lobbyverbände der Superreichen zu entkräften. Wir brauchen mehr Gewinner einer solchen Reform. Die Idee lautet: Erben für alle beim 18. Geburtstag.

Diese Idee stammt von dem britischen Wirtschaftswissenschaftler Anthony Atkinson. Er war der Nestor der Ungleichheitsforschung und Lehrer von Thomas Piketty.

Greifen wir seine Idee auf: Würden in Deutschland 20 Prozent des jährlich vererbten Vermögens an den Staat fließen, könnte er daraus eine Erbschaft für alle 18-Jährigen von 20 000 Euro finanzieren. Stellen wir uns vor, wir beginnen unser Studium mit einem Vermögen von 20000 Euro. Das sind am Ende des Studiums 20000 Euro weniger BAföG-Schulden bei der KfW. Oder stellen wir uns vor, wir beendeten unsere Berufsausbildung mit einem Vermögen von 20000 und könnten damit eine eigene Wohnung mieten. Das wäre die Botschaft einer neuen gerechten Erbschaftssteuerreform.

Nein, das Erbe für alle beendet nicht die Ungleichheit in dieser Gesellschaft. Kinder aus vermögenden Haushalten wären immer noch besser dran als Kinder aus ärmeren Familien. Aber die ärmeren hätten bessere Ausgangsbedingungen und mehr Chancen für einen sozialen Aufstieg – etwa durch Bildung.

Bewusst setzt diese Reform auf ein Pro-Kopf-Modell – wie das Klimageld, das sich die Ampel vorgenommen hatte. Beim Klimageld werden die Lasten des steigenden CO_2-Preises pro Kopf zurückerstattet. Große Familien bekommen mehr als gut verdienende, aber viel CO_2 produzierende wohlhabende Singles. Auch das Klimageld ist ein Beitrag zu mehr Gerechtigkeit.

Beides wäre ein erster Schritt hin zu mehr Gleichheit.

Industriepolitik – die neue Globalisierung

Forderungen nach mehr Gleichheit sind lange mit einem Totschlagargument abgewehrt worden. In einer globalisierten Welt, so lautet es, könne *die* Politik das nicht gegen *die* Märkte durchsetzen. Eine Politik für mehr Gleichheit würde von einem global vagabundierenden Kapital einfach umgangen. Das war zwar schon schräg, wenn wir es auf große Wirtschaftsräume wie die Europäische Union, den US-Binnenmarkt oder China beziehen, es galt vielleicht für die industrielle Warenproduktion, aber nicht für – personenbezogene – Dienstleistungen. Endgültig zusammengebrochen ist diese Schutzbehauptung aber in der Finanzkrise von 2009, als reihenweise Staaten Märkte retten mussten, also klar wurde, welche Macht Staaten haben.

Widerlegt wurde die angebliche Machtlosigkeit von Politik anschließend ausgerechnet von Donald Trump. Er bewies, dass die USA mit der Erpressung von Kanada und Mexiko die Marktbedingungen auf dem nordamerikanischen Kontinent zu ihren Gunsten verschieben konnten. Er brach einen Handelskrieg gegen Europa (»worse than China« – so Trump) vom Zaun. Er verhängte Zölle auf Aluminium und Stahl. Der Verkauf von Audi, BMW und Mercedes in den USA wurde wegen angeblicher Gefahren für die Nationale Sicherheit mit Strafzöllen verteuert.

Nun wollte und will Donald Trump nicht mehr Gleichheit – im Gegenteil. Er entlastete die Superreichen. Aber er bewies, dass der Staat, dass Regierungen eben nicht ohnmächtig gegenüber Finanzmärkten und großen Konzernen sind.

Demokratische Politik ist nicht machtlos – auch nicht in einer globalisierten Welt. Eine Politik für mehr Gleichheit ist möglich – gerade unter den Bedingungen der neuen Globalisierung. Steigende Direktinvestitionen amerikanischer wie deutscher Unternehmen in China und Staaten wie Indien zeigen, dass die Globalisierung lebt, auch wenn sich ihr Charakter verändert hat. Finanzkrise, Corona, Ukrainekrieg, Nahostkonflikt und Klimakrise haben den Wettlauf um Deregulierung und Standarddumping gebremst. Gebrochene Lieferketten ließen viele erst den strategischen Wert einzelner Industrien im Inland erkennen, seien es KI und Halbleiter, Pharmaindustrie oder Erneuerbare, die die Importabhängigkeit der Energieversorgung mindern.

Die heutige Form der Globalisierung ist weniger marktgetrieben als ein Wettkampf der Industriepolitik zwischen den wichtigsten Märkten der Welt. In ihren industriepolitischen Strategien definieren Staaten wie China mit »Made in China 2025« oder die USA mit dem »Inflation Reduction Act«, dem IRA, strategische Industrien, die sie ausbauen wollen und die sie mit Zöllen, Normen und Subventionen schützen.

Europa hat dem noch kein wettbewerbsfähiges Konzept entgegenzusetzen. Zu heterogen werden hier noch die einzelnen Standortinteressen national ausgetragen. Dabei könnten Deutschland und Europa gerade von Joe Bidens IRA viel lernen, nicht nur industriepolitisch, sondern auch für eine Politik für mehr Gleichheit.

Es ist in Deutschland populär, vor den negativen Folgen des IRA zu warnen. Dabei ist es gleichzeitig, neben seiner industriepolitischen Zielsetzung, das größte Klimaschutzprogramm, das je in den USA aufgelegt wurde. Davon profitiert die Welt. Dass damit insbesondere durch die Steuervorteile und »Local-content«-Regelungen Wettbewerbsverzerrungen einhergehen, ist ebenfalls richtig. Doch statt Gleiches mit Gleichem zu vergelten, fordern Christian Lindner wie Friedrich Merz großzügige Steuervergünstigungen für Besserverdienende – und warnen gleichzeitig vor einem Aufweichen der Schuldenbremse.

Nun käme in der Tat in den USA niemand auf die deutsche Idee, Schulden (debt) und Schuld (guilt) gleichzusetzen. Aber der »Inflation Reduction Act« ist eben nur zum Teil über Kredite finanziert, der andere Teil stammt aus Einnahmen aus höheren Steuern für Großunternehmen.

Auch hier könnte Deutschland von den USA lernen. Steuerzuschüsse in voller Höhe gibt es im IRA unter anderem nur dann, wenn Tarif- und Mindestlöhne gezahlt werden und in strukturschwachen Regionen in Zukunftsindustrien investiert wird. Der IRA ist ein effektives Instrument, um Kapitalströme zu lenken. Dies ist nicht nur industriepolitisch klug. Es stärkt auch die Primärverteilung, indem es das Lohnniveau anhebt und die Binnennachfrage stabilisiert.

Das ist der Grund, warum die Wachstumsprognosen für die USA so viel besser sind als für Deutschland, das unter einer massiven Investitionsschwäche leidet.

Die Wirtschaftslobby, Christian Lindner und Friedrich Merz setzen dagegen auf Steuersenkungen für Unternehmen. Der Glaube, dass höhere Profite zu höheren Investitionen in Deutschland oder die klimaneutrale Transformation befördern, ist naiv. Wer dank Steuersenkungen Kapital übrig hat und damit eine ordentliche Rendite erzielen will, wird gerade jetzt eher in den USA investieren. Dort werden Investitionen in Zukunftsbereiche von erneuerbaren Energien bis zu Digitalem mit 30 Prozent Steuersubventionen unterstützt, vorausgesetzt, das Unternehmen zahlt Tariflöhne. Das Wachstumschancengesetz folgt der widerlegten deutschen Ideologie, dass Steuersenkungen für Unternehmen automatisch die Wirtschaft ankurbeln.

Auf Steuersenkungen für Unternehmen zu setzen und Sozialleistungen zu streichen, anstatt die Einnahmen durch den Abbau ökologisch schädlicher Subventionen oder eine höhere Besteuerung von sehr hohen Einkommen zu erhöhen, ist der falsche Weg. Denn damit wird die Chancenverteilung in der Gesellschaft ungleicher. Es befördert den Vorsprung von *r* vor *g*, von der Rendite auf Kapital gegenüber dem Wachstum. Es beschädigt das Wachstum.

Stärkung des Eigenkapitals: Subventionsabbau

In den USA wie in deutschen mittelständischen und großen Unternehmen würde niemand auf die Idee kommen, Investitionen ausschließlich aus dem Eigenkapital zu finanzieren. Genau das aber verlangt die Schuldenbremse von Bund und Ländern. Deshalb muss sie, deshalb wird sie reformiert werden. Die Signale der Unions-Ministerpräsidenten, die ihre Haushalte nicht mehr finanzieren können, sind deutlich. Es fragt sich nur noch, in welcher Regierungskonstellation eine solche Änderung des Grundgesetzes auf den Weg gebracht wird. Es wird wohl ohne die FDP sein.

Grundsätzlich ist der Gedanke, dass die Schulden einer Gesellschaft nicht grenzenlos wachsen dürfen, nicht verkehrt. Überschuldete Gesellschaften landen in Finanzkrisen. Neben Bankschulden, Unternehmensschulden und Privatschulden sind auch die Staatsschulden Teil der Gesamtschulden einer Volkswirtschaft. Es geht also nicht um die Abschaffung der Schuldenbremse, sondern um ihre Reform zur Stärkung der Investitionsfähigkeit des Staates.

Deshalb muss neben die Reform der Schuldenbremse eine Stärkung des Eigenkapitals des Staates treten. Die Erhöhung der Erbschaftssteuer und ein Erbe für alle sind ein solcher Schritt. Ein anderer könnte es sein, unsinnige Ausgaben des Staates zu beenden. Wir könnten anfangen, endlich mal Subventionen abzubauen.

Wenn man das sagt, bekommt man zunächst viel Zustimmung.

Ich war lange Mitglied des politischen Beirats des »Bundesverbands der Mittelständischen Wirtschaft«. Wenn ich auf Veranstaltungen des BVMW gegen Subventionen wetterte, bekam ich lauten und warmen Beifall. Subventionen verzerren den Markt, sie sind oft ineffizient und erzeugen zusätzliche Bürokratie, da waren sich alle einig.

Allein, der Beifall erstarb immer dann, wenn ich begann, über die konkreten Subventionen zu sprechen, die man abbauen sollte.

Das galt auch und gerade für besonders unsinnige Subventionen. 2018 gaben wir für ökologisch schädliche Subventionen 65,4 Milliarden Euro aus. Das entspricht gut der Summe, die im Klima- und Transformationsfonds fehlt.

Anders gesagt, wir untergraben unsere eigenen Klimaziele mit falschen Subventionen und haben dann nicht genügend Geld für die Transformation.

Warum muss jeder Pflegedienst Mineralölsteuer bezahlen, nicht aber, wer mit dem Flugzeug von Hamburg nach Frankfurt fliegt? Warum wird Diesel geringer besteuert als Benzin, obwohl Diesel mehr Treibhausgase emittiert? Warum trifft die Mineralölsteuer die Autofahrer, nicht aber die Öl verbrauchende Chemische Industrie, deren Produkte nach der Nutzung das CO_2 über die Abluft der Müllverbrennung in der Atmosphäre anreichern? Warum bekommen die großen Maschinenringe, die Dienstleister für die Agrarindustrie, den Agrardiesel für ihre schweren Maschinen steuerfrei? Warum subventioniert der Staat Oberklasse-SUVs mit bis zu 50 000 Euro über das Dienstwagenprivileg?

Die Liste ließe sich fast unendlich verlängern, nachzulesen in den Studien des Umweltbundesamtes, einer wissenschaftlichen Institution der Bundesregierung. Besonders widersinnig ist diese Liste, da die gleiche Bundesregierung mit dem Emissionshandel den CO_2-Ausstoß gleichzeitig schrittweise verteuert, um die Dekarbonisierung zu beschleunigen. Die Subventionen konterkarieren die eigene Klimaschutzpolitik.

Die Ampel-Regierung hat sich im Koalitionsvertrag vorgenommen, solche Subventionen abzubauen. Doch gleichzeitig hat sie versprochen, keine Steuern zu erhöhen. Nun sind die meisten dieser

Subventionen keine direkten Finanztransfers, sondern werden als Steuernachlässe gewährt. Subventionsabbau führt also bei den Subventionierten zu höheren Steuerzahlungen.

Im Ergebnis blockierten sich die Ampelparteien gegenseitig. Die Grünen forderten den vereinbarten Subventionsabbau – die FDP bremste mit dem Verweis auf den vereinbarten Verzicht auf Steuererhöhungen, und die SPD schlug sich regelmäßig auf Lindners Seite.

Einmal hatte die Ampel den Mut, Subventionen abzubauen. Getrieben vom Urteil des Bundesverfassungsgerichts, das die Sondervermögen außerhalb des Haushalts für verfassungswidrig erklärte, wollte sie die Subventionen für den Agrardiesel abschaffen. Es zeigte sich, dass der Konsens zum Subventionsabbau nur auf der Ebene des allgemeinen Bekenntnisses besteht. Wird der Subventionsabbau konkret, gibt es massive politische Konflikte.

Beim Agrardiesel begehrte eine Branche auf, die heute schon die Hälfte ihres Einkommens aus Subventionen erhält, die Landwirtschaft. 2022 erhielt eine Arbeitskraft in der Landwirtschaft gut 45 000 Euro im Jahr, knapp die Hälfte davon stammte aus Subventionen. Mit rund 20 000 Euro liegt die Transferleistung deutlich über dem, was ein alleinstehender, arbeitsloser Bürgergeldempfänger erhält.

Diese Transferleistungsempfänger machten wegen der Kürzung für den Sprit ihrer über 100 000 Euro teuren Großgeräte 2023 mobil: Trecker luden Mist vor grünen Wahlkreisbüros ab. Mitarbeiter von Abgeordneten wurden von Bauern gewaltsam bedroht, der grüne Aschermittwoch in Biberach gesprengt. Wirtschaftsminister Robert Habeck konnte selbst unter Polizeischutz eine von gewaltbereiten Bauern blockierte Fähre in Schlüttsiel in Nordfriesland nicht verlassen.

Als Antwort auf den Subventionsabbau tobte sich – aufgehetzt von der AfD und befeuert von CDU und CSU, nicht gebremst durch den Bauernverband – ein rechter Mob aus. Die Androhung von Gewalt durch einen rechten Bauernmob erzielte einen Teilerfolg. Der Abbau der direkten Dieselsubvention wurde bis 2026 gestreckt, die Befreiung der Bauern von der Kfz-Steuer bleibt vorerst. Der erste Minister, der vor dem rechten Mob einknickte, war ausgerechnet Finanzminister Christian Lindner, der Ritter der Schuldenbremse.

Doch gesellschaftliche Konflikte sind kein Grund, auf die Stärkung des Eigenkapitals des Staates durch Subventionsabbau zu verzichten. Er will aber klug kalkuliert sein. Es geht um Abbau, nicht um die Abschaffung von Subventionen.

Abgebaut werden muss etwa das Dienstwagenprivileg. Dieses belohnt den Kauf großer, schwerer Autos. Es kostet den Staat jedes Jahr Milliarden an steuerlichen Mindereinnahmen. Nutznießer dieser Regelung sind vor allem Besserverdienende. Geringverdiener haben selten Dienstwagen. Je teurer das Auto, je mehr damit privat gefahren wird, umso größer ist der Vorteil für die Berechtigten. Das Dienstwagenprivileg schafft damit ökologisch und steuerlich falsche Anreize. Der Staat subventioniert damit eine kleine, einkommensstarke Gruppe.

Ein pragmatischer Weg zum Abbau dieser ökologisch schädlichen Subvention ist nicht deren Abschaffung, sondern eine Deckelung. Kleine Handwerker haben selten ein Auto, das mehr als 40 000 Euro kostet. Mit dieser Grenze würde man die Mindereinnahme des Staates um 60 Prozent senken und nur eine kleine Gruppe – etwa 10 Prozent der jetzt Berechtigten – treffen.

Erfolgreicher Subventionsabbau muss die Gruppe, deren Privilegien man abschaffen will, möglichst eng eingrenzen. So kann für eine Politik der Gleichheit Geld mobilisiert werden.

Mehr Gleichheit wagen

Gleichheit ist der Kitt, der unsere Gesellschaft zusammenhält. Gesellschaften mit mehr sozialer Gleichheit funktionieren besser als solche mit extremer Ungleichheit. In gleicheren Gesellschaften gibt es weniger psychische Erkrankungen und weniger Adipöse. Der soziale Aufstieg von unten nach oben ist leichter möglich. Die Bürger recyceln mehr Müll. Schüler können besser lesen und schreiben. Wo es mehr soziale Gleichheit gibt, ist die Lebenserwartung höher, die Kindersterblichkeit geringer. Es gibt weniger Selbsttötungen, weniger Morde und weniger Menschen im Gefängnis.

Richard Wilkinson und die Epidemiologin Kate Pickett haben in der empirischen Studie »The Spirit Level« 2011 Daten verschiedener OECD-Länder verglichen. Das Ergebnis: In egalitäreren Gesellschaften vertrauen sich Bürger gegenseitig mehr. Vertrauen ist ein Grundstoff für eine funktionierende Demokratie. Für all das ist Gleichheit entscheidender als der absolute Wohlstand und die Höhe des Bruttoinlandsproduktes.

Aber auch ökonomisch ist die Konzentration von Vermögen bei einer kleinen Gruppe Superreicher schädlich und eine Wachstumsbremse. Die Rating-Agentur Standard & Poor, jeder Sozialismus-Sympathien unverdächtig, analysierte 2014, dass Superreiche ihr Vermögen horten oder am Finanzmarkt anlegen und damit dem Konsum entziehen. Das schwäche die Nachfrage nach Gütern und Dienstleistungen. Viele Superreiche und zu viel Geld in zu wenigen Händen bedeuten: weniger Wachstum und damit weniger Rendite. Gleichheit ist auch ein Wohlstandsmotor.

Krasse Ungleichheit befördert hingegen gesellschaftlichen Zerfall, innergesellschaftliche Feinderklärung, Ausgrenzungen und gesellschaftliche Konflikte. Es führt eine gerade Linie von der neoliberalen Staatsverachtung in den Rechtspopulismus und den Faschismus. Sie schließen die Verachtung der anderen und Ärmeren ein. Demokratische Politik muss mehr Teilhabe für viele ermöglichen.

Es gibt in Sachen Gleichheit Fortschritte und Gründe für historischen Optimismus. Entscheidend sind die politischen Aushandlungsprozesse und Machtverhältnisse.

In Bremen gab es 1968 eine kreative Schülerbewegung, für die Gleichheit ein entscheidender Antrieb war. Die Hausbesetzerbewegung in Göttingen versuchte, die Verfügungsmacht des Kapitals einzuschränken und Wohnen, ein existenzielles Bedürfnis, gegen die Macht des Marktes zu verteidigen. Die Grünen haben die Lehren aus dem Scheitern von Rot-Grün 2005 gezogen und sich für eine faire Lastenverteilung nach der Finanzkrise eingesetzt. Dass wir den Kampf um die Vermögensabgabe in der Finanzkrise verloren haben, heißt nicht, dass er falsch war. Es bedeutet, dass wir beim Kampf um Gleichheit geschickter vorgehen müssen.

Die Bedingungen des Kampfes für Gleichheit haben sich verändert. In einer individualistischen Gesellschaft ist es schwieriger zu vermitteln, dass man Freiheit durch kollektive Organisation erreicht. Dass der Samstag arbeitsfrei ist, dass die Arbeitszeit nicht mehr 48 Stunden in der Woche beträgt, war das Ergebnis von kollektiven Arbeitskämpfen in den 1950er-Jahren. Heute sind weite Teile der Arbeitswelt prekarisiert, in anderen gibt es Hochspezialisierung. Die Spaltungen sind tiefer geworden, solidarisches Handeln ist schwieriger als früher.

Doch die Botschaft »Wenn jeder an sich selber denkt, ist an alle gedacht« ist zynisch und falsch. Dass die Gewerkschaft Verdi 140 000 neue Mitglieder gewonnen hat, zeigt, dass Mitgliederschwund bei Gewerkschaften und Entsolidarisierung nicht unumkehrbar sein müssen. Viele verstehen mittlerweile wieder, dass Gleichheit eine Voraussetzung von Freiheit ist.

In den 1970er-Jahren gab es weniger krasse soziale Unterschiede zwischen den oberen zehn Prozent und der unteren Hälfte. Aber diese Zeit war, anders als Sahra Wagenknecht es darstellt, kein Paradies. In der alten Bundesrepublik gab es tiefe Ungleichheiten und Diskriminierungen, zwischen Männern und Frauen, zwischen Biodeutschen und Migranten, die wir heute schwer erträglich finden würden. Dass es in Gleichheitsfragen eine Hierarchie von Haupt- und Nebenwiderspruch geben soll, hat mir nie eingeleuchtet.

Der Wohlstand der alten Bundesrepublik beruhte zudem auf der Armut anderer. In China lebten damals eine Milliarde Menschen in absoluter Armut. Europa führte in Afrika Kolonialkriege. Um Demokratie und Selbstbestimmung in Lateinamerika zu blockieren, förderten die USA wie Europa Militärdiktaturen auf dem gesamten Kontinent.

Seit 1968 hat sich in Sachen Gleichheit eines fundamental verändert. Wir müssen Gleichheit global denken. Das war mehr als eine naheliegende Möglichkeit, als wir uns für die Kampagne »Nestlé tötet Babys« engagierten. Gleichheit global zu denken, ist heute zwingend. Die Klimakrise und wachsende Ungleichheit bedrohen die Lebenschancen von Milliarden Menschen gerade im globalen Süden: mit steigendem Wasserspiegel und Extremwetter, Hunger und Wasserknappheit. Diese Ereignisse erzeugen sich gegenseitig verstärkende Krisen, Kriege und Staatszerfall. Wir im reichen Norden sind dafür mitverantwortlich. Alle Menschen auf diesem Globus haben heute und morgen das Recht auf gleiche Lebenschancen.

Ökologie ist nichts anderes als generationenübergreifende, globale Gerechtigkeit.

»ES LIEGT EIN GRAUSCHLEIER ÜBER DER STADT«: ÖKOLOGIE

◄ Tortenanschnitt anlässlich des Abschaltens des Atomkraftwerks Stade
im November 2002.

Revolution am Gendarmenmarkt

Nach der letzten Verhandlungsrunde mit der Atomindustrie saßen mein Staatssekretär Rainer Baake und ich spätabends in der Newton Bar am Gendarmenmarkt. Die Verhandlungen über den Ausstieg aus der Atomenergie hatten um die Ecke, im früheren Staatsratsgebäude, stattgefunden. Es war ein lauer Sommerabend, der 14. Juni 2000. Wir bestellten Wasser, keinen Wein. Wir brauchten einen kühlen Kopf und gingen alles noch mal durch.

Die bis dahin unbegrenzte Betriebserlaubnis der deutschen Atomkraftwerke sollte durch Gesetz beendet werden. Stattdessen trat eine Regellaufzeit von 32 Jahren durch eine Begrenzung der Strommenge in Kraft. Neue Atomkraftwerke durften nicht mehr gebaut werden. Die Wiederaufarbeitung samt Atommüllvermehrung in La Hague wurde zum 1. Juli 2005 verboten. Atommüll war künftig an den Kraftwerken zwischenzulagern. Atomtransporte in das Zwischenlager Gorleben aus Atomkraftwerken fielen weg.

Mit ihrer Zustimmung zu diesem Konsens verzichteten die Atomkraftwerksbetreiber auf Klagen und Schadensersatz.

Dennoch zögerten wir. War dieser Kompromiss vertretbar? Wir Grüne wollten den Ausstieg sofort – entschädigungsfrei. Die SPD hatte sich nach dem Reaktorunglück von Tschernobyl 1986 zaghaft von der Atomkraft gelöst. Im rot-grünen Koalitionsvertrag stand nun, dass wir »so schnell wie möglich« die Nutzung der Atomkraft entschädigungsfrei beenden wollten. War dieser Konsens »so schnell wie möglich«?

Der Konsens hieß zwar, dass einige Atomkraftwerke, die ältesten, bald vom Netz wären. Wollte man alle Anlagen sofort vom Netz haben, hätten wir die Laufzeiten auf 20 Jahre begrenzen müssen. Nun also 32 statt 20 Jahre – das war ein großes Zugeständnis. Das letzte Atomkraftwerk würde in den 2020er-Jahren vom Netz gehen.

Für die Grünen war das Ja zu diesem Kompromiss nicht einfach. Es gab schon im Herbst 1998 manche, die einen Atomkonsens als zu weich abgelehnt hatten. »Konsens ist Nonsens«, lautete eine Parole. Grüne wie der spätere Verkehrsminister Baden-Württembergs Winfried Hermann, mit mir in der parlamentarischen Linken eng verbunden, versuchten, den Kompromiss zu verhindern. Die Bundesarbeitsgemeinschaft Energie der Grünen behauptete, dass der Kompromiss das Gegenteil des Ausstiegs sei und Grüne ihn als schlechten Scherz ablehnen müssten.

In dem bundesdeutschen System mit komplexen *checks and balances* war das Ende der Atomkraft aber nur im Konsens, also als Kompromiss, zu machen. Die Alternative hätte gelautet: kein vorgezogener Ausstieg, noch mehr Atommüll und noch viel länger Castor- und Atommülltransporte.

Rainer Baake und ich waren uns am Ende des Abends einig. Die durchschnittliche Restlaufzeit der 19 deutschen Atomkraftwerke würde zwölf Jahre betragen. Wir hatten alles getan, was möglich war. Wenn man jahrelang sehr dicke Bretter bohrt, muss man erkennen, wenn der Bohrer hinten rausguckt.

Wir hatten einen schnellen und geordneten Ausstieg aus der Atomenergie erfolgreich verhandelt. Dieser Atomausstieg war unumkehrbar, verlässlich und vertretbar. Beim Parteitag der Grünen in Karlsruhe stimmten fast zwei Drittel der Delegierten diesem Verhandlungsergebnis zu. Das in der Einleitung erwähnte Foto in meinem Büro zeugt davon.

Doch während alle anhand von Jahreszahlen stritten, wer Gewinner, wer Verlierer dieses Konsenses war, wurde das Wichtigste übersehen. Der Konsens über den Ausstieg aus der Atomenergie leitete in Deutschland eine energiepolitische Revolution mit globalen Folgen ein. Für die Energiewende und den Einstieg in die Erneuerbaren war der Ausstieg aus der Atomenergie die Voraussetzung. Einstieg und Ausstieg gehören zusammen und bedingen einander.

Wenn ein hoch industrialisiertes Land wie Deutschland auf ein Fünftel seiner Stromversorgung verzichtet, dann muss es dafür Ersatz geben. Den sollten Wind und Sonne liefern. Dafür wurde im März 2000 das Erneuerbare-Energien-Gesetz (EEG) von SPD und Grünen auf den Weg gebracht. 2002 schrieb ich dieses Ziel dann im

Gesetz nieder: Bis 2020, wenn der Betrieb des letzten Atomkraftwerks zu Ende geht, sollte genau ein Fünftel, 20 Prozent, des deutschen Stroms von Erneuerbaren geliefert werden.

Rainer Baake und ich haben Wort gehalten, obwohl meine Amtszeit als Bundesumweltminister bereits 2005 endete. Nicht 2020, sondern bereits 2012 kam ein Fünftel des deutschen Stroms von Windturbinen und Fotovoltaikflächen. 2020 waren es bereits zwei Fünftel. Als am 1. April 2023 endlich die letzten drei Atomkraftwerke vom Netz gingen, hatten Erneuerbare den Ausstieg aus der Atomkraft mit mehr als dem Doppelten überkompensiert. In Deutschland waren nicht nur keine Lichter ausgegangen – über ein Jahrzehnt war unser rohstoffarmes Land zu einem Netto-Stromexporteur geworden.

Doch die Geschichte der Energiewende begann nicht mit Wyhl, Brokdorf und Gorleben. Der Auftakt war eine fossile Energiekrise – und ein Buch. Beides datiert im Jahr 1973.

Ölkrise und die Grenzen des Wachstums

Bis in die 1970er-Jahre war fossile Energie in den führenden westlichen Ökonomien extrem billig und in jeder Menge verfügbar gewesen. Im Herbst und Winter 1973 erhöhte die OPEC den Ölpreis als Antwort auf den Jom-Kippur-Krieg um rund 70 Prozent. Das so verknappte Angebot ließ die Benzinpreise rasant steigen. Die Bundesrepublik musste schlagartig zweieinhalb Mal so viel für Ölimporte bezahlen (ein Szenario, das sich 2022 nach Putins Angriffskrieg so ähnlich wiederholen sollte).

Die Bundesregierung unter Kanzler Willy Brandt reagierte: Auf den Landstraßen galt für sechs Monate Tempo 80, auf den Autobahnen Tempo 100. In Deutschland gab es vier autofreie Sonntage, um Benzin zu sparen. Wir fanden das großartig. Mit dem Fahrrad über die Stadtautobahn von Bremen-Vegesack zu radeln, die Auffahrten mit Rollschuhen runterzusausen, war eine sinnliche Erfahrung. Eine Welt mit weniger Autos und Öl war kein Desaster, sondern konnte freier sein. Die leeren Autobahnen waren für alle das sichtbare Zeichen – etwas Selbstverständliches ging zu Ende. Die Ressourcen waren nicht mehr endlos verfügbar.

Ich bin als Stadtkind groß geworden, habe als Kind und Jugendlicher aber bei den Pfadfindern gelernt, mich in der Natur zu bewegen. Wir waren viel in Wäldern unterwegs und lernten Baumarten, Vögel und Käfer kennen. Mit den Pfadfindern weg von zu Hause zu sein, war eine Loslösung vom Elternhaus. Es war eine Naturerfahrung, die ein Grundstein für ökologisches Bewusstsein ist.

»Wenn ich einen Schwarzspecht nicht erkenne, ist es mir egal, ob es ihn gibt«, hat Wilhelm Knabe, Mitbegründer der Grünen, Ökologe und Forstwissenschaftler, einmal gesagt. Für mich als ehemaligen Pfadfinder eine bekannte Botschaft. Die rücksichtslose Verschmutzung von Wasser, Erde und Luft, gerade durch Großkonzerne, wurde für uns Schüler Anfang der 70er-Jahre zum Thema. Als wir gegen unseren Erdkundelehrer den Unterricht selbst gestalteten, hielt der Elftklässler Jürgen Trittin ein Referat zum Thema »Umweltschutz«.

Den politischen Sprengstoff der Ökologie machte eine Studie des Club of Rome deutlich. 1973 erhielt das Werk von Donella und Dennis Meadows »Grenzen des Wachstums« den Friedenspreis des Deutschen Buchhandels. Die Studie, erstellt am Massachusetts Institute of Technology und finanziert von der Volkswagenstiftung, war zu einem bitteren Befund gekommen: »Wenn die gegenwärtige Zunahme der Weltbevölkerung, der Industrialisierung, der Umweltverschmutzung, der Nahrungsmittelproduktion und der Ausbeutung von natürlichen Rohstoffen unverändert anhält, werden die absoluten Wachstumsgrenzen auf der Erde im Laufe der nächsten 100 Jahre erreicht.«

Das Buch hatte enorme Ausstrahlung. Auch weil es sich zum ersten Mal in diesem Umfang zu seiner Vorhersage auf Computersimulationen stützte. Das Bewusstsein für Umweltzerstörungen wuchs in den Industrieländern verstärkt seit den 1960er-Jahren. »Grenzen des Wachstums« war die wissenschaftliche Begründung für das gärende Unbehagen in und an der Wachstumsgesellschaft. Vor dem Hintergrund des Ölpreis-Schocks 1973 verstärkte sich dieses Unbehagen zur Gewissheit: Wachstum kann eben nicht grenzenlos sein, ohne die Existenz menschlichen Lebens infrage zu stellen.

Mir ist dieses Buch von meinem konservativen Biologielehrer Heino Müller nahegebracht worden. Mit dem hatten wir Schüler uns oft gestritten. Er war ein Anhänger von Konrad Lorenz, der 1973 gerade den Nobelpreis für Medizin erhalten hatte.

Lorenz hatte die vergleichende Verhaltensforschung entwickelt. Er vertrat nach Beobachtung von Graugänsen die Theorie der Instinktbewegungen. Tiere und Menschen lernen demnach nicht nur durch Nachahmung, so die These, es gebe ein genetisches Programm für dieses Lernen.

Dass Gänse und Menschen durch universelle Muster verbunden sein sollten, lehnten wir als linke Schüler scharf ab. Verhalten aus der Natur auf die Gesellschaft zu übertragen, hielten wir für biologistisch. Hatten doch die Nazis ihren Rassismus auf dem Sozialdarwinismus und der Idee aufgebaut, dass sich wie in der Evolution nur die stärkste »Rasse« durchsetzen würde. Lange bevor wir von der trüben NS-Vergangenheit Konrad Lorenz' wussten, sahen wir in ihm einen Rassisten.

Heino Müllers Hinweis auf die »Grenzen des Wachstums« hingegen fiel bei mir auf fruchtbaren Boden. Hier ging es nicht um die Übertragung von Naturgesetzen auf menschliche Gesellschaften. Die Meadows beschäftigten sich mit den Grenzen, die die Natur menschlichem Handeln setzt. Die Wirtschaft könne nicht immer weiter wachsen, immer mehr Rohstoffe und Flächen verbrauchen und immer mehr Natur zerstören. Es gebe Grenzen der Natur für die Hybris des Menschen. Ein Begriff von Fortschritt, der die Natur verbraucht, kann nicht die Zukunft sein.

Wir ahnten es damals vielleicht nicht, aber 1973 war eine ökonomische und politische Zäsur – vergleichbar mit der politisch-kulturellen Zäsur von 1968. 1973 war das Jahr, das die Zeit nach dem Zweiten Weltkrieg in ein Vorher und Nachher teilte. Vorher schien endloses Wirtschaftswachstum normal zu sein. Nachher schrumpfte das durchschnittliche Wachstum des BIP auf unter 2 Prozent.

Die sozialliberale Bundesregierung dann unter Helmut Schmidt erkannte die Größe der Herausforderung durchaus. Die Abhängigkeit von Wachstum und Wohlstand von fossilem Öl wurde als eine strategische Schwäche erkannt. Es galt sie zu überwinden.

Dazu gehörten der halbherzige Versuch, Windenergie zu nutzen – doch der »GroWiAn« im Dithmarscher Kaiser Wilhelm Koog scheiterte. Er diente lange als vermeintlicher Beweis für die Untauglichkeit der Windenergie. Um die Abhängigkeit von den »Ölscheichs« zu mindern, wurde der Import von Erdgas aus der Sowjetunion verdoppelt von 3 auf damals 7 Milliarden Kubikmeter (BCM). Bis 1979 baute die Bundesrepublik das Geschäft »Gas gegen Röhren« mit der Sowjetunion auf ein Drittel seines Gasverbrauchs aus – trotz Widerstand und Sanktionsdrohungen der USA.

Doch die eigentliche Antwort der Schmidt-Regierung auf die Ölkrise sollte die Atomenergie werden – zumal auch das Uran aus der Sowjetunion hätte bezogen werden können. Dafür mussten die Energiekonzerne gewonnen werden. Sie verdienten mit subventionierter Steinkohle und Braunkohle in einem regulierten Markt gutes Geld. Das Oligopol hatte kein Interesse daran, neue Investitionen zu tätigen. Sie von der Atomenergie zu überzeugen, kostete den Steuerzahler Milliarden an Subventionen.

In Westdeutschland sollten 40 Atomkraftwerke gebaut werden. Damit es nicht ganz so teuer werden würde, wollte Schmidt in internationaler Arbeitsteilung Großserien von Atomkraftwerken bauen. Dafür wurde mit der brasilianischen Militärdiktatur ein Atomabkommen geschlossen. Technologie für eine Urananreicherung wurde von der Kernforschungsanlage Karlsruhe an das Apartheidregime in Südafrika exportiert.

Die Ölkrise von 1973 und die Antwort einer SPD-geführten Bundesregierung darauf war einer der Ausgangspunktepunkte für den Aufstieg ökologischer Bewegungen und Parteien. Paradox: So wenig er sie mochte, Helmut Schmidt wurde unfreiwillig einer der Gründungsväter der Grünen.

Die traditionelle Linke, ob sozialdemokratisch oder kommunistisch, war lange Anhänger der friedlichen Nutzung der Atomenergie gewesen. Es schien, als passe die Atomkraft zur Fortschrittsidee der Linken. Sie setzte auf die ungehinderte Entfaltung der Produktivkräfte. In einer mechanistisch verkürzten Theorie sprengt die Entwicklung der Produktivkräfte wie die Atomtechnologie die kapitalistischen Produktionsverhältnisse. »Wie die Kettenreaktionen auf der Sonne uns Wärme, Licht und Leben bringen, so schafft die Atomenergie, in anderer Maschinerie als der der Bombe, in der blauen Atmosphäre des Friedens, aus Wüste Fruchtland, aus Eis Frühling. Einige Hundert Pfund Uranium und Thorium würden ausreichen, die Sahara und die Wüste Gobi verschwinden zu lassen, Sibirien und Nordkanada, Grönland und die Antarktis zur Riviera zu verwandeln.« Das schrieb der undogmatische Marxist Ernst Bloch 1959 in »Das Prinzip Hoffnung«.

Selbst Kritiker der Atombewaffnung der Bundeswehr in den 1950er-Jahren wie Carl Friedrich von Weizsäcker waren überzeugt, dass die friedliche Nutzung der Atomkraft ein Segen für die Menschheit sei, gegen den niemand vernünftige Einwände geltend machen könne.

Die neue Linke brauchte eine Weile, um zu begreifen, dass Atomenergie keine Wunder schaffende Krönung menschlicher Kreativität ist, sondern eine unverantwortliche, gefährliche Technologie. Sie musste lernen, dass die Entwicklung der Produktivkräfte Grenzen hat. Das gilt für die Atomenergie – aber auch für bestimmte Anwendungen der Gentechnik oder des Geoengineering.

Die erste Lektion der neuen Linken auf diesem Feld bot die Atomenergie.

Wyhl und Gorleben –
die 68er werden volkstümlich

Gelernt haben die neuen Linken diese Lektion auf den Bauplätzen von Wyhl und Gorleben. Unterrichtet wurden sie von Bauern und Winzern. Es waren nicht linke Hausbesetzer und Platzbesetzer aus Göttingen und Freiburg, die die ersten Bauplätze von Atomkraftwerken blockierten. In Wyhl besetzten Bauern den Bauplatz. In Lüchow-Dannenberg organisierten Landwirte den Gorleben-Treck mit 300 Traktoren nach Hannover.

Das Wendland, dünn besiedelt, schien der sozialliberalen Bundesregierung Helmut Schmidts wie der CDU-Landesregierung Ernst Albrechts ein idealer Standort für eine Wiederaufarbeitungsanlage und ein Endlager – ein Entsorgungszentrum für Atommüll – zu sein. Fernab von Hannover, im Zonenrandgebiet, an der Grenze zur DDR, schien wenig Widerstand zu erwarten. Deshalb fiel die Wahl auf Gorleben – einen Standort, der bei den vorhergegangenen Prüfungen in Niedersachsen durch den TÜV gar nicht genannt worden war. Unter den letzten vier Standorten in den Planungen war auch der Kalischacht Mariaglück gewesen, 40 Kilometer entfernt von Beinhorn, dem Wohnsitz der Familie Albrecht. Also Gorleben ... Doch Bundes- und Landesregierung hatten die Widerborstigkeit der Wendländer unterschätzt.

So stand dann im März 1979 ein 25-jähriger Bauer aus dem Wendland vor 100 000 Demonstranten in Hannover und rief: »Mein lieber Herr Albrecht, wir wollen deinen Schiet nicht haben.« Mehr als 300 Trecker zogen durch die Landeshauptstadt, um zu verhindern, dass im Wendland eine Wiederaufarbeitungsanlage für den deutschen Atommüll errichtet würde. Die Anti-Atom-Aktivistin Marianne Fritzen lief zu Fuß acht Tage lang in die niedersächsische Hauptstadt.

Befeuert wurde die Diskussion durch den Super-GAU – den »größten anzunehmenden Unfall« – am 28. März 1979 in den USA. Unter dem größten anzunehmenden Unfall versteht man einen Störfall, der noch beherrschbar ist. Auf ihn sind die Anlagen ausgelegt. Eine Kernschmelze gehört nicht dazu. Im Reaktor 2 des Atomkraftwerks Three Mile Island ereignete sich eine Kernschmelze – ein Super-GAU. Es gelang aber, den Austritt der Radioaktivität zu stoppen. Der Reaktorunfall bei Harrisburg machte alle die Beteuerungen, die Atomkraft sei völlig ungefährlich, zur Makulatur. Plötzlich wurde die Hollywood-Fiktion des Films »The China Syndrom« mit Jane Fonda, Jack Lemmon und Michael Douglas Realität.

Weder die Anti-AKW-Bewegung selbst noch die Regierenden hatten damit gerechnet, dass der Widerstand gegen die Atomkraft in so kurzer Zeit zu einer Volksbewegung werden würde. Mit ihr verließ die neue Linke ihre universitäre Käseglocke.

Die ökologische Frage brachte zusammen, was nur auf den ersten Blick nicht zusammengehörte: Lebensschützer, Naturschützer, Linksradikale, frustrierte Sozial- wie Christdemokraten mit vormals Unpolitischen. Sie einte das gemeinsame Ziel, eine wegen ihrer unbeherrschbaren Risiken als gefährlich erkannte Technologie zu verhindern. Die Bürgerinitiative Lüchow-Dannenberg war ein Beispiel dafür. In ihr arbeiteten Linke mit Naturschützern und Menschen aus etablierten Parteien zusammen. Prägend waren Menschen wie der hannoversche Gymnasiallehrer und ehemalige Sozialdemokrat Helmut Lippelt oder der Heimvolkshochschuldozent Martin Mombaur aus der Göhrde. Aus dieser Zusammenarbeit entstand die Grüne Liste Umweltschutz – eine der Gründungsorganisationen der Grünen.

Ernst Albrecht reagierte auf die Proteste aus dem Wendland anders als Helmut Kohl vier Jahre später, als er trotz der Proteste von Hunderttausenden eisern an der Nachrüstung festhielt. 1979 nahm Albrecht den Protest aus dem bäuerlichen Wendland so ernst, dass er teilweise nachgab.

Es war absehbar, dass die Trecker-Demo in Hannover nicht der Höhepunkt einer Bewegung war, die danach wieder langsam abebben würde. Im Gorleben-Treck manifestierte sich eine Bewegung, die energisch und dauerhaft gegen die Wiederaufarbeitungsanlage kämpfen würde. Sie war in der Region verwurzelt und ließ sich nicht einfach als linke Staatsfeinde verunglimpfen.

Eine Woche nach der Demo erklärte Albrecht, eine Wiederaufarbeitungsanlage sei im Wendland politisch nicht durchzusetzen. Der Gorleben-Treck im März 1979 hatte der Bewegung so viel Optimismus und Schwung verliehen wie wenig andere Ereignisse. Am Endlager Gorleben aber wollte Albrecht festhalten.

Die neue Linke begann, die revolutionäre Bedeutung der Grenzen des Wachstums langsam zu begreifen – dabei gab es doch Schnittstellen zu ihren tradierten Zielen. Wir waren immer schon gegen Atomwaffen.

Brokdorf und Grohnde

Es gibt keine Chinesische Mauer zwischen der friedlichen und der militärischen Nutzung der Atomkraft. Zwar zielte die Rede »Atoms for Peace« von US-Präsident Dwight D. Eisenhower 1953 darauf ab, mit dem Zugriff auf die zivile Nutzung die Zahl der Atomwaffenstaaten zu begrenzen und eine nukleare Proliferation zu verhindern.

Doch ein Großteil der Technologie, die man für die friedliche Nutzung der Kernenergie benötigt, wird auch für den Bau der Atombombe benötigt. Das gilt besonders für die Technologie der Anreicherung. Der 1975 ratifizierte Atomwaffensperrvertrag ermöglichte es Staaten wie Deutschland und Japan, selber Urananreicherungsanlagen zu betreiben. Es war der erste Atomminister Deutschlands, Franz Josef Strauß, der diese Option in den 1960er-Jahren in den Vertrag hinein verhandelt hatte. Das Recht auf Anreicherung ist ein Scheunentor im Atomwaffensperrvertrag, das heute die Kontrolle des Iran so schwierig macht.

Fast alle Staaten, die über Atombomben verfügen, haben ihre Erkenntnisse aus dem zivilen Bereich gewonnen. Die Bewegung gegen Atomwaffen wurde so ein Anknüpfungspunkt für die Anti-AKW-Bewegung.

1977 rückte der Kommunistische Bund (KB) das deutsch-brasilianische Atomabkommen in den Mittelpunkt seiner Broschüre zur Demonstration gegen Brokdorf. Das Abkommen zielte auf die Strategie der Schmidt-Regierung, nach der Ölkrise im großen Stil die Atomkraft auszubauen. Um Atomkraft wettbewerbsfähig zu machen, sollten deutsche Atomkraftwerke in Serie exportiert werden. Dass Brasilien eine Militärdiktatur war, war für Schmidt ebenso wenig ein Hinderungsgrund wie der Widerstand der USA gegen den Deal. Die US-Regierung hegte den Verdacht, dass sich das Militärregime in Brasilia mit der deutschen Technik den Zugriff auf nukleare Anreicherungstechnologie kaufen wollte. Das Atomabkommen mit Brasilien ist bis heute in Kraft. Alle Versuche, es zu beenden, sind bisher gescheitert – 2004 an den Neuwahlen im Jahr 2005. Bis heute, 20 Jahre später, ist dies eine ungelöste Frage für meine Nach-Nachfolgerin Steffi Lemke im Bundesumweltministerium.

Die Antiatombewegung, die 1975 von Bauern in Wyhl mit angestoßen worden war, gewann an Bedeutung und Popularität. Mitten
im Deutschen Herbst 1977 demonstrierten 35 000 in Kalkar gegen
den Schnellen Brüter. Ich war nicht dabei. Wir Göttinger kamen mit
dem Zug nur bis Paderborn. Die Polizei hatte das Areal äußerst
großflächig abgeriegelt. In Paderborn wurden unsere Helme von
der Polizei konfisziert, Weiterreise verboten.

Der Staat reagierte auf die Proteste völlig unverhältnismäßig. So
wurde eine Großdemo in Grohnde im März 1977 mit Reiterstaffeln
auseinandergetrieben. Im Februar 1981 wurden in Brokdorf Hubschrauber und der Bundesgrenzschutz eingesetzt. Es ging darum,
das Einreißen des Bauzaunes und die Besetzung des Geländes zu
verhindern. Das hätte man mit milderen Mitteln als solchen Bür-
gerkriegsszenarien unterbinden können. Aber die Regierungen in
Bund und Ländern, von CDU bis SPD, wollten ein Exempel statu-
ieren. Das Bundesverfassungsgericht hat die eskalierte Unterdrückung der Versammlungsfreiheit 1985 in seinem Brokdorf-Urteil
für verfassungswidrig erklärt.

Die harten Methoden des Staates waren Machtdemonstrationen
einer Allparteienkoalition von CDU bis SPD für die Atomkraft. Der
Widerstand sollte gebrochen werden, damit das Atomprogramm
schnell verwirklicht werden konnte. Geplant waren mehrere Dutzend Atomkraftwerke in der dicht besiedelten Bundesrepublik, ein
Schneller Brüter in Kalkar, eine Wiederaufarbeitungsanlage in Bayern und ein atomares Endlager nahe der Grenze zur DDR.

Bayerns Ministerpräsident Franz Josef Strauß erklärte 1978:
»Konservativ sein heißt, an der Spitze des Fortschritts zu marschie-
ren.« Spätestens damit war klar, dass sein Fortschritt nicht unser
Fortschritt war.

Der KB und der Göttinger Arbeitskreis gegen Atomenergie be-
fürworteten in Brokdorf und Grohnde Platzbesetzungen – Gewalt
gegen Personen aber ausdrücklich nicht. Friedlichere Kräfte be-
schränkten sich auf Aktionen des zivilen Ungehorsams, etwa Strom-
geldverweigerung und Sitzblockaden. Der Strategie von aktiven
Platzbesetzungen aber wohnte immer die Gefahr der Eskalation
inne. Wer Zäune einriss, riskierte gewalttätige Auseinandersetzun-

gen mit der Polizei. Man konnte nicht für Lebensschutz eintreten – und selbst Gewalteskalation sehenden Auges befördern. Es brauchte eine Weile, bis in der Anti-AKW-Bewegung in dieser Frage Klarheit herrschte.

Reiterstaffeln, Hubschrauber, Tränengas hatten einen weiteren Nachteil: Sie verschreckten viele Menschen, die gerade im Widerstand gegen Atomkraft aktiv geworden waren. Wollten wir eine militante Eskalation vermeiden und die Bewegung verbreitern, brauchte es andere Aktionsformen und andere politische Felder. Der Widerstand musste verstetigt werden. Dafür sollte er in die Parlamente getragen werden. Aus der Anti-AKW-Bewegung heraus wurden deshalb die ersten Bunten (Hamburg), Alternativen (Berlin) und Grünen (Niedersachsen) Listen gegründet. Es war eine Absage an die Eskalation der Militanz.

Paradoxerweise spaltete dies zuerst die Organisation, die durch ihre aktive Beteiligung in der Antiatombewegung gerade stark geworden war, nämlich den Kommunistischen Bund. Es kam zur Spaltung zwischen dem KB und der »Gruppe Z«, benannt nach der Zeitschrift der Minderheitsfraktion. Ein zentraler Streitpunkt war der Umgang mit der sich neu herausbildenden Partei Die Grünen. Die hatten – zunächst als »Sonstige Politische Vereinigung Die Grünen« – bei der ersten Direktwahl zum Europäischen Parlament im März 1979 3,2 Prozent erhalten und wollten sich nun als Partei gründen. Die Mehrheit des KB wollte von einer Partei nichts wissen und plädierte dafür, es bei Wahllisten und Bündnissen von Initiativen zu belassen.

Wir dagegen als Gruppe Z sahen in den entstehenden Grünen eine Chance. Der Gorleben-Treck hatte gezeigt, dass die Bewegung facettenreicher und größer war als die Szene in Großstädten wie Hamburg oder Westberlin oder in Universitätsstädten wie Göttingen. Wir brauchten auch ein Angebot für die Menschen in Niedersachsens Emsland oder in Nordhessen.

Deshalb beschloss die Gruppe Z, sich aktiv am Gründungsprozess der Grünen zu beteiligen. Das Saarbrücker Programm der Grünen wurde unter anderen von Jürgen Reents mitformuliert. Der Hamburger Bunten-Liste-Abgeordnete Thomas Ebermann, auch er in der Gruppe Z, wurde Grüner. Ich trat 1980 bei. Das war unser Ende im KB. Mit meinem Beitritt zu den Grünen verschwand etwas Altes und Überholtes. Etwas Neues begann.

Der Kern der politischen Ökologie: Gerechtigkeit

Der KB spaltete sich oberflächlich gesehen an der Frage, wie man es mit den Grünen halten sollte. Der Grund für das Schisma aber lag tiefer: Die ökologische Frage sprengte das konventionelle marxistische Weltbild.

Rudi Dutschke formulierte den Drehpunkt, den die Ökologie bedeutete, zehn Wochen vor seinem Tod im Oktober 1979 in der *taz* so: »Alle wissen, dass der Weiterbestand der Gattung infrage steht. Es geht nicht nur um ein Klasseninteresse. Diese neue Dimension der Verteidigung der Interessen der Gattung ist das entscheidend Neue.« Die ökologische Herausforderung wurde zu einem Impuls für eine Generalerneuerung der Linken.

In den 1980er-Jahren formte sich das grüne Projekt aus – mit einem Begriff von Ökologie, der weit von Konrad Lorenz entfernt war. Die Grünen folgten nicht der konservativen Lesart, Ökologie als eine Disziplin der Biologie auf die Gesellschaft zu übertragen. Für konservative Ökologen ist Gesellschaft keine Kultur, sondern Natur, deren Gesetzen wir zu folgen haben. In diesem Bild schreibt die Natur uns eine bestimmte Politik vor.

Bei den Grünen hat sich ein anderes, emanzipatorisches Verständnis von Ökologie durchgesetzt: Ökologie ist danach generationenübergreifende, globale Gerechtigkeit. Jeder Mensch auf dem Globus hat Anspruch auf den gleichen Zugang zu Ressourcen, Chancen und Gesundheit. Das gilt gerade auch für unsere Kinder und Enkel.

Ökologie – verstanden als Gerechtigkeit – ging weit über die Gegnerschaft zur Atomkraft hinaus. Es ging um die Sauberkeit von Flüssen und Luft, um Chemikaliensicherheit und das sich immer weiter aufheizende Klima. Auf dem Album »Monarchie und Alltag«

sang damals die Gruppe Fehlfarben: »Es liegt ein Grauschleier über der Stadt, den meine Mutter noch nicht weggewaschen hat.« Sie bediente sich einer Metapher aus der Waschmittelwerbung. Ulrich Beck hat schon 1986 in dem Buch »Risikogesellschaft« geschrieben: »Not ist hierarchisch, Smog ist demokratisch.«

Der Christdemokrat und einer meiner Vorgänger als Bundesumweltminister, Klaus Töpfer, näherte sich der Frage von einer anderen Seite. Ein Lieblingszitat des langjährigen Chefs des UN-Umweltprogramms (UNEP) stammte von Indira Gandhi: »Das schlimmste Umweltgift ist die Armut.«

Beides fasst das Neue der Ökologie knapp zusammen. Die Zerstörung der Lebensgrundlagen trifft alle – selbst wenn sich Reiche besser schützen können. Aber: »Erst wenn der letzte Baum gerodet, der letzte Fluss vergiftet, der letzte Fisch gefangen ist, werdet ihr merken, dass man Geld nicht essen kann.« Diese angebliche Weissagung der Cree-Indianer wurde in den 1970er-Jahren oft zitiert. Tradierte Klassenpolitik erfasst die neue Gefährdungsdimension nicht.

Gleichzeitig verweist das Zitat von Indira Gandhi darauf, dass das Vorenthalten von Lebenschancen durch den reichen Norden die Zerstörung der globalen Lebensgrundlagen vom Verlust der Artenvielfalt über giftige Flüsse und Smog bis hin zur Klimakatastrophe befördert.

Es ist legitim, dass Menschen im globalen Süden den gleichen Lebensstandard anstreben wie im globalen Norden – wird dies auf dem fossilen Entwicklungspfad des Nordens versucht, wird die Grundlage für diesen Wohlstand zerstört werden.

Heute gebietet es die Klimakrise umso mehr, global zu handeln und künftige Generationen mit einzubeziehen. Die neue Linke in den 1970er-Jahren hätte das übrigens beim alten Karl Marx nachlesen können. Es geht um den Unterschied zwischen Besitz und Eigentum. Nach Marx ist es falsch, dass die Welt jemandem oder Gruppen gehöre. »Sie sind nur ihre Besitzer *(und nicht ihre Eigentümer, d. Autor)*, ihre Nutznießer, und haben sie als boni patres familiae den nachfolgenden Generationen verbessert zu hinterlassen.« Das ist unsere Verantwortung.

Auf dem beliebtesten Grünen-Plakat aller Zeiten ist dieser Gedanke von Marx so formuliert: »Wir haben die Erde von unseren Kindern nur geborgt.«

Ökologie als Gerechtigkeit verstanden ist etwas gänzlich anderes, als Naturgesetze zum Maßstab gesellschaftlichen Handelns zu machen. Die Natur diktiert nicht, wie wir zu einer klimaneutralen Wirtschaft kommen. Die Natur zeigt uns vielmehr Grenzen auf. Aber es gibt immer unterschiedliche Wege, die gesellschaftlich und politisch erstritten und ausgehandelt werden müssen, um mit diesen Grenzen umzugehen. Das 1,5-Grad-Ziel führt nicht automatisch zu einer bestimmten Form von Politik.

Dieser auf Gerechtigkeit fokussierte Ökologiebegriff und auf Ökologie fokussierte Gerechtigkeitsbegriff sowie die Kritik eines technokratisch verkürzten Fortschrittsverständnisses war die gemeinsame Grundlage, die aufgeklärte Konservative, enttäuschte Sozialdemokraten und radikale Linke verband, die die Grünen gründeten.

Die Ökologie ist bis heute der Wesenskern der Grünen. Nur mit dieser besonderen Mischung gelang es, das betonierte bundesdeutsche Dreiparteiensystem aufzubrechen. Damit kam die Bundesrepublik Deutschland im politischen Westen endgültig an.

Pinkelsteine und Giftmüll

1982 zogen wir Grünen in Niedersachsen in den Landtag ein. Es war das zweite Flächenland, in dessen Parlament die Grünen vergessene, verdrängte ökologische Fragen zur Sprache brachten.

Diese grüne Landtagsfraktion war geprägt von der Idee der »Antiparteien-Partei« (Petra Kelly). Sie wollte Stimme der außerparlamentarischen Bewegungen im Landtag sein. Diese Haltung prägte nicht nur universitäre Linke wie mich, sondern auch und gerade bodenständige Naturschützer. Zivilgesellschaftlicher Protest sollte auch durch symbolische Aktionen wahrnehmbar gemacht werden.

Während ich zeitweilig als Pressesprecher der Grünen-Landtagsfraktion in Hannover am Teletext saß und Pressemitteilungen formulierte, schritten grüne Landtagsabgeordnete wie Raimar Campen, Rolf Grösch und Georg Fruck zur Tat. Um gegen den Torfabbau und die Vernichtung der Moore zu protestieren, schaufelten sie Torfsoden kurzerhand zurück ins Moor. Bei einer anderen Protestaktion gegen das Braunkohlekraftwerk Buschhaus hängten wir zusammen mit Rolf Grösch Transparente am Grenzzaun zur DDR auf. Dorthin konnte uns die niedersächsische Polizei nicht folgen. Es war ja Ausland. Die DDR-Grenzer guckten ziemlich befremdet, denn auch sie kamen nicht auf die Westseite ihres Zauns, obwohl da plötzlich Grüne auf dem Gebiet der DDR standen. Unser Protest gegen das Kohlekraftwerk Buschhaus wurde damals vor allem mit den ausgestoßenen Giften wie Schwermetalle und Schwefel begründet.

Die Entschlossenheit der Grünen der ersten Landtagsfraktion in Hannover gegen Naturzerstörung und Klimakrise wirkte wie ein Vorbote jenes zivilen Widerstands, den 40 Jahre später Organisationen wie »Ende Gelände« praktizieren sollten.

Das alles löste im Landtag bei CDU, FDP und SPD Befremden, ja massive Ablehnung aus. Wir Grünen wurden in den 1980er-Jahren in Hannover von den anderen Parteien wie Ausstätzige behandelt. Die anderen Parteien waren genervt, weil wir Dinge auf die Tagesordnung setzten, die bis dahin kein Thema waren – und weil wir oft besser informiert waren als unsere Gegenüber.

Das galt vor allem für die diversen Giftmüllskandale in Niedersachsen. Der Seveso-Skandal, bei dem 1976 nur wenige Kilometer von Mailand entfernt das hochgiftige Dioxin freigesetzt wurde, hatte auch in Deutschland das Bewusstsein für die Gefährlichkeit von chemischen Giften geweckt. Ökologische Politik fokussierte sich neben der Atomenergie stark auf Umweltgifte. Mitte der 1980er-Jahre konnten wir anhand von Messwerten nachweisen, dass in der Sondermülldeponie Münchehagen Dioxin ausgetreten war. Das war nicht trivial. In jeder Verbrennungsanlage, die nicht heiß genug betrieben wird, entstehen Dioxine. Diese reichern sich in Fetten wie in Milch an und landen am Ende in der menschlichen Nahrungskette.

In der Landtagsfraktion war Charlotte Garbe, mit Mitte fünfzig damals die Älteste in unserer Fraktion, für Umwelt zuständig. Sie hatte einen äußerst fähigen jungen wissenschaftlichen Mitarbeiter, Michael Braungart, Chemiker, Ehemann von Monika Griefahn, die damals bei Greenpeace war. Die Regierung nahm die Grünen und den Umweltschutz im Allgemeinen, Charlotte Garbe aber im Besonderen nicht ernst. Doch Charlotte Garbe war in Sachfragen kompetenter als die überforderte Ministerialbürokratie.

Durch besondere Dickfelligkeit in Umweltfragen fiel der damalige CDU-Landwirtschaftsminister Gerhard Glup auf, Großbauer aus dem Oldenburger Land. Glup trug angesichts des Dioxinskandals im Landtag seine wie immer beruhigende Rede vor: »Es wurden keine kolorierten Kohlenwasserstoffe gefunden.« Charlotte Garbe rief Richtung Regierungsbank: »Herr Minister Glup, das heißt chloriert.« Glup setzte langsam seine Lesebrille ab und sagte: »Frau Garbe, wenn ich sage, koloriert, dann meine ich koloriert«, und las weiter. Das war die Antwort der CDU/FDP-Regierung auf den Austritt einer Flüssigkeit, deren Dioxin-Konzentration laut Umweltbundesamt den zulässigen Wert um den Faktor eine Million übertraf. Die Ansage war: Dass nicht sein kann, was nicht sein darf.

Die anderen Parteien fühlten sich im Landtag allein durch unsere Existenz provoziert. Dass manche grüne Abgeordnete mit Rollkragenpullover und Bart im Landtag saßen, hielten viele für unerhört. Bis 1986 blockierten sie aus Prinzip jeden einzelnen Antrag der grünen Fraktion. Wir konnten in vier Jahren nur einen Erfolg bei Gesetzesinitiativen verbuchen. Wir beantragten das Verbot von Paradichlorbenzol, vielmehr von dessen Einsatz in Klosteinen, unter anderem im Landtag.

Dieser Stoff, der in den Herrentoiletten die Geruchsentwicklung stoppen sollte, war eine fragwürdige Chemikalie. Dieses Pinkelsteinverbot war, was Gesetzesinitiativen anging, unser einziger Erfolg. Der Antrag hatte einen ironischen Unterton. Er sollte die Ignoranz der Albrecht-Regierung verdeutlichen. Es gab in Niedersachsen das Sevesogift, das ungehindert aus Sondermülldeponien austrat. In Gorleben sollte Jahrtausende strahlender Müll in einem unsicheren Salzstock gelagert werden. Das Kohlekraftwerk Buschhaus emittierte weiterhin Unmengen CO_2 sowie Schwermetalle. Dafür war jetzt Pinkeln im Landtag gefahrlos möglich.

Es ist zweifelhaft, ob CDU und FDP den Hintersinn dieses Antrags begriffen haben. Die niedersächsische CDU zog immerhin eine erste Konsequenz aus den desaströsen Auftritten von Landwirtschaftsminister Glup und etablierte 1986 ein eigenständiges Umweltministerium mit Werner Remmers.

Klassischer Umweltschutz, die Reinhaltung von Luft und Wasser, machte die Hälfte der Arbeit unserer Fraktion aus. Mein Job als Pressesprecher der Fraktion 1984/85 brachte mir viele Themen nahe, um die sich ein Hausbesetzer wenig geschert hatte – etwa die Dringlichkeit der Pressemitteilung »Rettet die Wallhecken«. Wallhecken sind ein Windschutz für landwirtschaftliche Flächen und verhindern Erosion. Sie als störendes Element zu beseitigen, war kurzsichtig, unsere Kritik daran prophetisch. 20 Jahre später kam es in Mecklenburg-Vorpommern auf einer Autobahn zu einer Kette von Unfällen, weil die Sicht durch Staubfontänen von den abgeernteten Großflächen verloren gegangen war. Es fehlten Wallhecken auf den ehemaligen LPGs.

Als ich 1985 in den Landtag rotierte und gleich Fraktionsvorsitzender wurde, konnten wir Grünen einen weiteren Erfolg verzeichnen. Wir hatten es geschafft, den ebenso selbstherrlichen wie grünenfeindlichen Landtagspräsidenten Bruno Brandes zum Rücktritt zu zwingen. Er war in diverse Skandale verwickelt gewesen – die illegale Haltung von Mufflons in einem Naturschutzgebiet bei Holzminden war dann der eine Skandal zu viel. Naturschutz hatte seine explosive politische Kraft bewiesen.

Der Schwerpunkt Umweltschutz, der Kampf um Naturschutz und gegen Giftmüll prägte neben der Atomauseinandersetzung meine Tätigkeit als Fraktionsvorsitzender – besonders in meinen Reden. Niedersachsens Landtag war die Schule für meine spätere Tätigkeit als Bundesumweltminister.

Dass öffentlicher Druck und gutes Ordnungsrecht etwas bewegen können, bewies sich im technischen Umweltschutz bei der Reinhaltung von Luft und Wasser. Nach diversen Skandalen am Rhein und dem Waldsterben hatten CDU-Regierungen unter anderem mit dem Bundesimmissionsschutzgesetz neue Normen gesetzt. Umweltschutz war durchsetzbar, wenn man es wollte.

Das Bild dazu lieferte unfreiwillig Umweltminister Klaus Töpfer 1988, als er aus einer Wette heraus im Rhein schwamm. Das wäre zehn Jahre vorher noch nicht möglich gewesen, der Rhein war damals der Abwasserkanal der Chemieindustrie von Basel, Ludwigshafen über Hoechst bis Leverkusen. In der CDU hatten Klaus Töpfer und in Niedersachsen Umweltminister Werner Remmers begriffen, dass man mit Gesetzen und Ordnungsrecht der Zerstörung der Schöpfung entgegentreten konnte und musste – auch gegen den wütenden Widerstand der Industrie.

Was der technische Umweltschutz durch Ordnungsrecht erreichen konnte, zeigte sich 1990 bei der deutschen Wiedervereinigung. Bis dahin konnte man anhand einer Luft- oder Wasserprobe einfach feststellen, ob sie in der DDR oder BRD, ob sie im Rhein oder in der Elbe gezogen war. Die Umweltbelastung in der realsozialistischen DDR war 1990 drastisch höher.

Es sollte zehn Jahre dauern, bis durch Umsetzung bundesdeutscher Umweltstandards, aber auch durch die partielle Deindustrialisierung in Ostdeutschland, die krassen Unterschiede in der Luft- und Wasserqualität zwischen Ost und West verschwunden waren.

Tschernobyl:
Der Sofortausstieg scheitert

Am 26. April 1986 kam es im Atomkraftwerk Tschernobyl zu einer Kernschmelze mit anschließender Explosion. Die entstehende radioaktive Wolke verbreitete sich über ganz Europa. Der Super-GAU führte drastisch vor Augen, wie lebensbedrohlich und unkalkulierbar die Atomenergie war.

Die Folgen vor Ort waren entsetzlich und wirken in der heutigen Ukraine, in Belarus und Russland bis heute fort. Mehr als 100 000 Menschen mussten aus den verseuchten Gebieten umgesiedelt werden. Tausende sogenannter Liquidatoren, die an der Unfallstelle eingesetzt wurden, starben oder bezahlten ihren Einsatz mit ernsthaften gesundheitlichen Schäden. Wie viele Menschen an Folgeschäden der Katastrophe starben, an Leukämie oder Schilddrüsenkrebs, Hirntumoren oder genetischen Schäden, ist umstritten. Selbst das Tschernobyl-Forum unter dem Dach der Internationalen Atomenergie-Organisation sprach 2005 von 4000 Toten.

Doch die Verstrahlung beschränkte sich nicht auf die Region. Noch 2014, 28 Jahre nach dem Unglück und mehr als 1000 Kilometer entfernt, mussten fast die Hälfte der in Sachsen geschossenen Wildschweine wegen zu hoher Strahlenbelastung entsorgt werden.

1986 gab es noch kein so ausgefeiltes Messnetz wie heute. In Göttingen entschieden am 1. Mai 1986 viele Kinderläden, nicht mit ihren Kindern zur traditionellen Maidemo und dem Fest zu gehen. Proben von Pfützen durch die Feuerwehr hatten eine hohe radioaktive Belastung ergeben. Kurz darauf wurden Sandkisten, Spiel- und Sportstätten gesperrt. Plötzlich wurde über radioaktive Grenzwerte für Blumenerde diskutiert und Salat von der Karte gestrichen.

Doch es traf nicht nur Salat. Im Allgäu hatten Kühe belastetes Gras gefuttert – das Cäsium 137 landete in der Milch. Die bayerische Staatsregierung ließ aus dieser kontaminierten Milch kurzerhand Molkepulver herstellen. Dummerweise wurde dadurch das Cäsium extrahiert und konzentriert. Dennoch sollte es nach einer kurzen Schleckprobe durch Bayerns Umweltminister Alfred Dick (»Des tut mir nix« – so Dick) an Vieh verfüttert werden. Daraus wurde nichts. Am Ende landeten die 5000 Tonnen verstrahltes Molkepulver unter militärischer Bewachung auf einem Güterzug im Emsland, wo es 1990 für 70 Millionen Mark in Lingen dekontaminiert wurde.

Der verharmlosende Umgang mit der Cäsium-Molke verstärkte massiv das Misstrauen der Bevölkerung in die offiziellen Erklärungen. Eine Antwort auf das Behördenversagen waren Initiativen wie »Bürger messen selbst«.

Atomkraft hatte sich in Tschernobyl als todsicher erwiesen. Nach Tschernobyl war die Mehrheit der Bundesdeutschen gegen die weitere Nutzung der Atomenergie. Selbst CDU, CSU und FDP relativierten ihre Haltung zur Atomenergie und sprachen nun von einer »Übergangstechnologie«. Wie wenig ernst das mit dem Übergang gemeint war, zeigte sich, als die Kohl-Regierung bis 1989 noch sechs AKWs in Betrieb gehen ließ. Nur der Schnelle Brüter in Kalkar und die Wiederaufarbeitungsanlage in Wackersdorf wurden dank des Widerstands der gut organisierten Anti-AKW-Bewegung verhindert.

Das politisch einschneidendste Ergebnis war jedoch die Gründung des Bundesministeriums für Umwelt, Naturschutz und Reaktorsicherheit. Bis dahin waren der Emissionsschutz und die Reaktorsicherheit im Bundesinnenministerium beheimatet gewesen. Die Pflicht zum Katalysator und zu Entschwefelungsanlagen gegen das Waldsterben war 1983 auf Vorlage des Innenministers Friedrich Zimmermann von der CSU beschlossen worden.

Nun wurde Walter Wallmann aus der CDU Hessens Bundesumweltminister. Er sollte den Pro-Atomkurs und die Beschwichtigung der Bevölkerung fortsetzen. Organisiert wurde das neue Ministerium durch einen Zentralabteilungsleiter, der später traurige Berühmtheit erlangen sollte – als meineidiger Chef der hessischen Staatskanzlei und Ehrenvorsitzender der AfD: Alexander Gauland. Umweltpolitisches Profil gewann das Ministerium dagegen unter Wallmanns Nachfolger. Klaus Töpfer und sein Staatssekretär Clemens Stroetmann setzten zwar den Atomkurs fort, legten aber die Grundlagen für den Emissionsschutz, die Kreislaufwirtschaft ebenso wie für die internationale Klimapolitik.

Die Katastrophe von Tschernobyl hatte klargemacht, dass wir Grüne eine andere Strategie brauchten. Noch Anfang der 1980er-Jahre waren viele linke Grüne wie ich der Ansicht gewesen, dass die Grünen am besten eine SPD-Regierung tolerieren sollten, wenn es zu anderen Mehrheiten käme. Vorbild waren die Parteien der neuen Linken in Skandinavien, die regelmäßig gegen einige Zugeständnisse der Sozialdemokratie die Mehrheit der Regierung für den Haushalt sicherten. Uns erschien das die realpolitisch klügste Lösung zu sein – für das Abschalten der Atomkraftwerke hätten wir uns nicht mit allen Aspekten des Regierungshandelns gemein machen müssen.

Spätestens mit dem 26. April 1986 war klar, dass diese Haltung »Wasch mir den Pelz – aber mach mich nicht nass« nicht reichen würde. Den Ausstieg aus der Atomenergie würden wir schon selber organisieren müssen – und zwar in der Regierung. Da konnten wir uns nicht auf andere verlassen. Nur wir konnten dafür sorgen, dass die Atomkraftwerke so schnell wie möglich vom Netz gingen.

In Niedersachsen zogen wir daraus Konsequenzen. Ich wurde zum Regierungslinken. Ab 1986 setzten wir Grüne auf eine rot-grüne Mehrheit. Bei den Landtagswahlen am 15. Juni zogen SPD und Grüne an einem Strang. Wir wollten gemeinsam Ernst Albrecht stürzen. Gerhard Schröder sollte und wollte Ministerpräsident werden. Trotz erheblicher Gewinne für Rot-Grün fehlte uns am Ende ein Sitz im Landtag.

Je mehr sich die Alternative auf Rot-Grün gegen Schwarz-Gelb zuspitzte, umso lauer wurde nämlich die Unterstützung der Bundes-SPD für ihre Niedersachsen. Schröder brachte es an diesen Tagen auf den Satz: »Der Rau hat uns hängen lassen.« Johannes Rau war der mächtige Ministerpräsident in Nordrhein-Westfalen und später SPD-Kanzlerkandidat 1987.

Trotz der Niederlage 1986: Das Konzept für die Grünen – Regieren, um den Atomausstieg zu organisieren – blieb. Nach dem Wahlsieg 1990 in Niedersachsen versuchte Rot-Grün, mit einem sicherheitsorientierten Vollzug das Atomkraftwerk Stade unrentabel zu machen.

Unsere Idee war es, so viele Sicherheitsauflagen nach dem Stand der Technik zu erlassen, dass das AKW ein Zuschussobjekt werden würde. Doch wir hatten die Rechnung ohne Helmut Kohl und Klaus Töpfer gemacht. Atomaufsicht war Bundessache. Die Atomaufsicht der Länder geschieht in Bundesauftragsverwaltung. In ihrem Rahmen kann die Atomaufsicht in Bonn den Ländern Weisungen erteilen, die diese auszuführen haben. Selbst rechtswidrige Weisungen waren umzusetzen. Das gilt bei der Atomaufsicht wie beim Bundesfernstraßenbau. Ein Klagerecht für die Länder gegen den Bund existiert nicht. Von diesem Instrument machten die Kohlregierung und ihr Umweltminister Töpfer umfassend Gebrauch. Auch Joschka Fischer als Umweltminister in Hessen sollte das nach 1991 erfahren. Per bundesaufsichtlicher Weisung wurden in den frühen 1990er-Jahren reihenweise Sicherheitsauflagen und Stilllegungsverfügungen des Landes Niedersachsen gegen das Atomkraftwerk Stade von Klaus Töpfer kassiert.

Erschwerend kam hinzu, dass die Auflagen für bestehende Kraftwerke von den Betreibern locker erfüllt werden konnten. Die Atomkraftwerke waren für die Betreiber so profitabel, dass sie dies locker bezahlen konnten. Stade zum Beispiel war schon lange abgeschrieben. Seine Kapitalkosten lagen bei null. Seine Produktionskosten lagen weit unter dem Marktpreis für Strom. Der Plan, gerade alte Anlagen durch einen sicherheitsorientierten Vollzug vom Markt zu drängen, musste scheitern – am Bund und an den abgeschriebenen Altanlagen.

Die Anti-AKW-Bewegung hatte es geschafft, dass Neubauten von Atomkraftwerken spätestens seit 1986 politisch nicht mehr durchsetzbar waren. Aber wir hatten es als Landesregierung nicht vermocht, die laufenden Atomkraftwerke stillzulegen. Der Versuch der Grünen in Hessen und Niedersachsen, die AKWs auf Landesebene mit erhöhten Sicherheitsvorschriften unrentabel zu machen, hatte in eine Sackgasse geführt.

Der schnellste Weg zum Ausstieg wäre die Enteignung per Gesetz gewesen. Das Risiko, hohe Entschädigungen zahlen zu müssen, war überschaubar. Schließlich hat der Staat von 1970 bis 2016 die Atomenergie mit 237 Milliarden Euro subventioniert. Gerade die alten Anlagen waren abgeschrieben. Doch Enteignungen waren mit keiner Partei – auch nicht mit der SPD – politisch durchsetzbar.

Es bedurfte also einer anderen Strategie, wollten wir die 19 laufenden Anlagen stilllegen. Im rot-grünen Niedersachsen entstand die Idee, die bis dahin unbegrenzten Laufzeiten der Atomkraftwerke zu begrenzen, und zwar im Konsens mit den Betreibern. Dies würde zwar keinen Sofortausstieg zur Folge haben – dafür würden aber die Anlagen schrittweise, eine nach der anderen vom Netz gehen. Was wiederum Spielraum eröffnen würde, Ersatzkapazitäten auf den Weg zu bringen.

Hier tat sich viel in Niedersachsen. In einer Garage bei Aurich hatte der Gründer der Firma Enercon, Aloys Wobben, die ersten getriebelosen Windturbinen entwickelt. Unterstützt wurde er dabei auch durch Investitionshilfen aus dem Landesetat. Lange war die Geschichte von Enercon eine Erfolgsgeschichte. Enercon entwickelte sich in den 2000er-Jahren zum Markt- und Technologieführer bei

Windkraft, beschäftigte über 10 000 Menschen in Ostfriesland und Sachsen-Anhalt. Wobben wurde zu einem der reichsten Menschen in Deutschland und überführte Enercon kurz vor seinem Tod in eine Stiftung.

Der von Rot-Grün in Niedersachsen geschaffene Landes-Öko-fonds wollte erneuerbare Energien, Energieeffizienz und Energie-sparen fördern. Dafür wurde die erste Energieagentur auf Landes-ebene gegründet. Gründungsvater war ein Mann aus der Energie-branche: Werner Müller.

Müller hatte 20 Jahre bei RWE und Veba gearbeitet. Er war kein Gegner der Atomenergie – im Gegenteil. Doch er sah die strategi-sche Lage seiner Branche realistisch: Atomkraft ist für die Energie-konzerne aktuell eine Cash Cow, aber kein Geschäft mit Zukunft.

Seit Tschernobyl 1986 war klar, dass die Atomkraft in Deutsch-land eine auslaufende Technologie sein würde, mit deren Anlagen man zwar noch eine Weile gut Geld verdienen konnte. Wollten die großen Energiekonzerne aber auch künftig Geld verdienen, konn-ten sie auf kein Geschäftsmodell setzen, das die Mehrheit der Deut-schen ablehnte.

Werner Müller wollte deshalb die Nutzung der Atomenergie ohne Disruption, sozusagen sanft, beenden. Die Klügeren in der Industrie wussten, dass ein verbindlicher Deal in ihrem Interesse war. Ein größerer Störfall in Würgassen oder Grohnde hätte schnell zu jener Disruption führen können. Die Regierung hätte die Be-triebserlaubnisse der AKWs entziehen und extrem teure neue Stan-dards fordern können. Die Betreiber hätten in diesem Fall wahr-scheinlich keinen Cent Entschädigung für abgeschriebene Anlagen bekommen. Dennoch, die Mehrheit der Vorstände wollte am bishe-rigen Modell festhalten – anders als der VEBA-Vorstand Müller.

In Niedersachsen brachte Müller mit der Energieagentur etwas Neues auf den Weg. Die Agentur für Erneuerbare und Energieeffi-zienz erhielt zwar Landesmittel, sollte sich aber überwiegend aus Gutachten und Services für Unternehmen finanzieren.

Um diese Aufgabe zu bewältigen, holte Müller einen Mann, der sich als kritischer Kerntechniker in der Bürgerinitiativ-Bewegung und als Vorstandsmitglied im Ökoinstitut einen Namen gemacht hatte: Stephan Kohler wurde Chef der ersten niedersächsischen Energieagentur.

Der Weg, die Nutzung der Atomenergie im Konsens per Gesetz schrittweise zu beenden, ist in Niedersachsen entwickelt worden. Aber er war von Beginn an in den Aufbau einer anderen Energieversorgung eingebettet, basierend auf erneuerbaren Energien, Energieeffizienz und Energiesparen. An der Wiege der deutschen Energiewende stand eine rot-grüne Koalition, stand die Kooperation zwischen aufgeklärten Teilen der Industrie und der Umweltbewegung.

20 Jahre nachdem die Polizei uns auf dem Weg zur Demonstration nach Kalkar gestoppt hatte, kamen wir Grüne 1998 in Bonn an die Regierung. Wir waren fest entschlossen, das Kapitel Atomenergie in Deutschland zu beenden und den Erneuerbaren den Weg zu öffnen. Das Modell der Energieagentur wurde auf die Bundesebene übertragen. Zum ersten Chef der Deutschen Energieagentur – der DENA – wurde Stephan Kohler – unter dem Wirtschaftsminister Werner Müller und dem Umweltminister Jürgen Trittin.

Einstieg und Ausstieg –
die Energiewende

Der 27. September 1998 bescherte Deutschland etwas Neues. Seit der Gründung der Bundesrepublik 1949 war noch nie eine Regierung zur Gänze abgewählt worden. Regierungswechsel geschahen bis dahin durch Koalitionswechsel. Zum ersten Mal blieb nun keine der bisher regierenden Parteien an der Regierung.

Vor allem: Zum ersten Mal sollten Grüne das größte Land der Europäischen Union mitregieren.

Bis dahin hatte es nur Versuche mit grüner Regierungsbeteiligung in Hessen und Berlin gegeben, die keine ganze Legislaturperiode überstanden; dazu kam die erfolgreich über vier Jahre in Niedersachsen regierende Koalition. Das hinderte aber weder Joschka Fischer noch mich, gestützt auf unsere Erfahrungen auf Landesebene, mit einem gesunden Selbstvertrauen unsere Ämter anzutreten.

Wir sollten uns allerdings genauso täuschen wie die Ex-Minister-präsidenten Gerhard Schröder und Oskar Lafontaine. Tatsächlich war der Schritt vom Land in den Bund wie der direkte Sprung von der Regionalliga in die Champions League – vom SV Meppen zum FC Barcelona.

Die Abwahl von Schwarz-Gelb und das Ende von Helmut Kohls 16-jähriger Kanzlerschaft war eine Wegmarke. Die Union hatte noch bis zum Schluss verzweifelt versucht, Rot-Grün als Chaosregierung und Gerhard Schröder als »Kommunistenfreund« zu denunzieren. Aber das alte Rezept der Konservativen, Angst zu schüren, funktionierte nicht mehr. Die Generation der 68er, repräsentiert durch Ex-Jusochef Gerhard Schröder, Ex-Sponti Joschka Fischer und den Ex-RAF-Anwalt Otto Schily, kam an die Macht.

Die Abwahl der Regierung Kohl war spät gelungen. Im Kern hatte die Regierung bereits Ende der 1980er-Jahre keine Gestaltungsmehrheit mehr. Die deutsche Einheit hatte Kohl jedoch eine Laufzeitverlängerung beschert – die ihn dazu verleitete, seinen designierten Nachfolger Wolfgang Schäuble schmählich hängen zu lassen.

Rot-Grün wurde eine Regierung der nachholenden Reformen. Die Koalition ging daran, Dinge umzusetzen, für die es in der Gesellschaft breite Mehrheiten gab, die aber von CDU, CSU und FDP blockiert worden waren. Für uns Grüne waren vier Ziele zentral: Wir wollten die Energiewende durchsetzen; die Ökosteuer einführen, um den Benzinverbrauch und die Klimabelastung durch den Verkehr zu mindern; das verstaubte Staatsangehörigkeitsrecht an die Erfordernisse eines Einwanderungslandes anpassen und die gleichberechtigte Partnerschaft von Schwulen und Lesben ermöglichen.

Die Energiewende und die Einführung der Ökosteuer sollten ein überaus steiniger Weg werden. Wir hatten es mit einer schlagkräftigen, mächtigen, gut vernetzten Industrie zu tun, deren lukrative Einnahmequelle wir schrittweise zum Versiegen bringen wollten.

Für uns Grüne ist und bleibt die Ökologie Kern unserer Politik. Deshalb zögerte ich als damaliger Parteivorsitzender keinen Moment, Energiewende und Ökosteuer als als Umweltminister in der Regierung umzusetzen. Es gab 1998 nicht viele Grüne, die Erfahrung mit Regieren und der Leitung eines Hauses hatten. Ich gehörte dazu. Joschka Fischer sollte den Beweis antreten, dass Grüne auch sogenannte harte Ressorts wie das Außenministerium können. Ich sollte und wollte die grünen Kerninhalte umsetzen.

Dass ein Linker für Naturschutzgebiete und Moore, Artenschutz und Biber in Mecklenburg-Vorpommern verantwortlich sein sollte, erschien einigen Konservativen wie ein Cross-over. Doch es gelang, gerade die Umwelt- und Naturschützer zu überzeugen, die anfangs mit mir fremdelten. Dazu gehörte auch, dass ich mich zu wehren wusste gegen dreiste Lobbyvertreter.

Im Herbst 1999 wurde das Umweltbundesamt 25 Jahre alt. Ich hatte eine sehr sachliche Rede in der Vorbereitungsmappe. Tyll Necker, Vize-Chef des Bundesverbandes der Deutschen Industrie (BDI), nutzte aber seine Festrede, um vor dem Atomausstieg zu warnen. Er malte die Deindustrialisierung Deutschlands und die Gefahren des Umweltschutzes für die Unternehmen in düsteren Farben an die Wand. Es waren die Standardkalauer gegen eine ambitionierte Umweltpolitik. Ich habe mein Manuskript beiseitegelegt und eine sehr politische Antwort gegeben.

Wenn Forderungen nach mehr Umweltschutz erhoben werden, kommt verlässlich immer dasselbe Argument – die Deindustrialisierung der Bundesrepublik. Mit dieser Angstparole machen Lobbys des Bestehenden Politik für ihre Partikularinteressen. Der Vorwurf der Deindustrialisierung ist der Evergreen der Antiökologen. Ob Verbot von giftigen Holzschutzmitteln oder von FCKW, ob Entschwefelungsanlagen an Kraftwerken oder der Katalysator oder der Gelbe Sack – immer wurde die gleiche Melodie angestimmt. Dahinter sollten die Gesundheit der Menschen, das Ozonloch, das Waldsterben zurückstehen. Hielt eine Bundesregierung dennoch an ihrem Vorhaben für mehr Umweltschutz fest, passierte regelmäßig das Gegenteil. Nach wenigen Jahren war gerade die deutsche Industrie stolz auf die angeblich von ihr gefundenen Alternativen, die sie weltweit verkaufen konnte, und machte damit Werbung.

In meiner improvisierten Ansprache habe ich all das Tyll Necker um die Ohren gehauen. Ambitionierte Umweltpolitik ist kein Standortnachteil, sondern kann ein Modernisierungstreiber sein.

Am Ende meiner Rede gab es Ovationen – auch der Präsident des mir unterstellten Umweltbundesamtes, Andreas Troge, Mitglied der CDU, war zufrieden.

Der Streit um den AKW-Ausstieg

Dennoch hatte Tyll Necker nur das vorgetragen, was der Präsident des BDI, der spätere AfD-Europaabgeordnete Hans-Olaf Henkel, in diesen Tagen bei Kanzler Schröder vorsang. Es führte zum Bruch einer klaren Koalitionsvereinbarung.

SPD und Grüne waren sich einig gewesen, innerhalb der ersten 100 Tage eine Novelle des Atomgesetzes auf den Weg zu bringen. Sie sollte Sicherheitsüberprüfungen obligatorisch machen, die Deckungsvorsorge erhöhen und die Pflicht zur direkten Endlagerung festschreiben. Dieser Gesetzentwurf wurde nach bereits erfolgter Ressortabstimmung von Schröder und seinem Kanzleramtsminister Bodo Hombach von der Tagesordnung des Kabinetts gekegelt, nicht ohne ihn vorher als »Entwurf von Trittin« der Presse durchzustechen. Es sollte nicht das letzte Mal sein, dass aus dem Kanzleramt zur Verhinderung grüner Vorhaben Gesetzentwürfe vorzeitig an *Bild* oder andere Medien durchgestochen wurden. In diesem Fall geschah es aufgrund des Lobbydrucks des BDI.

Gerhard Schröder strebte angesichts der hohen Arbeitslosigkeit eine Neuauflage der Konzertierten Aktion von 1966 mit Gewerkschaften und Industrie an. Doch für dieses »Bündnis für Arbeit« hatte der BDI-Chef Hans-Olaf Henkel eine Bedingung. Die Arbeitgeber würden nur teilnehmen, wenn der Atomausstieg, dessen Beginn im 100-Tage-Programm von Rot-Grün fixiert war, verschoben würde. Schröder gab nach. Die Änderung des Atomgesetzes hat dann bis 2001 gedauert.

Gerhard Schröder wollte den Atomausstieg, aber möglichst ohne Konflikte. Politisch hatte ihn die Solidarität mit den Gorleben-Aktionen geprägt. Er hat Demonstranten im Wendland verteidigt. Allerdings sah er wie viele Sozialdemokraten die Grünen als abtrünnige Kinder der SPD an. Verschärft wurde dieser Konflikt noch durch seinen Machtkampf mit Bundesfinanzminister Oskar Lafontaine. Wir Grünen wussten zu Beginn der Koalition oft nicht, mit wem wir koalierten – mit der Schröder-SPD oder der Lafontaine-Sozialdemokratie. Beide Strömungen der SPD waren sich nur in einem einig – dass im Zweifel die Grünen an allem schuld seien. Dabei wäre Geschlossenheit der Koalition dringend geboten gewesen.

Uns stand nämlich eines der mächtigsten, finanzstärksten Kartelle in Europa gegenüber: das Quadropol der vier Energieriesen VEBA, VIAG, RWE und EnBW (später E.ON, RWE, Vattenfall und EnBW). Diese vier Konzerne hatten beim Strom damals einen Marktanteil von fast 90 Prozent. Sie betrieben Atom- wie Kohlekraftwerke. Sie besaßen Stromnetze. Die Atomkraftwerke hatten eine unbegrenzte Betriebsgenehmigung. Der Börsenstrompreis lag damals bei rund acht Cent, die Grenzkosten eines abgeschriebenen Atomkraftwerks bei gut drei Cent. Die AKWs waren für dieses Oligopol Gelddruckmaschinen. Genau die wollten wir nun »so schnell wie möglich« stilllegen.

Die Konzerne waren schon anderweitig unter Druck geraten. Grund waren nicht wir Grünen, sondern die vom liberalen Wirtschaftsminister Günter Rexrodt umgesetzte Liberalisierung der Strommärkte. Sie bedeutete das Ende der Gebietsmonopole der sogenannten Versorger. Haushalte wie Unternehmen konnten sich nun ihren Stromanbieter frei wählen. Private Haushalte machten davon weniger Gebrauch, aber viele Unternehmen nutzten die neue Möglichkeit. In Leipzig wurde die deutsche Strombörse EEX angesiedelt. An der Börse entstand der Strompreis aus Angebot und Nachfrage.

Bis dahin war der Preis faktisch von den Unternehmen festgesetzt worden. Sie reichten bei dem für ihr Gebiet zuständigen Wirtschaftsminister einen »Kostenbogen« ein, der ihre Ausgaben für Produktion und Vertrieb aufführte. Wurde er vom Wirtschaftsministerium akzeptiert – was hätten sie auch anderes machen sollen? –, wurde die vereinbarte Rendite dazuaddiert. So wurde der Strompreis für die Kunden fixiert. Dieses Kartell sorgte für seine unangefochtene Marktstellung mit Monopolprofiten – bei null Risiko.

Zwar hatte es die Kohl-Regierung bei der Liberalisierung versäumt, die Stromerzeugung und die Stromnetze zu trennen. Das wurde erst nach 2002 von uns Grünen durchgesetzt. Doch mit der freien Wahl der Lieferanten mussten die Konzerne versuchen, ihre vormaligen Monopolprofite nun auf dem Markt zu erzielen. Hierbei spielten abgeschriebene Kraftwerke – seien sie mit Atom oder mit Kohle betrieben – eine zentrale Rolle. Gegen diese Altanlagen hatten neue Kraftwerke keine Chance. Neue mussten ihre Kapitalkosten erst noch einspielen, während die alten mit billiger – zeitweise noch subventionierter – Kohle und Uran hauptsächlich nur noch Brennstoffkosten hatten.

Auf diesem Markt hatte niemand ein Interesse, ein neues Atomkraftwerk zu bauen. Das hätte über Jahrzehnte Unmengen an Kapital gebunden. Aber gerade die Altanlagen waren für den Erhalt der Marktstellung des Oligopols von zentraler Bedeutung. Natürlich wussten auch die Unternehmen, dass dieser Zustand nicht von Dauer sein würde. Irgendwann hätten fällige Ersatz- und Erhaltungsinvestitionen auch die Altanlagen aus der Rentabilität getrieben.

Im Kern ging es bei den Ausstiegsverhandlungen darum, einen Kompromiss zu finden zwischen dem Interesse der Unternehmen, möglichst lange an ihren Gelddruckmaschinen festzuhalten, und dem Willen einer breiten Mehrheit der Bevölkerung, diese Anlagen mitsamt dem von ihnen produzierten Atommüll zügig abzuschalten.

Solange Bodo Hombach Kanzleramtschef war, kamen die Verhandlungen mit der Industrie nicht voran – was auch mit seiner Nähe zu den in Nordrhein-Westfalen beheimateten Energiekonzernen zu tun hatte. Das änderte sich, als Frank-Walter Steinmeier endlich offiziell Chef des Kanzleramts wurde. Hombach wurde als EU-Sonderkoordinator abgeschoben. (»Eine gute Nachricht für den Balkan«, so süffisant der damalige SPD-Fraktionsvorsitzende Peter Struck.)

Frank-Walter Steinmeier kannte ich noch aus seiner Zeit in der niedersächsischen Staatskanzlei, die er später leitete. Er hatte das Konzept der niedersächsischen Energieagentur mit Müller und Kohler miterarbeitet. Steinmeier wollte einen Erfolg des Ausstiegs im Konsens.

Die wirklichen Ausstiegsverhandlungen begannen nicht in den ersten 100 Tagen, sondern ab Ende 1999. Die Verhandlungen mit den Konzernen führten Wirtschaftsminister Werner Müller, Frank-Walter Steinmeier, Rainer Baake und ich. Bei den entscheidenden Treffen war der Kanzler dabei.

Die Verhandlungen waren zäh. Wir wollten zu Beginn die Laufzeit der Atomkraftwerke auf 20 Jahre begrenzen. Damit wäre knapp die Hälfte der deutschen Atomkraftwerke sofort vom Netz gegangen. Die Gegenforderung der Konzerne lautete 40 Jahre. Die SPD hielt 40 Jahre für akzeptabel. Wir einigten uns auf 32 Jahre. Das war viel – wir fürchteten, dass die Grünen diesen Kompromiss nicht akzeptieren würden.

Außerdem beharrte die Industrie auf Sonderregelungen für einzelne AKWs wie etwa Obrigheim. Diese Blockade lösten wir auf. Rainer Baake hatte die geniale Idee, die verbleibenden Jahre in Reststrommengen für jede Anlage umzurechnen. Die Industrie hatte damit die Flexibilität, die sie wollte – und wir mussten nicht über die 32 Jahre Laufzeit, die ohnehin schon eine Zumutung war, hinausgehen.

Ein schwerwiegendes Argument grüner Skeptiker lautete, dass dieser Kompromiss von der nächsten Regierung einfach rückgängig gemacht werden könnte.

Kanzler Schröder war der Auffassung, dass ein Vertrag zwischen den vier Konzernen VEBA, VIAG, RWE und EnBW und der Regierung ausreichen würde. Aber das war zu wenig. Wir bestanden auf einem Gesetz. Schließlich stand im Koalitionsvertrag: »Der Ausstieg aus der Nutzung der Kernenergie wird innerhalb dieser Legislaturperiode umfassend und unumkehrbar gesetzlich geregelt.« Auch das war keine einfache Operation. Denn die Regierung legte dem Bundestag dann einen Vertrag als Gesetz vor, den das Parlament nicht mehr verändern konnte. Das sogenannte Struck'sche Gesetz, wonach jeder Entwurf der Regierung in der parlamentarischen Beratung im Bundestag verändert wird, galt in diesem Fall nicht.

Die Union kritisierte die Entmachtung des Souveräns – womit sie wenigstens einen Grund hatte, dagegen zu stimmen. Gegen einen

Konsens, den die Unternehmen von ihren Anteilseignern und Beschäftigten in den Aufsichtsräten hatten absegnen lassen, war es schwierig zu argumentieren.

Wir sollten mit der gesetzlichen Verankerung des Ausstiegs recht behalten. Verträge kann man leicht kündigen. Gesetze müssen mit Mehrheit geändert werden. Und nicht alle Vorstände von Energiekonzernen sind automatisch ehrliche Kaufleute.

Gegen alle

Als linker Grüner galt ich in konservativen Medien schon länger als der böse Bube. Ich kannte harte Angriffe aus der Zeit als Minister in Niedersachsen und hatte erwartet, dass wir mit dem Atomausstieg auf Widerstand stoßen. Aber das Ausmaß war dann doch überraschend.

Die erste Erfahrung, dass es in der Bundespolitik härter zuging als in der Landespolitik, machte ich bei Reisen nach Paris und London. In Frankreich und Großbritannien standen die Wiederaufarbeitungsanlagen La Hague und Sellafield. Der Atommüll aus den deutschen AKWs wurde dort verarbeitet und von dort wieder zur Zwischenlagerung in Deutschland zurückgeschickt.

Diese Atommüll-Verschickung quer durch Europa hatten frühere Bundesregierungen als Entsorgungsnachweis akzeptiert, an den der Betrieb von Atomkraftwerken gesetzlich gekoppelt war. Die von ihnen geschlossenen Verträge verpflichteten uns, die Atomtransporte nach Frankreich und Großbritannien aufrechtzuerhalten. Sie hatten keine Kündigungsklausel, außer im Falle »höherer Gewalt«.

Wir aber wollten die Wiederaufarbeitung gänzlich beenden. Sie sollte durch die Pflicht der Betreiber ersetzt werden, den Atommüll direkt an den Standorten ihrer Anlagen zwischenzulagern. Die ebenso unnötigen wie gefährlichen Atomtransporte entfielen dadurch – allerdings auch ein schönes Geschäft für die französische und britische Atomindustrie, bezahlt von deutschen Stromkunden. Deutschland war der größte Kunde für beide Anlagen. Die verantwortlichen Minister für La Hague und Sellafield, die Sozialdemokraten Dominique Strauss-Kahn in Frankreich und Stephen Byers in Großbritannien, wollten einen Stopp der lukrativen Lieferungen aus Deutschland um jeden Preis verhindern.

Ich wollte Möglichkeiten sondieren, wie Deutschland im Zuge des Atomausstieges diese Lieferungen einstellen konnte. Byers und Strauss-Kahn brieften die Presse mit dem Satz, der deutsche Umweltminister halte sich offenbar für »höhere Gewalt«. Sie bedienten damit das Bild des bösen Deutschen – und das kam bei der Presse dort bestens an. Doch deutsche Medien nahmen das Zerrbild der höheren Gewalt auf und zeichneten mich als arroganten Minister.

Interessanterweise stand das weitere Werden meiner beiden Opponenten unter keinem guten Stern. Byers wurde wegen Verstoßes gegen Ethikregeln für Lobbyisten 2010 für zwei Jahre für die Wahl zum Unterhaus gesperrt. Strauss-Kahn wurde zwar vom Vorwurf der Vergewaltigung in New York freigesprochen, musste aber sein Amt als IWF-Chef 2011 aufgeben.

Am Ende haben wir unser Ziel erreicht. Im Ausstiegskonsens wurden die Atommülltransporte nach und von La Hague und Sellafield durch das Konzept der dezentralen Zwischenlagerung ersetzt. Es wurde der 1. Juli 2005 für das Ende der Exporte und damit der Transporte vereinbart. Doch der Versuch, schnell einen Transportstopp nach Gorleben zu erreichen, scheiterte. Erst mal mussten wir weiter Transporte aus den Wiederaufarbeitungsanlagen in La Hague und Sellafield durchführen. So rollten zunächst Castoren weiter nach Gorleben.

Dass es trotz grünem Umweltminister und Atomausstieg weiter Castor-Transporte aus La Hague gab, sorgte bei manchen für erhebliche Enttäuschung und Verbitterung. Der Konflikt mit der Anti-AKW-Bewegung war für mich bitter. Marianne Fritzen, die Ikone des Widerstands gegen das Endlager in Gorleben und das Gesicht der Bürgerinitiative Lüchow-Dannenberg, verließ aus Protest die grüne Partei.

Als ich von Mariannes Parteiaustritt erfuhr, sagte ich sämtliche Termine ab, fuhr sofort zu ihr. Wir diskutierten drei Stunden miteinander. Ohne eine Annäherung unserer Standpunkte, aber voller Respekt für unsere gegenseitigen Positionen. Es war ein objektiver

Konflikt zwischen Bewegungs- und Regierungslogik, den beide Seiten ertragen mussten.

Am Ende haben beide gewonnen. Die direkte Lagerung von Atommüll an den Kraftwerken wurde durchgesetzt. Im Zusammenhang mit dem Endlagersuchgesetz haben Peter Altmaier als Vertreter der Merkel-Regierung, Sigmar Gabriel und ich als Vertreter der Opposition 2013 sichergestellt, dass die verbliebenen Restmengen aus Großbritannien nicht mehr in das Zwischenlager Gorleben kommen, sondern an die Kraftwerkstandorte zurückgehen. Wir haben Wort gehalten, alles für die Reduzierung der Transporte zu tun.

Heute wird der als Endlager gebuddelte Schacht in Gorleben zurückgebaut.

Der Weg dahin war steinig. Ein gesellschaftlicher Konsens für eine fundamentale Veränderung ist eine notwendige Bedingung für den Start eines politischen Projekts, er ist aber keine Garantie, dass man das Ziel erreicht. Die Macht des Bestehenden ist ein harter Gegner. Das kann man mit dem persönlichen Vorsatz vergleichen, abzunehmen und mehr Sport zu treiben. Der Entschluss fällt leicht, seine Umsetzung nicht.

Für einschneidende Veränderungen reicht es nicht, die Mehrheit hinter sich zu haben und die gesetzliche Grundlage zu schaffen. Man darf nie die Kampagnenfähigkeit der Verlierer, ihre Macht und Zähigkeit unterschätzen. Die nukleare Lobby hatte viel zu verlieren. Grüne neigen dazu, bei strukturellen Reformen die Beharrungskräfte und die Schlagkraft der Gegner zu unterschätzen.

Im Sommer 2000 stand der Kompromiss. 2001 sollte das Gesetz folgen. Die Industrie wollte kein Gesetz. Den großen vier Konzernen wäre mein Rücktritt gelegen gekommen. 2001 wäre es CDU und CSU fast gelungen, den zu erreichen.

Der Anlass war eine polemische Bemerkung von mir über den CDU-Generalsekretär Laurenz Meyer. Schon damals wollte Friedrich Merz eine neue Leitkulturdebatte. Sein Generalsekretär Laurenz Meyer hatte auch den Slogan dazu: »Ich bin stolz, ein Deutscher zu sein«. Diese Parole brüllten rechte Skinheads wie Neonazis regelmäßig lautstark auf der Straße. Zu Recht verwies der damalige

Bundespräsident Johannes Rau darauf, dass als Deutscher geboren zu sein kein Verdienst, sondern ein Zufall sei. Und in seiner Late-Night-Show reimte Harald Schmidt: »Leckt sich der Deutsche Schäferhund die Eier/dann ist er stolz wie Laurenz Meyer.«

Ich setzte allerdings noch einen drauf und ließ mich zu der Bemerkung hinreißen, Meyer habe die Mentalität eines Skinheads und nicht nur das Aussehen. Wofür ich mich bei ihm entschuldigte. Die Union mit Friedrich Merz verlangte meinen Rücktritt. Merz polterte, dass jemand wie ich auf der Regierungsbank nichts verloren habe.

Doch es kam anders – obwohl auch Teile der SPD und Teile meiner eigenen Partei meinen Rücktritt gerne gesehen hätten. Um Fritz Kuhn zu meinem Amtsnachfolger zu machen, wurde die frisch gewählte Bundesvorsitzende Claudia Roth unter anderem von Joschka Fischer massiv unter Druck gesetzt. Dem sie standhielt.

Entscheidend waren zwei Dinge: eine Rede zu meiner Verteidigung im Bundestag und die Unterstützung, die ich aus der Partei und aus einer neuen Branche erhielt.

Die Rede zu meiner Verteidigung hielt Werner Müller. Der war als parteiloser Wirtschaftsminister und als Atomkraftbefürworter unverdächtig, übermäßige Sympathien für Grüne zu hegen. In der Öffentlichkeit wurde er als mein Kontrahent wahrgenommen. Gerade deshalb hatte seine Rede solche Wirkung. An die Adresse von Merz sagte Müller, es wäre gut, wenn die Union anstatt über Patriotismus und Stolz zu reden mehr sachliche Oppositionsarbeit machen würde. Dann könne man auch auf die Opposition stolz sein. Das saß. Der Antrag von Merz implodierte im Bundestag.

Wenn man sich mit mächtigen Interessensgruppen anlegt, muss man mit persönlichen Angriffen rechnen. Das gehört zum Geschäft. Robert Habeck sollte bei der Auseinandersetzung um das Heizungsgesetz und den Abschied von Öl- und Gasheizungen 23 Jahre später eine ähnliche Kampagne erleben. Als die Transformation konkret spürbar wurde, wurde der bis dahin zu Recht viel gelobte Robert Habeck brutal als unfähiger Minister inszeniert und angegriffen. Das Muster war ähnlich. Um eine notwendige Transformation zu blockieren, konzentrieren sich die Verlierer auf die persönliche Diffamierung. Bei »Habecks Heizungshammer« schreckten *Bild,* Union und AfD auch nicht vor glatten Lügen zurück.

2001 aber hatten wir im Kampf mit den Atomkonzernen einen wichtigen Verbündeten – die Zukunft. Als die Union meinen Rücktritt forderte, bekam ich starke Unterstützung vom Bundesverband Erneuerbare Energien. Dort hatten sie verstanden, dass das Gesetz zum Atomausstieg deshalb blockiert werden sollte, damit dieser leichter rückgängig gemacht werden konnte. Das aber hätte gerade jene Konzerne gestärkt, die gerade dabei waren, an die Erneuerbaren große Marktanteile zu verlieren.

Deshalb mobilisierten die Verbände der Erneuerbaren die grünen Landesverbände zu meiner Unterstützung. Die großen von ihnen, Nordrhein-Westfalen, Niedersachsen und Bayern, standen auf meiner Seite.

So gewannen wir nicht nur die Abstimmung auf dem Parteitag in Karlsruhe. Ich konnte den Ausstieg im neuen Atomgesetz festschreiben. Aus dem Gesetz zur Förderung der Atomenergie wurde eines zur »Geordneten Beendigung der Kernenergienutzung«. Es trat am 27. April 2002 in Kraft – einen Tag, nachdem sich die Katastrophe von Tschernobyl zum 15. Mal gejährt hatte.

Der Abschied von der Atomenergie ist eine Erfolgsgeschichte, die es ohne Grüne in der Bundesregierung nicht gegeben hätte. Das AKW Stade ging 2003, das AKW Obrigheim 2005 vom Netz. Das letzte Atomkraftwerk wäre, wenn der rot-grüne Atomausstieg unverändert gegolten hätte, um 2020 stillgelegt worden. Der Staat hätte keine Entschädigung zu zahlen brauchen – hätte es den Ausstieg aus dem Ausstieg zehn Jahre später nicht gegeben.

Doch der Ausstieg war der Startschuss für den Einstieg: Deutschland wurde erneuerbar.

»Casino Niedersachsen« stand auf dem Shirt, mit dem ich am 21. November 1988 als Fraktionsvorsitzender der Grünen an der Sondersitzung im niedersächsischen Landtag teilnahm – ein Protest gegen die damalige Regierung unter Ministerpräsident Ernst Albrecht (CDU) in Zeiten des Celler Loch-Skandals und der sogenannten Spielbank-affäre.

Gemeinsam mit dem designierten Ministerpräsidenten Gerhard Schröder berichtete ich als Verhandlungsführer am 22. Mai 1990 in Hannover über die rot-grünen Koalitionsverhandlungen in Niedersachsen.

Auf nach Berlin: Meine Ko-Vorsitzende Gunda Röstel und ich stehen im Januar 1997 vor der neuen Bundeszentrale der Grünen in Mitte, unweit des Verkehrs- und Wirtschaftsministeriums.

rechts: »Der Dicke geht baden«, hieß es im Sommer 1998 auf einem der Grünen-Plakate: Wir karikierten damit ein CDU-Plakat, das einen Elefanten im Wolfgangsee unter dem Spruch »keep Kohl!« zeigte.

unten: Drittstärkste Kraft: mit Joschka Fischer und Kerstin Müller nach der Bundestagswahl Ende September 1998, bei der wir 6,7 Prozent holten.

Premiere für Rot-Grün auf Bundesebene: Am 20. Oktober 1998 tauschten Gerhard Schröder und ich die Exemplare des Koalitionsvertrages aus.

oben: Der Neue: im Gespräch mit meiner Amtsvorgängerin, der bisherigen Bundesumweltministerin Angela Merkel, am 28. Oktober 1998 in Bonn.

rechts: Im August 1999 am neuen Dienstort, Alexanderplatz Nr. 6, Sitz des Bundesministeriums für Umwelt, Naturschutz und Reaktorsicherheit.

Am 22. Juni 2001 erreichte die Auseinandersetzung um das Dosenpfand einen Höhepunkt, als der Bundesrat die Abstimmung über die »Novelle der Verpackungsverordnung« von der Tagesordnung streicht. Die Deutsche Umwelthilfe demonstrierte mit einem riesigen Dosenberg vor dem Bundesrat. Am Ende trat das Einwegpfand zum Jahreswechsel 2002/2003 in Kraft.

Kontroverse Diskussionen auf dem Sonderparteitag im Mai 1999 zur Kosovo-Politik. Neben mir der nordrhein-westfälische Bauminister Michael Vesper (Mitte) und Außenminister Joschka Fischer (links).

GRÜNE ENERGIE

Während ich auf dem Parteitag in Karlsruhe im März 2000 zum Atomausstieg sprach, demonstrierten Anhänger des sofortigen Ausstiegs, indem sie Fässer mit radioaktiven Symbolen hochhielten. Am Ende stimmten zwei Drittel der Delegierten unserem Kompromiss zu.

Die Energiewende wird gemacht: Am 19. Januar 2005 in 113 Metern Höhe auf einer Windkraftanlage direkt am Deich in Emden. Seit 2023 decken erneuerbare Energien mehr als die Hälfte des Stromverbrauchs in Deutschland, Windkraft ist dabei der wichtigste Energieträger.

Das zweite rot-grüne Bundeskabinett im Herbst 2002 auf den Stufen von Schloss Bellevue. Erste Reihe (von links nach rechts): Joschka Fischer, Bundespräsident Johannes Rau, Gerhard Schröder, Renate Künast, Heidemarie Wieczorek-Zeul. Dahinter (von links nach rechts): Wolfgang Clement, Renate Schmidt, Hans Eichel, ich, Manfred Stolpe und Otto Schily.

Auftakt zum Wahlkampf: Beim Bundesparteitag im November 2008 in Erfurt warfen Renate Künast und ich den Delegierten im Saal grüne Bälle zu. Unter dem Motto »Aus der Krise hilft nur Grün« holten wir mit 10,7 Prozent das bis dahin beste Ergebnis der Grünen-Geschichte.

Bei der Bundestagswahl 2013 kassierten wir eine herbe Niederlage. Die Sondierungsgespräche zur Bildung einer Regierung mit der Union scheiterten an deren Widerstand (neben mir Claudia Roth in der Parlamentarischen Gesellschaft in Berlin).

Seit dem Ende meiner Ministerzeit 2005 wurde internationale Politik auch als Mitglied des Auswärtigen Ausschusses zu einem meiner politischen Schwerpunkte – hier im September 2023 mit Außenministerin Annalena Baerbock während einer Bundestagssitzung zur China-Strategie der Bundesregierung.

Ein Vierteljahrhundert Deutscher Bundestag: Am 14. Dezember 2023 hielt ich meine letzte Rede vor den Abgeordneten: »Man darf Antidemokraten keine Macht übertragen, nie wieder!«

Am 13. Mai 2024 verabschiedete mich die Grünen-Fraktion in Berlin. Die Laudatio hielt Angela Merkel.

Mit dem fossilen Kapitalismus
in die Klimakrise

Globalisierung ist nicht neu. Die Polynesier handelten von Ozeanien bis Peru, Neuseeland bis Hawaii. Die Seidenstraße verband China mit Asien. In Europa verdienten sich Bremer Kaufleute in der Hanse eine goldene Nase. Doch der aufkommende Kapitalismus hat auch die Globalisierung revolutioniert.

Der Kapitalismus hat vor gut 200 Jahren begonnen, die Gesellschaften umzupflügen und in einen endlosen, schnellen Prozess der Veränderung zu versetzen. 1848 beschreiben Karl Marx und Friedrich Engels prophetisch diesen Prozess, der die ganze Welt erfassen sollte: »Das Bedürfnis nach einem stets ausgedehnteren Absatz für ihre Produkte jagt die Bourgeoisie über die ganze Erdkugel. Überall muss sie sich einnisten, überall anbauen, überall Verbindungen herstellen. Die Bourgeoisie hat durch ihre Exploitation des Weltmarkts die Produktion und Konsumtion aller Länder kosmopolitisch gestaltet.«

Diese globale Revolution hat enorme und extrem ungleich verteilte Wohlstandsgewinne und Bildungschancen zur Folge gehabt. Mit dem Kapitalismus entstanden die modernen Massendemokratien, die Aufklärung und die Idee der Menschenrechte.

Doch dieser orkanartige Prozess, den wir Moderne nennen, fußte von Beginn an, seit der Erfindung von Dampfmaschine und Eisenbahn, auf der Ausbeutung fossiler Energien, von Kohle und später von Öl und Gas. Der globale Kapitalismus ist ein fossiler Kapitalismus und damit untrennbar mit der Klimakrise verbunden.

Der fossile Kapitalismus ist dabei, seine eigene Grundlage zu zerstören. In der wechselvollen, Millionen Jahre alten Klimageschichte der Erde hat es noch nie einen so schnellen Anstieg der Temperatur gegeben wie in den letzten Jahrzehnten. Die Konzentration von CO_2 in der Atmosphäre ist heute höher als je zuvor in den letzten 800 000 Jahren.

Die Gletscher in den Alpen, auf Grönland und in den Anden schmelzen. Es gibt auf der ganzen Erde mehr extreme Wetterereignisse, Dürren und Überflutungen. Die Klimakrise hat erst begonnen. Die Klimakatastrophe wird zur realistischen Möglichkeit. Wohlgemerkt Möglichkeit: Niemand kann die Dynamik der Klimakrise exakt bestimmen und die Wechselwirkungen zwischen tauenden Permafrostböden und abschmelzenden Polkappen voraussehen.

Allerdings: Für die optimistische Annahme, dass es schon nicht so schlimm werden wird, gibt es keinen Grund. Der Weltklimarat der UN, der IPCC (»Intergovernmental Panel on Climate Change«), veröffentlichte 2023 eine Quintessenz der zentralen wissenschaftlichen Studien, die zum Klimawandel vorliegen. Trotz aller Klimaabkommen und Versprechungen wurden noch nie so viele Treibhausgase ausgestoßen wie derzeit – 59 Milliarden Tonnen pro Jahr. Die globale Gesellschaft macht wider besseres Wissen weiter. 1992 wurde die UN-Rahmenkonvention gegen den Klimawandel in Rio verabschiedet. Die Hälfte der heute in der Atmosphäre eingelagerten Treibhausgase ist seitdem emittiert worden. Die Entwicklungsdynamik des fossilen Kapitalismus ist global ungebrochen.

Das in Paris 2015 fixierte Ziel, die Erderwärmung auf 1,5 Grad zu begrenzen, ist, folgt man dem Weltklimarat, kaum noch zu erreichen. Die Menschheit hat bereits 80 Prozent der klimaschädlichen Stoffe in die Luft geblasen, die eine Erwärmung von 1,5 Grad nach sich ziehen. Wenn wir global weiter so viel CO_2 ausstoßen wie derzeit, wird sich die Temperatur bis 2100 um 3,2 Grad erhöhen.

Das ist kein Alarmismus, keine Katastrophenliebe, keine Rhetorik, die mit bildhafter Übertreibung Aufmerksamkeit wecken will. Der IPCC, dessen Berichte den Stand der Dinge regelmäßig erfassen, neigt nicht zu pessimistischen Prognosen. Wenn wir die bisherigen Szenarien etwa von vor 10 oder 20 Jahren mit den heutigen vergleichen, zeigt sich, dass der IPCC eher untertreibt.

Drei Grad wärmer klingt nicht nach sonderlich viel. Das ist ein Irrtum. Bei der letzten Eiszeit bedeckte eine Schicht von gewaltigen Gletschern die Hälfte Deutschlands. Wo heute Kiel, Rostock und Berlin sind, lagen vor 20 000 Jahren 100 Meter hohe Eisschichten. Die globale Durchschnittstemperatur war damals sechs Grad niedriger als im 20. Jahrhundert.

Deutsches Wissen um die Klimakrise

Auch Deutschland wusste um die drohenden Folgen eines Eintrags von Treibhausgasen in die Atmosphäre. Im Oktober 1990 legte eine Enquetekommission unter Vorsitz des Kohl-Vertrauten Bernd Schmidbauer (CDU) dem Bundestag einen knapp 1700 Seiten umfassenden Bericht zum Klimaschutz vor. Sein Tenor: Wenn Deutschland ab jetzt auf Energieeffizienz und Erneuerbare umstellt, kann man den Ausstoß von CO_2 und Methan bis 2020 radikal senken. Hätte die Bundesregierung den Bericht ernst genommen und nicht in den Schrank gestellt, wäre der Ausstoß von Kohlendioxid und Methan heute um 70 Prozent niedriger als 1990, nicht nur um 40 Prozent.

Es fehlte auch in Deutschland nicht am Wissen – es fehlte am Wollen. Man wusste 1990 bereits fast alles und musste sich anstrengen, um die Gefahren zu verdrängen.

Im Bundestagswahlkampf 1990 setzten die Grünen auf den Slogan: »Alle reden von Deutschland. Wir reden vom Wetter.« Das wirkte trotzig, verstärkte den Sound von der Westpartei. Die öffentlich zerstrittenen West-Grünen scheiterten bei der Bundestagswahl 1990 an der Fünfprozenthürde. Doch die ungelenke Botschaft des von der Bahn abgekupferten Wahlkampfslogans im Jahr der deutschen Vereinigung war wegweisend. Auch wenn wir Grünen darin Wetter und Klima verwechselten.

Nach 1990 nahm Deutschland an den Klimakonferenzen in Rio und Kyoto teil. In Rio wurde 1992 erstmals eine völkerrechtliche Grundlage für die internationale Begrenzung des Klimawandels geschaffen: das UN-Rahmenabkommen zur Bekämpfung des Klimawandels. Die Klimakonferenz von Kyoto 1997 war der nächste Schritt: Die Industriestaaten, hauptverantwortlich für die Emissionen, verpflichteten sich, den Ausstoß an Treibhausgasen zu senken. Grundlage war das Prinzip der gemeinsamen und geteilten Verantwortung. Die Weltgemeinschaft hat eine gemeinsame Verantwortung für das Weltklima. Die Beiträge zum Klimaschutz unterliegen der geteilten Verantwortung gemäß dem Verursacherprinzip. Große Verursacher haben mehr beizutragen als kleine.

Doch real passierte in der Bundesrepublik zu wenig. Der Bundestag, nicht die Regierung, initiierte eine Förderung von erneuerbaren Energien mit dem Stromeinspeisegesetz. Das Gesetz blieb aber zunächst zu klein angelegt, um echte Wirkung zu entfalten. Bis 1998 stammten nur 4 Prozent des Stroms aus Erneuerbaren, vor allem aus Wasserkraft. Die Stromproduktion aus Wind und Sonne war unbedeutend.

Die Lage hatte sich seit der Ölkrise und dem Bericht des Club of Rome 1972 verändert. Den Club-of-Rome-Bericht »Die Grenzen des Wachstums« missverstanden seit den 1970er-Jahren viele als Hinweis auf Barrieren beim endlosen Verbrauch natürlicher Ressourcen. »Peak oil« bedeutete, dass die Ölvorräte irgendwann erschöpft wären. Doch bei den fossilen Energien, dem Treiber des globalen Kapitalismus, ist das Problem nicht die Knappheit der Ressourcen.

Denn es ist nicht zu wenig Kohle, Öl und Gas unter der Erde, sondern zu viel. Wenn man die Klimakatastrophe verhindern will, dürfen vier Fünftel der bekannten fossilen Energievorräte nicht gefördert werden, sondern müssen dort bleiben, wo sie sind: unter der Erde.

Das löst Widerstände aus. Denn alle Entwicklung, Wohlstand und Wachstum sind seit 200 Jahren mit der Nutzung fossiler Energien verbunden. Das gilt für die Energie verbrauchenden, aber auch und gerade für die auf fossile Exporte setzenden Volkswirtschaften.

Hinzu kommt: Industriestaaten können, ohne Massenarbeitslosigkeit und soziale und politische Katastrophen zu riskieren, nicht plötzlich auf Energie verzichten. Doch Energieeinsparungen und die Steigerung der Energieeffizienz können den Verbrauch fossiler Energien und den Eintrag von Treibhausgasen in die Atmosphäre mindern.

Deshalb hatte die rot-grüne Bundesregierung 1998 die Ökosteuer auf den Weg gebracht. Die kontinuierliche Verteuerung des Benzins sollte nicht nur mehr Geld in die Rentenversicherung spülen – sie sollte auch den Verbrauch nach unten zwingen. 20 Jahre später stellten wir aber fest, dass zwar die Stromerzeugung relevant Treibhausgase eingespart hat, die Emissionen aus dem Verkehr aber nicht gesunken, sondern gestiegen waren.

Doch selbst dort, wo Effizienzimpulse wirken, wie im Bereich der Industrie, reichen Effizienz und Einsparungen nicht, um die Klimakrise abzuwenden. Es geht bei der Energiewende um die komplette Dekarbonisierung unserer Energieversorgung für Strom, Wärme, Mobilität.

Es geht um das Ende des fossilen Kapitalismus – die Abkoppelung der Wertschöpfung von der Verwendung fossiler Energien. Das ist der Kern der Energiewende.

Deutschland wird erneuerbar

Die Energiewende wurde das wichtigste Projekt von Rot-Grün 1998. Der Ausstieg aus der Atomtechnologie war untrennbar verknüpft mit dem Einstieg in die Erneuerbaren. In der zweiten Regierungsperiode von SPD und Grünen wurde die Energiewende komplettiert mit der Einführung des Emissionshandels. Treibhausgase sollten einen Preis bekommen. Das sollte wesentlich dazu beitragen, bis 2020 über 40 Prozent der Treibhausgase von 1990 einzusparen.

Das Erneuerbare-Energien-Gesetz (EEG) entstand zwischen Grünen und SPD im großen Konsens. Der Sozialdemokrat Hermann Scheer spielte als Vordenker einer postfossilen Wirtschaft eine herausragende Rolle. In den Koalitionsverhandlungen war Oskar Lafontaine ebenso engagiert für den raschen Ausbau der Erneuerbaren wie wir Grüne.

Das EEG konzentrierte sich auf die Stromerzeugung aus erneuerbaren Energien. Es klammerte die Rolle von Solarthermie oder treibhausgasneutralen Pelletheizungen aus. Was auf den ersten Blick wie eine Einschränkung wirkte, hat eine strategische Bedeutung.

Denn am Ende muss die gesamte Energieproduktion für Strom, Wärme und Mobilität dekarbonisiert werden. Dekarbonisierung aber heißt überwiegend Elektrifizierung. Das geht zunächst über den Ersatz von Verbrennungsvorgängen durch die Nutzung von Strom – sei es in Stahlschmelzen, sei es beim Ersatz von Dieseln und

Benzinern durch E-Autos. Dort, wo dies nicht möglich ist – beispielsweise bei E-Fuels für Flugzeuge oder Wasserstoff in industriellen Prozessen –, wird der benötigte Wasserstoff wiederum mit Strom erzeugt.

Ohne Treibhausgase (und ohne Atommüll) aber geht das nur mit Strom aus Sonne und Wind. Die Sonne schickt jeden Tag 10 000-mal mehr Energie auf die Erde, als die Menschheit zurzeit verbraucht. Wir sind weder auf fossile Energien noch auf Atomkraft angewiesen.

Im Jahr 2000 verabschiedete der Deutsche Bundestag das EEG. Es legte fest, dass künftig Strom aus Wind, Sonne oder Wasser Vorrang genießen. Wenn Windparks Strom liefern, wird der genutzt – und kein Strom aus Atom oder Kohle. Das sollte sich als eine entscheidende Weichenstellung erweisen, die die Erneuerbaren trotz politischem Gegenwind der CDU-geführten Regierungen schützte. Außerdem wurde ein fixer Preis garantiert, um den Investoren Sicherheit zu geben. Für Strom aus Windkraft gab es bis zu 17,8 Pfennig je Kilowattstunde, für Strom aus Fotovoltaik bis zu 99 Pfennig pro Kilowattstunde. Doch diese Vergütung sank jedes Jahr. Je später eine Anlage ans Netz ging, umso geringer wurde die Einspeisevergütung. Ziel des Gesetzes war, die Einspeisevergütung so zu senken, dass die Erneuerbaren mit den Fossilen und Atom auch ohne Unterstützung konkurrieren konnten.

Die erste Fassung des EEG wurde noch von den Bundestagsfraktionen erarbeitet und verabschiedet. Weder SPD noch Grüne trauten – trotz Werner Müller – dem Wirtschaftsministerium. Es war 25 Jahre in der Hand der FDP gewesen und galt als fossile Lobbybude. Nach der Wahl 2002 wurde die Kompetenz für die Erneuerbaren endlich dem Umweltministerium übertragen. Wir haben dann die erste große Novelle des EEG 2004 umgesetzt und ein neues Ziel fixiert: 20 Prozent Erneuerbare bis 2020.

Für den Plan, in knapp 20 Jahren ein Fünftel des Stroms postfossil zu erzeugen, musste ich mir damals viel Spott anhören. Der Anteil könne schon technisch nie über 8 Prozent liegen, hieß es. Alles grüne Ökoträumerei.

Die Experten sollten sich täuschen – ebenso wie ich mich.

Richtig war, dass die Pioniere der Erneuerbaren, die mit Wind und Sonne experimentierten, aus dem Umfeld der Anti-AKW-Bewegung kamen. Auf den besetzten Bauplätzen der Atomkraftwerke konnte man Modelle von Windrädern und Solarmodulen bestaunen. Das Anti-AKW-Emblem war eine lachende Sonne.

Doch die erneuerbaren Energien waren keine Lachnummer. Hier wuchs eine neue Industrie heran. Plötzlich hatte die Energiewende eine Wirtschaftslobby im Rücken. Mit solchen Lobbys hatte ich vorher eher gemischte Erfahrungen gemacht.

Ein Beispiel, das 1999 Aufsehen erregte, war die EU-Altauto-Richtlinie. Die sah vor, dass Autoproduzenten alte Autos wieder zurücknehmen und Recyclingquoten einhalten mussten. Es war überaus sinnvoll, die Autoproduktion in Richtung Kreislaufwirtschaft umzubauen. Aufgrund des massiven Drucks des VW-Vorstandsvorsitzenden Ferdinand Piëch blockierte Gerhard Schröder das zugesagte Ja Deutschlands. Das würde den Konzern Unsummen kosten, Arbeitsplätze wären in Gefahr, hieß es. Die Richtlinie drohte keine Mehrheit zu finden. Das Gespenst der Deindustrialisierung stand mal wieder vor der Tür. Piëch scheute sich nicht, mich sogar nachts noch anzurufen.

Schröder gab dem Drängen des Präsidenten des Verbandes der Automobilindustrie (VDA) Gottschalk nach und verhinderte eine Zustimmung zu jener Altauto-Richtlinie im Rat der EU, die vorher mit deutscher Zustimmung vorabgestimmt worden war. Es war ein beispielloser Affront Schröders gegen die Europäische Union im Namen der deutschen Autoindustrie. Real nützte sie nichts. Die Richtlinie wurde unter finnischer Präsidentschaft wenige Wochen später doch noch verabschiedet – mit den vorgesehenen Recyclingquoten.

Mit dem EEG entstand etwas Neues. Hier wuchs eine Branche mit Zehntausenden hoch qualifizierten Arbeitsplätzen. 2001 arbeiteten 70 000 Menschen in Betrieben, die erneuerbare Energien herstellten, 30 000 davon in der Windbranche. 2002 waren es schon rund 130 000 Jobs.

Es ging viel rasanter voran, als wir geglaubt hatten. 2004 lag der Anteil der Erneuerbaren an der Stromproduktion schon bei 10 Prozent, doppelt so hoch wie am Ende der Kohl-Ära. 2004 war Deutschland das Land mit der höchsten Zubaurate bei der Fotovoltaik. In diesem Jahr wurde ein Drittel des globalen Windkraftstroms in Deutschland produziert. 2011 arbeiteten mehr als 400 000 Menschen in der Branche.

Wir holten nach, was in der Zeit der Kohl-Regierung sträflich versäumt worden war, und erreichten das Ziel, ein Fünftel des Stroms regenerativ zu erzeugen, schon 2012, acht Jahre früher als geplant.

Es ist eine Ironie der Geschichte, dass die Laufzeitverlängerung, für die der spätere RWE-Boss Jürgen Großmann bei Kanzlerin Merkel erfolgreich antichambriert hatte, den Atomkonzernen nicht genutzt, sondern geschadet hat. Sie hat zwar Geld in die Kassen gespült, aber ihre Marktstellung noch weiter verschlechtert. Die großen Vier hatten um 2018 nur noch 40 Prozent des Strommarktes – weniger als halb so viel wie 2002. Sie hatten sich an die Illusion geklammert, dass der Atomausstieg eine missliche Verirrung der deutschen Energiepolitik sei, die man mit geschicktem Lobbyismus wieder korrigieren könne. Sie haben nicht verstanden, was das Aus der Atomkraft und der Ausbau der erneuerbaren Energien für ihr Geschäftsmodell bedeuteten. Die eigene Gier untergrub ihre Marktposition massiv.

Nach der Katastrophe von Fukushima 2011 hatte ich Gelegenheit, mit Großmann über sein erfolgreiches, aber letztlich nachteiliges Lobbying für die Laufzeitverlängerung zu sprechen. Vor Fukushima hatten ihm im Kanzleramt alle Türen offengestanden. Danach bewegten sich die Möglichkeiten des einst einflussreichen Wirtschaftsführers rasant in die gleiche Richtung wie der Börsenkurs von RWE – nach unten.

Ich fragte Großmann, warum die Atomkonzerne nach 2000 die Chance ausgeschlagen hätten, auf erneuerbare Energien zu setzen. Das war Werner Müllers und mein Angebot an die Konzerne gewesen. Das EEG sah anders als das Stromeinspeisegesetz der Kohl-Regierung einen garantierten Preis für jeden Einspeisenden vor – bis dahin waren »Versorger« ausgenommen. Das EEG war als Angebot an die Konzerne gedacht, die Energiewende mit voranzutreiben.

Großmann gab mir eine sehr aufschlussreiche Antwort. »Das war für uns uninteressant. Wir hatten eine einfache Regel: Wir investieren nur bei einer Rendite von 15 Prozent aufwärts.«

Bei den Erneuerbaren lag die Rendite anfangs ungefähr bei rund 7 Prozent. Das bedeutet: Wegen ihrer Sehnsucht nach den einstigen Monopolgewinnen ist das Oligopol der Energiekonzerne fast untergegangen. Denn die großen Vier konkurrierten mit ihrem Strom aus Atom und Kohle mit einer neuen Energie, die Einspeisevorrang hatte. Wenn es genug Strom aus Erneuerbaren gab, ließ sich der Atom- und Kohlestrom nicht verkaufen.

Die Verweigerung der Konzerne hat möglicherweise einen noch schnelleren Ausbau der Regenerativen nach 2000 verhindert. Es hatte aber auch eine erfreuliche Seite. Die Energiewende, der Ausbau von Windkraft und Solartechnik, wurde 15 Jahre lang von Bauern und Bürgergenossenschaften, Handwerkern, mittelständischen Firmen und Stadtwerken gestemmt. Das hat die Akzeptanz von Windparks und Solarfeldern erhöht. 2019 war noch fast die Hälfte der Branche der Erneuerbaren konzernfrei. Nur die Offshore-Windparks waren zu teuer und kapitalintensiv für kleinere Unternehmen.

Das EEG hat die Stromproduktion in Deutschland demokratisiert, diversifiziert und für mehr Markt gesorgt.

Die Aussage von Großmann, mit den Erneuerbaren könne nicht genug Profit gemacht werden, stand in scharfem Widerspruch zur Behauptung der Energiekonzerne und ihrer Lobby, die Erneuerbaren seien zu »teuer« und »übersubventioniert«.

Zukunftsinvestitionen – der Preis der Energiewende

Natürlich hatte und hat die Energiewende einen Preis. Es wird in eine neue Struktur investiert. Das kostet zunächst. Im Kern aber sind es Investitionen in die Zukunft. Unterlassene Investitionen in der Energieversorgung kommen nicht nur sehr viel teurer, wenn sie später kommen. Sie gefährden auch einen Industriestandort.

Frankreich hat sich lange auf Altanlagen verlassen und dafür die

Laufzeiten seiner vielen Atomkraftwerke auf bis zu 60 Jahre verlängert. Es musste das 2022 bitter büßen, als mehr als die Hälfte ihrer überalterten Atomkraftwerke wegen Rissen und Dürre vom Netz gingen. In ganz Europa stiegen – zudem bedingt durch den russischen Gaslieferstopp – die Preise. Doch in Frankreich wurde die Kilowattstunde Strom mehr als doppelt so teuer wie in Deutschland.

Deshalb sind weniger die Kosten von Interesse, sondern ob die Investitionen rentierlich sind und fair aufgebracht werden. Das EEG fußte auf zwei Grundideen. Erstens: Die Stromkunden bezahlen den Ausbau der Erneuerbaren, für die es eine Einspeisevergütung – einen fixierten Preis – gibt. Die Einspeisevergütung wird jedes Jahr abgesenkt. Den Unterschied zwischen der sinkenden Einspeisevergütung und dem Preis des Stroms an der Börse wird per EEG-Umlage ausgeglichen. Damit schufen wir verlässliche Bedingungen, um in Windparks und Solarfelder zu investieren. Zweitens: Die Subventionen sinken und sind am Ende bei null.

Der Einstieg in die Atomenergie wurde in Deutschland mit rund 273 Milliarden Euro vom Staat finanziert. Wir hatten uns zur Förderung der Erneuerbaren stattdessen für eine Konsumentenumlage entschieden – wie schon beim Stromeinspeisegesetz. Wer viel verbraucht, sollte auch viel zahlen.

Gegen eine Steuerfinanzierung sprachen zwei Gründe: Rot-Grün litt bedingt durch eine hohe Arbeitslosigkeit, aber auch der eigenen Steuersenkungen für Unternehmen unter Haushaltsknappheit. Auf eine steuerliche Finanzierung für die Erneuerbaren zu warten, hätte bedeutet: Es gibt keinen Ausbau. Das wäre verantwortungslos gewesen.

Wichtiger war aber etwas anderes. Es ging um Investitionssicherheit. Ein Rechtsanspruch auf eine Umlage ist etwas anderes als ein Zuschuss aus dem Bundeshaushalt. Dieser kann bei der nächsten Haushaltsberatung kassiert werden. So widerfuhr es der Solarindustrie in Spanien. Das System der EEG-Umlage war resilienter.

Und es war sozial vertretbar. Wer in einem großen Eigenheim mit Klimaanlage wohnte, zahlte viel, wer in einer kleinen Mietwohnung lebte, wenig. 2004 habe ich als Umweltminister versprochen, dass die Förderung erneuerbarer Energien einen durchschnittlichen Haushalt im Monat nur so viel wie eine Kugel Eis kosten werde, also etwa einen Euro. Ich habe Wort gehalten. Solange ich im Amt war, blieb es dabei. Auch unter meinem Nachfolger Sigmar Gabriel blieb es bei der Eiskugel. 2009 betrug die Umlage so viel, wie die Eispatisserie Hoky-Poky im Prenzlauer Berg für eine Portion verlangte.

Bis heute halten mir rechte Internet-Trolle die Kugel Eis vor – wofür sie bei Twitter (jetzt X) umgehend geblockt werden. Denn das, was Springers *Welt* als die »Ursünde der Umweltpolitik« bezeichnete, haben Minister von CDU und FDP verbockt. Die EEG-Umlage explodierte nämlich in der Amtszeit der Wirtschaftsminister Rainer Brüderle, Philipp Rösler und Peter Altmaier zwischen 2009 und 2013. Kostete die EEG-Umlage die Verbraucher im Jahr 2000 pro Kilowattstunde 0,19 Cent, waren es 2011 gut 6 Cent pro Kilowattstunde. Aus der Kugel Eis wurde mit Altmaier und Co. ein Freundschaftsbecher.

Die Steigerung hatte zwei Gründe. Zum einen mussten unter den nachfolgenden Bundesregierungen die privaten Haushalte für immer mehr Unternehmen die Befreiung von der Umlage bezahlen. Wenn die Umlage auf weniger Köpfe verteilt wird, müssen die verbleibenden mehr bezahlen.

Wir hatten als Rot-Grün einige Unternehmen von der Zahlung der EEG-Umlage befreit, die sonst im internationalen Wettbewerb benachteiligt gewesen wären. Wir hatten aber darauf geachtet, die Zahl dieser Unternehmen klein zu halten. Es waren wenige, aber große Unternehmen. Schwarz-Gelb strich das Kriterium des internationalen Wettbewerbs. So verdreifachte sich die Zahl der umlagefreien Unternehmen. Sogar Schlachthöfe im Emsland mussten die Umlage nicht mehr zahlen.

Das war schön für die Unternehmen. Doch die Milliarden, die sie sparten, zahlten die normalen Stromkunden. Für normale Kunden war der Strom 2011 doppelt so teuer wie für Unternehmen. FDP und CDU hatten zulasten der privaten Haushalte und der kleinen Selbstständigen umverteilt. Die Einnahmeausfälle wegen der EEG-Befreiung für Unternehmer verdoppelte sich von 2011 bis 2014 fast von 2,7 auf 5,1 Milliarden Euro im Jahr.

Der zweite Grund war ebenso erfreulich wie paradox. Die Erneuerbaren wurden Opfer des eigenen Erfolgs. Der Ausbau von Windstrom und Fotovoltaik ging schneller voran, als alle geglaubt hatten. Plötzlich gab es keine Stromlücke, sondern zu viel Strom auf dem Markt. Weil die Energiewende so erfolgreich war, sank der Börsenstrompreis. Die EEG-Umlage aber glich den Unterschied zwischen Garantiepreis und dem Börsenpreis aus. Sinkt der Börsenpreis, steigt die Umlage.

Der erneuerbare Strom hatte den paradoxen Effekt, dass der Strom für Durchschnittskunden teurer wurde. Sie mussten mehr für die Umlage zahlen. Aber sie hatten kaum Chancen, von den gesunkenen Börsenpreisen zu profitieren. Das taten die Unternehmen, die an der Börse kauften – und die waren nun von der Umlage befreit. Die Idee ökologischer Gerechtigkeit drohte auf den Kopf gestellt zu werden.

Die Steigerung der EEG-Umlage unter der CDU-FDP-Regierung hat der Energiewende viele Sympathien gekostet. Wir müssen davon ausgehen, dass genau das beabsichtigt war. Der von den Arbeitgebern der Stahlbranche maßgeblich finanzierte Lobbyverband Initiative Neue Soziale Marktwirtschaft (INSM) machte 2012 mit einer dreisten Anti-EEG-Kampagne Stimmung gegen die Energiewende. Bei Besuchen in Stahlwerken habe ich oft Klagen über die Strompreise und das EEG gehört. Dabei waren die Stahlwerke von der Umlage befreit – und profitierten direkt davon, dass die Erneuerbaren den Börsenstrompreis nach unten drückten.

Ausgerechnet die Unternehmen, die mit ihren Einkäufen an der Strombörse und der Umlagebefreiung zu den Gewinnern der Entwicklung gehörten, beklagten am lautesten einen angeblichen Wettbewerbsnachteil. Es war ein Stück aus dem Tollhaus, die immer billiger werdenden erneuerbaren Energien erfolgreich als Kostentreiber zu denunzieren.

Die Einspeisevergütung für die Erneuerbaren nahm jedes Jahr ab. Bei Fotovoltaik sank sie von 50 auf 5 Cent. Innerhalb eines Jahrzehnts kam es zu einer Kostenreduzierung bei Wind und Sonne um 90 Prozent. Anders als die Steinkohle, die mit 250 Milliarden Euro dauersubventioniert wurde, zielte das EEG erfolgreich darauf, die

Erneuerbaren konkurrenzfähig zu machen. Es war Starthilfe für eine Zukunftstechnik.

Schwarz-gelbe Deindustrialisierung

Es war absehbar, dass dies so nicht weitergehen würde. Schon 2013 machte mein Vor-Vorgänger im Bundesumweltministerium, Klaus Töpfer, einen klugen Vorschlag, um die Energiewende zu sichern. Er wollte die EEG-Umlage für Stromkunden abschaffen und durch einen Altschulden-Fonds (heute würde man sagen: ein Sondervermögen) ersetzen. Der Staat hätte die EEG-Umlage übernommen.

Solange die fossilen Schwarz-Gelben und Schwarz-Roten regierten, hatte Töpfers Vorschlag keine Chance. Erst als die Grünen 2021 wieder an die Regierung kamen, wurde die EEG-Umlage abgeschafft und die Strompreise so weit entlastet, dass sie 2024 niedriger waren als vor dem Ukrainekrieg.

Die Merkel-Regierungen hingegen setzten mit ihren unterschiedlichen Koalitionspartnern weiter auf Behinderung der Wind- und Solarbranche. Der Aufwuchs der Erneuerbaren sollte gebremst werden, um die Umlage zu stabilisieren.

Das hatte verheerende Folgen. Das Ausbremsen der Erneuerbaren durch Schwarz-Gelb wie Schwarz-Rot ist dafür verantwortlich, dass aus Deutschland Arbeitsplätze und Unternehmen einer strategischen Zukunftsindustrie abwanderten. Es kam zu einer Welle der Deindustrialisierung.

In der ersten Welle wurden mehr als 100 000 gut bezahlte Jobs in der Fotovoltaik-Industrie vernichtet. 2011 arbeiteten in der Solarenergie mehr als 150 000 Menschen, drei Jahre später nur noch 44 000. Wirtschaftsminister Rösler und Umweltminister Altmaier hatten, unter dem Eindruck der emsigen Arbeit der Lobbygruppen der deutschen Industrie, entschieden, dass bei 52 Gigawatt Schluss mit jeder Förderung der Solarbranche sein sollte. Kanzlerin Angela Merkel erklärte 2015, dass wir »bei der Fotovoltaik eine gewisse Atempause einlegen«. Faktisch war das ein künstlich erzeugter Herzstillstand.

Denn mit der Ankündigung des Deckels gab es für die deutschen Hersteller von Fotovoltaik-Modulen bei den Banken kein Fremdkapital mehr. Dringend notwendige Investitionen in die Automatisierung konnten so nicht getätigt werden.

China nutzte die Gelegenheit, importierte deutsches Industrie-Know-how und wurde innerhalb kürzester Zeit zum Weltmarktführer in Fotovoltaik. Die Bundesregierung beglückwünschte sich für den kurzfristigen Erfolg, Kosten gesenkt zu haben, weil zunächst der Boom bei Solar einbrach. Doch China investierte 1,5 Billionen Dollar in Elektromobilität, erneuerbare Energien und Umwelttechnik. Schwarz-Gelb in Deutschland kürzte die Energiewende um die Fotovoltaik – und deshalb steht Deutschland heute einem Monopol chinesischer Anbieter gegenüber.

Wären in so kurzer Zeit 100 000 Jobs in der Autoindustrie verloren gegangen – es hätte Krisengipfel um Krisengipfel im Kanzleramt und Staatshilfen gegeben. In Leitartikeln wäre die düstere Zukunft Deutschlands beschworen worden. Die Solarbranche aber war mittelständisch organisiert und verfügte über keine einflussreiche Lobby. Ihr Zusammenbruch wurde von Regierung und den meisten Medien mit Achselzucken quittiert.

Diese destruktive Industriepolitik ist in der bundesdeutschen Geschichte beispiellos. Die Große Koalition 2013 bis 2017 begriff ebenso wenig wie die vorige schwarz-gelbe Koalition, dass Geld für erneuerbare Energien keine lästigen Kosten, sondern Investitionen in die Zukunft waren. Dafür subventionierte man weiter Kohle und Atomenergie. Das war keine Real-, sondern Irreal-Politik.

Die Regierungen der Ära Merkel erfanden eine Menge Mittel, um die Energiewende zu verlangsamen. Seit 2014 konnten die Bundesländer den Abstand von Windparks zu Wohnanlagen selbst bestimmen. 2016 wurde der jährliche Zubau von Windturbinen an Land gedeckelt. Das Ergebnis war, dass in Deutschland keine Windräder mehr gebaut wurden.

Wer sich Solarzellen auf das Hausdach montierte, um den Strom selbst zu verbrauchen, musste dafür seit 2014 Steuern zahlen. Fotovoltaik auf Freiflächen zu installieren, wurde verboten. Die Liste ist noch länger. All das zeigte, dass Union und SPD die grundlegende

Devise von Klimaschutzpolitik nicht begriffen hatten: Es geht darum, klimaschädliches Verhalten teuer, klimaverträgliches billig zu machen.

Selbst Technologieführer wie Enercon gerieten in die Krise. Der größte industrielle Arbeitgeber in Sachsen-Anhalt und Ostfriesland musste Kurzarbeit anmelden und entlassen. Das einst führende Land in der Windtechnologie ist heute bei der Produktion von Windrädern von Asien genauso abhängig wie bei der Produktion von Fotovoltaik-Modulen.

Dabei hätte es neben dem Sondervermögen einen Weg gegeben, die Umlage zu stabilisieren. Statt das Überangebot an Strom von Erneuerbaren auszubremsen, hätten wir verstärkt Kohlekraftwerke aus dem Markt drängen können. Das Instrument dafür hatte ich ihnen auf den Tisch gelegt – den Emissionshandel. Doch gegen diesen waren CDU und CSU von Beginn an gewesen. Die FDP konnte sich zwischen ihrem Bekenntnis zur Marktwirtschaft und Lobbydruck nicht entscheiden und enthielt sich bei seiner Einführung.

Ein Preis für Treibhausgase: Der Emissionshandel

In der rot-grünen Regierung war uns klar, dass es nicht reicht, den Ausbau der Erneuerbaren zu fördern. Zwar waren diese auf dem Weg zur Wettbewerbsfähigkeit. Doch die fossilen Energien konnten nur deshalb mit den Erneuerbaren immer noch mithalten, weil sich ihre tatsächlichen volkswirtschaftlichen Kosten nicht im Preis niederschlagen. Fossile Energien lagern Teile ihrer Kosten aus – zulasten von Gemeinschaftsgütern.

Eines dieser globalen Gemeinschaftsgüter ist das Klima. Die durch fossile Verbrennung frei werdenden Treibhausgase reichern sich in der Atmosphäre an und verstärken den Treibhauseffekt. Sie befeuern die Klimakrise mit Extremwettern, Gletscherschmelze, Überschwemmung, Dürren, schwindenden Permafrostböden. Die Kosten dafür muss die Gesellschaft tragen. Nach einer Studie der Bundesregierung verursachte die Klimakrise allein in Deutschland zwischen 2000 und 2021 Schäden in Höhe von 145 Milliarden Euro. Setzt sich die Klimakrise fort oder verschärft sich gar, wird bis 2050 mit Kosten zwischen 280 und 900 Milliarden Euro gerechnet. Würden diese Kosten auf die Verursacher komplett umgelegt, wären Kohle und Gas als Energieträger heute schon nicht mehr wettbewerbsfähig.

Es ging und geht also darum, Treibhausgasen einen Preis zu geben, damit ihre Einlagerung gemindert und auf null gebracht werden kann. Dafür ist eine schrittweise Verteuerung sinnvoll. Das erlaubt den schrittweisen Aufbau klimaneutraler Alternativen bei gleichzeitig sinkender Wettbewerbsfähigkeit der fossilen Energien.

Die Idee der Bepreisung war nicht neu. Sie stand auch am Anfang der Ökosteuer, die Rot-Grün 1998 auf den Weg brachte. Später und verstärkt in der zweiten Legislaturperiode nach 2002 kam ein neues Instrument hinzu: der Emissionshandel zunächst für Kraftwerke und industrielle Großanlagen.

Ökosteuern und Emissionshandel haben die Idee der Bepreisung von Treibhausgasen gemeinsam. Beide werden zu den marktwirtschaftlichen Instrumenten der Umweltpolitik gerechnet, weil sie Marktmechanismen nutzen, um klimapolitische Ziele zu verwirklichen – anders als das Ordnungsrecht, das auf Grenzwerte und Verbote setzt. Die Funktionsweise dieser beiden marktwirtschaftlichen Instrumente aber ist dennoch unterschiedlich – ja gegensätzlich.

Bei der Ökosteuer wird der Preis für fossile Energien schrittweise durch Steueraufschläge erhöht, und man setzt darauf, dass durch die Verteuerung die Emissionen sinken. Beim Emissionshandel wird die Menge der Emissionen gedeckelt und schrittweise gesenkt. Die Verknappung treibt den Preis und mindert die Wettbewerbsfähigkeit der Fossilen. Deshalb sprechen wir hier von »Cap and Trade«.

Trotz des aus den Klimazielen abgeleiteten und demokratisch bestimmten Deckels für die Emissionen begegnete der Emissionshandel anfangs großem Misstrauen in der Umweltbewegung.

Andere kritisieren den Emissionshandel als modernen Ablasshandel. Man kaufe sich von seinen Umweltsünden mit einem symbolischen Obolus frei: »Wenn das Geld im Kasten klingt, die Seele in den Himmel springt«. Doch es geht nicht um Sünden, es geht darum, den Eintrag von Treibhausgasen in die Atmosphäre zu mindern. In der Klimapolitik ist Sünde eine Nonsens-Kategorie und ist Ablasshandel Blödsinn. Es geht – anders als bei Ablasshändler Johann Tetzel – nicht um das Leben nach dem Tod, den Platz in der Hölle oder im Himmel. Es geht darum, künftigen Generationen das Leben auf diesem Planeten zu ermöglichen.

Ich habe 2004 im Umweltministerium die Gründung der unabhängigen Agentur »Atmosfair« mit auf den Weg gebracht. In diesem Fall ist der Deckel ein individueller. Flüge sollen klimaneutral erfolgen. Der Fliegende kann mit Atmosfair die durch die Flugreise verursachten Treibhausgase durch zusätzliche Investitionen in Aufforstungs- oder Waldprojekte wieder ausgleichen. Dabei werden gestaffelt nach Flugklasse wie Entfernung die CO_2-Emissionen des Fliegenden zugrunde gelegt. Die Höhe der Kompensation pro Tonne richtet sich nach den Kosten der Vermeidung an anderer Stelle. Fliegen wird dadurch ein bisschen teurer, aber das dadurch ausgestoßene CO_2 wird – an anderer Stelle – eingespart.

Wie wenig symbolisch dies ist, machte der Widerstand dagegen deutlich. Der Rechnungshof kritisierte, dass im Bundesumweltministerium alle Flüge kompensiert wurden – weshalb weniger geflogen wurde, da der Reisekostenetat gleich blieb. Im Bundestag sollte es Jahre dauern, bis nicht nur die der Grünen, sondern alle Dienstreisen kompensiert wurden. Auch hier waren die Reisekosten knapp.

Der Reflex der Umweltverbände gegen den Emissionshandel aber war darin begründet, dass in Teilen der Industrie der Emissionshandel als Alternative zur gerade eingeführten Ökosteuer abgefeiert wurde.

Doch es kam so wie immer. Die Industrielobby war nur so lange für ein Instrument der Umweltpolitik, solange es nicht eingeführt wird. Die Umweltverbände hätten es besser wissen können.

Lange hatte die Industrie immer auf Selbstverpflichtungen gesetzt – etwa für eine bestimmte Mehrwegquote. Allerdings war die Quote mit einer Sanktion versehen. Im Falle ihrer Nichterfüllung sollte es eine Pfandpflicht auf Einwegflaschen und -dosen geben. Als die Quote erstmalig verfehlt wurde, nötigten die großen Brauereien und Handelskonzerne von Aldi und Lidl bis Metro die Umweltministerin Merkel, das mit ihrem Vorgänger Klaus Töpfer vereinbarte Pfand nicht einzuführen, sondern weniger ambitionierte Mehrwegquoten. Als die Konzerne die neue Quote 2000 erneut verfehlten, verklagten sie mich 200-mal vergeblich, weil ich Töpfers Gesetz dann umsetzte. Das hinderte den damaligen Ministerpräsidenten von Nordrhein-Westfalen, Wolfgang Clement, nicht daran, noch einmal zu versuchen, mich in einem langen Gespräch zu einem Aussetzen der Pfandpflicht zu bewegen. Er versprach mir ein Papier mit einem Lösungsvorschlag. Eine halbe Stunde später erhielt ich sein Fax. Allerdings nicht von einem Faxgerät der Landesvertretung NRW, sondern mit der Absenderkennung des Kaufhof am Alexanderplatz, in Berlin gegenüber dem Umweltministerium gelegen. Das Kaufhaus ist Eigentum jener Metro-Gruppe, die damals heftig gegen das Pfand kämpfte. Wir haben das Fax samt Absenderkennung sofort an die Presse durchgestochen – womit auch dieser Vorstoß gegen das Pfand gescheitert war.

Die Durchsetzung des Dosenpfandes hat mir viele Besuche in bayerischen Privatbrauereien eingebracht und eine kurze Karriere als »DJ Dosenpfand«. Heute gibt es das Pfand. Verbraucher wie Einzelhandel kommen gut damit klar. Die Vermüllung von Parks und Wäldern ist weniger geworden. Viele kleine Brauereien und Brunnen haben überlebt. Doch die Geschichte des Dosenpfands ist nicht nur eine über Kreislaufwirtschaft und Umweltpolitik, sondern auch für die Dreistigkeit des Industrielobbyismus in Deutschland.

Das traf alle Umweltminister und Umweltministerinnen. Der Bundesverband der Deutschen Industrie (BDI) hatte gegen Töpfers Ordnungsrecht immer wieder steuerliche Instrumente in der Umweltpolitik propagiert – bis zu dem Zeitpunkt, als Rot-Grün mit der Ökosteuer Ernst machte. Als Rot-Grün die Ökosteuer einführte, bekämpften sie diese und waren plötzlich für den Emissionshandel. Der Handel mit CO_2-Zertifikaten wurde als ordnungspolitisch vorbildliches Instrument gelobt. Das änderte sich schlagartig, als wir 2002 den Zertifikatehandel umsetzen wollten.

Nach dem Atomkonsens war vor dem Streit um den Emissionshandel. Die Protagonisten waren im Jahr 2002 die Gleichen wie beim Streit um den Atomausstieg – hinzu kam allerdings die Chemieindustrie mit dem Verband der Chemischen Industrie, Arm in Arm mit ihrer Gewerkschaft IG Bergbau Chemie Energie. Sowie auch ein Bundeswirtschaftsminister Wolfgang Clement, der schon als Ministerpräsident versucht hatte, das Dosenpfand zu verhindern.

Das Bundesumweltministerium hatte seine Modelle zur Umsetzung eines Emissionshandels zusammen mit verschiedenen Unternehmen entwickelt. Eines davon war ein Ölkonzern – BP. Als es mit dem Emissionshandel ernst wurde, musste sich BP aus der Arbeitsgruppe mit dem Ministerium zurückziehen. Der damalige BP-Vorstandsvorsitzende Peter Knödel schrieb mir einen traurigen Brief, in dem er sich für die Zusammenarbeit mit uns bedankte, aber um Verständnis bat, dass er sich nicht gegen den Rest der Branche stellen könne.

Die Industrielobby aber hatte ein Problem. Die Einführung des Emissionshandels war europäisches Recht. Wir hatten als Bundesumweltministerium bei der EU-Kommission die Richtlinie für ein Emissionshandelssystem angestoßen. Rat und Parlament hatten sie beschlossen.

Es ging also nicht mehr um das Ob, sondern nur noch um das Wie der Umsetzung dieses marktwirtschaftlichen Instruments in Deutschland. Ein beliebtes Lobby-Argument hatte die EU-Richtlinie schon abgeräumt. Die Behauptung, dass der Emissionshandel zu einem Wettbewerbsnachteil für die deutsche Industrie führe, ging ins Leere. Die Richtlinie sorgte gerade für gleiche Wettbewerbsbedingungen auf dem wichtigsten Markt der deutschen Industrie, dem europäischen Binnenmarkt.

Das hinderte Energie- und Chemiekonzerne nicht an dem Versuch, die Umsetzung in Deutschland zu blockieren. Während des Wahlkampfs 2002 verfolgte mich Eggert Voscherau, Vizevorstandschef von BASF, Sozialdemokrat und Bruder des früheren Bürgermeisters von Hamburg, Henning Voscherau. Ich hatte Wahlkampfauftritte in Nürnberg. Er wollte mich unbedingt treffen und kam mit dem Firmenflugzeug nach Nürnberg, um mir klarzumachen, dass der Emissionshandel die deutsche Chemieindustrie ruinieren und massenhaft Arbeitsplätze ins Ausland vertreiben würde – der bekannte Refrain. Blöd nur, dass wir vorgesehen hatten, dass die

Emissionszertifikate zu Beginn gratis abgegeben werden sollten. Den Unternehmen sollte Zeit gelassen werden, sich auf das neue System einzustellen.

Es gab dann ein Showdown im Kanzleramt. Die Arbeitgeberverbände und die CEOs der wichtigen Energie- und Chemiekonzerne waren dort. Wolfgang Clement, inzwischen Superminister, wiederholte eins zu eins, was die Industrielobbyisten bei ihm vorgetragen hatten. Es erinnerte ein bisschen an seine Bemühungen als Ministerpräsident, im Auftrag der Eineweglobby das Dosenpfand zu verhindern. Es endete genau so.

Der Plan der Lobby war – wie es schon Voscherau probiert hatte –, klarzumachen, dass der Emissionshandel die deutsche Wirtschaft ruinieren würde. Die Industrie setzte auf Fundamentalopposition. Sie wollte die Umsetzung der Richtlinie verhindern.

Ich habe per Powerpoint-Präsentation die Fakten präsentiert – von der Gratiseinstiegsphase bis hin zu Regeln für nicht vermeidbare Emissionen. Es kamen keine Gegenargumente. Ich habe selten so schlecht vorbereitete Vorstandsvorsitzende erlebt. Sie waren blank.

Utz Claassen, Chef von EnBW, sagte danach zu mir: »Da haben Sie meine Kollegen auf dem falschen Fuß erwischt.« Claassen konnte so etwas sagen. Seine Kollegen aus den anderen Konzernen mochten ihn nicht. Sie nannten ihn hinter seinem Rücken »Schweinchen Dick« – er glaubte hingegen, »Schweinchen Schlau« zu sein.

Der Emissionshandel wurde in Deutschland Gesetz. Beim Umweltbundesamt wurde eine Emissionshandelsstelle eingerichtet.

Dass der Zertifikatehandel zu Beginn kostenlos war, haben manche als schwerwiegenden Geburtsfehler bezeichnet. Es war aber die Voraussetzung für die Geburt. Wenn wir einen noch so geringen symbolischen Betrag gefordert hätten, wäre das Gesetz nicht durchsetzbar gewesen. Wir standen vor der Alternative: Führen wir erst das System mit Gratiszertifikaten ein – oder verkämpfen wir uns aussichtslos für einen symbolischen Preis?

Wir haben uns für den Systemwandel, für die Veränderung der Struktur und gegen das Symbol entschieden. Es sollte fast 20 Jahre dauern, bis diese Entscheidung ihre ökologische Wirksamkeit bewies.

Dass der Emissionshandel erst spät wirkte, lag weniger an der kostenlosen Einführungsphase. Es waren lange zu viele Zertifikate auf dem Markt. Der Deckel war zu hoch. Das untergrub den Sinn des Emissionshandels, über Verknappung der Zertifikate Klimaschutz zu fördern. Die großen Energiekonzerne hatten zudem die Dreistigkeit, den Marktwert der Zertifikate, die sie gratis erhielten, auf den Strompreis umzulegen.

Die Idee, dass steigender Energieverbrauch in Europa zu immer höheren Zertifikatspreisen führen würde und Unternehmen automatisch auf klimaschonende Technologien umsteigen würden, war gut. Ihre Umsetzung nicht, denn der Preis für die Tonne Treibhausgase war lange viel zu gering, um die gewünschte Lenkungswirkung zu entfalten.

Nach 2009 weigerten sich die CDU/FDP-Bundesregierung und nach 2013 anfangs auch die Große Koalition, überschüssige Zertifikate aus dem Markt zu nehmen. Deshalb war es Ende des ersten Jahrzehnts der 2000er-Jahre äußerst profitabel, alte, abgeschriebene Kohlekraftwerke weiterlaufen zu lassen. Auch bei einem niedrigen Börsenstrompreis von 3,7 Cent pro Kilowattstunde waren sie ebenso wie atomare Altanlagen noch rentierlich. Das führte nach 2010 zu dem Überangebot an Strom in Deutschland, der Börsenpreis sank, und mit ihm schoss die EEG-Umlage in die Höhe. Verstärkt wurden trotz Einspeisevorrang sogar Windanlagen abgeschaltet, um das Netz vor dem Überangebot zu schützen. Diese mussten aber trotzdem bezahlt werden, was die Umlage erneut trieb.

Das Ergebnis war: Unternehmen machten viel Geld mit alten Kohlekraftwerken, die Erneuerbaren gerieten unter Druck. In den Köpfen der Menschen setzte sich die falsche Vorstellung fest, dass ausgerechnet die preiswerten Erneuerbaren die Preistreiber wären. Kluge zukunftsorientierte Politik wäre gewesen, klimaschädliche Kraftwerke aus dem Markt zu drängen und klimafreundliche zu fördern.

Dabei hatte es die Bundesregierung 2015 schwarz auf weiß: Das EEG sorgte laut ihrem eigenen Projektionsbericht für Einsparung von 142 Millionen Tonnen CO_2, der Emissionshandel bis dahin nur für eine Million Tonnen. Es waren zu viele Zertifikate auf dem

Markt, deshalb war der Preis zu niedrig. Zertifikate vom Markt zu nehmen, hätte auch die EEG-Umlage gesenkt. Doch die Bundesregierungen warteten ab. Der Emissionshandel war ein künstlich gedrosselter Rennwagen, der nicht vom Fleck kam. Erst die EU-Kommission brachte ihn zum Laufen.

Was nach 2010 ausgeblieben war, passierte dann 2020. Mit der Umsetzung von EU-Vorgaben wurden endlich Zertifikate vom Markt genommen. Der Preis für die Tonne CO_2 schnellte auf 80 Euro hoch. Das sind zwar noch nicht die kompletten externalisierten Kosten. Aber endlich funktionierte der Emissionshandel so, wie er 2004 gedacht war.

Für Olaf Scholz und Angela Merkel war dies nicht schön. Gerichte hatten Hamburgs grüne Umweltsenatorin Anja Hajduk einst gezwungen, das Kohlekraftwerk Moorburg gegen ihre Bedenken zu genehmigen. Der Hamburger Bürgermeister Olaf Scholz hatte es sich nicht nehmen lassen, dieses Kraftwerk dann feierlich persönlich einzuweihen. Und nun wurde es nach erst sechs Jahren Laufzeit vom Netz genommen und stillgelegt.

Ein nicht minder modernes Kohlekraftwerk hatte Angela Merkel in Hamm eingeweiht. Dieses wurde nach nur zehn Jahren Laufzeit vom Netz genommen. Moorburg wie Hamm waren weit davon entfernt, ihre Investitionskosten eingespielt zu haben. Doch unter den Bedingungen des Emissionshandels und der Konkurrenz der Erneuerbaren rechnete sich ihr Weiterbetrieb nicht mehr.

Das Schicksal von Moorburg und Hamm war kein Einzelfall. Es war eine ganze Kette von neuen Kohlekraftwerken an der Nordsee geplant, von Emden über Wilhelmshaven bis Bremen. Da die Steinkohleförderung von Rot-Grün endlich beendet worden war und auch die Zeiten der Braunkohle sichtlich zu Ende gingen, lag es für die Energiekonzerne nahe, Kraftwerke im Norden an der Küste zu errichten, um die angelandete Kohle aus Australien, Russland, Kolumbien und anderswo dort zu verstromen. Doch sie hatten die Rechnung ohne den Emissionshandel und ohne das Wachstum der Erneuerbaren gemacht.

Ein Kohlekraftwerk hat zwar preiswerte Brennstoffkosten, aber hohe Kapitalkosten. Um die wieder einzuspielen, muss es 15 bis 20

Jahre gut 6000 Stunden im Jahr laufen. Die Kohlepläne für die Küste kamen doppelt unter Druck. Zum einen hatten die Erneuerbaren Vorrang bei der Einspeisung, damit sanken die Betriebsstunden für die Kraftwerke. Zum anderen konnten sie perspektivisch mit Brennstoffkosten, die gegen null gingen, Kohlestrom, für den pro Tonne CO_2 80 Euro bezahlt werden musste, leicht unterbieten. Vor allem die absehbare Nichtauslastung der Kohlekraftwerke brachte den Plänen an der Nordsee das Aus, und es riss die zuvor gegen den Widerstand der Grünen ans Netz gegangenen Kraftwerke in Hamm und Moorburg in den Abgrund.

Das Wachstum der Erneuerbaren und der Emissionshandel drängten die Kohle aus dem Netz. Die beiden zentralen Elemente der von Grünen durchgesetzten Energiewende begannen zu wirken.

Doch wie bei der Atomenergie traf dieses zunächst neue Anlagen. Der Neubau von Kohlekraftwerken fand nicht mehr statt. Am Netz aber blieben viele Altanlagen, insbesondere Kraftwerke, die im Rheinland und der Lausitz noch mit besonders klimaschädlicher Braunkohle befeuert wurden. Verglichen mit einem Gaskraftwerk, entstehen bei der Produktion einer Kilowattstunde Braunkohlestrom dreimal so viele Treibhausgase – von fast CO_2-neutralen Windturbinen zu schweigen.

Die Stilllegung der Altanlagen wurde die Herausforderung für die von Unternehmen, Ländern, Gewerkschaften und Umweltverbänden gebildeten »Kommission für Wachstum, Strukturwandel und Beschäftigung« – kurz »Kohlekommission« genannt. Sie entstand nach dem Vorbild jener Kommission zur Finanzierung des Atomausstiegs, der Ole von Beust, Matthias Platzeck und ich vorgesessen hatten. Diesmal sollte im Vorsitz kein Grüner dabei sein. Platzeck wurde erneut nominiert, aus Sachsen kam der Ex-Ministerpräsident Stanislaw Tillich hinzu – ebenso von der CDU wie der dritte Vorsitzende, Ex-Kanzleramtschef Ronald Pofalla, sowie die Politikwissenschaftlerin Prof. Barbara Praetorius. Ihre Handschrift und die des Mitglieds Dr. Felix Matthes sollten sich im Ergebnis deutlich niederschlagen.

Nach langem, zähem Ringen, besonders mit den ostdeutschen Kohleländern Sachsen und Brandenburg, legte die Kohlekommission ein Ergebnis vor. Danach sollten die Kohlekraftwerke 2038, gegebenenfalls auch schon 2035, vom Netz gehen. Die Umweltverbände stimmten dieser Zielsetzung zu, weil der beschriebene Ausstiegspfad zu einer Einsparung von 1 Milliarde Tonnen CO_2 führen werde. Die vereinbarten Überprüfungstermine ebenso wie die Entwicklung der Zertifikatspreise lassen einen früheren Ausstieg sehr wahrscheinlich werden. Inzwischen gibt es mit RWE eine Vereinbarung, wonach die Verstromung der rheinischen Braunkohle 2030 enden soll.

Das Ergebnis nannte der Think Tank Agora Energiewende einen »Meilenstein«: »Als führendes Industrieland steigt Deutschland sowohl aus der Kernenergie als auch aus der Kohle aus und setzt voll auf erneuerbare Energien.«

Heute ist der Kohleausstieg keine Frage des Ob mehr, sondern nur des Wann. Auch die »Fridays for Future«, nicht für übermäßiges Vertrauen in Marktmechanismen bekannt, gehen davon aus, dass der Kohleausstieg, egal was der Kohlekompromiss vorsieht, schon vor 2030 kommt.

Sie sind nicht die Einzigen. Auf der Basis der ausgegebenen Zertifikate sowie der Börsenstrompreise, die sich aus den heute abgeschlossenen Verträgen in Zukunft ergeben (nennen wir sie Fridays for »Futures«), hat Felix Matthes vom Öko-Institut im Herbst 2023 berechnet, dass 2028 die Zertifikatspreise über den Strompreisen liegen werden.

Da hilft es nicht, dass alte Braunkohlekraftwerke Stromgestehungskosten von nur 3 Cent haben, während importierte Steinkohle 7,2 Cent kostet. Denn die 3 oder 7,2 Cent kommen noch obendrauf. Kohlestrom wird unrentabel.

Unter diesen Bedingungen bekommen auch CO_2-ärmere Gaskraftwerke ein Problem. Sie rechnen sich nur noch in Zeiten von Stromknappheit und damit temporär sehr hohen Strompreisen. Gaskraftwerke – perspektivisch mit grünem Wasserstoff betrieben – werden zu echten Reservekraftwerken.

Wie schnell der komplette Kohleausstieg kommt, hängt allerdings auch davon ab, wie schnell der Ausbau der Erneuerbaren vorangeht. Das ist die Schlüsselfrage. Noch immer.

Die gefundenen Konsense – vom Atomausstieg über die Endlagerung und ihre Finanzierung bis zum Kohleausstieg – schufen für die Energiewirtschaft Investitionssicherheit. Partei- und verbändeübergreifend in Gesetzen verankert, hätten sie eine Perspektive über Legislaturperioden hinaus geboten. Investitionen in eine neue, dekarbonisierte, atommüllfreie Energieversorgung haben Abschreibungsfristen von ein bis zwei Jahrzehnten, nicht von vier oder fünf Jahren. Die Konsense sollten für Berechenbarkeit im Transformationsprozess sorgen.

Diese Investitionssicherheit wurde jedoch von CDU und CSU immer wieder infrage gestellt. Ihre energiepolitische Geisterfahrt war und ist für Deutschland ein wirtschaftliches Standortrisiko. Am deutlichsten wurde dies 2010 in der Atompolitik.

Der Ausstieg vom Ausstieg vom Ausstieg vom Ausstieg

Im Entwurf eines Grundsatzprogramms von 2023 kehrt die CDU zu den Positionen zurück, mit denen sie schon 1986 nach Tschernobyl scheiterte. Auf die »Option Kernkraft« könne Deutschland »zurzeit« »nicht verzichten«. Aber anders als in den 1980er-Jahren will die CDU jetzt sogar den Wiedereinstieg in die Atomenergie mit »Kernkraftwerken der vierten und fünften Generation«.

Diese Forderung erhob die CDU im gleichen Jahr, in dem das vom US-Energieministerium hoch subventionierte Projekt eines »Small Modular Reactors« der Firma NuScale platzte – schlicht, weil die Kosten durch die Decke schossen. Der Reaktor war gegenüber einem herkömmlichen Atomstrom, aber vor allem gegenüber Strom aus Wind und Sonne nicht wettbewerbsfähig. Am Ende erklärte NuScale-Chef John Hopkins seinen Investoren: »Sobald man auf einem toten Pferd sitzt, steigt man schnell ab. Und genau da sind wir jetzt.«

Auf diesem toten Pferd möchten Friedrich Merz und Carsten Linnemann nun in den nächsten Wahlkampf reiten. Das hat schon einmal in ein Desaster geführt.

Bei der Bundestagswahl 2009 errangen CDU/CSU und FDP eine Mehrheit nach vier Jahren Großer Koalition. Für die Energiepolitik wurde das ein teurer Rückschritt. Unions-Fraktionschef Friedrich Merz hatte schon den Ausstieg 2001 als »eine verheerende Entscheidung« bezeichnet. Hier setzte eine millionenschwere Lobbykampagne – gesponsert auch von B-Prominenz wie Oliver Bierhoff – an. Am Ende versprachen Schwarz und Gelb 2009, den Ausstieg aus der Atomenergie rückgängig zu machen.

Die Regierung Merkel/Westerwelle setzte 2010 gegen massive Proteste der Anti-AKW-Bewegung eine Laufzeitverlängerung für die Atomkraftwerke durch. Der Konsens von 2001 wurde aufgekündigt. Zwar behielt Schwarz-Gelb die Grundarchitektur des Atomkompromisses bei – doch die Laufzeiten wurden verlängert. Statt 32 Jahren galten nun 44 Jahre. Entsprechend größer wurden die zulässigen Strommengen. Die Gelddruckmaschinen der vier großen Konzerne E.ON, RWE, EnBW und Vattenfall sprangen wieder an. Der Ausstieg aus dem Ausstieg wurde Gesetz.

Es kam anders. Die Reaktor-Katastrophe in Fukushima 2011 zwang Angela Merkel zu einer Kurswende. Die Kanzlerin kam im Kern auf das in meiner Amtszeit verabschiedete Atomgesetz zur geordneten Beendigung der Kernenergienutzung zurück. Grundlage war der Bericht der »Ethikkommission Sichere Energieversorgung«, in der von Vertretern aus Wissenschaft, Wirtschaft und Gewerkschaften parteiübergreifend über die Zukunft der Atomenergie verhandelt wurde. Unter Vorsitz von Klaus Töpfer empfahl die Ethikkommission im Mai 2011 den Atomausstieg, »um Risiken, die von der Kernkraft in Deutschland ausgehen, in Zukunft auszuschließen«. Der Ausstieg sei möglich und solle durch das schrittweise Abschalten innerhalb eines Jahrzehnts erfolgen.

So geschah es. Der Bundestag beschloss mit den Stimmen von CDU, CSU und FDP sowie der oppositionellen Sozialdemokraten und Grünen, die Nutzung der Atomenergie bis 2022 zu beenden. Der Ausstieg vom Ausstieg vom Ausstieg wurde Gesetz.

Doch Angela Merkels Ausstieg aus dem Ausstieg aus dem Ausstieg war nicht nur eine doppelte 180-Grad-Wende. Er war in der Umsetzung auch teuer. Er kostete die Steuerzahler viel Geld, weil er ein Problem außer Acht ließ, das wir zehn Jahre zuvor bei der Konstruktion der ersten Atomausstiegs-Regelung mit großer Sorgfalt gelöst hatten: die Frage einer möglichen Entschädigung der Atomkonzerne für entgangene Erlöse. Da nach der Merkel-Regelung Restlaufzeiten anders als unter Rot-Grün nicht mehr völlig frei gehandelt werden konnten, reklamierten die Atomkonzerne Entschädigungszahlungen in Milliardenhöhe. Vattenfall und E.ON gewannen ein Verfahren vor dem Internationalen Schiedsgericht, und auch das Bundesverfassungsgericht entschied, dass die Klagen der Atomkonzerne auf Entschädigung in Milliardenhöhe berechtigt seien. Die passionierten Atomfans von Schwarz-Gelb hatten mit großer Routine den (Wieder-)Einstieg in die Atomkraft bewerkstelligt, aber keine Ahnung, wie man da ordentlich und geordnet wieder rauskommt.

Der Ausstieg wurde durch Russlands Angriff auf die Ukraine 2022 auf eine harte Probe gestellt. Der gewollte wie erzwungene Verzicht auf mehr als die Hälfte des benötigten Erdgases in Deutschland ließ die Energiepreise explodieren. Das traf vor allem Haushalte und Industrie.

Anders als in vielen Ländern spielt Gas in der deutschen Stromerzeugung nur eine untergeordnete Rolle. Aber es spielt eine Rolle für die Preise. An der Strombörse bestimmt die letzte eingespeiste Kilowattstunde den Preis. Wenn zur Abdeckung von Spitzenlasten auch Gaskraftwerke Strom liefern mussten, bestimmte der Preis des Gases die Strompreise. Der hohe Gaspreis ließ den Strompreis explodieren. Es wurden goldene Zeiten für Kohlekraftwerke und Windparks, die ihren Strom plötzlich für ein Mehrfaches der Gestehungskosten verkaufen konnten.

Verschärft wurde das Problem durch den Ausfall von mehr als der Hälfte der französischen Atomkraftwerke im Jahr 2022. Haarrisse in den Altanlagen sowie dürrebedingter Mangel an Kühlwasser hatten sie in die Knie gezwungen. Ganz Europa musste Strom erzeugen, damit in Frankreich nicht die Lichter ausgingen. Dies trieb vor allem die Preise in Frankreich, aber auch im Rest Europas weiter in die Höhe. In Frankreich musste der Atomkraftbetreiber EDF komplett verstaatlicht werden, um nicht in Konkurs zu gehen. In

Deutschland wurde von Wirtschaftsminister Robert Habeck eine Strompreisbremse eingeführt.

Die kriegsbedingte Gaskrise und das französische Atomkraftdesaster führten in Deutschland zu einer bizarren Debatte. Die letzten drei Atomkraftwerke Isar 2, Neckarwestheim 2 und Lingen hätten zum Jahresende 2022 ihren Betrieb beenden müssen. Ihre Betriebsgenehmigung war bereits seit zehn Jahren erloschen. Der Vollzug dieses Erlöschens sollte am 31. Dezember 2022 erfolgen. Dieser Termin sollte nun nach dem Willen von FDP und Union gekippt werden.

Während jenseits des Rheins die Atomenergie gerade ihre Unzuverlässigkeit bewies, wurde in Deutschland für eine Laufzeitverlängerung lobbyiert. Während Deutschland versuchte, sich aus seiner Abhängigkeit von russischem Gas zu befreien – sollte die Abhängigkeit von russischem Uran verlängert werden.

Ganz vorne beim Kampf um den erneuten Ausstieg vom Ausstieg mal wieder CDU und CSU, aber auch die FDP forderte eine Laufzeitverlängerung. Nicht umsonst sind die Warnzeichen vor Radioaktivität schwarz-gelb. Besonders laut trommelte Bayerns Ministerpräsident Markus Söder. Eins aber schloss er vorher kategorisch aus: den zusätzlichen Atommüll in Bayern endzulagern. So weit, so scheinheilig.

Energiewirtschaftlich gab es für eine Laufzeitverlängerung keinen Grund. Zu einer Netzstabilisierung hätten die drei am Netz befindlichen Kraftwerke wenig beitragen können. Das ergaben Stresstests der Netzbetreiber selbst in den unwahrscheinlichsten Szenarien. Auch auf die Preise hätte eine Laufzeitverlängerung eine höchstens homöopathische Auswirkung gehabt, wie das Öko-Institut berechnete – mit dem Wissen von heute wohl nicht einmal das.

Inzwischen liegen die Strompreise für Neukunden unter denen von 2021. Auch die Industriestrompreise haben inklusive Stromsteuer wieder Vorkriegsniveau.

Dennoch erwog Robert Habecks Ministerium, unterstützt von den Vorsitzenden der Grünen Ricarda Lang und Omid Nouripour, die verbleibenden Atomkraftwerke noch bis in das Jahr 2024 hinein laufen zu lassen. Dagegen gab es massiven Widerstand aus der Bundestagsfraktion unter ihren Vorsitzenden Britta Hasselmann und Katharina Dröge. Auf dem Parteitag der Grünen 2022 in Bonn setzte sich mein Änderungsantrag zu dem Vorstandsantrag durch. Die Befürworter einer weiteren Laufzeitverlängerung hatten auf Anträge und Redebeiträge samt Kampfabstimmung lieber verzichtet. Vielleicht auch, weil sie bereits wussten, dass Bundeskanzler Olaf Scholz von seiner Richtlinienkompetenz Gebrauch machen würde.

Parallel zum Parteitag wurden die beiden grünen Minister Robert Habeck und Steffi Lemke vom Bundeskanzler per Richtlinienkompetenz angewiesen, die drei Atomkraftwerke so lange laufen zu lassen, bis die vorhandenen Brennelemente verbraucht waren. Neue Brennelemente aber sollten nicht beschafft werden.

So wurde das Atomgesetz erneut geändert. Statt um zwei Jahre wurde der Atomausstieg um dreieinhalb Monate hinausgeschoben – gegen die Stimmen fast aller niedersächsischen Grünen-Abgeordneten im Bundestag.

Am 15. April 2023 aber ging die Nutzung der Atomenergie in Deutschland unwiderruflich zu Ende. Es war ein historischer Tag.

In den Interviews der Tage wurde ich als Vater des Atomausstieges vorgestellt. Das ist nicht ganz richtig. Der Atomausstieg hat viele Väter und Mütter. Dazu gehören Werner Müller, der Wirtschaftsminister 1998 bis 2002, und Rainer Baake, Frank-Walter Steinmeier und auch Gerhard Schröder, der den Ausstieg trotz Zögerlichkeit beim Atomgesetz mit durchgesetzt hat. Dazu gehört Wolfram König, der als Präsident des Bundesamtes für Strahlenschutz mit der rechtssicheren Genehmigung von Zwischenlagern an den Kraftwerken in Rekordzeit den Einlagerungsstopp in Gorleben erst ermöglichte. Dazu gehört Silvia Kotting-Uhl, die in der Endlagerkommission den Konsens für eine ergebnisoffene Endlagersuche mit Bürgerbeteiligung durchsetzte. Sie war in entscheidenden Phasen des Kampfes um die Atomenergie wie Bärbel Höhn Vorsitzende des Umweltausschusses des Bundestags.

Zu den Müttern und Vätern gehören aber vor allem Marianne Fritzen und die Bürgerinitiative Lüchow-Dannenberg, all die Anti-AKW-Aktivisten, die Bauplätze besetzten und zivilen Ungehorsam leisteten. Dazu gehört Jochen Stay von »Ausgestrahlt«. Dazu gehören Martin Kaiser von Greenpeace, der BUND und viele andere. Vor allem die Bürger, die im Februar 1975, acht Jahre, nachdem das erste deutsche AKW in Betrieb gegangen war, den Bauplatz des AKW in Wyhl besetzt hatten.

Wir feierten am 15. April 2023 am Brandenburger Tor das Ende einer Technik, die besser nie ausprobiert worden wäre. Die »Familie« der Väter und Mütter hatte nicht nur hart für den Ausstieg gekämpft, es hatte auch viele erbitterte Familienstreits gegeben. Greenpeace, »Ausgestrahlt« oder die Bürgerinitiative Lüchow-Dannenberg haben mich als Mitverantwortlichen des Atomkompromisses oftmals hart kritisiert – wegen der Laufzeiten, wegen der Atomtransporte nach Gorleben. Ich habe darauf manchmal ziemlich ruppig geantwortet.

Nun durfte ich an diesem 15. April die Festrede am Brandenburger Tor für Greenpeace halten. Das war eine große Ehre. Es war Ausdruck der historischen Befriedung des Konfliktes zwischen Anti-Atom-Bewegung und Grünen in der Regierung.

Der Soziologe Max Weber wird mit dem Lob der Verantwortungsethik als Kennzeichen rationaler, erwachsener Politik oft einseitig zitiert. Die Gesinnung hat in Deutschland einen schlechten Ruf. Gerne wird sie gegen die Verantwortung ausgespielt. Doch bei Weber ist Gesinnung das Halteseil, das Politik davor schützt, zur bloßen Verwaltung von Macht zu werden.

Das Mögliche, so Weber, »erreicht man nicht, wenn nicht immer wieder nach dem Unmöglichen gegriffen worden wäre«, und »Gesinnungsethik ist nicht mit Verantwortungslosigkeit identisch«. Gesinnungs- und Verantwortungsethik sind keine schroffen Alternativen. Es herrscht kein Entweder-oder, sondern ein Sowohl-als-auch. Gesinnung und Verantwortung ergänzen und benötigen sich.

Der Atomausstieg war nur mit gesinnungsethischen und verantwortungsethischen Politikformen zu erreichen. Das ist der Kern des Ausstiegskonsenses.

Keine Renaissance nirgends

Die CDU strebt dagegen weiter nach dem Ausstieg aus dem Ausstieg aus dem Ausstieg aus dem Ausstieg. Sie will nicht nur forschen, sondern auch neue Atomkraftwerke bauen. Die Begründung für die herbeigesehnte Renaissance der Atomkraft ist immer die gleiche:

Die Atomkraft sei eine billige Energie. Sie sei global auf dem Vormarsch. Nur Deutschland nehme einen Sonderweg. Keine dieser Behauptungen hält einer Überprüfung stand.

Deutschland geht in Europa keinen Sonderweg. Frei von Atomenergie sind auch Österreich, Italien, Irland und zehn weitere europäische Staaten. Für den Energiebedarf der Welt hat die Atomenergie nur eine Nischenfunktion. Zum Bedarf für Strom, Wärme, Mobilität liefert sie gerade 5 Prozent – wäre sie eine Partei, würde ihr das Aus im Parlament drohen.

Die Atomkraft ist global auch nicht auf dem Vormarsch, sondern seit Jahrzehnten auf dem Rückzug – das gilt auch für ihren Anteil an der Stromversorgung. 1996 betrug der Anteil nuklearer Energie an der weltweiten Stromproduktion 17 Prozent. 2022 fiel sie auf einen historischen Tiefstand – auf 9,2 Prozent. Die Zahl der Atomkraftwerke nimmt nicht zu, sondern ab. Ihr Höchststand, der »peak nuclear« wurde 2002 erreicht – mit 438 Reaktoren. Heute sind 407 am Netz, das sind 31 weniger. Das Durchschnittsalter der Reaktoren, die in der Regel auf 40 Jahre Betriebsdauer ausgelegt sind, beträgt 31 Jahre.

Der Grund für diesen Rückgang liegt auf der Hand. Alte Meiler gehen irgendwann trotz Laufzeitverlängerungen vom Netz, neue Atomkraftwerke aber sind extrem teuer. Das ist die dritte Lüge der Atomlobby: Sie sind nicht preiswert. Der Bau neuer Atomkraftwerke bindet extrem viel Kapital für Beton und Stahl. Er ist betriebswirtschaftlich unrentabel – selbst wenn man bei dieser Rechnung die immensen Kosten für den Rückbau der Anlagen und die Lagerung des Atommülls unberücksichtigt lässt.

In Frankreich begann der Energiekonzern EDF 2007 den Bau eines neuen Reaktorblocks in Flamanville. Er sollte 2012 fertig sein und gut 3 Milliarden Euro kosten. Ende 2023, nach 16 Jahren Bauzeit, war dieser dritte Block noch immer nicht am Netz. Die Kosten lagen mittlerweile bei 20 Milliarden Euro. Der Energiekonzern steuerte auf den Konkurs zu.

Zur drohenden Pleite der EDF hat auch der von ihr gebaute Reaktor Olkiluoto 3 in Finnland beigetragen. Anders als Flamanville war er 2023 nach 18 Jahren Bauzeit am Netz. Ursprünglich sollte Olkiluoto 3 in vier Jahren entstehen. EDF wollte zu einem Fixpreis von 3 Milliarden Euro liefern, es wurden 11 Milliarden. EDF musste den Rest von 8 Milliarden Euro tragen.

Wer das für nachahmenswert hält, hält auch den Bau des Berliner Flughafens oder von Stuttgart 21 für vorbildlich und preiswert. Das Uran für die finnischen Atomkraftwerke kommt übrigens aus Russland. Kaum war der Reaktor am Netz, wurde seine Leistung gedrosselt. Grund, es rechnete sich nicht. Erneuerbarer Strom war billiger als Atomstrom.

Flamanville und Olkiluoto hätten die EDF konkursreif gemacht – wenn das Unternehmen nicht vom Staat gerettet worden wäre. Ohne direkte oder indirekte Subventionen rechnet sich der Neubau von Atomkraftwerken nirgends.

Das gilt auch für die USA. Dort liefern noch 54 Atomkraftwerke Strom, die Betriebslaufzeiten sind auf bis zu 80 Jahre verlängert worden. Die US-Regierungen haben zudem teure Subventionsprogramme für die Atomwirtschaft aufgelegt. Das US-System von Monopolen mit garantierten Preisen in den Bundesstaaten ähnelt dem deutschen System vor der Liberalisierung des Strommarktes. Doch trotz dieser günstigen Bedingungen ist der Anteil der Atomkraftwerke an der Stromproduktion der USA bescheiden geblieben. Seit dem Reaktorunfall 1979 in Three Miles Island, der fast zum Super-GAU wurde, ist das Geschäft mit Atom in den USA noch schwieriger geworden. Die Konkurrenz billigen Frackinggases verhinderte große Investitionen.

2023 wurde in Georgia der erste neue Reaktorblock seit 30 Jahren in Betrieb genommen. Das AKW Vogtle sollte nach all den finanziellen Desastern bei Neubauten ein leuchtendes Beispiel werden, dass sich Atomkraft rechnet, wenn man es nur richtig macht. Die Kosten stiegen allerdings in zehn Jahren Bauzeit auf das Doppelte:

auf 30 Milliarden Dollar. Finanziert von den Stromkunden Georgias durch überhöhte Monopolpreise für Strom. Seit 2009 sind Fotovoltaikanlagen in den USA um 90 Prozent billiger geworden, Atomkraftwerke um 36 Prozent teurer.

Der Neubau von Atomkraftwerken hilft auch nicht beim Klimaschutz. Atomkraftwerke sind nicht CO_2-frei, auch wenn sie keine fossile Energie verbrennen. Ihre Errichtung und der Abbau von Uran setzen große Mengen Treibhausgase frei. Sie produzieren im Betrieb zwar wenig Treibhausgase, aber den gefährlichsten Müll der Welt. Doch das einmal beiseitegelassen: Atomkraftwerke sind wegen ihrer Bauzeit von 10 bis 20 Jahren nicht in der Lage, rechtzeitig die Energie zur Verfügung zu stellen, die wir für die Einhaltung des 1,5-Grad-Ziels für Wärme, Mobilität und Strom benötigen. Diese Bereiche müssen jetzt und nicht erst in Jahrzehnten dekarbonisiert werden.

Dekarbonisierung mittels Atomspaltung ist extrem teuer. Für das gleiche Geld erzeugen Wind und Sonne das Drei- bis Vierfache an Strom und sparen so das Drei- bis Vierfache an Treibhausgasen ein. Erneuerbare werden nicht nur in einem Bruchteil der Zeit gebaut, sie sind einfach billiger. Deshalb boomen Erneuerbare, deshalb stagniert und sinkt der Anteil der Atomenergie weltweit.

Das Gerede von der globalen Renaissance der Atomenergie ist die Autosuggestion einer Industrie. In der Wirklichkeit findet diese Renaissance nicht statt – nirgends.

Ausnahmen sind Länder, die aus anderen Gründen als der Stromerzeugung nach Nukleartechnik gieren. Nach der »World Nuclear Association« bereiten sich mehr als 30 Länder, viele mithilfe Russlands, auf den Einstieg in die Atomwirtschaft vor. Unter ihnen sind auffällig viele Diktaturen. Der Verdacht, dass die friedliche Nutzung der Energie für sie nur der Einstieg in die Atomwaffentechnik sein soll, liegt auf der Hand.

Rückkehr der Konsense

Nachdem der Versuch der Laufzeitverlängerung 2011 an der Katastrophe von Fukushima krachend gescheitert war, besann sich die Regierung von Angela Merkel auf die Vorteile von parteiübergreifenden Konsensen. Sie schaffen Berechenbarkeit und Investitionssicherheit für alle Beteiligten.

Den Ausdruck fand dies noch unter der schwarz-gelben Bundesregierung mit dem ersten Entwurf eines Gesetzes zur Endlagerung. Die Vorsitzenden der Oppositionsfraktionen von SPD und Grünen und die ehemaligen Umweltminister Sigmar Gabriel und ich erarbeiteten zusammen mit dem damals amtierenden Umweltminister Peter Altmaier von der CDU das erste Gesetz dazu. Später wurde dieses Gesetz parteiübergreifend auf der Basis der Empfehlungen der Endlagerkommission novelliert. Die heutige Struktur der Endlagersuche für den gefährlichsten Müll der Welt wurde hier konzipiert.

In all diesen Konsensen waren Grüne wie Sylvia Kotting-Uhl treibende Kräfte. Grüne hatten von Beginn an vor dem Einstieg in die Atomenergie gewarnt. Das sei, als würde man in ein Flugzeug steigen, von dem man nicht wisse, ob und wo es landen kann. Grüne aber haben sich nicht davor gedrückt, für die unbequemen Folgen dieser von ihnen bekämpften Technologie Verantwortung zu übernehmen. Wer einmal mit den Anwohnern eines Zwischenlagers oder des Atommülllagers Asse in Niedersachsen gesprochen hat, weiß das.

Das galt auch für die Frage, wie denn die Endlagerung zu bezahlen sei. Es mehrten sich die Zeichen, dass die Energiekonzerne sich aus ihrer Verantwortung davonstehlen wollten, durch Umstrukturierungen und Auslagerungen. Der damalige RAG-Vorsitzende Werner Müller hatte oft davor gewarnt. Die Grünen forderten schon lange, die Entsorgung in staatliche Hände zu geben. Die Konzerne wollten das nicht, da die Rückstellungen für Entsorgungen in ihren Büchern steuermindernd wirkten.

In der »Kommission zur Finanzierung des Kernenergieausstiegs« mit Vertretern aller Parteien, Industrie, Gewerkschaften wie Umweltverbänden wurde unter dem Vorsitz von Ole von Beust, Matthias Platzeck und mir ein Konsens gefunden. Die Unternehmen blieben verantwortlich für den Rückbau der abgeschalteten Atomkraftwerke. Die Finanzierung der Zwischen- und Endlagerung des Mülls aber wird einem staatlichen Fonds übertragen, der dieses Geld so anlegt, dass diese Kosten gedeckt werden.

Dabei gab es zwei Probleme. Zum einen waren die Rückstellungen von fast 18 Milliarden Euro zwar ordentlich dimensioniert – aber es waren erst mal nur Buchungen. Um dieses Geld flüssig zu machen und an den Fonds zu überweisen, mussten einzelne Energiekonzerne Anteile verkaufen. Zudem war die Kommission skeptisch, ob eine Verzinsung dieses Kapitals mit durchschnittlich fast 5 Prozent realistisch sei, sodass am Ende tatsächlich gut 170 Milliarden zur Verfügung stehen. Deshalb bestand die Kommission auf einem Risikozuschlag von 30 Prozent als Voraussetzung für die Enthaftung der Konzerne. Das Zinsziel lag damit unter 4 Prozent.

Das löste massiven Widerstand bei den Konzernen und auch bei der Bundesregierung aus. Noch in der Nacht vor der letzten Sitzung versuchten sowohl Kanzleramtsminister Peter Altmaier als auch Wirtschaftsminister Sigmar Gabriel, in hektischen Telefonaten diesen Risikoaufschlag wegzubekommen oder wenigstens zu mindern. Doch die drei Vorsitzenden von Beust, Platzeck und ich blieben hart. Am nächsten Morgen fiel der Beschluss in der Kommission dann einstimmig. Die Unternehmen überwiesen 24 Milliarden Euro. Der Fonds zur Kerntechnischen Entsorgung – »KenFo« – wurde gegründet. Angela Merkel bedankte sich per SMS bei der Kommission.

Unter seiner Vorstandsvorsitzenden Anja Mikus hat der KenFo sich nicht nur strenge ökologische, soziale und ethische Standards bei der Geldanlage gesetzt. Gerade mit diesen Standards hat der KenFo eine überdurchschnittliche Rendite erzielt und die Befürchtungen der Kommission bisher widerlegt. Allerdings sind zehn Jahre eine kurze Zeit.

Doch offensichtlich ist der erste deutsche Staatsfonds, den wir in der Kommission auf den Weg gebracht haben, so erfolgreich, dass ihm 2024 die Bundesregierung die Anlage der Gelder für die Aktienrente übertrug.

Grüne können eben Wirtschaft – selbst Finanzwirtschaft.

25 Jahre Energiewende

Was 2000 auf dem Gendarmenmarkt entschieden, mit dem Erneuerbare-Energien-Gesetz begonnen und mit der Einführung des Emissionshandels fortgesetzt wurde, war eine Erfolgsgeschichte: die Energiewende.

25 Jahre später, im ersten Halbjahr 2023, erzeugten Wind und Sonne 52 Prozent des deutschen Stroms. Der Umstieg auf Erneuerbare passierte schneller, als selbst ich angenommen hatte. Die Erneuerbaren haben nicht nur komplett das Fünftel des Stroms aus Atomkraftwerken ersetzt, sondern auch jenes Drittel des Stroms, der bis dahin aus Kohlekraftwerken kam. Mit der Energiewende wurden gleich zwei Schweine geschlachtet, Atom- wie Kohlekraftwerke.

Das war gut für das Klima. 2022 waren Sonne und Wind für über 60 Prozent der eingesparten 130 Millionen Tonnen Treibhausgase verantwortlich. Während der Klimaschutz in der Industrie, im Verkehr, bei Gebäuden und der Landwirtschaft im letzten Jahrzehnt eher stagnierte, sanken die Emissionen aus der Stromerzeugung massiv. Schon lange nicht mehr wurde so wenig Kohle verstromt wie im Winter 2023/2024 – dem Winter nach dem Ende der Atomenergie.

Die Energiewende hat die Versorgungssicherheit Deutschlands erhöht. Das rohstoffarme Land, welches drei Viertel seiner Energie in Form von Kohle, Öl, Gas und Uran importieren musste, war im letzten Jahrzehnt regelmäßig Nettostromexporteur.

Von einem Kapazitätsmangel kann dank der Vermehrung der erneuerbaren Kapazitäten keine Rede sein. Seit der Verabschiedung des EEG wurden jährlich gut 20 Milliarden Euro in neue Stromerzeugungskapazitäten investiert. Nachbarländer wie Frankreich, die das versäumten, sind heute von überalterten, störanfälligen Atom- und Kohlekraftwerken abhängig. Die in Deutschland installierte Stromerzeugungskapazität ist mehr als doppelt so hoch wie die absolute Spitzennachfrage.

Die Energiewende bestand so die Bewährungsprobe des Ukrainekriegs. Der Ausfall von russischem Gas wie der französischen Atomkraftwerke hat die Versorgungssicherheit in Deutschland nicht gefährdet. Deutschland half Frankreich aus der Patsche. Preiswerte erneuerbare Energien aus Deutschland wie Skandinavien sorgen heute dafür, dass die Strompreise wieder Vorkriegsniveau erreichen.

Russlands Krieg in der Ukraine hat die geostrategische Bedeutung der Energiewende nachdrücklich unterstrichen. Deutschlands Abhängigkeit von billigem russischen Gas hat uns unsere Erpressbarkeit vorgeführt. Diese Abhängigkeit war nicht einer politischen Naivität geschuldet. CDU, CSU, SPD, die Industrie und große Gewerkschaften hatten jahrelang auf den Wettbewerbsvorteil durch das billige Russengas gesetzt. Es war Gier und nicht Naivität, die uns in Putins Abhängigkeit trieb. So erfolgreich Robert Habeck war, Deutschland in Jahresfrist aus dieser Abhängigkeit zu befreien, so klar ist, dass das nicht reicht.

Bloße Autokratendiversifizierung – von Putin zu Alijew, Erdogan und den Al Tanis – erhöht nur ungenügend die strategische Autonomie Europas. Auch demokratischen Gasexporteure verfolgen ihre eigenen Interessen. Das zeigte Präsident Bidens Stopp für neue Exportterminals.

Für mehr strategische Autonomie Europas und Deutschlands muss die Abhängigkeit von fossilen Importen insgesamt gesenkt werden. Das Wachstum der heimischen Erneuerbaren ist dafür der Schlüssel.

Trotz aller Bremsversuche wurde die Energiewende zum Jobmotor. Obwohl es nach der Spitze 2011 mit über 400 000 Beschäftigten einen massiven Einbruch gab, arbeiteten 2021 (wieder) 340 000 in der Branche der Erneuerbaren – dreimal so viel wie im Jahr 2000. Die Energiewende war handfeste Industriepolitik in einer globalen Zukunftsbranche.

Doch es war mehr als das. Deutschland legte den Grundstein für die weltweite Energiewende.

Die globale Energierevolution

Von John Kerry, dem Sondergesandten der USA für Klima, stammt folgende Feststellung: »Deutschlands bahnbrechendes EEG-Gesetz zu Beginn des 21. Jahrhunderts löste einen Boom bei Solar- und Windenergie für die nächsten zwei Jahrzehnte aus, und indem es einen Premiumpreis für erneuerbare Energien garantierte, schuf Deutschland einen frühen Markt für aufstrebende Technologien, der inzwischen auf der ganzen Welt floriert.«

Das EEG, in Deutschland von Union und FDP lange bekämpft, war ein Exportschlager. Noch nie haben so viele Länder – fast 100 – ein bundesdeutsches Gesetz kopiert. Das EEG war der Zündfunke für die globale Transformation in Richtung klimafreundlicher Energie. Weil Deutschland Geld in die Solar- und Windkraft pumpte, wurde diese Technologie innerhalb weniger Jahre attraktiv für Länder wie Indien oder China.

Kurz nach dem schon geschilderten kommerziellen Aus für den kleinen Atomreaktor SMR gab Obamas ehemaliger Energieminister Steven Chu der FAZ ein Interview. Darin behauptete er: »Um Wasserstoff wettbewerbsfähig herzustellen, müssen Sie ihn zu einem Preis von einem Cent pro Kilowattstunde Strom produzieren können, maximal anderthalb Cent.«

Als ich im Herbst 2023 in Indien war, rechneten mir Regierungsvertreter des Landes vor, dass Gestehungskosten nicht von einem, nicht von anderthalb, sondern von weniger als einem halben Cent in der Fotovoltaik des Landes erreicht worden seien. Indien rechnet damit, dass mit diesen niedrigen Gestehungskosten grüner Wasserstoff bereits 2025 wettbewerbsfähig sein soll. Das wird Deutschland frühestens 2028 schaffen. Mit Dr. Chus Atomkraftwerken aber wird es der Sankt-Nimmerleins-Tag werden.

Zwar dominiert in Indiens Strommix immer noch zu zwei Dritteln die Kohle. Aber es boomen im ganzen Lande die erneuerbaren Energien. Im Anflug auf den Flughafen von Bangalore in Indien sieht man aus dem Fenster ein Meer von spiegelnden Oberflächen. Von Weitem scheint es, als würden sich die indischen Bauern massenhaft Swimmingpools neben ihren Beeten leisten. Aber man blickt auf Tausende Fotovoltaikanlagen. Regenerativ hergestellter indischer Strom ist konkurrenzlos billig. Der Blick aus dem Flugzeug auf Bangalore ist ein zarter Hinweis, dass in der Welt mit klimaneutral hergestellter Energie vieles anders sein wird als heute.

Der Boom der Erneuerbaren macht der Kohle schwer zu schaffen. Sie ist nicht mehr wettbewerbsfähig. Obwohl Indien sich international gegen ein definiertes Ende der Kohleverstromung wehrt, sind die privaten Investitionen in neue Kohlekraftwerke in Indien seit vier Jahren negativ oder null. Die öffentlich verkündeten Ausbauziele für Kohle wären nur über massive Subventionen des Staates oder der Bundesstaaten noch zu erreichen. Aber auch diese waren 2022 stark rückläufig.

Die deutschen Stromverbraucher haben mit der EEG-Umlage ein Klimaschutzprogramm für die halbe Welt bezahlt. Angesichts der horrenden Kosten der Klimakrise war das auch finanziell ein gutes Geschäft und kluge Entwicklungshilfe nach dem Leitsatz »global denken, lokal handeln«. Spöttisch gesagt, hätte die Bundesregierung sich Ausgaben für das EEG für ihr chronisch unterfinanziertes Entwicklungshilfebudget anrechnen lassen können, das selten das versprochene Ziel von 0,7 Prozent des BIP erreicht. Die deutschen Haushalte, nicht die Industrie, haben die Energiewende auf der ganzen Welt vorfinanziert.

Heute boomen nicht nur in Indien die Erneuerbaren. Seit Jahren übertreffen die globalen Investitionen in erneuerbare Energien die fossilen. Spitzenreiter ist China. Dass China sich auf diesen Weg gemacht hat, geht mit auf die zweite Erneuerbare-Energie-Konferenz in Peking 2005 zurück. Die erste globale Erneuerbare-Energie-Konferenz hatte unter meinem Vorsitz 2004 in Bonn stattgefunden.

Wir haben damals die Nachfolgekonferenz bewusst nach Peking gelegt. China mit seinem Wachstum musste auf einen klimaneutralen Weg gebracht werden. Sonst wären alle Bemühungen zur Begrenzung der Klimakrise vergeblich. China davon zu überzeugen, war nicht einfach. Das Land setzte auf Kohle und auf einen Ausbau der Atomenergie sowie auf riesige Wasserkraftprojekte. Mit unseren Windrädern und Solarmodulen wurden wir anfangs belächelt. Doch dann gelang es uns, die wichtige »Kommission für Entwicklung und Reform« der KP Chinas gerade auch von den ökonomischen und geostrategischen Vorteilen der Erneuerbaren zu überzeugen. Sie führte die »Beijing International Renewable Energy Conference« (BIREC) 2005 in Peking in der Großen Halle des Volkes durch – und sogar Greenpeace durfte damals auf dem Platz des Himmlischen Friedens Transparente hochhalten. Heute wäre das ein Freifahrtschein in den Knast.

Inzwischen ist China der größte Investor in erneuerbare Energien weltweit. China investiert gut doppelt so viel wie die USA und ein Mehrfaches von Deutschland. Erneuerbare stehen auf der Prioritätenliste von Xi Jinpings Strategie »Made in China 2025« sehr weit oben. Sie sind wie E-Mobilität, Künstliche Intelligenz und Digitalisierung für China eine strategisch bedeutsame Industrie.

Das hat nicht nur angenehme Seiten für Deutschland und Europa. Heute rächt sich die Vertreibung der Fotovoltaik-Industrie aus Deutschland durch Schwarz-Gelb. China hat in der Modulproduktion mit der Starthilfe deutschen Anlagenbaus sowie Subventionen und Staatsgarantien faktisch ein globales Monopol. Die Idee Joe Bidens, dieses Monopol mit einem »Inflation Reduction Act« zu durchbrechen, geht erneut zulasten Deutschlands. Wir haben der Industriepolitik Chinas und der USA nichts entgegenzusetzen. Im sächsischen Freiberg schloss jüngst das junge Unternehmen Meyer-Burger wieder die Produktion, weil es in den USA bessere Konditionen vorfand.

Denn nicht nur Schwellen- und Entwicklungsländer setzen auf Erneuerbare. Die USA sind heute der zweitgrößte Investor in Wind und Sonne nach China. Das macht auch vor Hochburgen der Ölindustrie nicht halt. Ein Schwerpunkt dieser Investitionen liegt im öl- und gasreichen Texas. Als ich im Herbst 2023 mit einer Delegation unter Leitung von Annalena Baerbock die Ölmetropole Houston besuchte, erklärte uns der damalige Bürgermeister Sylvester Turner von den Demokraten, dass die Stadt inzwischen zu 100 Prozent auf Erneuerbare umgestellt habe – zum Verdruss des klimaleugnenden republikanischen Gouverneurs.

Weltweit arbeiteten 2021 nach den Angaben der »Internationalen Agentur für Erneuerbare Energien« über 12 Millionen Menschen in der Erneuerbaren-Industrie, über 5 Millionen in China, 1,2 Millionen in der EU ebenso wie in Brasilien und 1 Million in den USA.

Laut Weltklimarat ist in dem Zeitraum von 2010 bis 2019 Solarenergie auf dem Globus um 85 Prozent billiger geworden, Windenergie um 55 Prozent. Heute ist globale Referenzgröße für die Kosten einer Kilowattstunde Windenergie – weil sie die billigste Art ist, Strom zu erzeugen. Auf Platz zwei folgt Fotovoltaik.

Die Erneuerbaren sind gekommen, um zu bleiben. Sie weisen den Weg in eine postfossile, gerechtere Zukunft.

Globale Gerechtigkeit

Es gibt keine globale ökologische Gerechtigkeit ohne Geld. Die Regionen, die besonders drastisch unter den Folgen der Klimakrise leiden, sind selten die, die das CO_2 in die Luft geblasen haben. In Bangladesch sind gerade Ärmere gezwungen, einen wesentlichen Teil ihres Einkommens für die Folgen von Flut- oder Sturmschäden auszugeben. In Afrika steigt die Zahl der Überschwemmungen nachweislich an. In der Region um den Tschadsee sind wegen der Erwärmung Hitze, Dürren und Fluten häufiger geworden, worunter die Landwirtschaft leidet. Die Liste ist länger – und sie wird künftig noch viel länger werden.

Das verlangt nach dem Verursacherprinzip nach einem Ausgleich. Die wirtschaftlichen Kosten für Verluste und Schäden (loss and damages) bis 2050 werden auf eine Billion Dollar taxiert. Die Industriestaaten haben sich jahrelang hartnäckig gegen einen Fonds zum Ausgleichen von Verlusten und Schäden gewehrt. Den hat auf der Klimakonferenz 2022 Annalena Baerbock durchgesetzt.

Nur: Wer sind die Industriestaaten? Gemessen an den Pro-Kopf-Emissionen, aber vor allem an den historischen Emissionen sind das die USA, Europa und China. Die großen Drei sind verantwortlich für die übergroße Menge an CO_2 in unserer Atmosphäre. China ist – den immensen Investitionen in Erneuerbare zum Trotz – auf dem Weg, die USA als größten historischen Emittenten abzulösen.

Unter der UN-Klimakonvention aber gilt China noch als Entwicklungsland. Es weigerte sich zu zahlen.

Die Blockade zwischen existenziell bedrohten Inselstaaten und dem globalen Süden einerseits und den reichen nördlichen Staaten andererseits ist 2022 in Bewegung gekommen. Deutschland und Europa bildeten eine Koalition zusammen mit den besonders betroffenen kleinen Inselstaaten für einen Fonds zum Schadensausgleich. China war empört, konnte aber den Beschluss nicht mehr verhindern.

So ändern sich globale Frontverläufe. Globaler Süden inklusive China versus industrieller Norden, das war einmal. Gemeinsame und geteilte Verantwortung bemessen sich am Beitrag zur globalen Klimakrise.

Die Klimakrise ist eine historische Premiere. Die Menschheit muss zum ersten Mal als kollektiver Akteur auftreten. Vor dem Klimawandel gab es keinen zwingenden materiellen Grund, warum in Shanghai interessieren sollte, ob in Indien neue Kohlekraftwerke gebaut werden, warum in Bremen interessieren sollte, wie viele Windräder in China geplant werden. Das ist jetzt anders.

Von dem Staatsrechtler Carl Schmitt, trotz seiner NS-Verstrickung von Konservativen noch immer als origineller Denker verehrt, stammt der Satz: »Wer Menschheit sagt, will betrügen.« In dieser aphoristischen Zuspitzung wird der Antiuniversalismus der Rechten zur Pointe komprimiert. Menschen und Menschenrechte werden hier unter Moralverdacht gestellt – Gleichheit ist für Schmitt ein unpolitischer Begriff und eine einfältige Idee. Den Wesenskern des Politischen verortet die Rechte in der Nation. Für supranationale Organisationen wie die UN haben politische Rechte nur Verachtung übrig.

Unter den Bedingungen der Klimakatastrophe müssen wir Schmitts Satz umdrehen: »Wer nicht Menschheit sagt, will betrügen.« Wer den ökologischen Universalismus ablehnt, handelt nicht nur egoistisch auf Kosten Schwächerer – sondern auch gegen die Überlebensinteressen der eigenen Nation. Er wird auch sich selbst betrügen.

Die AfD und andere Reaktionäre behaupten, dass wir nichts gegen den Klimawandel tun können und brauchen, weil nur 2 Prozent der globalen CO_2-Emission aus Deutschland kommen. Gelegentlich plappern das auch Vertreter von Union und FDP nach.

Diese Haltung ist kurzsichtig. Zum einen ist Deutschland global der siebtgrößte Emittent von klimaschädlichen Gasen. Rechnet man, wie viel CO_2 jede Person emittiert, ist das Bild noch drastischer: Deutsche sind pro Jahr für gut elf Tonnen klimaschädlicher Gase verantwortlich – Inder nur für ein Fünftel davon! Deutsche emittieren 20-mal so viele Treibhausgase wie Menschen in Bangladesch, die massiv unter dem Klimawandel leiden. Wir sind verantwortlich.

Deutschland hat die Mittel, die Technologie und das Wissen, seiner Verantwortung gerecht zu werden: den Ausstoß von Treibhausgasen drastisch zu verringern. Wenn Deutschland und Europa dieser Verantwortung gerecht werden, dann wirkt das weit über die 2 Prozent unserer Emissionen hinaus. Dass in den USA die Treibhausgase sinken, dass der Anstieg der Emissionen in China langsamer erfolgt, geht auch darauf zurück, dass Deutschland die Technologie der Erneuerbaren wettbewerbsfähig gemacht hat.

Die Klimakrise kennt keine Grenzen. Klimapolitik wirkt immer über die Grenzen hinaus.

Das gilt auch für eine andere Kritik am Klimaschutz: Wenn in Deutschland und Europa mit der Förderung Erneuerbarer, CO_2-Bepreisung und Emissionshandel fossile Energie gezielt verteuert wird – wandern Firmen dann nicht in Regionen mit laxeren Standards ab? Dieser Prozess – »carbon leakage« genannt – sei ein Nullsummenspiel und nutze dem Klima nichts.

Diese Verlagerung wurde sehr viel häufiger angedroht als vollzogen. In einem gemeinsamen Binnenmarkt Europa gilt sie schon lange nicht mehr. Hingegen war die Vertreibung der Fotovoltaik-Industrie aus Deutschland 2011 der realste Deindustrialisierungsprozess der letzten Jahrzehnte. Aber davon abgesehen lauert hier tatsächlich eine Gefahr.

Dieser Gefahr gilt es zu begegnen – etwa über die von uns eingeführte Befreiung von der EEG-Umlage für stromintensive, im internationalen Wettbewerb stehende Unternehmen. Solche Maßnahmen haben ihre Tücken – aber sie haben eben mit dazu beigetragen, dass es nicht zu befürchteten Abwanderungen kam. Sie hatten aber das Problem, auf Deutschland beschränkt zu sein – und das ist im gemeinsamen Binnenmarkt unschön.

Deshalb gibt es seit 2023 eine europäische Antwort auf die Gefahr des carbon leakage, den »Carbon Border Adjustment Mechanism«, kurz CBAM. Der Grundgedanke ist einfach. Auch bei Waren, die von außerhalb auf den europäischen Markt kommen, muss CO_2 einen Preis haben – und zwar den gleichen wie in der EU. Wird also mit viel CO_2-Emissionen hergestellter Stahl aus China oder mit Erdgas produzierter Wasserstoff aus den USA in die EU importiert, muss für das CO_2 dieser Produkte der gleiche Preis in Form einer Abgabe gezahlt werden. So sorgt CBAM für Wettbewerbsgleichheit auf dem Binnenmarkt.

CBAM soll einen doppelten Effekt haben. Es soll fossile Dumping-Importe von Zement oder Dünger, Wasserstoff oder Stahl verhindern, die in Europa die Transformation bremsen. Und es soll zum Zweiten jenseits von Europa klimaneutrale Produktion fördern. Denn die EU ist ein großer, finanzstarker und damit interessanter Absatzmarkt.

Länder wie Brasilien und Indien kritisieren CBAM als Abschottung des reichen Europas, das ihre Waren verteuert. Sie werden teurer, aber das ist vermeidbar. Die Einführung eines Emissionshandelssystems in diesen Ländern würde die Abgabe gegenstandslos machen, weil die CO_2-Bepreisung dann dort stattgefunden hat. China hat ein Emissionshandelssystem schon vor Jahren auf den Weg gebracht. Ähnliche Diskussionen beginnen in Indien.

Beide Länder dürften CBAM so einfacher vermeiden können als die USA, wo ein Emissionshandelssystem im Kongress nicht durchsetzbar ist. Europa wird aber zu prüfen haben, inwieweit Maßnahmen nach dem »Inflation Reduction Act« als gleichwertig anzuerkennen sind.

Geht jedoch die Abholzung des Urwalds in Brasilien voran, dürfte für auf den gerodeten Flächen produzierte Futtermittel CBAM greifen. Für Wiesenhof und Rothkötter würde es also teurer. Es würde uns helfen, unsere Fleischproduktion schneller in Richtung Klimaneutralität zu transformieren.

Kampf der Klimakrise

Die globale Klimapolitik ähnelt einem Vexierbild. In einer Perspektive scheint die Sache finster und fast aussichtslos. Seit die UN-Klimarahmenkonvention verabschiedet wurde, ist mehr als die Hälfte der Treibhausgase emittiert worden, die jetzt in der Atmosphäre eingelagert sind. Die Menschheit scheint unfähig zu sein, angemessen auf eine von ihr erkannte Gefahr zu reagieren.

Der Philosoph Hans Jonas hat in »Das Prinzip Verantwortung« schon 1979 den kategorischen Imperativ für das ökologische Zeitalter formuliert: »Handle jederzeit so, dass auch künftigen Generationen ein menschenwürdiges Dasein auf der Erde möglich ist!« Dazu scheint die Menschheit, wenn man die Emissionen nüchtern betrachtet, nicht in der Lage zu sein. Wir wissen, was wir tun, und tun es sehenden Auges trotzdem. Die Emissionen steigen weiter.

Kippt man das Bild, sieht man etwas anderes. China, das fast ein Drittel der globalen Emission verantwortet, investiert gigantische Summen in erneuerbare Energien. Es ist global gelungen, Wachstum und Emissionen zu entkoppeln. »2022 wurde global 33-mal so viel Fotovoltaik gebaut wie 2009 – Tendenz steigend.« Europa und Deutschland haben ihren CO_2-Fußabdruck verkleinert, allerdings von einem extrem hohen Niveau. Der Ausstoß ist immer noch weit höher als das, was das Klima vertragen kann. Aber die Richtung stimmt. Mit dem Green Deal möchte Europa als erster Kontinent bis 2050 klimaneutral sein, Deutschland hat sich das für 2045 vorgenommen.

UN-Generalsekretär António Guterres sagt: »In neue fossile Infrastruktur zu investieren, ist moralischer und ökonomischer Wahnsinn.« Ein Hoffnungszeichen ist, dass nicht nur die Vereinten Nationen das so sehen, sondern auch institutionelle Anleger wie die Allianz und sogar Blackrock, die ihre Investitionen in Fossile runterfahren. Blackrock ist neun Billionen US-Dollar schwer und gilt als Symbol des entfesselten Finanzkapitalismus. Große Anleger ziehen ihr Kapital nicht aus Fossilen ab – meiden aber neue Investitionen in kapitalintensive Branchen wie dem Fracking.

Nun ist die Ankündigung von Blackrock, nur noch nachhaltig zu investieren, nicht frei von Greenwashing. Aber der Trend ist deutlich. Wenn das globale Kapital beginnt, Klimakiller finanziell auszutrocknen – und sei es aus Opportunismus –, dann hat das Wirkung.

Die Abkehr von Gas und Öl, die kommen muss und wird, kann ein Beben auslösen. Denn in den Geschäftsbüchern der 100 größten Unternehmen weltweit werden die fossilen Reserven mit neun Billionen Dollar als Haben geführt. Wenn diese Kohlenstoffblase platzt, kann es zu Bankenkollapsen und einer Erschütterung des globalen Finanzsystems kommen. Diese Gefahr ist noch nicht ausreichend in den Köpfen angekommen.

Eine weitere Gefahr ist: Katastrophen wie Überflutungen und Trockenheit, wirtschaftliche Schäden und Arbeitslosigkeit sind der Nährboden für nationalistische Regime. Der Ausnahmezustand ist kein guter Humus für eine demokratische Politik, die viele beteiligt und solidarische Lösungen anstrebt. Die Bedingungen für die demokratische Bekämpfung des Klimawandels werden unter verschärften Krisenbedingungen nicht besser, sondern schwieriger.

Der Reichtum der Staaten des demokratischen Kapitalismus wie staatskapitalistischer Systeme basiert seit der Industrialisierung auf billiger fossiler Energie. Wir müssen das Gleichheitszeichen zwischen fossiler Energie und Wohlstand durchkreuzen. Armutsüberwindung und wirtschaftlicher Fortschritt müssen treibhausgasfrei möglich werden.

Das ist die Schlüsselfrage: Gelingt es den ärmeren Regionen, die mit Recht nach Wohlstand streben, mit Erneuerbaren und ohne explodierende CO_2-Emissionen zu wachsen?

Mit ebenso ambitionierten wie verbindlichen globalen Ausbauzielen für die Erneuerbaren wird das gelingen. Schaffen wir das nicht, werden wir den Wettlauf mit der Klimakrise verlieren.

Diese Entscheidung fällt jetzt.

Kulturkampf gegen die Ökologie

Seit ein großer Teil der Konzernvorstände verstanden hat, dass sich fossil Produziertes nicht mehr lange verkaufen lassen wird, hat die einst klare Frontstellung – *die* Wirtschaft gegen *die* Grünen – arge Risse bekommen.

So standen Volkswagen und andere Unternehmen hinter den Grünen, als in der Europäischen Union das Aus für den Verbrenner beschlossen wurde – während die FDP mit Christian Lindner und Volker Wissing noch für E-Fuels kämpfen. Die Autoindustrie hatte begonnen, wenn auch viel zu spät, ihre chinesische Lektion zu lernen. Die FDP läuft lieber dem rechtspopulistischen Getöse der *Bild* hinterher, als sich der wirtschaftlichen Realität zu stellen.

Ökologie hat sich heute von einer randständigen, minoritären Veranstaltung zu einem ökonomischen Faktor entwickelt. Grüne können mit jenem Teil der Wirtschaft die Dekarbonisierung vorantreiben, der verstanden hat, dass dies einen Wettbewerbsvorteil und Modernisierung bedeutet. Das ist ein Fortschritt.

Doch dieser Fortschritt wird herausgefordert. Im Diskurs der politischen Rechten hat der Kampf gegen die Ökologie mittlerweile den gleichen Stellenwert wie der Rassismus. In der Idee des Kampfes gegen einen angeblichen »Great Reset« werfen sie sogenannten Globalisten vor, sie planten einen Bevölkerungsaustausch. Solche Begriffe verwendet ein ehemaliger Verfassungsschutzpräsident wie Hans-Georg Maaßen ebenso wie die ebenfalls vom Verfassungsschutz beobachtete »Identitäre Bewegung« des Martin Sellner. Die rechte Identitätspolitik konstruiert ein ethnisches nationales Kollektiv, das durch die EU und Migration, ökologische Politik und *wokeness* bedroht werde.

Im rechten Identitätsdiskurs werden Grüne und Ökologen der »globalistischen Elite« zugerechnet und so zu einem Teil ihres Kulturkampfs. Den Grünen wird vorgehalten, sie seien eine elitäre Partei, die nur Wohlhabende vertrete, sich selbst als moralisch hochwertig verkaufe, um ihre eigenen Interessen zu bemänteln. Darauf kann man sachlich antworten – aber man darf ihnen ihre scheinsoziale Demagogie nicht durchgehen lassen.

Entgegen einem gerne kultivierten Vorurteil sind die Grünen, anders als die FDP, keine Partei, die vor allem von Reichen gewählt wird. Laut einer Studie des DIW von 2017 haben Wähler der FDP das höchste Haushaltseinkommen, gefolgt von Union und Grünen. Das Einkommen der grünen Anhängerschaft nähert sich allerdings dem Durchschnitt an. Die Einkommen der Wählerinnen und Wähler von SPD, Union und Grünen liegen zu eng beieinander, um daraus weitreichende Schlüsse ziehen zu können.

Die grüne Klientel unterscheidet sich von der von SPD und Union durch andere Merkmale: Sie ist jünger, hat eine bessere Ausbildung und mehr erwerbstätige Frauen. Das ist ein Grund, warum grüne Klientel ein höheres Haushaltseinkommen hat. Das Bild »Grün gleich reich gleich nicht normal« ist so suggestiv wie falsch.

Zur rechten Demagogie gehört, dass Konservative und Rechtsextreme zwar behaupten, die »Normalen« gegen die Angriffe der »reichen« Grünen zu verteidigen, aber kein Interesse daran haben, wirkliche Armut zu bekämpfen. Gerne blockieren sie eine Kindergrundsicherung und hetzen gegen das Bürgergeld und seine Empfänger. Die Reform des Bürgergelds haben die Grünen ebenso maßgeblich vorangebracht wie die Kindergrundsicherung. Ihren eigenen Anhängern dürften diese Reformen wenige zusätzliche Cent bringen. Grüne streiten für Gerechtigkeit in der Gesellschaft – nicht für ihre Klientel.

Die Idee der Ökologie zielt auf globale, generationenübergreifende Gerechtigkeit. Alle sollen die gleichen Chancen auf ein gutes Leben haben, US-Amerikaner in San Francisco heute genauso wie Menschen in Pakistan, die erst im Jahr 2100 geboren werden. Ökologie ist eine egalitäre politische Idee.

Deshalb passt Ökologie in das Hassschema von Rechten, die die Verteidigung der eigenen Statusprivilegien mit der Verachtung der sozial unter ihnen Stehenden verbinden. In den 70er-Jahren gab es einen Gleichheitsdiskurs, in dem die Rechte Ärmerer betont wurden. Heute herrscht ein Abgrenzungsdiskurs nach unten: Die unten dürfen nicht so viel haben wie ich. Deshalb stehen die Grünen mehr und mehr im Fadenkreuz der Rechten und ihres antiegalitären Abgrenzungsdiskurses.

Die Rechten versuchen, einen Kulturkampf gegen eine vermeintlich globalistische Elite zu inszenieren, die grün wählt und das Volk, die »Normalen«, verrät. Wobei der Begriff des »Normalen« im Mittelpunkt steht. Normal ist, wer sich selbst dafür hält, die anderen sind es, die unnormal sind. Richtig unangenehm werden diese »Normalen«, wenn öffentlich wird, wie wenig normal sie tatsächlich sind.

Wer glaubt, eine Wärmepumpe führe Menschen ins Elend, lebt in einer postfaktischen Welt. Die hat sie nicht erfunden. Ein Meister postfaktischer Politik ist Markus Söder. Um zu verhindern, dass die CSU gezwungen sein könnte, mit den Grünen zu koalieren, eröffnete er den Kampf gegen Sprachverbote und Fleischverbote. Die hatte zwar niemand gefordert, aber Söder setzte darauf, dass eine oft genug wiederholte Lüge irgendwann geglaubt wird. Deshalb postete er täglich auf Instagram, wie er Leberkas oder Döner in sich stopft – angeblich sogar während Videokonferenzen mit Friedrich Merz.

Bei der Landtagswahl aber profitierten von Söders Kampagne die Freien Wähler des Aiwanger Hubert und die AfD, nicht die CSU.

Doch postfaktische Politik ist nicht komisch, sondern gefährlich. Die von der CSU auf Lügen und Verleumdung aufgebaute antiökologische Hetzkampagne führte am Ende des Landtagswahlkampfes zu Steinwürfen gegen die grüne Spitzenkandidatin Katharina Schulze. Der Kulturkampf gegen die Ökologie endete in Gewalt.

Der gewaltsamen Verrohung der politischen Auseinandersetzung hat die postfaktische Politik den Weg bereitet. Es führt eine direkte Linie von solchen Äußerungen über Aiwangers »Holt euch die Demokratie zurück« zu den Steinwürfen gegen Grüne, der gewaltsamen Verhinderung ihres politischen Aschermittwochs in Biberach, der Bedrohung von Robert Habeck auf der Fähre von Schlüttsiel durch Treckerfahrer, die gegen Klimaschutz und Artenvielfalt in der Landwirtschaft randalierten. Immer wähnten sich die Täter in dem Glauben, im Kampf gegen Ökologie und Klimaschutz die Meinung des Volkes hinter sich zu haben. Doch Gewalt ist nicht normal.

Der postfaktische Diskurs legitimiert – gewollt oder ungewollt – faschistische Gewalt. Deshalb muss er beendet werden. Das ist die Verantwortung der Demokraten in der rechten Mitte.

Für Grüne erwachsen daraus weitere Herausforderungen. Wollen wir gegen diesen Kulturkampf von rechts Klimaschutz durchsetzen, dürfen wir uns nicht auf die Beschreibung der Schrecken und der Wucht der Klimakrise beschränken. Niemand will Opfer einer Überschwemmungskatastrophe wie im Ahrtal werden. Aber das ist ein fernes Interesse, weil die Wahrscheinlichkeit für gering gehalten wird. Deshalb tragen Katastrophenbeschwörungen, Dystopien immer nur wenige Tage.

Das vitale, tägliche Interesse der Menschen ist ein anderes. Alle möchten eine auskömmliche Arbeit haben, in einer intakten Infrastruktur leben und wissen, dass ihre Kinder Chancen haben. Darauf gibt es Antworten. Die Transformation schreckt viele, weil sie mit Veränderungen verbunden ist. Aber sie kennt auch Gewinner im Alltag.

Wir müssen mit und über diese alltäglichen Gewinner und ihre Vorteile sprechen.

Die Energiewende hat über 340 000 Menschen Arbeit gegeben. Sie ist, anders als Kohle und Atomenergie, kein großindustrielles Konzernprojekt. Sie ist ein kleinteiliges, dezentrales Geschäft mit Entwicklungsmöglichkeiten für Regionen jenseits der Zentren. Die Energiewende braucht jene Handwerker, die Aiwanger als »normal« ansieht. Für diese normalen Handwerker ist die Transformation eine große Chance.

Zwei Beispiele: In meinem ehemaligen Wahlkreis verkauft und installiert ein Elektrohandwerksbetrieb Fotovoltaikanlagen, Speicher und ein Steuerungselement. Dieser kleine unscheinbare Kasten reguliert die gesamte Elektrik und Heizung im Haus analog zu den Entwicklungen an der Strombörse. Der Strom, den die eigene Fotovoltaikanlage produziert, wird dann in das Netz eingespeist, wenn der Strompreis hoch ist. Das Steuerungselement sorgt umgekehrt dafür, dass der Strom aus dem Netz bezogen wird, wenn er billig ist, ja man bei negativen Preisen damit sogar Geld verdienen kann. Das ist für Einfamilienhäuser überaus attraktiv. Viele halbieren dadurch ihre Stromrechnung.

Ein zweites Beispiel sind die Wind- und Solaranlagen, die oft von Genossenschaften betrieben werden. Die Wertschöpfung bleibt dabei in ländlichen Räumen. Es gibt auch negative Beispiele von aggressiven Unternehmen, die sich um die Bedingungen vor Ort nicht kümmern und denen egal ist, ob einige wenige oder das Gemeinwesen profitieren. Doch überwiegend ist das Bild von Bürger-Energiegenossenschaften geprägt.

In meinem langjährigen Wahlkreis Göttingen gab es wie andernorts auch einzelne Konflikte um Windanlagen. Aber dort, wo die Bevölkerung am Ertrag der Anlagen selbst beteiligt ist, wie beispielsweise in Gieboldehausen, drehen sich dortigen acht Turbinen zum Nutzen der Menschen. Die Bürgerwindgesellschaft Diemarden hat lange Wartelisten von normalen Bürgern, die sich mit ihrem Geld am Bau neuer Anlagen beteiligen wollen, wenn diese denn endlich genehmigt werden.

Es gibt in Deutschland knapp 1000 Energiegenossenschaften mit mehr als 200 000 Mitgliedern, die 3 Milliarden Euro investiert haben. Die Transformation produziert Gewinner – und wird dies in Zukunft noch viel mehr tun. Deshalb haben wir den Widerstand gegen das EEG überstanden. Denn es war sichtbar, dass neue Unternehmen mit neuen Jobs eine ökonomische Infrastruktur schufen, die antiökologische Attacken Lügen strafte. Unsere Erzählung sollte diese Gewinner in den Mittelpunkt stellen und Dystopien meiden. Ob die Energiewende schneller gelingt, gebremst wird oder scheitert, ist eine materielle, keine moralische Frage.

Auch wenn es unmoralisch und dumm ist, in Bayern den Neubau von Windkraftanlagen und den Bau von Stromtrassen nach Bayern zu blockieren: Die Windparks in der Nordsee müssen mit den industriellen Zentren im Süden Deutschlands verbunden werden, sonst gehen im Süden die Lichter aus. So viel zur Dummheit.

Unmoralisch ist diese Haltung, weil der bayerische Ministerpräsident Markus Söder sehr genau weiß, dass der Trassenbau nötig ist, er aber dafür nicht verantwortlich sein möchte. Die Haltung »Leute, seid nicht feige, lasst mich hinter den Baum« ist kein Privileg von Söder oder der CSU. Sie ist leider weit verbreitet.

Die 700 Kilometer lange Trasse »SuedLink« nach Bayern verläuft unter anderem durch meinen ehemaligen Wahlkreis. Auch in Göttingen gab es Proteste gegen die Leitung, angeführt von der CDU, gefolgt von SPD und FDP. Die einzige Partei, die zur von Bund und Ländern beschlossenen Trasse stand, waren wir Grünen – zu diesem Zeitpunkt Oppositionspartei.

Grünen wird bei den Drogenexzessen der Aschermittwochsreden und in den Bierzelten von Gillamoos gerne »Doppelmoral« nachgesagt: »In Berlin die Energiewende fordern, aber vor Ort blockieren.« In Göttingen praktizierten CDU, SPD und FDP diese Doppelmoral. Ich habe mich dem Konflikt mit den Anwohnern gestellt – im Rat waren die Grünen die einzige Fraktion, die sich für die Trasse aussprachen. Der Protest hatte dann auch keinen Erfolg. Dafür waren die Argumente der Gegner zu schwach.

So war es klug, dass die neue Leitung – auch auf unseren Druck im Bundestag – unterirdisch verlegt wird. Das ist zwar teurer, hat den Widerstand aber gemindert. Weniger Prozessrisiken bedeuten gerade bei Großprojekten mehr Planbarkeit und damit weniger unvorhersehbare finanzielle Risiken. Weil es der Akzeptanz dient, ist es weitsichtig, nicht an der falschen Stelle zu sparen. Zudem haben die Erdkabel mit Gleichstrom weit weniger Übertragungsverluste als Leitungsmasten. Anders, als protestierende Anwohner behaupteten, entsteht durch sie eben kein Elektrosmog.

Es ist klug, vor Ort nicht anderes zu vertreten als in Berlin. Auch wenn das zu Konflikten führt. Sagen, was man tut, und tun, was man sagt, ist nachhaltiger.

Von »Habecks Heizungshammer« zum Klimageld

Gerade, wenn der rechte Diskurs versucht, die ökologische Transformation unter Generalverdacht zu stellen, muss Klima- und Energiepolitik peinlich darauf achten, keine sozialen Ungerechtigkeiten zu produzieren. Das war zumindest für zwei der drei Parteien Grundkonsens, die sich 2021 zur Koalition von SPD, Grünen und FDP zusammenfanden. Auch die FDP zeigte mit ihrem Bekenntnis zur Ausweitung des Emissionshandels ihre Bereitschaft, der Zögerlichkeit der Großen Koalition beim Klimaschutz mit neuem Schwung zu begegnen. Die Ampel verstand sich bei ihrer Bildung als »Fortschrittskoalition«.

Die Ampel hat jedoch ein extrem schwieriges klimapolitisches Erbe angetreten. 16 Jahre Merkel hatten eine Deckungslücke von 1,1 Milliarden Tonnen CO_2-Emissionen bis 2030 hinterlassen. Das Ziel und die Maßnahmen klafften weit auseinander.

In den ersten zwei Jahren hat die Ampel dann rund 170 Gesetze verabschiedet. Schwerpunkt waren Energie und Klimaschutz. Der stillgelegte Windkraftausbau wurde wieder in Schwung gebracht mit Maßnahmen zur Entbürokratisierung und Planungsvereinfachung. Künftig sind 2 Prozent der Landesfläche Vorranggebiete für Windkraft. Die Balkon-Fotovoltaik wurde erleichtert und erlebte einen Boom. Die Umsetzung des Green Deal bescherte das Verbrenner-Aus 2035. In Westdeutschland endet die Kohleverstromung bereits 2030.

So wurden etwa 70 Prozent der hinterlassenen Deckungslücke ausgeglichen. Die klimapolitische Bilanz der Ampel war schon nach zwei Jahren besser als die etlicher Vorgängerregierungen nach vier Jahren – und das trotz der vom Ukrainekrieg verursachten Energiekrise. Es war eine Erfolgsstory, deren Wirkung sich noch zeigen wird.

An diese Erfolgsgeschichte wollte Robert Habeck mit dem Gebäudeenergiegesetz anknüpfen. Wäre das Gebäudeenergiegesetz im Herbst 2022 verabschiedet worden, als die Angst vor horrenden Gasrechnungen und Lieferstopps grassierte, wäre es wahrscheinlich so gekommen. Angesichts von Putins Drohungen wäre die Notwendigkeit, den Gasverbrauch drastisch zu reduzieren, für jeden einsichtig gewesen. Stattdessen kam es 2023 zu einem riesigen Konflikt, der am Ende einen der Architekten der Energiewende Deutschlands, Patrick Graichen, sein Amt als Staatssekretär kostete. Er hatte Deutschland zusammen mit Robert Habeck so gut durch die Gaskrise gebracht, dass viele Menschen glaubten, es könne alles beim Alten bleiben.

Doch neben der Unabhängigkeit Deutschlands von Gasimporten aus Russland, Aserbaidschan, Qatar, USA oder Libyen gibt es einen mindestens so wichtigen Grund, den Gasverbrauch durchs Heizen zu reduzieren: den Klimaschutz. Im Gebäudebereich entstehen etwa 40 Prozent der CO_2-Emissionen in Deutschland. Noch immer wird Wärme mit mehr als 80 Prozent fossiler Energie produziert. Wir können das Klimaziel 2035 und das Ziel, 2045 ein klimaneutrales Industrieland zu sein, nur erreichen, wenn Heizen ohne Emission möglich ist.

Wollen wir schnell weg von Öl und Gas, geschieht auch im Gebäudebereich die Dekarbonisierung durch Elektrifizierung – durch Wärmepumpen, die mit klimaneutral hergestelltem Strom dreimal so viel Wärme erzeugen, wie sie Energie verbrauchen. Andere Lösungen wie Pelletheizungen sind eher Nischenanwendungen oder – wie die Abwärme aus Industrie, Gewerbe oder Verbrennungsanlagen – vor allem im Bereich von Fern- und Nahwärmenetzen zu realisieren. Die Idee, Erdgas durch grünen Wasserstoff einfach zu ersetzen, würde nicht nur sehr teuer werden. Erzeugt in der Wärmepumpe ein Kilowatt Strom drei Kilowatt Wärme, so würde man drei Kilowatt Strom brauchen, um mit Wasserstoff ein Kilowatt Wärme bereitzustellen.

Dennoch schrieb der erste Entwurf des Heizungsgesetzes nicht eine bestimmte Technologie vor. Er setzte einen ordnungspolitischen Rahmen. Ab dem 1. Januar 2024 sollten nur neue Heizungen eingebaut werden dürfen, die zu 65 Prozent auf erneuerbaren Energien basieren. Das war von SPD, FDP und Grünen schon zweimal im Koalitionsausschuss beschlossen worden.

Dennoch löste der dann entstandene, aber noch nicht fertige Entwurf für das Gebäudeenergiegesetz einen Proteststurm aus. Angeführt von *Bild*, befeuert von CDU wie AfD und auch der FDP, wurde gegen »Habecks Heizungshammer« mobilgemacht. Dass dieser Entwurf bekannt wurde, erinnerte mich an die Situation, in der Kanzleramtschef Bodo Hombach 1999 den – damals allerdings ressortabgestimmten – Entwurf des Atomgesetzes durchstach, um die Hundert-Tage-Novelle zu stoppen. Der heutige Chef des Bundeskanzleramtes würde es natürlich mit Abscheu und Empörung zurückweisen, Robert Habecks Entwurf an die *Bild* gegeben zu haben.

Insbesondere der Umstand, dass alle sozialen Kompensationsmaßnahmen für den Umstieg zu diesem Zeitpunkt noch nicht in den Entwurf eingearbeitet waren, erleichterte es Jens Spahn von der CDU/CSU wie Alice Weidel von der AfD, fast wortgleich das Gebäudeenergiegesetz als unsozial, ja als überflüssig zu denunzieren.

Weder wollte das Gesetz vorhandene Heizungen rausreißen, noch sah es einen Zwang zur Wärmepumpe vor. Allerdings setzte und setzt das Gebäudeenergiegesetz darauf, dass in Neubauten ab 2024 nur noch Heizungen eingebaut werden, die zu 65 Prozent mit erneuerbaren Energien betrieben werden. Dieses prägt auch das dann verabschiedete Gesetz. Es ist so klassisches Ordnungsrecht, indem es eine verbindliche Norm setzt.

Das ist vehement von der FDP kritisiert worden. Sie warfen Robert Habeck vor, er habe kein Vertrauen in den neuen Emissionshandel 2, der ja eine schrittweise Erhöhung der CO_2-Preise auch außerhalb der bisher erfassten Kraftwerke und Großfeuerungsanlagen vorsehe, den Gebäude- und den Verkehrssektor insbesondere ab 2027.

Zwar funktioniert im Gebäudesektor der Emissionshandel bei Wohneigentum. Die Hälfte der Deutschen wohnt aber zur Miete. Werden Öl und Gas teurer, zahlen die Mieter. Für sie steigt die Warmmiete. Für die Eigentümer gibt es keinen Anreiz, diese Preiserhöhungen durch den Einbau einer regenerativen Wärmepumpe oder einen Anschluss an die Fernwärme zu vermeiden. Der Mieter muss ja zahlen.

Es gibt nicht das allein selig machende Instrument in der Umweltpolitik. Marktmechanismen wie in beiden Emissionshandelssystemen können sehr effektiv sein – vorausgesetzt, Kostenträgerschaft und Entscheidungsverantwortung liegen in einer Hand. Das ist hier nicht der Fall. Deshalb ist das Gebäudeenergiegesetz kluges Ordnungsrecht.

So wurde es gegen alle Proteste und nach einer vom Bundesverfassungsgericht verordneten Warteschleife beschlossen. Das dann verabschiedete Gesetz war gegenüber Patrick Graichens Entwurf ziemlich verwässert worden. Der Widerstand der FDP – die sich öffentlich dem Bürokratieabbau verpflichtet hat – hat zu einer bürokratischen Aufblähung des Gesetzes geführt. Nun wird unterschieden zwischen Neubauten innerhalb und außerhalb von Neubaugebieten. Im Wohnungsbestand müssen alle deutschen Kommunen Wärmeplanungen für Fernwärme und klimaneutrale Gasnetze vorlegen, damit dann ab 2026 in Großstädten und 2028 auch in kleineren Kommunen hier die 65-Prozent-Regel für neue Heizungen gilt. Es wird noch viel Freude auslösen, wenn dann stadtviertelgenau bestimmt wird, welche Heizungen jeweils zulässig sind. Dafür sind dann die Lokalpolitiker und nicht mehr Robert Habeck verantwortlich zu machen.

Die Pflicht zur kommunalen Wärmeplanung beleuchtet auch den schnöden Hintergrund der Kampagne gegen »Habecks Heizungshammer«. Denn die Stadtwerke und die Gaslobby verkörpern die materiellen Interessen hinter der Kampagne gegen Robert Habeck.

Schon vor fünf Jahren hatte die »Agora Energiewende« Modelle entwickelt, wonach Nahwärme für die postfossile Wende im Heizungsbereich ausgebaut werden muss. Für die Stadtwerke bedeutet das: Sie müssen die Nahwärmenetze ausbauen. Das bindet viel Kapital. Die Stadtwerke arbeiten in der Regel profitabel, zum Nutzen von Städten und Kommunen. Mit den Überschüssen der Stadtwerke werden Schwimmbäder oder der Nahverkehr finanziert. Das Interesse von Stadtwerken und Städten, viel Kapital in Nahwärmenetze zu investieren, war daher begrenzt. Sie setzten wie die FDP lieber darauf, unter dem Etikett »Wasserstoff-ready« die Nutzung von Erdgas zu verlängern.

Die gezielte Indiskretion gegen Robert Habeck aus dem inneren Kreis der Ampelregierung hatte aber auch aus einem anderen Grund einen medialen Orkan ausgelöst. Er traf auf eine Bevölkerung, die nach der Finanzkrise, nach Corona und der durch den Ukrainekrieg ausgelösten Energiekrise mürbe war. Auf dem Höhepunkt der Energiekrise hätte es allen eingeleuchtet, dass wir den Verbrauch des Russengases verringern mussten. Nun war diese Krise aber – dank der Politik von Robert Habeck und Patrick Graichen – ohne Blackouts und Heizungsausfall überstanden, und es bestand eine tiefe Sehnsucht nach Normalität. Alles sollte wieder so werden, wie es nicht war. Das hatten wir Grüne unterschätzt.

Hinzu kam, dass der Entwurf komplett ohne die begleitenden sozialen Maßnahmen durchgestochen wurde. Plötzlich stand die Partei der Reform des Bürgergeldes, der Anhebung des Mindestlohns, der Einführung der Kindergrundsicherung als sozial kalt da, während sich Millionärinnen als Sozialfall kostümieren konnten.

Das Heizungsgesetz sieht heute eine Mindestförderung von 30 Prozent für den Einbau einer neuen, klimafreundlichen Heizung vor. Diese Förderung kann auf bis zu 70 Prozent in einzelnen Fällen steigen. Bei Einfamilienhäusern sind maximal 30 000 Euro der Kosten für den Heizungstausch förderfähig.

Klimageld

Die inszenierte Kampagne um das Heizungsgesetz zeigt, dass ökologischer Umbau und sozialer Ausgleich zwingend zusammengehören.

Klar, nicht alles, was sich als soziale Frage ausgibt, ist auch eine. Natürlich ist es dreist, wenn ein Berufsstand, der die Hälfte seiner Einkünfte aus Subventionen bezieht – die Landwirtschaft –, Straßen blockiert, damit ihre mehr als 100 000 Euro kostenden Trecker auch weiter mit zusätzlich subventioniertem Diesel fahren können. Der Abbau dieser umweltschädlichen Subvention war mehr als überfällig.

Aber an anderer Stelle droht der Ampel ein ernster Konflikt. Im Kern geht es hier um den gleichen Konflikt wie beim Heizen, nämlich um die Frage, ob Menschen die Dispositionsfreiheit haben, durch ein anderes Verhalten höhere Belastungen aus einer CO_2-Bepreisung zu vermeiden. Das konnte der Mieter nicht, weil er nicht über Investitionen für eine neue Heizung entscheiden kann. Das können viele Menschen mit niedrigem Einkommen nicht, weil der größte Teil ihres Gelds durch notwendige Ausgaben für Wohnen, Nahrung und Mobilität bereits gebunden ist.

Wir brauchen, um Anreize für klimaschonendes Verhalten zu setzen, eine Erhöhung des CO_2-Preises. Sonst wird Deutschland das Ziel verfehlen, 2030 nur noch 438 Milliarden Tonnen CO_2 auszustoßen (und nicht mehr 756 Milliarden Tonnen wie 2022). Den marktwirtschaftlichen Mechanismus des stetig ansteigenden CO_2-Preises hat übrigens nicht Robert Habeck eingeführt. Der Emissionshandel 2 wurde von CDU/CSU und SPD in der Großen Koalition auf den Weg gebracht.

Ökologische Steuerung muss die Frage sozialer Gerechtigkeit aus drei Gründen berücksichtigen. Zum einen ist es ein Ziel an sich, die soziale Kluft nicht noch größer werden zu lassen. Zum anderen gefährden soziale Unwuchten das gesamte Transformationsprojekt. Drittens muss der ökologische Umbau die CO_2-Kluft zwischen Reichen und Armen berücksichtigen.

Es geht um Verursachergerechtigkeit. Das oberste eine Prozent in Deutschland – Menschen mit einem Jahreseinkommen von über 256 000 Euro – verursacht mehr als 83 Tonnen CO_2-Emissionen pro Kopf und Jahr. Die ärmere Hälfte nur einen Bruchteil davon, nämlich gut fünf Tonnen. Dass diese ärmere Hälfte gegen Maßnahmen protestiert, die sie überproportional belasten würden, ist mehr als verständlich.

Das Umweltbundesamt hat berechnet, wie viel der Ausstoß von einer Tonne CO_2 kosten müsste, um die Schäden zu decken, die sie verursacht: 180 Euro. Der Preis für einen Liter Benzin würde ad hoc um etwa 50 Cent steigen. Es ist also offensichtlich, dass wir nicht von heute auf morgen einen kostendeckenden CO_2-Preis einführen können. Deshalb soll der CO_2-Preis in Stufen steigen. 2024 lag er bei 45 Euro pro Tonne, 2025 soll er auf 55 Euro steigen. Damit würde er fast gleichziehen mit dem 52-Wochen-Mittel des Preises im Emissionshandelssystem für Kraftwerke und Großanlagen.

Doch ein solcher Preis belastet Geringverdiener anders und stärker als Besserverdienende. Hier kommt das von der Koalition beschlossene Klimageld ins Spiel. Es soll diese Verzerrungen ausgleichen und schließt so die Gerechtigkeitslücke. Das Klimageld folgt einer einfachen, verständlichen Logik. Alle Personen bekommen – vom Baby bis zum Facharbeiter, vom Millionär bis zum Bürgergeld-Bezieher – die Einnahmen aus dem Emissionshandel 2 pro Kopf ausgezahlt, aktuell geschätzt um die 150 Euro im Jahr. Für die einkommensschwächere Hälfte der Deutschen ist das ein Plusgeschäft. Deren Mehrkosten liegen darunter. Große Familien profitieren mehr als Singles. Reiche, die ein Vielfaches an CO_2 emittieren, zahlen drauf oder stellen sich um.

Ich habe das Klimageld in den Koalitionsverhandlungen mit SPD und FDP verhandelt. Die größere Zurückhaltung für das Klimageld war nicht bei der FDP, sondern bei der SPD anzutreffen. Konservative Sozialdemokraten wie Stephan Weil, aber auch Parteilinke wie Matthias Miersch taten sich schwer mit der egalitären Pro-Kopf-Logik des Klimagelds. Die SPD vertritt im Kern ihre Klientel – die Facharbeiterschaft. Ein Klimageld, von dem migrantische Familien möglicherweise mehr profitieren als das Lehrerehepaar oder die Familie des VW-Arbeiters, ließ sie fremdeln – ähnlich ihrer schmallippigen Unterstützung für die Kindergrundsicherung, von der vor allem Alleinstehende und Ärmere profitieren. Hier ist ein Muster wiederzuerkennen, das schon bei Schröders Agenda 2010 sichtbar wurde.

Umso bizarrer ist es, dass die Umsetzung des Klimageldes nun am FDP-Finanzminister hängt. Er sieht sich erst 2026 technisch in der Lage, dieses Geld an die Bürgerinnen und Bürger auszuzahlen. Ausgerechnet der Minister, der im Wahlkampf plakatiert, »Digital first – Bedenken second«, hat massive Bedenken. Er könnte von Donald Trump lernen. Als der während der Corona-Pandemie 1200 Dollar an alle Amerikaner auszahlte, erhielten auch US-Bürger in Berlin ungefragt den Scheck mit der goldenen Unterschrift.

Dennoch muss das Klimageld kommen. Es ist die Antwort auf die Alternative zwischen zwei miserablen und einer fairen Lösung. Verzichten wir bei jeder Krise auf die Verteuerung klimaschädlicher Energie, ist das klimapolitisch verantwortungslos. Verteuern wir Benzin und Öl ohne Ausgleich, verschärfen wir die Ungleichheit und bereiten rechten Demagogen den Boden.

Das Klimageld einzuführen, sendet hingegen die Botschaft: Wir sorgen für sozialen Ausgleich beim Klimaschutz. Wir führen keinen Kulturkampf. Wir sorgen für materielle Gerechtigkeit.

Alles wird anders

Der Zoff um die Ökosteuer, die Aufregung um das Heizungsgesetz, das Ende der fossilen Subventionen in der Landwirtschaft sind nur ein Wetterleuchten der gewaltigen Umwälzungen, die man heute ahnen kann. Alles wird anders. Ob die industriellen Zentren in den OECD-Staaten bleiben oder in Gegenden abwandern, die wir lange Peripherie der kapitalistischen Marktwirtschaften genannt haben – es ist offen.

In Deutschland haben wir derzeit ein massives Überangebot an Strom, auch wenn Konservative, die ihren Frieden mit dem Ende der Atomkraft nicht machen können, noch immer das Gegenteil behaupten. Deutschland hat im Jahr 2022 Strom im Wert von 3 Milliarden Euro exportiert, 27 Terawattstunden. Was heute zu viel ist, ist morgen viel zu wenig. Denn wir können CO_2 effektiv nur einsparen, wenn wir Mobilität und Heizen auf erneuerbar produzierten Strom umstellen. Wir brauchen schnelleren Ausbau von Wind- und Solaranlagen.

In Deutschland erzeugen Regenerative mehr als die Hälfte des benötigten Stroms. Das ist erst der Anfang. Denn alle Verbrennungsprozesse – vom Hochofen im Stahlwerk über den Automotor, vom Containerschiffmotor bis zur Heizung – werden künftig elektrifiziert oder mit Wasserstoff betrieben werden. Der muss mit erneuerbar erzeugtem Strom hergestellt werden.

Die Vermutung, dass für die industriellen Prozesse künftig Wasserstoff in Deutschland in gleichem Maße zur Verfügung stehen wird wie Kohle und Öl, ist kühn.

Grüner Wasserstoff wird ein knappes, daher teures Gut. Es ist technisch problemlos möglich, Stahl herzustellen und dabei Koks im Produktionsprozess durch grünen Wasserstoff zu ersetzen. 2026 wird in Schweden das erste Werk komplett emissionsfrei hergestellten Stahl liefern. Um das größte deutsche Stahlwerk in Duisburg-Marxloh mit Ökoenergie zu versorgen, benötigt man die Energie von 3000 Windrädern. Wie gewaltig die Aufgabe ist, verdeutlicht ein Beispiel: Um einen Öko-Hochofen (Baukosten rund eine Milliarde Euro) in Marxloh einen Tag lang mit Wasserstoff zu betreiben, braucht man Wasserstoff, der 16-mal das Berliner Olympiastadion füllt.

Selbst wenn es technische Innovationen geben wird, die wir heute noch nicht kennen, wird grüner Wasserstoff lange Zeit nicht billig sein. Die Nachfrage ist riesig. Deshalb ist die Vorstellung, man könne Wasserstoff in der Gasheizung verschwenden, bestenfalls naiv. Das Gleiche gilt für die von der FDP herbeifantasierten E-Fuels, mit denen die Autos der Zukunft fahren sollen. Das werden sie nicht. E-Fuels benötigen mehr als doppelt so viel Strom wie ein E-Auto.

Es wird schwierig genug, ausreichend Wasserstoff dort zur Verfügung zu haben, wo er unersetzbar ist: in der Stahl- und der Chemie-Industrie, bei Flugzeugen und im Schiffsverkehr. Die Retroträume von einer Welt, in der man einfach E-Fuels statt Benzin tankt und mit Wasserstoff statt mit Gas heizt, bedienen eine bequeme Illusion – dass es so bleiben wird, wie es ist. So wird es nicht kommen – weder in Deutschland noch in Europa und anderen Weltregionen.

Nach Berechnungen der Kreditanstalt für Wiederaufbau (KfW) wird grüner Wasserstoff, der mit klimaneutral erzeugtem Strom hergestellt wird, in Deutschland 2028 genauso billig sein wie blauer Wasserstoff, der aus Erdgas gewonnen wird. Grünem Wasserstoff gehört die Zukunft. In Indien, ebenso in Brasilien, wird die Preisparität von blauem und grünem Wasserstoff schon 2025, drei Jahre vor Deutschland, erreicht sein. Wir waren nach dem Jahr 2000 die Avantgarde der Erneuerbaren, heute hinken wir hinterher.

Es ist unwahrscheinlich, dass wir 70 Prozent unseres Energiebedarfs per Wasserstoff aus Südamerika und Indien, Afrika und Asien importieren werden, so wie wir Öl und Gas importiert haben. Dazu wird er zu teuer sein. Der grüne Wasserstoff muss in Deutschland und Europa an der Küste produziert werden. Dort gibt es temporär zu viel Strom aus Offshore-Windparks, der per großindustrieller Elektrolyseure in Wasserstoff umgewandelt werden kann. Dieser Wasserstoff dient als Pufferspeicher, um für den unwahrscheinlichen Fall einer Dunkelflaute – wenn weder Fotovoltaik noch Windparks ausreichend Strom liefern – gewappnet zu sein. Im Norden wird auch der Wasserstoff für die Industrie hergestellt. Das kann dazu führen, Chemie- und andere Schwerindustrien nach Norddeutschland zu verlagern.

Solche Verlagerungsprozesse wird es auch global geben. Das Beispiel des Stroms in Indien zeigt, dass die postfossile Ökonomie schneller kommen kann als erwartet. Wir sollten uns darauf einstellen, dass viele Länder im globalen Süden im Vorteil sind. Wer wie Indien mit Erneuerbaren die Kilowattstunde Strom für weniger als einen halben Cent herstellen kann, kann nicht nur billigen grünen Wasserstoff produzieren – sondern auch billigen grünen Stahl. Länder, die günstig viel Wasserstoff herstellen, der als Ammoniak transportiert wird, werden sich fragen, warum sie nur Rohstofflieferant sein sollen. Wenn sie schon Ammoniak produzieren, können sie auch den Dünger selbst herstellen, der heute noch in Ludwigshafen und Sachsen-Anhalt produziert wird.

Wir sollten uns auf gewaltige Konflikte bei der Verteilung industrieller Ressourcen einstellen – sowohl national wie international. Deshalb ist es wirtschaftspolitisch zwingend, in Deutschland rasch viele Mittel zur Verfügung zu haben, um in der internationalen Konkurrenz mithalten zu können. Diese Mittel sind keine ungerechtfertigten Ausgaben – sondern industriepolitisch nötige Anschubfinanzierungen.

Dass Deutschland dafür kein Geld haben soll, ist kein plausibler Einwand. Die Bundesrepublik hat, verglichen mit Japan und den USA, Frankreich und China und gemessen am BIP, einen extrem niedrigen Schuldenstand. Die Gefahr für die Zukunft ist kein Land, das unter seiner Schuldenlast kollabiert, sondern ein Land, das seine Zukunft kaputtgespart hat. Die Angst vor der Deindustrialisierung Deutschlands wird gern missbraucht. Aber wenn Deutschland und Europa es nicht schaffen, in die industrielle Produktion von Wasserstoff einzusteigen, dann droht tatsächlich seine Deindustrialisierung.

Die neuen Grenzen des Wachstums

Dieses Kapitel begann mit dem Buch »Die Grenzen des Wachstums« von 1972. Heute wissen wir, dass es nicht die begrenzten Vorkommen von Öl, Kohle und Gas sind, die das ökonomische Wachstum begrenzen. Es ist die Belastungsfähigkeit unserer Atmosphäre, es ist die Klimakrise. Deshalb muss das Wachstum bei der Nutzung fossiler Ressourcen beendet werden. Vier Fünftel der fossilen Ressourcen, die wir noch haben, müssen in der Erde bleiben.

Ist eine ökologisch verträgliche Existenz in einer Marktwirtschaft überhaupt möglich? Gibt es grünes Wachstum? Oder ist das ein Widerspruch in sich? Marktwirtschaften basieren auf Vorteilsmaximierung und Wachstum. Deshalb gibt es ein extremes Spannungsverhältnis zu ökologischen Notwendigkeiten, die Gleichgewichte, Selbstbegrenzungen und Regulierung erfordern. Diesem Dilemma müssen wir uns stellen.

Aber diese Frage hat angesichts des dramatischen Klimawandels etwas Akademisches. Wir müssen die globale Weltwirtschaft *jetzt* dekarbonisieren. Das geht nur, wenn die Energiewende nicht nur im Norden akzeptiert wird, sondern auch im globalen Süden. Länder mit einer extrem hohen CO_2-Emission pro Kopf und Jahr wie Deutschland können Ländern mit extrem niedriger CO_2-Emission pro Kopf und Jahr nicht verbieten, was sie für sich selbstverständlich in Anspruch nehmen: ein gutes Leben. Das resultiert aus dem Gebot der Gleichheit. Das heißt zwingend, dass Dutzende von Volkswirtschaften ein Recht auf Wachstum haben. Das gibt sogar ein entschiedener Anhänger des Nullwachstums wie der Ökonom Nico Paech zu.

Entscheidend ist die Frage danach: Wird dieses Wachstum mit fossiler Energie und CO_2-Emissionen forciert oder mit postfossiler klimaneutraler Energie? Ökologische Gerechtigkeit umfasst mehr – eine Wirtschaftsweise, die die grotesken globalen Ungleichheiten verringert und das Artensterben eindämmt oder beendet.

Die Frage, ob grünes Wachstum prinzipiell möglich oder wünschenswert ist, ist dafür zu unscharf. Die Frage ist vielmehr: Was soll wachsen?

Die Förderung von Kohle, Öl und Gas muss beendet werden. Branchen wie die schädliche Massentierhaltung müssen schrumpfen oder verschwinden. Das Gleiche gilt für Futtermittelanbau, für den Regenwald vernichtet wird.

Wachsen muss der Zugang zu sauberer, klimaneutraler Energie – damit die Armut schrumpft.

Investitionen in die Energiewende, den Aufbau einer Wasserstoffwirtschaft erzeugen Wachstum. Wir müssen beides tun, schrumpfen und wachsen. Wir müssen den Ressourcenverbrauch limitieren, Elemente von Kreislaufwirtschaft ohne Ressourcenverbrauch ausbauen und gleichzeitig wie beim Emissionshandel die Marktdynamik für die globale Dekarbonisierung nutzen.

So schaffen wir globale Gerechtigkeit.

EIN BISSCHEN FRIEDEN:
INTERNATIONALES

◀ Im Mai 2006 mit Angela Merkel auf dem Flug nach China, neben mir Peter Ramsauer und Wolfgang Tiefensee.

Vietnam 2019

Am 5. März 2019 trat ich aus der Tür des »War Remnants Museum« in Ho-Chi-Minh-Stadt. Ich musste mich erst mal setzen. Das Gesehene wollte verarbeitet werden. Ich war auf einer privaten Reise durch Vietnam. Meine Frau Angelika und ich hatten zuvor Hanoi, die Wasserfälle von Ban Gioc an der Grenze zu China und die Stadt Hue gesehen. Wir hatten in Hanoi schon das historische Museum besucht, in dem die Geschichte der Indochinakonferenz 1954 in Genf nachgezeichnet wurde. In Hanoi ist der Sarkophag ebenso wie das Arbeitszimmer von Ho Chi Minh ausgestellt. Doch der Besuch im Kriegsmuseum des ehemaligen Saigon ließ uns beide schwer erschüttert zurück.

Bis 1995 hatte dieses Museum noch »Exhibition House for Crimes of War and Aggression« geheißen. Mit der Normalisierung der Beziehungen zu den USA erhielt das Museum einen neutraleren Namen. Doch es blieb ein Museum über die Kriegsverbrechen und die Aggression der USA gegen Vietnam. Auf einer schlichten Tafel wird Bilanz gezogen:

> »Während des ›Vietnamkriegs‹:
> - 3 Millionen Vietnamesen getötet
>   (darunter 2 Millionen Zivilisten)
> - 2 Millionen Menschen verletzt
> - 300 000 Menschen vermisst.«

Der Krieg, der in Vietnam treffend der »Amerikanische Krieg« heißt, war nicht vorbei, als die Amerikaner fluchtartig das Land verlassen hatten. Sie ließen 800 000 Tonnen Bomben zurück, 6,1 Millionen Hektar in 9284 Gemeinden waren mit Bomben und Minen belastet.

Mehr noch als die simplen Zahlen beeindruckten uns die dargestellten Fälle, wie diese Verbrechen begangen wurden. Sie zeigten die Folgen der Napalmbomben für die Zivilbevölkerung oder was den

Landschaften und ihren Bewohnern geschah, wenn massenhaft das Entlaubungsmittel »Agent Orange« versprüht wurde.

In einem Raum war der Brunnen zu sehen, in dem sich Bruder und Schwester versteckten und überlebten, als ein Zug der US Army ihr Dorf im Mekong-Delta überfiel, Frauen, Kinder, Alte in der Mitte zusammentrieb und ermordete. Das Museum gibt den Überlebenden wie den Toten Gesicht und Namen. Aber es gibt auch den Tätern Namen und Gesicht. Diese Soldaten standen unter dem Kommando von Leutnant Joseph Robert (Bob) Kerrey. Kerrey, Mitglied der Demokraten, wurde später Senator und vertrat von 1989 bis 2001 Nebraska im US-Senat. Er gestand sein Verbrechen nach öffentlichen Enthüllungen 2001 zögerlich und teilweise ein.

Die Dokumentation im War Remnants Museum lässt nur eine Schlussfolgerung zu: Die USA haben sich in Vietnam des Verbrechens des Aggressionskrieges schuldig gemacht. Sie haben die Chemiewaffenkonvention ebenso verletzt, wie sie systematisch, vorsätzlich und straflos das Kriegsvölkerrecht missachteten und gegen das Folterverbot verstießen. Hätte es damals schon den Internationalen Strafgerichtshof gegeben, und wären die USA sein Mitglied gewesen, hätten mindestens die Präsidenten Lyndon B. Johnson und Richard Nixon, ihre Verteidigungs- und Außenminister Robert Mc Namara und Henry Kissinger und andere in Den Haag angeklagt werden müssen.

Nun saß ich 2019 auf einer Bank in Ho-Chi-Minh-Stadt und musste 50 Jahre zurückdenken ins Jahr 1969.

Vietnam 1969

1969 bin ich aus der Kirche ausgetreten. Der Anlass lag in Vietnam. Im Dorf My Lai, dem »brennenden Dorf«. Vietnam war das politische Schlüsselerlebnis, das uns die Diskrepanz zwischen Anspruch und Wirklichkeit der Demokratien des Westens vor Augen führte. Die USA wollten das kleine Land »in die Steinzeit zurückbomben« (US-Luftwaffen-Stabschef Curtis LeMay). Für diesen Krieg unseres Verbündeten, der USA, gab es keine Rechtfertigung.

Ende 1969 berichteten der *Spiegel* wie das *Time Magazine,* das ich abonniert hatte, über Kriegsverbrechen der US Army in Vietnam. Im Fokus stand das Massaker, das eine US-Einheit unter Befehl von William Calley in My Lai angerichtet hatte. Die Soldaten hatten mehr als 500 Zivilisten ermordet, vergewaltigt und abgeschlachtet. Die grausamen Einzelheiten des Verbrechens kamen in dem Prozess gegen Kelly und andere 1970 zum Vorschein.

Ich war nach meiner Konfirmation noch in einem kirchlichen Diskussionskreis. Wir sprachen dort über den Vietnamkrieg. Der Pastor war der Ansicht, in Vietnam werde unsere Freiheit gegen den Kommunismus verteidigt. Implizit rechtfertigte er so nicht nur einen ungerechten Krieg, sondern schwieg auch zu seinen ungeheuerlichen Verbrechen. Einer solchen Kirche wollte ich nicht angehören. Als Konfirmierter war ich kirchenmündig und trat deshalb aus der Bremer Kirche aus – zum Entsetzen meiner Eltern.

Meine Eltern haben den Vietnamkrieg nicht gerechtfertigt. Sie haben nicht, wie manche meiner Lehrer, erzählt, dass in Vietnam die Freiheit von Westberlin verteidigt wird. Sie waren eher ratlos.

Trotz meiner grundsätzlichen Abneigung gegen Krieg schienen mir die Vietnamesen das Recht zu haben, sich gegen diesen brutalen, neokolonialen Angriff zu wehren. Wir riefen auf Demonstrationen »Bürger runter vom Balkon, unterstützt den Vietcong«. Wir hörten Joan Baez und Jimi Hendrix, die den Vietnamkrieg ablehnten. Wir waren keine Pazifisten. In der Bremer Schülerbewegung wurde heftig gestritten, ob das Ziel »Frieden in Vietnam« oder »Sieg im Volkskrieg« lauten sollte. Ich meinte trocken, dass das doch das Gleiche sei. Frieden für Vietnam können es nur bei einem Sieg im Volkskrieg geben. Doch selbstverständlich mobilisierte die Forderung nach Frieden für Vietnam sehr viel mehr Menschen als die realpolitische Kriegsparole.

Wegen der Proteste gegen den Vietnamkrieg haben uns viele der Älteren Antiamerikanismus vorgeworfen. Sie vergaßen, dass der Kampf gegen den Vietnamkrieg die Jugend der USA mit der Europas verband. Dass in den USA dafür Menschen in den Knast gingen, ja ihre Leben gelassen hatten – vier Tote etwa besungen in »Ohio« von Crosby, Stills, Nash and Young.

Es war absurd, dass ausgerechnet die Generation, die noch kurz vorher mit der Waffe in der Hand die US-Amerikaner bekämpft hatte, die kein oder deutlich schlechter Englisch sprach als wir, uns jungen Menschen Antiamerikanismus vorhielt. Wir kämpften zusammen mit der Jugend der USA für uramerikanische Werte. Ich selbst hatte meine Englischkenntnisse vor allem durch das Hören von BFBS und AFN, den Sendern der britischen und amerikanischen Truppen, aufgepeppt. Die Militärsender hatten die bessere Musik. Bei ihnen konnten wir Songs von Baez, Hendrix und CSNY hören.

Die USA hingegen haben in diesem Krieg ihre eigenen Werte wie Freiheit, Demokratie und Toleranz mit Füßen getreten. Sie haben aus machtpolitischen Interessen nicht verstehen wollen, dass es den Vietnamesen viel weniger um den Kalten Krieg, um den Konflikt zwischen Kommunismus und kapitalistischen Demokratien ging, als um ihre nationale Selbstbestimmung.

Kurz nachdem ich am 5. Januar 2024 mein Bundestagsmandat niedergelegt habe, besuchten Angelika und ich zwei weitere Gedenkstätten. In Santiago de Chile das »Museum der Erinnerung und der Menschenrechte«. Es zeigt den Marsch Chiles in die von den USA beförderte blutige Diktatur, eindrucksvoll den Kampf gegen den Machthaber Pinochet und die demokratische Überwindung seiner Diktatur. Das gleichnamige Museum in Buenos Aires liegt auf dem Gelände der ehemaligen Mechanikerschule der Marine. Während der von den USA gestützten Militärdiktatur in Argentinien war es das Foltergefängnis. Von hier starteten die Flüge, bei denen Tausende junger Menschen über dem Rio de la Plata in den Tod gestürzt wurden. Das Museum ist leider schrecklich verwahrlost. Doch in beiden findet sich das gleiche Muster: Zur Sicherung ihrer geopolitischen Macht waren die USA lange bereit, die Werte der ältesten Demokratie, ihre eigenen, mit Füßen zu treten.

Warum ich dennoch aus voller Überzeugung, bis zu meinem Ausscheiden aus dem Bundestag Vorsitzender der Deutsch-Amerikanischen Parlamentariergruppe war, warum ich als Minister und Parlamentarier kein Land so oft besucht habe wie die USA, warum ich dabei mehrmals ausgerechnet Henry Kissinger traf, dazu später.

Einen Hinweis gibt uns Barack Obamas Außenminister, später Joe Bidens Klimabeauftragter, der Ex-Senator John Kerry. Auch er ist ein dekorierter Veteran des Vietnamkrieges. Lange vor seiner politischen Karriere schrieb Kerry 1971:

»Ich habe dieselben Grausamkeiten begangen wie Tausende andere Soldaten: Ich habe an Operationen in ›Feuer-Frei-Zonen‹ teilgenommen … Maschinengewehre auf Befehl in ›Search and Destroy‹-Aktionen gegen Menschen eingesetzt … Dörfer niedergebrannt … All das wider die Gesetze der Kriegsführung, wider die Genfer Konvention … als Teil der offiziellen Regierungspolitik.«

»Als Teil der offiziellen Regierungspolitik« ist ein in seiner Klarheit ungeheuerlicher Vorwurf. Doch die Fähigkeit, mit den eigenen, so schrecklichen Fehlern umzugehen, die Existenz einer freien Presse, die bewies, dass My Lai kein Einzelfall, sondern Ausdruck eines Systems war, das Recht auf Akteneinsicht und die Pflicht der Regierung zu einer Transparenz ihres Handelns wenigstens im Nachhinein, dies unterscheidet Demokratien von Autokratien.

Die Verbrechen des Vietnamkrieges blieben straflos – aber nicht unaufgeklärt. Opfer und Täter sind benannt. Ob dies jemals für die systematischen Massaker Russlands in der Ukraine etwa in Butscha oder Irpin gelingt, ist eine offene Frage.

Doch Europa wie die USA müssen verstehen, dass die Geschichte, für die Vietnam, Chile, Argentinien stehen, nicht nur die eigene Glaubwürdigkeit infrage stellt. Im Kampf um die Neuordnung der Welt ist diese Geschichte schwerer Ballast. Die Missachtung der eigenen Werte durch Europas Kolonialismus und die Unterstützung von Diktaturen, der Verrat der eigenen Prinzipien durch die Machtpolitik der USA in der Vergangenheit wirken bis heute fort. Sie begrenzen die Handlungsfähigkeiten wie die Bündnismöglichkeiten Europas – aber auch der USA.

Realpolitik ohne Werte ist schlechte Realpolitik.

Kein Krieg

Der Vietnamkrieg hatte für mich eine klare Konsequenz. Ich wollte auf keinen Fall einer Armee angehören, die für solche verbrecherischen Zwecke eingesetzt werden könnte. Es gab viele zwangsrekrutierte US-Soldaten, die nach Kanada oder Europa flohen, um nicht in Vietnam töten zu müssen. Wir haben zwar nicht ernsthaft geglaubt, dass die Bundeswehr in Vietnam eingesetzt werden könnte. Aber dass die USA, der wichtigste Verbündete der Bundesrepublik, Soldaten in diesen Krieg zwang und missbrauchte, war mir zutiefst zuwider. Was in den USA passierte, erschien uns hier nicht ausgeschlossen.

Krieg war für mich schon immer mit Schrecken verbunden. Ich bin 1954 geboren. In meiner Kindheit waren Männer mit Holzbein oder anderen Kriegsverletzungen auf der Straße noch ein durchaus üblicher Anblick. Die Folgen des Krieges waren sichtbar. Ich erinnere mich an einen Grundschullehrer, der eine künstliche Hand hatte. Mein Englischlehrer war als Kriegsfolge auf einem Auge blind. Es gab niemanden in der Familie, bei Verwandten oder Freunden, der etwas Positives über den Krieg erzählte.

1961 zog meine Familie in Bremen-Nord um. Aus dem Reihenhaus in Lesum ging es in ein Eigenheim in Schönebeck. Doch die ersten sieben Jahre in Lesum hatten mich geprägt.

Die Lesumer Nachbarschaft war eine ärmere, sozial durchmischte Gegend. Wir lebten, als eine von drei Familien, in einem Reihenhaus. Auf der anderen Straßenseite standen größere, blockartige Häuser. Dort wohnten »die anderen«. Familien, die als Folge des Krieges ihre Heimat verloren hatten und hier nun untergekommen waren. Vertriebene aus dem Osten – darunter sogar Katholiken (!) im evangelischen Bremen.

Es war unseren Eltern nicht recht, wenn wir zu »denen da drüben« zum Spielen gingen. Ich fand es aber viel zu spannend und habe es trotzdem getan. Diese Kinder konnten ja nichts dafür, hier zu sein. Sie waren ja vor etwas Schrecklichem geflohen, was die Älteren Krieg nannten.

Im Alltag wurde die Tatsache, dass es Deutschland war, das diesen Krieg vom Zaun gebrochen hatte, nicht thematisiert. Die gängige Perspektive war die des Kriegsteilnehmers, seiner Ängste, seiner Leiden. Etwa die meines Onkels Kurt aus Deichhausen. Er arbeitete als Schmied auf der Werft Abeking und Rasmussen in Lemwerder und war ordentliches Mitglied der IG Metall. Kurt Burmeister war aus Mecklenburg-Vorpommern. Ich habe von ihm Tapezieren gelernt.

Kurt war während des Krieges zur Marine eingezogen worden. Er hatte Dienst auf einem U-Boot getan. Er hat von den Ängsten und der Enge der U-Boot-Besatzungen erzählt. Als einmal der Sauerstoff knapp wurde, fielen die ersten seiner Kameraden um. Er habe überlebt, weil sie es dann doch noch an die Wasseroberfläche geschafft hatten. Der Krieg hatte ihn traumatisiert.

Ich bin damit groß geworden, dass Krieg etwas war, das nie wieder passieren durfte. Das war eine Grundimprägnierung meiner Generation. Mein Vater hat mir das Buch »Im Westen nichts Neues«, den Antikriegsroman von Erich Maria Remarque, empfohlen. Ich habe auch deswegen entschieden, 1972 den Kriegsdienst zu verweigern.

Meine Ablehnung des Vietnamkriegs und die nukleare Aufrüstung von Ost und West, also die Drohung mit gegenseitigem (Selbst-)Mord, waren Teil meiner Begründung, weshalb ich den Kriegsdienst mit der Waffe verweigerte. Es war unzweifelhaft eine politische Begründung, weshalb der Prüfungsausschuss bei dem Kreiswehrersatzamt sie auch nicht anerkannte. Politische Gründe seien keine Gewissensgründe. Drehte man diese perverse Logik um, war demnach alle Politik gewissenlos.

Ich habe umgehend Widerspruch eingelegt und musste meine Begründung ein zweites Mal vor der Prüfungskammer darlegen. Hier kam ein neues Argument ins Spiel. Einer der Beisitzer bei der Verhandlung stellte sich als Mitarbeiter der Innenbehörde vor – er war vom Verfassungsschutz. Der hielt mir mit Datum und Uhrzeit vor, an einer »gewaltsamen Besetzung« unserer Schulaula teilgenommen zu haben. Das war nicht nur die missbräuchliche Verwendung nachrichtendienstlicher Informationen. Es war schlicht falsch. Für eine Schülervollversammlung hatten wir den Aula-Schlüssel vom Schlüsselbrett des Hausmeisters genommen und völlig gewalt-frei die Tür geöffnet. Doch aufgrund der Falschinformationen des Verfassungsschutzes wurde ich auch in der zweiten Instanz nicht als Kriegsdienstverweigerer anerkannt.

Es half auch nichts, dass in dieser Instanz mein Vater als Beistand mich unterstützte. Er selbst hielt die Bundeswehr als Mittel der Ab-schreckung für notwendig. Aber er hat meine Gründe, nicht zum Militär zu wollen, respektiert und hielt es für Unrecht, dass diese Gründe nicht gelten sollten. Ich habe gegen die erneute Ablehnung beim Verwaltungsgericht Klage eingereicht, Abitur gemacht und in Göttingen mein Studium der Sozialwissenschaften begonnen.

Doch weil ich in zwei Instanzen nicht anerkannt worden war, konnte ich trotz der laufenden Klage auf Anerkennung als Kriegs-dienstverweigerer zur Bundeswehr eingezogen werden. Am Tag vor einer Statistik-Klausur erreichte mich so in Göttingen die Einberu-fung, und ich wurde zur Bundeswehr nach Adelheide bei Delmen-horst eingezogen.

Ich habe die Grundausbildung absolviert, die Wachausbildung und eine Ausbildung als Fernmelder. Nach der Grundausbildung war ich in der Lettow-Vorbeck-Kaserne in Bremen-Vahr stationiert. Weil ich trotz Wehrdienst die Kriegsdienstverweigerung weiter betrieb, bekam ich auch keine »Heimschläfererlaubnis«, musste also zum Wecken, nicht erst zu Dienstbeginn in der Kaserne sein. Zehn Jahre später diente dort der Musiker und Schriftsteller Sven Regner und verarbeitete seine Erfahrung in dem Roman »Neue Vahr Süd«.

Ich war am 1. April 1974 zu einer Nachschubkompanie eingezo-gen worden und war einer der ganz wenigen Abiturienten in unse-rer Kompanie. In meiner Stube war unter anderem ein Starkstrom-elektriker, ein Schwellenleger aus dem Emsland und ein Zuhälter aus Köln. Das war eine gute Mischung. Ich habe dort sehr viel Kol-legialität erlebt.

Wir haben uns gemeinsam gegen die Zumutungen von Zugfüh-rer und Kompaniechef gewehrt. Ich habe für meine Kameraden die schriftlichen Arbeiten verfasst und ihnen die Dienstgrade erklärt. Sie haben mir dafür mit ihrer Robustheit beigestanden. Als mich einmal ein Unteroffizier schikanieren wollte, hat der Schwellenleger ihm auf die Schulter getippt und gefragt, in welche Disco er samstags gehe, und angekündigt: »Ich komme da mal vorbei.« Es hat funktioniert.

Ein anderes Mal hat ein Vorgesetzter, ein Fähnrich, die Sauberkeit unserer Schränke geprüft. Das übliche Ritual war: Er fährt mit dem Finger über den Schrank, pustet den Staub von seinem Finger und sagt: Können Sie mich noch sehen, Schütze? Ich habe geantwortet: »Nein, aber ich erkenne Sie an Ihrer Fahne.« Das ist mir spontan rausgerutscht. Die Kollegen grinsten. Der vorgesetzte Fähnrich explodierte und drohte, dass wir alle am Wochenende in der Kaserne bleiben müssten, wenn nicht gleich alles tipptopp sauber sei. Ich war besorgt, dass ich schuld an einer Kollektivstrafe sein könnte. Der Starkstromelektriker sagte gelassen: »Lass mal. Wir warten ab und rauchen eine. Der will auch ins Wochenende.« So kam es – denn auch für den Fähnrich galt das Alkoholverbot in der Grundausbildung.

Das Anekdotische darf nicht übertünchen, dass in diesem System körperlich oder psychisch Schwächere fertiggemacht wurden, gerne auf längeren Märschen mit Gepäck. Mich hatten sie sowieso auf dem Kieker, aber eine gute Kondition und jahrelange Handballpraxis ließen mich das überstehen.

Die Grundausbildung zielt, wie jede militärische Ausbildung, darauf, die Hemmung, Gewalt anzuwenden, zu mindern. Die Gemeinschaft in der Gruppe hat es uns erleichtert, uns gemeinsam gegen ein System zu wehren, das uns brechen wollte. So bin ich trotz Schlafentzug einigermaßen durch die Grundausbildung gekommen. Aber ich kenne Menschen, die am Wehrdienst fast zerbrochen sind – völlig ohne einen damals undenkbaren Kampfeinsatz wie später in Afghanistan.

Mit dem Ende der Grundausbildung hörten die Schikanen nicht auf. So wurde ich in der Lettow-Vorbeck-Kaserne eines Tages zum Wachdienst abgestellt. Ich ging also Streife mit einem G3-Gewehr über der Schulter und fünf Schuss vom Kaliber 7,62 mm im Magazin. Ich hatte selbstverständlich nicht vor, die zu verschießen. Weil ich beim Dienst an der Waffe grundsätzlich danach Beschwerde eingelegt habe, habe ich das dann auch in der am nächsten Tag fälligen Beschwerde gegen den Kasernenkommandanten so festgehalten. Worauf der Herr Major Ärger bekam, weil er einen Kriegsdienstverweigerer zum Wachdienst gezwungen und so die Sicherheit der Bundeswehr gefährdet hatte. Ich musste nie wieder Wache schieben.

Zur Strafe aber wurde der Kriegsdienstverweigerer von den »Kabelaffen« genannten Fernmeldern weg in die Waffenkammer versetzt, Waffen ausgeben statt Leitungen legen. Allerdings wurde ich durch die Waffenausgabe in der Waffenstube gegenüber jedem anderen zum Vorgesetzten. Ich machte Dienst nach Vorschrift. Auch wenn jemand schnell eine Waffe brauchte, beharrte ich darauf, dass die Waffe nur in Anwesenheit einer dritten Person ausgegeben werden durfte. Bei Protest verwies ich darauf, dass ich in der Waffenkammer der Bestimmende war, und habe im Zweifel Feldwebel mit einer leeren Pistolentasche zum Appell geschickt.

Die CDU möchte in ihrem jüngsten Grundsatzprogramm zurück zur Wehrpflicht. Ob dies die »Kriegstüchtigkeit« Deutschlands erhöht, wage ich zu bezweifeln. Heute, noch mehr als in den 1970er-Jahren, bedarf es Profis in einer Armee. Die Wehrdienstleistenden von 1974 waren keine Profis. Wir haben meist rumgehangen und sinnlose Tätigkeiten verrichtet – einen Jeep durften wir von Hand und mit Spraydosen viermal streichen. Dann wurde er stillgelegt. Die Abschreckung gegenüber den Sowjets stand jeden Morgen von neun bis halb zehn still, dann war »NATO-Pause«, und die gesamte Bundeswehr saß bei Ei-Brötchen mit »Stayin' Alive« von den Bee Gees in der Kantine. Vier Wehrdienstleistende banden einen Zeit- oder Berufssoldaten, der sie betreuen musste – Profis als Animateure.

Die Kultur der alten Bundeswehr unterschied sich von der preußischen Armee oder der Nationalen Volksarmee der DDR. Aber auch die Bundeswehr mit dem »Bürger in Uniform« beruhte und beruht wie jede Armee auf Befehl und Gehorsam. Die damit verbundenen Zumutungen und Zurichtungen werden in einer umstandslosen Bejahung der Bundeswehr nach der »Zeitenwende« des Ukrainekrieges oft vergessen. Ich halte diese Zeitenwende für ebenso notwendig wie bitter. Doch was militärische Ausbildung mit Menschen macht, soll darüber nicht vergessen werden.

Manche Parolen – etwa ein euphorisches »Lasst die Leoparden frei« – verkennen die realen Folgen der Anwendung militärischer Gewalt, ihre Auswirkungen auf jene, die über Leben und Tod anderer Menschen zu entscheiden haben und ihr eigenes Leben riskieren. Manche so mutigen Kommentare stehen im eigentümlichen Kontrast zur Bereitschaft, sich selbst an der Waffe ausbilden zu lassen und Dienst zu tun. Das aber ist kein neues Phänomen. 1998 war ich das einzige Mitglied der Schröder-Regierung, der, wenn auch unfreiwillig, eine Bundeswehrkaserne von innen gesehen hatte.

Im Dezember 1974 aber fand endlich vor dem Verwaltungsgericht Bremen meine Verhandlung statt. Ich habe meine politische Begründung ergänzt und Wolfgang Borcherts »Draußen vor der Tür« rezitiert. Die Szene, in der Beckmann den Oberst besucht und dem Oberst die Verantwortung für elf tote Soldaten, die ihn im Traum verfolgen, wieder zurückgeben will. Das hat offenbar Eindruck gemacht. Die Legende von der militanten Aulabesetzung war von unserem Schulleiter schriftlich widerlegt worden. Er, immerhin Mitglied der FDP, bestätigte, dass wir uns damals gewaltlos einen Schlüssel besorgt und eine reguläre Vollversammlung veranstaltet hatten.

Das Verwaltungsgericht entschied, dass ich Zivildienst machen durfte.

Ich will nicht missverstanden werden. Dies ist keine pauschale Abrechnung mit dem Militär, sondern ein Plädoyer, es sich nicht leicht zu machen. Solange Krieg als Ultima Ratio notwendig erscheint, bedarf es Soldatinnen und Soldaten. Sie müssen gut ausgebildet und bestens ausgestattet sein. Sich auf feierliche Gelöbnisse zu stellen und dann die Bundeswehr kaputtzusparen, ist schwarze Verteidigungspolitik. Sie wird den Soldatinnen und Soldaten nicht gerecht.

Ich habe vor den Soldaten und Soldatinnen, die ich bei der Bundeswehr in diversen Einsätzen in Afghanistan, in Mali oder vor dem Libanon kennengelernt habe, immer Respekt gehabt. Militärs kalkulieren die Verluste genauer und befassen sich ernsthaft mit der

Frage, welche Kosten – an Menschen und Material – ein Sieg hat. Was militärische Gewalt angeht, sind sie oft zurückhaltender als viele Intellektuelle.

Ich werde nie vergessen, wie eine Bootsfrau der Marine einem Mitglied des Verteidigungsausschusses erklärte, warum es falsch sei, wie von der Abgeordneten gefordert, im Rahmen von UNIFIL sichtbar vor der Küste des Libanon zu patrouillieren. »Nach Jahren der Seeblockade stehen wir dafür, dass die Küste des Libanon wieder offen ist. Wir sollten nicht den gegenteiligen Eindruck erwecken. Den Waffenschmuggel können wir auch anders unterbinden. Wir sind in der Lage, jedes schwimmende Ölfass im Mittelmeer zu entdecken.«

Solche Haltung habe ich bei Soldatinnen und Soldaten in allen Einsätzen angetroffen. Verantwortungsethik, die nicht nur die Lauterkeit der Motive, sondern auch die Folgen im Blick hat, findet sich öfter bei Militärs als in Talkshows und bei Thinktanks.

Hoch die internationale Solidarität

1969 wurde das hundertjährige Bestehen unseres Gymnasiums gefeiert. Das beste Hotel in Vegesack, die *Strandlust* an der Weser, wurde gemietet, um dort angemessen feierlich das Gerhard-Rohlfs-Gymnasium hochleben zu lassen. Allerdings fanden wir Schüler, dass Gerhard Rohlfs, geboren 1831 in Vegesack, ein höchst problematischer Namenspatron war.

Rohlfs war im kolonialistischen 19. Jahrhundert ein populärer »Afrikaforscher« gewesen. Er hatte nicht nur die Sahara durchquert, sondern auch im Dienst des deutschen Kaiserreiches in Tunesien versucht, Berberstämme zum Krieg gegen Frankreich anzustiften. Später stand er, wenn auch nicht lange, im Dienst des Reiches und war Generalkonsul auf Sansibar. Zeitgleich riss sich der berüchtigte Kolonisator Carl Peters dort mit »Schutzverträgen« Gebiete im heutigen Tansania unter den Nagel.

Wir waren damals überzeugt, dass Rohlfs kein bewundernswürdiger Entdecker war, sondern ein übler Kolonialist. Wir waren dagegen, diesen Namensgeber zu feiern – und warben dafür, die Schule umzubenennen. Zumindest aber wollten wir eine kritische Debatte führen.

Deshalb versuchten wir vor dem Hotel Strandlust, mit einer Sitzblockade die Feierlichkeiten zu stören. Die wurde von der Polizei sehr schnell abgeräumt. In unseren Reihen war aber ein älterer Schüler, Hermann Rademann, der damals der Kopf der Bremer Schülerbewegung war und ein Auto hatte.

Rademann fuhr mit seinem VW vorsichtig in die Hoteleinfahrt und würgte dort demonstrativ den Motor ab. Das war effektvoller als unsere Sitzblockade. Es dauerte recht lange, das Auto aus der Einfahrt wegzubewegen. Die schöne Feier war gestört. Die Schulleitung war stinksauer auf uns.

Wir hatten gute Gründe für diese Aktion. Die Schule vermittelte den Schülern Ende der 1960er-Jahre nicht, was die deutsche Kolonialgeschichte war und welche Verbrechen das Kaiserreich begangen hatte. Das war ein schweres Versäumnis.

Ich brachte als Kind und Jugendlicher viele Stunden im Bremer Übersee-Museum zu – lange bevor es dekolonisiert wurde. Dass Schwarze Menschen mit lebensgroßen Puppen dargestellt wurden, galt als völlig normal. Es gab damals einen ungebrochenen, unreflektiert rassistischen Zugang zur Geschichte Afrikas, den wir uns heute kaum vorstellen können. Darauf haben wir mit unseren Protesten gegen Gerhard Rohlfs aufmerksam gemacht.

Die Schülerbewegung Ende der 1960er- und in den 1970er-Jahren hatte ein feines Gespür für die Doppelmoral der Bundesrepublik. Es gab eine Kluft zwischen den feierlich verkündeten Werten der Demokratie und der Menschenrechte und den immer noch mitbestimmenden alten NS-Eliten in der Republik und der Amnesie betreffs der kolonialen Vergangenheit des Kaiserreiches. Es gab eine Kluft zwischen dem oft wiederholten und in Richtung SED und Ostberlin adressierten Bekenntnis, dass die Bürger selbst über das Schicksal des Landes entscheiden sollten, und der Realpolitik im Kalten Krieg. Weder die USA noch die Sowjetunion scherten sich um nationale Selbstbestimmung, wenn sie ihren Interessen im Weg stand. Die »Breschnew-Doktrin« genannte Rede von der »eingeschränkten Souveränität« galt nicht nur für sozialistische Bruderstaaten im Ostblock, sondern auch im Westen.

Gut 28 Jahre vor dem Anschlag auf die Türme des World Trade Center gab es schon einmal einen 11. September. Am 11. September 1973 putschte das Militär in Chile gegen den demokratisch gewählten Präsidenten Salvador Allende, tatkräftig mit Geld und Logistik unterstützt von den USA. Die Luftwaffe bombardierte seinen Amtssitz La Moneda. Allendes Radioansprache endete mit den Sätzen: »Das sind meine letzten Worte, und ich habe die Gewissheit, dass mein Opfer nicht vergeblich sein wird. Ich habe die Gewissheit, dass es zumindest eine moralische Lektion sein wird, die den Treuebruch, die Feigheit und den Verrat verurteilt.« Dann erschoss sich der Sozialist Allende mit einer Maschinenpistole.

Der Putsch in Chile strafte alle Lügen, die den Systemkonflikt zwischen Ost und West als Kampf des Lichts gegen die Finsternis sahen, der aufrechten Demokraten gegen die Diktatur. In Chile terrorisierte eine Clique von Militärs, unterstützt vom US-Geheimdienst, das Volk, ermordete Gegner, schaffte Demokratie und Wahlen ab und vertrieb Tausende ins Exil. Die Lektion lautete: Demokratie ja, aber nur, solange sie den geostrategischen Interessen der USA nutzt.

Die neue Linke hatte keine Sympathien für den tristen Realsozialismus, für die Brutalität der sowjetischen Panzer, die 1968 den Prager Frühling gewaltsam niedergewalzt hatten, wie zuvor den Arbeiteraufstand in Ostberlin und den Aufstand der Menschen in Ungarn.

Alexander Dubček, der von einem Sozialismus mit menschlichem Antlitz träumte, und Salvador Allende, der einen demokratischen, gewaltfreien Weg zum Sozialismus suchte, schienen uns Brüder im Geiste zu sein – beide ausgelöscht und verbannt von den gegensätzlichen Machtzentralen des Kalten Krieges. Die Sicherung der eigenen Einflusssphären hatte Priorität gegenüber der demokratischen Selbstbestimmung von Gesellschaften – das schien uns die übergreifende Gemeinsamkeit der beiden Blöcke zu sein.

Die deutsche Rechte feierte die Pinochet-Diktatur dagegen unverhohlen. Franz Josef Strauß erklärte 1973 im CSU-Organ *Bayern-*

kurier, dass »das Wort Ordnung für die Chilenen plötzlich wieder einen süßen Klang« hat. Der CDU-Generalsekretär Bruno Heck fuhr nach Chile und rechtfertigte den Massenterror der Junta gegen Demokraten, die im Nationalstadion in Santiago eingesperrt, gefoltert und ermordet wurden, mit den Worten: »Das Leben im Stadion ist bei sonnigem Wetter recht angenehm.«

Es gab auch andere Stimmen in der Bundesrepublik. Rudi Arndt, SPD-Oberbürgermeister in Frankfurt, sorgte dafür, dass Flüchtlinge aus Chile in die Bundesrepublik ausgeflogen wurden. Die Reaktion vieler Konservativer aber war nicht nur eine höhnische Verachtung der Werte, die sie für sich in Anspruch nahmen – sie enthielt auch eine Botschaft nach innen. Falls je in der Bundesrepublik per Wahl eine linkssozialistische Regierung an die Macht kommen würde, wäre ein Chile-Szenario denkbar.

1974 wurde die faschistische Diktatur in dem NATO-Land Portugal durch einen linken friedlichen Aufstand, die Nelkenrevolution, beendet. Ich war ein Jahr später für vier Wochen dort. Ich hatte aus meiner Zeit bei Bundeswehr und Zivildienst noch Resturlaub und eine Entschädigung zum Dienstende erhalten. Die Stimmung in Portugal war elektrisierend. Ich war in einem Land im Aufbruch, das innen die Diktatur und außen das koloniale Regime abstreifte.

Das Muster, das wir global in den 70ern erkannten, war nicht: hier noble westliche Demokratien, dort östliche Diktaturen. Wir sahen von Zimbabwe bis Südafrika, von Portugal über Vietnam bis Chile Befreiungsbewegungen, die sich verzweifelt gegen Neokolonialismus wehrten.

1978 fand die Fußball-Weltmeisterschaft in Argentinien statt, einem Land, in dem eine besonders brutale Militärdiktatur herrschte. Im bundesdeutschen Kollektivgedächtnis ist diese WM mit der »Schmach von Córdoba« verknüpft, weil Österreich Deutschland 3:2 schlug. Es war das Aus des amtierenden Weltmeisters Deutschland schon in der Gruppenphase.

Doch die wahre Schmach fand jenseits des Rasens statt. Ein Jahr vor der WM ermordete die Diktatur die deutsche Theologiestudentin Elisabeth Käsemann. Außenminister Hans-Dietrich Genscher unternahm nichts in dieser Angelegenheit – die wirtschaftlichen

Beziehungen zu Argentinien waren wichtiger. Bei der deutschen Nationalelf machte 1978 der vom NS-Regime gefeierte Kampfflieger Hans-Ulrich Rudel seine Aufwartung. Rudel war wie viele NS-Verbrecher vor der Strafverfolgung nach Lateinamerika geflohen und dort Kopf einer Clique von deutschen NS-Tätern. Rudel belieferte als Waffenhändler den chilenischen Diktator Pinochet und fädelte Geschäfte für Siemens in Lateinamerika ein. Kritik an dem Besuch Rudels wehrte DFB-Chef Hermann Neuberger mit dem bemerkenswerten Satz ab, wer Rudel kritisiere, beleidige alle deutschen Soldaten. Es waren nicht nur die USA, die den Folterdiktaturen die Stange hielten, es war auch die Bundesrepublik unter einer sozialliberalen Koalition.

Wir protestierten gegen die Folter-WM und veranstalteten an der Universität in Göttingen ein Fußballturnier gegen die WM. Die Aufregung in der Bundesrepublik über die Ignoranz der sozialliberalen Regierung und des DFB hielt sich in Grenzen. Kanzler Schmidt versuchte zeitgleich, deutsche Atomkraftwerke an die Diktatur in Brasilien zu verkaufen. Die sozialliberale Regierung und die christdemokratische Opposition in Westdeutschland waren äußerst rücksichtsvoll gegenüber Diktaturen, solange sie antikommunistisch waren und Siemens und Mercedes dort gute Geschäfte machen konnten.

Wer in den 1970er-Jahren politisch groß wurde, weiß, zu was Demokratien in der Lage sind. Die USA bewiesen exemplarisch in Vietnam und Chile, dass Demokratien Kriegsverbrechen schlimmsten Ausmaßes begehen, repressive Regime stützen und Demokratien vernichten können.

Zu lernen war von Vietnam bis Chile die Lektion: Wir müssen die Idee der Aufklärung, der Freiheit und der Menschenrechte, die gerne westliche Werte genannt werden, gegen den realen, machthungrigen, arroganten Westen verteidigen. In den 1970er-Jahren schien die Welt klar: hier der Kampf um nationale Selbstbestimmung, dort moralfreie Machtpolitik und Neokolonialismus.

Doch so einfach war es nicht. Ende der 1970er-Jahre tauchte in Südostasien ein Phänomen auf, das in unserem linken, antikolonialen, antiimperialistisch geprägten Bild nicht vorgesehen war. Es gab einen Krieg zwischen zwei Staaten, die sich beide sozialistisch nannten. Vietnam, das sich 1975 befreit hatte, und Kambodscha, das von den Roten Khmer tyrannisiert wurde. Der Krieg zwischen Vietnam und Kambodscha zeigte, dass das Schema »Neokolonialismus versus Befreiungsbewegungen« kein Universalschlüssel war. Dass zwei von der US-Aggression befreite Staaten gegeneinander Krieg führten, sprengte dieses Modell.

Vietnam marschierte mit der Begründung in Kambodscha ein, dass dort Massenmörder an der Macht waren, die Millionen Menschen auf dem Gewissen hatten, die vietnamesische Minderheit tyrannisierten und dass das Regime in Phnom Penh die Grenze Vietnams verletzte. Vietnamesische Truppen haben in der Tat den Terror der Roten Khmer beendet. China, mit Kambodscha verbündet, hat den Norden Vietnams angegriffen, allerdings erfolglos. Als ich 2019 im Norden Vietnams an der Grenze zu China war, konnte ich die Genugtuung darüber sehr deutlich spüren. Trotz der US-Bomben und des Napalms erschienen die Chinesen dort verhasster als die USA.

Doch die USA und ihre Verbündeten erkannten bis 1991 die Roten Khmer als legitimen Vertreter Kambodschas an. In der Logik des Kalten Krieges war es realpolitisch undenkbar, die von Vietnam eingesetzte Regierung in Phnom Penh anzuerkennen. Denn Vietnam galt als prosowjetisch. Dass die Roten Khmer ein Terrorregime errichtet hatten, dem Millionen Menschen zum Opfer gefallen waren, spielte dabei keine Rolle.

Der Krieg zwischen Vietnam und Kambodscha hat in der Linken der 1970er-Jahre zu harten Kontroversen geführt. K-Gruppen, die wie der KBW der »Sozialimperialismustheorie« anhingen, haben China und die Roten Khmer unterstützt. Sie hielten deshalb das Prinzip der nationalen Souveränität hoch. Der KB, dem ich angehörte, und das Sozialistische Büro waren der Ansicht, dass die militärische Intervention Vietnams angesichts der Massenmorde richtig war. KB und SB haben die Menschenrechte in diesem Fall höher gewichtet als die nationale Souveränität.

Die Debatte um diese beiden Prinzipien sollte in den 1990er-Jahren in dem Streit um Interventionen in Ex-Jugoslawien wiederkehren. Allerdings waren einstige Maoisten des KBW wie Reinhard Bütikofer und Ralf Fücks nun offen für militärische Einsätze gegen Serbien. Bei ihnen war weniger das Bekenntnis zu nationaler Souveränität die Konstante als die Opposition gegen den Nachfolgestaat der Sowjetunion, Russland, das Serbien in seinem Marsch in den ethnischen Nationalismus unterstützte.

Doch der Krieg zwischen Vietnam und Kambodscha ebenso wie die spätere Invasion der Sowjetunion in Afghanistan, der Kampf der Sowjetunion und ihrer Verbündeten gegen die eritreische Befreiungsbewegung machte klar: Staaten führen Kriege, anders als proklamiert, nicht um Werte, sondern für ihre Interessen. Auch Vietnam hätte die Roten Khmer nicht gestürzt, wenn diese die Grenze respektiert und die vietnamesische Minderheit in Ruhe gelassen hätten.

Es ist falsch, die Staaten des demokratischen Kapitalismus für gut und friedfertig zu halten. Es ist naiv zu glauben, dass aus antikolonialen Befreiungsbewegungen automatisch rechtsstaatliche und demokratische Verhältnisse erwachsen. Aber so dumm zu glauben, dass die Sowjetunion Befreiungsbewegungen wegen der Freiheit unterstützt hat, war die neue Linke nicht.

Gut gemeint? Schlecht gemacht

Ich habe meine ersten außenpolitischen Erfahrungen als Außenreferent des Göttinger AStA sammeln können. Einstellungsvoraussetzung war, dass ich die Abkürzungen der wichtigsten Befreiungsorganisationen kannte. Meine Parteinahme für den Globalen Süden führte dazu, dass wir Grüne 1990 in den Koalitionsverhandlungen Wert darauf legten, die Verantwortung für die Internationale Zusammenarbeit des Landes Niedersachsen zu übernehmen. Sie wanderte von Schröders Staatskanzlei zu mir in das Ministerium für Bundes- und Europaangelegenheiten.

Ich fand ein schwieriges Erbe vor. Ernst Albrecht hatte ganz in der Tradition seiner Initiative zur Rettung der vietnamesischen Boat-People versucht, Niedersachsen internationales Profil zu verschaffen. Dafür hatte sich das Land im Süden Sudans engagiert sowie eine Partnerschaft mit der chinesischen Provinz Anhui auf den Weg gebracht. Während der Absatz der Produkte aus niedersächsischer Landwirtschaft in Anhui nicht so recht vorankam, drohten die Projekte im Sudan im Bürgerkrieg unterzugehen. Das Erste, was wir zu machen hatten, war deshalb, diese Projekte zu beenden. Mit einem der letzten Flugzeuge flog meine Abteilungsleiterin aus dem Südsudan aus.

Wir entschieden uns, in Projekte zu investieren, die nicht die deutsche Entwicklungszusammenarbeit doppelten. Wir gingen deshalb in Regionen, die für den Bund aus völkerrechtlichen Gründen problematisch waren. Als Land konnten wir in autonomen Gebieten oder noch nicht als unabhängig anerkannten Staaten anders agieren als die Bundesregierung. Wir sahen uns in einem Zwischenzustand zwischen Nichtregierungsorganisation und Staat. Deshalb begannen wir die Zusammenarbeit mit dem Nordirak und Eritrea.

Der kurdisch besiedelte Nordirak gehörte nach dem zweiten Irakkrieg völkerrechtlich zum Irak, lebte aber unter dem Schutz der von der UN verhängten Flugverbotszone in faktischer Selbstverwaltung. Niedersachsen konnte hier Entwicklungszusammenarbeit voranbringen, ohne dass die Bundesrepublik Deutschland die territoriale Integrität des Irak von Saddam Hussein infrage stellte.

Vergleichbar war die Situation in Eritrea. 1991 hatte die eritreische Volksbefreiungsfront EPLF den Krieg gegen das von der Sowjetunion unterstützte realsozialistische Regime in Äthiopien militärisch gewonnen. Eritrea war 1991 diplomatisch noch nicht anerkannt, weder von der Afrikanischen Union noch von den Vereinten Nationen. Diese Anerkennung erfolgte erst 1993. In diesem Zwischenzustand konnten wir aus Niedersachsen bei der Bewältigung der Kriegsfolgen helfen.

Kurz nach der Befreiung bereisten wir mit einer Delegation des Landes Niedersachsen Asmara, die Hauptstadt des neuen Staates. Wir waren beeindruckt von dem, was wir sahen. Sebhat Efrem, Gouverneur von Asmara, zeigte uns, von wo die Schiffe des Warschauer Paktes die Stadt Massawa am Roten Meer beschossen hatten. Auch die Marine der DDR soll daran beteiligt gewesen sein. Bei den Demonstrationen in Asmara zum 8. März 1992, dem internationalen Frauentag, konnten wir erleben, wie weit die Gleichberechtigung der Frauen in Eritrea fortgeschritten war, und zwar tatsächlich. Es gab viel Gleichheit, wenig Hierarchien. Die Regierung legte sehr viel Wert auf die Alphabetisierung und investierte in Bildung für alle. Nach dem langen Krieg herrschte eine euphorische Aufbruchsstimmung.

Die neue Regierung von Isayas Afewerki war klug genug, sich nicht einseitig an eine Supermacht zu binden, und schlug einen unabhängigen Kurs ein. An diesem 8. März konnten wir vom Marktplatz zu Fuß in das Präsidentenpalais bis in das Büro von Afewerki gehen. Es gab keine Wache, kein Militär. Es war eine zivile Atmosphäre, eine scheinbar transparente Regierung herrschte ohne Distanz zum Volk. Die EPLF war eine Befreiungsbewegung zum Vorzeigen. Auf dem EPLF-Kongress zuvor war sogar die Einführung eines Mehrparteiensystems nach der Befreiung beschlossen worden.

Niedersachsen konzentrierte sich bei seiner Hilfe auf Projekte zur ländlichen Wasser- und Gesundheitsversorgung. Schon damals setzten wir auf solarbetriebene Wasserpumpen und Kühlschränke sowie auf Schulen mit Solarbeleuchtung. Zudem sollte handwerkliche Ausbildung gerade durch Menschen aus der europäischen Diaspora bei der Demobilisierung der Armee helfen.

All diese Hoffnung hat sich zerschlagen. Afewerki herrscht seit 30 Jahren – als Autokrat. Es gab nie ein Mehrparteiensystem. Afewerki errichtete ein Einparteienregime und ist Staats- und Regierungschef in einer Person. Im Index für Pressefreiheit steht Eritrea auf einer Stufe mit Nordkorea. Bei den UN-Abstimmungen zu Putins Angriffskrieg stand Eritrea, das zuletzt seine Unabhängigkeit gerade gegen die Sowjetunion erkämpfte, in Treue fest zu Russland.

Afewerki schreckt auch vor alten Kampfgefährten des Befreiungskrieges nicht zurück. Als 15 von ihnen, darunter Außenminister Petros Solomon, 2001 freie Wahlen und Gewaltenteilung forderten, überlebten das die meisten nicht. Der Held der kriegsentscheidenden Schlacht von Afabet, Mesfin Hagos, lebt heute als anerkannter

Flüchtling in Frankfurt. Er hatte das Glück, von einer Reise zurück von den Vereinten Nationen in New York in Frankfurt zwischenzulanden. Dort erfuhr er, dass seine Freunde von dem Afewerki-Regime verhaftet worden waren.

Nicht nur nach innen, auch nach außen gehört der EPLF-Staat heute zu den schlimmsten auf dem afrikanischen Kontinent. Im Kampf um Tigray hat Eritrea Söldner in den Krieg geschickt, die dort Massaker an der äthiopischen Zivilbevölkerung begingen.

Es gibt in der jüngeren Geschichte viele, die von Terroristen zu Freiheitskämpfern wurden, von Freiheitskämpfern zu Staatsmännern, und als Staatsmänner zu terroristischen Diktatoren. Robert Mugabe begann in Zimbabwe als antikolonialer Rebell und endete als seniler, gefürchteter Despot. Während des Befreiungskampfes hatten auch in Göttingen viele Geld für die ZANU, die Befreiungsbewegung Mugabes, gesammelt.

In Nicaragua stürzte Daniel Ortega mit den Sandinisten 1979 den berüchtigten Diktator Antonio Somoza. Viele westdeutsche Linke gingen zur Verteidigung der Revolution in Nicaragua dort Kaffee pflücken, während die USA mithilfe der Contras und durch Bombenanschläge auf Ölpipelines versuchten, das sandinistische Regime zu stürzen. Ortega war Mitglied einer fünfköpfigen Junta der Sandinisten und wurde 1984 Präsident. 1989 verloren die Sandinisten die Wahl und gaben die Macht an die Opposition ab. 2006 wurde Ortega erneut gewählt und wiederum nach einer fragwürdigen Gerichtsentscheidung entgegen der Verfassung 2011. Seitdem herrscht Ortega in Nicaragua mit Gewalt und Brutalität. Er ähnelt immer mehr Somoza, den die Sandinisten 1979 vertrieben hatten.

Ein älteres Beispiel ist das Kuba von Fidel Castro und dem nicht nur in Lateinamerika verehrten Che Guevara. Sie haben Kuba von der üblen Batista-Diktatur befreit. Kuba ist danach erneut in der Diktatur gelandet. Dazu haben die US-Invasion in der Schweinebucht, die Umsturzversuche des CIA und die Sanktionen der USA beigetragen. Doch es gilt: Bis heute ist Kuba ein Land, in dem politische Abweichung ins Gefängnis führt.

Diese Beispiele zeigen ein Muster. Der gut gemeinten Herrschaft müssen wir mit Misstrauen begegnen, gerade wenn sie durch militärische Befreiung mit vielen eigenen Opfern moralisch legitimiert ist. Die Führungsfiguren der Revolten und Bürgerkriege etablierten von Zimbabwe bis Eritrea Regime ohne »checks and balances« und ohne Kontrolle der Macht. Alles, was Demokratien auszeichnet, fehlte. Die Macht war weder zeitlich durch Wahlen noch durch Gewaltenteilung begrenzt. Der Weg in Willkürherrschaft und Repression war so vorgezeichnet.

Unser aller (auch meine) Begeisterung und Hoffnung 1992 in Asmara hatte viel damit zu tun, wie wir in den 1970er-Jahren dachten. Wir glaubten, dass das Wichtigste sei, die richtigen Ziele für eine Gesellschaft zu haben. In Asmara schienen Gleichberechtigung, Bildung, Unabhängigkeit diese Ziele zu sein. Wir haben sträflich unterschätzt, dass das Richtige ohne funktionsfähige herrschaftsbegrenzende Elemente und Institutionen schnell zum Falschen werden kann.

Der Guerillakrieg ist keine Schule der Demokratie. Bertolt Brecht hat die Gefahr, die revolutionären Bewegungen droht, in seinem Gedicht »An die Nachgeborenen« skizziert:

Dabei wissen wir ja.
Auch der Hass gegen die Niedrigkeit
Verzerrt die Züge.
Auch der Zorn über das Unrecht
Macht die Stimme heiser.

Die Entwicklung Eritreas von einem zivilen und offenen zu einem repressiven Regime hat mich etwas gelehrt. Es ist nicht klug, sich mit gut gemeinten Projekten gemein zu machen, auch nicht, wenn man nur lautere Absichten erkennt. Man kann, soll und muss solche Projekte unterstützen. Aber wir dürfen nie die kritische Distanz aufgeben.

2024 begegnet mir meine Haltung von damals in der Solidarität mit der Ukraine wieder. Den Impuls von Menschen angesichts des brutalen Angriffskrieges Russlands teile ich. Er ist mehr als verständlich und gerechtfertigt. Die Ukraine hat allen Grund und jedes Recht, sich gegen diesen Angriffskrieg militärisch zu wehren. Deshalb habe ich den Beschluss des Bundestages zur militärischen Unterstützung der Ukraine für die Grünen aus Überzeugung mitverhandelt. Deshalb ist es richtig, dass Deutschland heute der zweitgrößte Waffenlieferant an die Ukraine ist. Doch muss ich deshalb zu der auch von der EU-Kommission kritisierten Korruption in der Ukraine, zu Steuerhinterziehung und Schwarzgeld schweigen? Darf ich Beschränkungen der Meinungsfreiheit, fragwürdige Operationen des Geheimdienstes nicht kritisieren?

Mit dem bewaffneten Kampf geht oft in fast tragischer Unausweichlichkeit eine innere Militarisierung einher. Es reicht nicht, einfach auf der Seite der Unterdrückten zu sein. Solidarität heißt nicht Unterordnung unter – oft vermeintliche – Sachzwänge oder bedingungslose Zustimmung. Sie verlangt kritische, komplexe Abwägungen. Es ist fast immer ein Fehler, jede Distanz aufzugeben.

Bei den antikolonialen Befreiungsbewegungen der letzten Jahrzehnte zeigt sich ein Schema. Es ist auffällig, dass es in Gesellschaften, in denen die Unrechtsherrschaft militärisch bezwungen wurde, oft frappierende Kontinuitäten gibt. Die neue Herrschaft ähnelt, auch wenn die Ideologie konträr ist, der alten Autokratie. Das liegt auch an den Erfahrungen des Guerillakrieges. Das Freund-Feind-Denken des Krieges, die militärische Logik von Befehl und Gehorsam verkehrt die errungene Befreiung in ihr Gegenteil und deformiert die neue Gesellschaft, die sich oft in das Gegenteil dessen verwandelt, was ursprünglich erkämpft werden sollte.

Es kann fatal sein, Menschen, die im Krieg sozialisiert wurden, die Führung einer zivilen Gesellschaft zu überlassen. Wer die Logik von Befehl und Gehorsam und die in einer Guerilla notwendige Konzentration von Entscheidungsbefugnissen verinnerlicht hat, wer alltägliche Entscheidungen über Leben und Tod erlebt hat, ist als zivile Führungsfigur oft wenig geeignet. Gesellschaften brauchen Konsens, nicht Befehl und Gehorsam.

Das Erbe Nelson Mandelas –
ein demokratisches Südafrika

Ein Gegenmodell zur Herrschaft der militärischen Führer ist Südafrika. Dort hat der siegreiche Afrikanische Nationalkongress (ANC) Anfang der 1990er-Jahre anders gehandelt. Der ANC etablierte ein parlamentarisches System mit zwei Kammern und einer unabhängigen Justiz. Die wagte es, den mächtigen Ex-Präsidenten Jacob Zuma zu verurteilen – ein in Eritrea und vergleichbar autokratischen Staaten unvorstellbarer Vorgang.

Es gab in Südafrika keine Rache, keine Strafe für die von dem weißen Regime systematisch verübten Verbrechen an der politischen Opposition. Der ANC wählte den beschwerlichen Weg einer »Wahrheitskommission«, um eine innere Aussöhnung des Landes zu erreichen. Die Wahrheitskommission war in Chile nach dem Ende der Pinochet-Diktatur 1990 installiert worden, um die Verbrechen in der Zeit nach 1973 aufzuklären und nationale Versöhnung zu erreichen. In Südafrika funktionierten die Kommissionen nach dem gleichen Prinzip: Wer politisch motivierte Verbrechen gestand, konnte mit Amnestie rechnen. Straflosigkeit gegen Wahrheit.

Eine meiner eindrucksvollsten Begegnungen als Umweltminister war im Jahr 2000 das Treffen mit dem südafrikanischen Wasserminister Ronnie Kasrils. Wir hatten beide ausführliche Sprechzettel über unsere gemeinsamen Fachthemen wie Wasserversorgung und Gewässerschutz. Doch Kasrils wollte erst mal unter vier Augen mit mir sprechen. Ihn interessierte das generelle Verhältnis zwischen Deutschland und Südafrika gerade vor dem Hintergrund unserer politischen Geschichte im Kampf gegen die Apartheid und deren Unterstützung durch vormalige Bundesregierungen. Voller Selbstironie meinte er, früher wären wir ja beide gegen Waffenlieferungen an Südafrika gewesen. Nun würden beide Länder über die Lieferung von Fregatten verhandeln. Rot-Grün lieferte vier davon.

Kasrils war früher Drehbuchautor gewesen – ehe er aus Protest gegen die Unterdrückung der Schwarzen in Südafrika in den 60er-Jahren Mitbegründer des militärischen Arms des ANC wurde.

Er war einer der wenigen Weißen im Führungszirkel des ANC. Sein Vater war ein litauischer Jude, seine Mutter Südafrikanerin. Er war lange Chef des ANC-Geheimdienstes. Auf den Fahndungsplakaten des Apartheid-Staates wurde er als »armed and dangerous« gesucht. Das war auch der Titel seiner Biografie, die er Anfang der 1990er-Jahre publizierte.

Er hat mir erzählt, wo er sein militärisches Handwerk gelernt hatte – beim KGB in Odessa in der heutigen Ukraine. »Während der Westen höchstens fromme Sprüche über die Übel der Apartheid abgab, leistete uns die Sowjetunion praktische Unterstützung«, schreibt Kasrils in seiner Biografie. Die Staaten des Warschauer Pakts waren ihm zufolge die einzigen, die dem ANC in seinem Kampf wirklich geholfen hätten. Die Sowjetunion tat das nicht aus Selbstlosigkeit, sondern um dem Westen zu schaden.

Der ANC wusste, dass er als Instrument im Kalten Krieg benutzt wurde, verteidigte aber immer die enge Verbundenheit mit allen, die ihn unterstützt hatten. Nelson Mandela sagte 1990 an die Adresse des Westens gerichtet: »Einer der Fehler, den einige politische Analysten begehen, ist die Annahme, dass ihre Feinde unsere Feinde sein sollten.«

Kasril, Marxist und über Jahrzehnte Mitglied der Kommunistischen Partei Südafrikas, ist eine imposante Figur. Seine moralische Integrität hat er bewiesen, als er deutlich auf Distanz zu seinem Mitkämpfer von früher, Jacob Zuma, ging. Zuma, der neun Jahre Präsident gewesen war, wurden Vergewaltigungen und Korruption vorgeworfen. Kasril war einer der wenigen im ANC, die sich trauten, gegen den mächtigen Ex-Präsidenten Zuma aufzubegehren. Er analysierte auch die schroffe soziale Ungleichheit in Südafrika und das Bündnis des ANC mit dem internationalen Kapital schonungslos selbstkritisch.

Südafrika ist heute eine der wenigen funktionierenden Demokratien in Afrika. So hat es trotz des Konfliktes um den Gazakrieg viel mit Israel gemeinsam, der einzigen funktionierenden Demokratie in Nahost. Beide waren Staaten, die als Antwort auf Verbrechen gegründet wurden, hier das Menschheitsverbrechen des Holocaust, dort die Apartheid. Für beide gilt: Demokratie ist mehr als die

Garantie für freie Wahlen. Sie bedarf einer funktionierenden Gewaltenteilung mit einer unabhängigen Judikative. In Südafrika wie Israel hat die Justiz ehemalige Regierungschefs wegen Korruption in den Knast befördert, Jacob Zuma in Südafrika, Ehud Olmert in Israel. Netanjahu tut alles dafür, damit ihm Olmerts Schicksal erspart bleibt.

Dass Südafrika eine offene Gesellschaft mit einem funktionierenden Rechtsstaat ist, hat auch damit zu tun, dass die führende Figur nach dem Sieg des ANC niemand war, der mit militärischer Gewalt gegen das Apartheid-Regime gekämpft hatte und sich in der Logik des Bürgerkrieges bewegte. Nelson Mandela, den das rassistische Regime 20 Jahre lang inhaftiert hatte, stand für Versöhnung. Auch deshalb ist Südafrika nicht den Weg der Frelimo in Mosambik, von Mugabe und von Eritrea gegangen. Auch dafür steht die Gedenkstätte auf Robben Island vor der Küste Kapstadts mit der Zelle Mandelas.

Die Demokratie Südafrikas steht vor großen Herausforderungen. Der ANC schleppt ein großes Korruptionsproblem mit sich herum – unter Zuma wäre das Land fast an eine indische Milliardärsfamilie verkauft worden. Es hat ein massives Problem mit Arbeitslosigkeit. Die Wasserinfrastruktur ist mangelhaft, und die monopolisierte (Kohle-)Stromversorgung führt zu stundenlangen Stromausfällen, weil nicht in Erneuerbare investiert wurde. Doch über all das kann in einer freien Presse berichtet werden. Über Korruption, Arbeitslosigkeit, Stromabschaltungen kann auch abgestimmt werden. Bei den letzten Wahlen 2024 haben das die Südafrikanerinnen und Südafrikaner genutzt. Zum ersten Mal seit der Befreiung verlor der ANC seine absolute Mehrheit.

Südafrika hat zusammen mit anderen die Staatengemeinschaft BRICS geschaffen: Brasilien, Russland, Indien, China und Südafrika haben 2015 eine Bank gegründet, um der Vormacht des US-Dollar und der Weltbank etwas entgegenzusetzen. Die Chefin dieser Bank ist die brasilianische Politikerin Dilma Rousseff.

Ich habe mich in ihrer Zeit als Energieministerin regelmäßig mit ihr gestritten. Sie hielt das deutsch-brasilianische Atomabkommen hoch, ich wollte mit Erneuerbaren kooperieren. Vor ihrer Zeit als

Ministerin und später Präsidentin Brasiliens hat sie während der Militärdiktatur mit der Waffe gegen das von den USA gestützte Regime gekämpft. Sie ist von diesem Regime gefoltert worden. Die westlichen Werte hat damals Dilma Rousseff verkörpert, den Verrat an diesen Werten die US-Regierung.

Nun leitet sie die BRICS-Bank, die erklärtermaßen eine Antwort auf den Internationalen Währungsfonds IWF und die Weltbank sein will. Ob diese »New Development Bank« ein Erfolg wird, ob sie mehr als ein Element chinesischer Machtpolitik wird, wird sich zeigen. Doch gerade wir Europäer müssen selbstkritisch einräumen, dass es gute Gründe für die BRICS-Bank gibt. Die internationalen Finanzinstitutionen wie IWF und Weltbank haben, dominiert von den USA, Länder wie Indien und China jahrelang diskriminiert. Sie waren multilateral, aber nicht demokratisch. Deshalb haben sich diese Länder zu den BRICS-Staaten zusammengeschlossen.

In Ländern, in denen der Kampf – nicht nur, aber überwiegend – friedlich mit zivilem Ungehorsam gegen die Repression geführt wurde und ein Bürgerkrieg vermieden werden konnte, greifen die neuen Herrscher seltener zu undemokratischen Mitteln. Das gilt für Südafrika und auch für diejenigen Militärdiktaturen in Lateinamerika, die von Brasilien bis Uruguay, von Chile bis Argentinien mit politischem Druck und zivilem Widerstand und weniger mit militärischer Gewalt zu Fall gebracht wurden.

Europa und Deutschland aber müssen verstehen, dass Länder wie Chile oder Brasilien im geopolitischen Machtkampf um eine neue Weltordnung unsere wichtigsten Bündnispartner sind. Deshalb ist im Umgang mit diesen Staaten Respekt für die von ihnen – gegen uns – erkämpften demokratischen Errungenschaften eine Grundvoraussetzung. Will Europa eine eigenständige Rolle im geopolitischen Machtkampf spielen, muss es die Demut vor der eigenen Geschichte lernen.

Der Krieg um den grünen Pazifismus

Als sich die Grünen 1980 gründeten, lautete ihr Motto: »sozial, ökologisch, basisdemokratisch, gewaltfrei«. Das Wort gewaltfrei und die Teilnahme der Grünen an der Friedensbewegung der 1980er-Jahre haben zu dem hartnäckigen Vorurteil geführt, dass wir eine pazifistische Partei seien oder gewesen seien. Es existierte zwar ein radikalpazifistischer Flügel – die Grünen als Ganzes waren nie pazifistisch. Hans-Christian Ströbele, der sich standhaft gegen ein militärisches Eingreifen mit deutscher Beteiligung im früheren Jugoslawien und in Afghanistan engagierte, hatte in den 1980er-Jahren eigenhändig Spenden für die Guerilla in El Salvador nach Mittelamerika gebracht.

1979 beschloss die NATO die Nachrüstung, weniger auf Drängen der USA, sondern mehr von Helmut Schmidt. Schmidt meinte eine Lücke in der flächendeckenden Abschreckung entdeckt zu haben und forderte gegen die sowjetischen SS-20-Mittelstreckenraketen die Stationierung von atomar bestückbaren Pershing-Raketen und Marschflugkörpern.

Verstärkt wurde Schmidts Argumentation durch den von der Sowjetunion begonnenen Krieg in Afghanistan. Die Sowjetunion erschien nicht mehr als eine Macht des Status quo, sondern expandierte ihren Einflussbereich in Zentralasien. Mit der Invasion gerieten die Fortschritte in der Strategischen Rüstungskontrolle zwischen den USA und der Sowjetunion ins Stocken. Auch wenn Grünen-Mitgründer Joseph Beuys in einem legendären Auftritt mit BAP sang: »Wir wollen Sonne statt Reagan«, so war es dennoch nicht ratsam, die Verantwortung für die Spirale der Aufrüstung ausschließlich der NATO und den USA anzuhängen.

1981 demonstrierten 300 000 Menschen im Bonner Hofgarten gegen den NATO-Doppelbeschluss. Diese Friedensbewegung war für die Grünen ebenso wichtig wie die Antiatombewegung. Aber es gab auch in der Friedensbewegung keinen pazifistischen Konsens. Bei der Demo im Bonner Hofgarten sammelten Gruppen Geld für die südafrikanische Befreiungsbewegung ANC, die auch militärisch gegen das Apartheid-Regime vorging. In den Reihen der Grünen gab es viele 68er, die Geld für den Vietcong gespendet hatten. Manche haben ihr Erbe dorthin gegeben.

Der Widerstand der Friedensbewegung richtete sich nicht prinzipiell gegen jede Form von Gewalt, sondern gegen den Irrsinn der atomaren Aufrüstung. Mit den atomar bewaffneten Marschflugkörpern rückte die Illusion eines begrenzbaren und damit führbaren nuklearen Krieges näher. Der aber hätte in der Mitte Europas stattgefunden.

Die Grünen und der größte Teil der Friedensbewegung waren »nuklearpazifistisch« eingestellt. Sie wehrten sich gegen die Perfektionierung des atomaren Arsenals und misstrauten der Logik der Abschreckung. In der Kubakrise 1962 war die Welt nur knapp einer nuklearen Katastrophe entkommen. Die neuen NATO-Atomwaffen in Europa und die aggressive Rhetorik der Reagan-Regierung gegen das »Reich des Bösen« ließen in weiten Teilen der Grünen Befürchtungen wachsen, dass ein Überraschungsangriff auf die Sowjetunion aus dem Westen geplant sei. Der Krieg, hätte er stattgefunden, hätte Deutschland zu einer nuklear verseuchten Wüste gemacht.

Die Grünen und die Friedensbewegung waren für Abrüstung, auch als einseitige Vorleistung, um den gefährlichen Kreislauf der Drohungen und Gegendrohungen zu durchbrechen. Als symbolischen Protest versuchten wir etwa, Göttingen wie viele andere Städte zur atomwaffenfreien Zone zu erklären.

Die Grünen waren in den 1980er- und 1990er-Jahren antimilitaristisch, aber nicht fundamentalpazifistisch. Im ersten grünen Grundsatzprogramm wurde nicht die Abschaffung der Bundeswehr gefordert, sondern deren »Abbau« und das Verbot in Schulen, für das Militär zu werben.

Retrospektiv haben viele, vor allem im Siegesrausch nach dem Fall der Mauer 1989, Reagans atomare Hochrüstung zum Grund für den Kollaps des Realsozialismus erklärt und gerechtfertigt. Richtig ist: Die Aufrüstungsspirale hat im Wirtschaftssystem des Ostblocks Kapazitäten für die zivile Produktion entzogen. Aber in überschaubarem Maße. Der Realsozialismus ist an seinen eigenen Widersprüchen und inneren Blockaden zugrunde gegangen, weniger an der Überforderung im Rüstungswettlauf.

Eine größere Rolle als die Aufrüstung hat in den 1980er-Jahren die Digitalisierung gespielt, die für produktive, innovative Ökonomien eine immer größere Rolle spielte. Der schwerindustriell fixierte Rat für gegenseitige Wirtschaftshilfe (RGW) des Ostens geriet hoffnungslos ins Hintertreffen. Ein Witz in der Spätphase der DDR brachte das auf den Punkt: Erich Honecker präsentiert heute in Leipzig den *größten* Mikrochip der Welt ...

Nicht vergessen werden sollte bei der Implosion des Ostblocks die Rolle der Zivilgesellschaft – von streikenden Werftarbeitern in Danzig über die Charta 77 in Prag bis hin zur Bürgerbewegung der DDR. Diese Bewegungen beriefen sich vielfach auf die KSZE-Schlussakte. In ihr waren neben der Unverletzlichkeit der Grenzen auch die Achtung der Menschenrechte und Grundfreiheiten wie die Selbstbestimmung der Völker festgeschrieben worden – neben dem Bekenntnis zu den Zielen und Grundsätzen der Vereinten Nationen. Die oppositionellen Bewegungen beriefen sich so auf völkerrechtlich fundierte universelle Werte.

Am Ende scheiterte das sowjetische Gesellschaftsmodell an einem Bündel von Ursachen, von der Bindung wichtiger Ressourcen im Rüstungswettlauf über fehlende Wettbewerbsfähigkeit bis zu einem Verlust gesellschaftlicher Akzeptanz.

Dass aber die Kriegsgefahr in Europa mit dem Fall der Mauer endgültig gebannt wäre, sollte sich als naive Hoffnung erweisen. Der Krieg kehrte auf den Kontinent zurück.

Nach 1990 versank Jugoslawien in blutigen Bürgerkriegen. Die Kriege zwischen Kroaten, Serben und Bosniern waren extrem brutal. Es gab ethnische Säuberungen, die vor allem, aber keineswegs nur von der nationalistischen Regierung in Belgrad um Slobodan Milošević forciert wurden. Kein Thema hat uns Grüne in den 1990er-Jahren stärker umgetrieben als die Frage, ob militärisches Eingreifen der Vereinten Nationen oder der NATO samt der Bundeswehr zwingend sei oder ob es das Desaster noch verschlimmern würde.

Mitte der 1990er-Jahre schälten sich in der grünen Partei drei verschiedene Haltungen heraus. Die Reformer um Joschka Fischer wollten nach dem Massaker von Srebrenica 1995 eine Pflicht der

UN, bei Völkermorden militärisch einzugreifen. Deutschland müsse sich nicht trotz seiner NS-Vergangenheit, sondern gerade deswegen mit Bundeswehrsoldaten daran beteiligen. In Srebrenica hatten die Armee der Republik Srpska und serbische Paramilitärs 8000 Zivilisten ermordet, die sich in einer UN-Schutzzone befanden. Anwesende niederländische Blauhelm-Soldaten griffen nicht ein. Dass unter den Augen der UN-Soldaten ein solches Massaker stattfinden konnte, war ein moralischer Skandal. Er untergrub die Autorität der Vereinten Nationen als Macht zur Friedenssicherung. Die späteren Änderungen in der Praxis von UN-Einsätzen waren eine Konsequenz. Doch das Trauma Srebrenica bleibt bis heute ein Makel im Ansehen der Vereinten Nationen.

Ein kleiner antimilitaristischer Flügel der Grünen lehnte dagegen jede Intervention und jede deutsche Beteiligung an UN-Missionen ab. Für sie trifft die Kennzeichnung als Pazifisten zu.

Die dritte Position vertrat die Regierungslinke. Der grüne Außenpolitiker Ludger Volmer und ich, damals einer der beiden Parteivorsitzenden der Grünen, plädierten 1995 gegen einen Einsatz der NATO, dafür für Wirtschaftssanktionen und die Möglichkeit, dass sich Deutsche an UN-Einsätzen beteiligen können sollten, aber nur in *friedenserhaltenden* nach Kapitel 6, nicht in *friedenserzwingenden* Einsätzen nach Kapitel 7 der UN-Charta.

Die von den Reformern um Joschka Fischer geforderte Pflicht, bei schlimmen Verbrechen militärisch einzugreifen, hatte eine Schwäche: Wer legte fest, wann ein Völkermord vorlag, wann die Schutzverantwortung galt und wann nicht? Warum ein Einsatz in Bosnien, aber keiner beim NATO-Partner Türkei, obwohl es brutale Exzesse auch im dortigen Krieg gegen die Kurden gab?

Auch das Argument der Reformer, dass die NS-Zeit deutsches Eingreifen zwingend mache, stand auf wackeligen Füßen. Denn die Nazis hatten im Zweiten Weltkrieg zusammen mit der faschistischen kroatischen Ustascha einen extrem brutalen Krieg gegen die Serben geführt. Ob gerade deutsche Soldaten geeignet waren, die Konflikte in den 1990er-Jahren zwischen Serben, Kroaten und Bosniern zu befrieden, hielt ich für eine berechtigte Frage. Die Doktrin, dass Bundeswehrsoldaten nie dort eingesetzt werden sollten, wo das

NS-Regime gewütet hatte, stammte nicht von einem linksradikalen Antimilitaristen, sondern von Helmut Kohl, Anfang der 1990er-Jahre.

Beim Parteitag 1995 in Bremen bekam unsere vermittelnde Haltung eine Mehrheit.

Es gab, anders als Interventionisten wie Daniel Cohn-Bendit und Marieluise Beck behaupteten, in der Debatte kein Schwarz und Weiß, sondern Schattierungen und Grautöne, kein Richtig oder Falsch, sondern ein Mehr oder Weniger. Es gab Fragen, auf die ich keine Antwort wusste: Wenn wir uns mit der guten Absicht, das Leiden zu verringern und zu verkürzen, an diesem Krieg beteiligen – was ist das Kriegsziel? Gibt es eine Exit-Option? Können wir gewährleisten, dass eine militärische Intervention von außen nicht alles schlimmer macht?

Clausewitz' berühmte Formel »Nebel des Krieges« meinte ursprünglich, dass die Feldherren wegen mangelhafter Nachrichten selten ein vollständiges Bild des Schlachtverlaufes haben. Diese Formel ist zu einer Metapher für das Unberechenbare des Krieges an sich geworden. Auch bei perfektem Informationsfluss sind Kriege schwer einzudämmen oder zu kontrollieren. Auch bei fast vollständiger waffentechnologischer Überlegenheit einer Seite sind Kriege, wie der US-Vietnamkrieg gezeigt hat, weder steuerbar noch begrenzbar. Unsere Skepsis gegen ein Eingreifen in Ex-Jugoslawien gründete auf diesen Zweifeln, nicht auf Ignoranz gegenüber den Opfern.

Der Bremer Parteitag fand 1995 ein paar Monate nach Srebrenica statt. Im Rückblick war es naiv und falsch von uns, auf dem Unterschied der Kapitel sechs und sieben der UN-Charta zu bestehen, also bewaffnete Einsätze abzulehnen und nur Blauhelme zuzulassen. Srebrenica hatte doch demonstriert, dass UN-Missionen in einer Welt von Warlords und Regellosigkeit robust bewaffnet sein mussten, wenn sie ihr Mandat erfüllen wollten. Sie müssen das Recht und die Fähigkeit haben, ihre Mission auch gegen Konfliktparteien durchzusetzen. Das ist der Grund, warum heute Mandate der Vereinten Nationen durchgehend als Kapitel-7-Einsätze mandatiert werden.

Wir Grünen haben schmerzhaft lernen müssen, dass Deutschland sich nicht mit Verweis auf seine Geschichte aus den Konflikten in seiner Nachbarschaft heraushalten konnte. Im Nachhinein gesehen war unsere Lernkurve zu langsam. Wir haben zu spät begriffen, dass wir trotz Zweifel aktiver hätten sein müssen. Der Krieg war in die Wirklichkeit Europas zurückgekehrt. Darauf musste es eine Antwort geben, zu der der Einsatz militärischer Mittel als Ultima Ratio gehörte. Auf diese neue, bittere Realität haben wir zu zögerlich reagiert.

Auf der anderen Seite scheinen mir die Vorbehalte gegen die moralische Überhöhung eines Eingreifens noch immer triftig.

Denn: Interventionen nur mit Moral und Menschenrechten zu begründen, ist blauäugig. Noch nie hat ein Staat ohne eigenes Interesse in einen Krieg eingegriffen. Mächte, die Soldaten schicken, verfolgen immer Interessen. Deutschland hatte das legitime, auch moralisch einsichtige, aber ganz materielle Interesse, eine Ausweitung oder Verlängerung eines Krieges in seiner Nachbarschaft auf dem Balkan zu verhindern.

Außerdem ist die Moralisierung von Interventionen gefährlich. Gut und Böse sind keine politischen Kategorien. Vermeintlich gerechte Kriege fast religiös zu überhöhen, geht mit Entgrenzungen einher.

Die Abgründe des Konzepts, mit viel moralischem Überschuss und reichlich Feuerkraft in Kriege zu ziehen, sollten sich später drastisch zeigen.

Der Kosovokrieg

Die militärische Intervention der USA 1995 befriedete die Lage in Ex-Jugoslawien zunächst. Das Abkommen von Dayton vom Dezember 1995 fror die Konflikte ein. In Kroatien, Bosnien und dem Kosovo wurden Tausende Bundeswehrsoldaten stationiert, die den fragilen Frieden schützen sollten. Doch der serbische Präsident Slobodan Milošević hatte die Idee eines dominanten, ethnisch reinen serbischen Staates keineswegs aufgegeben.

Im Kosovo, in dem mehrheitlich muslimische Kosovaren lebten, gingen serbische Sicherheitskräfte brutal gegen die Zivilbevölkerung vor. Der Konflikt, angeheizt von Serbien, eskalierte 1998. Dazu trug auch die radikale, kosovarische Befreiungsarmee UCK bei, die Anschläge verübte und gewaltsam ein unabhängiges Kosovo anstrebte.

Im Fall Kosovo rächte sich ein politisches Versäumnis Europas und der USA. Sie hatten den kosovarischen Präsidenten Ibrahim Rugova, der auf gewaltfreien Widerstand gegen Serbien gesetzt hatte, zu lange ignoriert. Der Kosovo-Konflikt war nicht Teil des Dayton-Abkommens gewesen. Das Ergebnis war das Erstarken der UCK.

Im Winter 1998 waren mehrere Hunderttausend Zivilisten in der Region auf der Flucht. Die Situation war vertrackt. Die Staatengemeinschaft konnte kein zweites Srebrenica zulassen. Die NATO stellte Milošević im Herbst 1998 ein erstes Ultimatum. Entweder würde Belgrad NATO-Truppen im Kosovo als Ordnungsmacht akzeptieren – oder die NATO würde Serbien mit Luftschlägen angreifen.

Bei der Bundestagswahl 1998 war zum ersten Mal in der Bundesrepublik eine Regierung komplett abgewählt worden, und es gab eine rot-grüne Mehrheit im Bundestag. SPD und Grüne wussten vor Bildung der Regierung, was auf sie zukam. Noch während der Koalitionsverhandlungen waren Gerhard Schröder, Günther Verheugen, Joschka Fischer und Ludger Volmer von Bill Clinton nach Washington gebeten worden. Sie kamen mit einer klaren Botschaft Clintons zu ihren Partei- und Fraktionsführungen nach Bonn zurück. Die USA waren entschlossen, Serbien anzugreifen, wenn Milošević dem Ultimatum nicht folge. Die USA erwarteten, dass Deutschland dann militärisch dabei sei. Mit diesem Wissen wurde die rot-grüne Regierung gebildet.

Weder SPD noch Grüne wollten Krieg. Beide Parteien hofften, dass die Drohung mit Militärschlägen Milošević zur Räson bringen würde. Der neue Außenminister Joschka Fischer und Finanzminister Oskar Lafontaine warben für die deutsche Unterstützung für den Kurs der NATO. Lafontaine war damals der Ansicht, dass die deutsche Sozialdemokratie nicht abseitsstehen könne, wenn die europäische Sozialdemokratie in den Kampf gegen einen Tyrannen ziehe. Skeptischer war Innenminister Otto Schily, der als rechter Sozialdemokrat galt. Schily stellte die richtige Frage: Was machen wir, wenn Milošević nicht nachgibt?

Vor und in Kriegen reicht es nicht, das Richtige zu wollen. Man muss die Reaktion des Gegners einkalkulieren, will man im »Nebel des Krieges« nicht den Überblick verlieren. Schily hatte seinen Clausewitz gelesen. Nichts ist gefährlicher, als sich im oder vor dem Krieg von Wunschvorstellungen leiten zu lassen. Oskar Lafontaine trat zwei Wochen vor dem Beginn des Kosovokrieges am 24. März 1999 von allen seinen Ämtern zurück. Dass vorheriger Widerstand gegen die Beteiligung Deutschlands am Kosovokrieg ein Grund für seine Demission war, kann ich nicht bestätigen.

Im März 1999 starteten zum ersten Mal seit 1945 deutsche Kampfflugzeuge in einen Kriegseinsatz und bombardierten Bahngleise und kriegswichtige Infrastruktur in Serbien. Die NATO zwang Milošević nach drei Monaten zum Einlenken. Die Bombardierung von überwiegend zivilen Zielen wie Brücken und Kraftwerken war im Grenzbereich des Vertretbaren. Sie wurde von Amnesty International scharf kritisiert.

Für die Grünen war das Ja zum Kosovokrieg eine Zerreißprobe. Es gab Parteiaustritte und eine Kette von Wahlniederlagen – auch die heutige Staatsministerin im Auswärtigen Amt, Katja Keul, verließ kurzfristig die Partei. Den Grünen in der damaligen Regierung wurde vorgeworfen, dass wir unsere pazifistische Gründungsidee verraten hätten. Das Thema Kosovo war kompliziert genug. Dass wir etwas verraten haben sollten, was wir als Partei nie kollektiv vertreten hatten, machte die Debatte nicht einfacher.

Besonders heikel war der Krieg, weil es kein Mandat des UN-Sicherheitsrates gab für einen militärischen Einsatz. Russland, traditionell mit Serbien verbunden, hatte dem nicht zugestimmt. Es war eine militärische Aktion ohne völkerrechtliches Mandat – allerdings hatte der Sicherheitsrat umgekehrt auch einen Antrag Russlands zur Verurteilung des Angriffs mehrheitlich abgelehnt. Erst mit der UN-Sicherheitsratsresolution 1999 wurde nach dem Ende der Kampfhandlungen der Einsatz der NATO im Rahmen der OSZE auf eine klare völkerrechtliche Grundlage gestellt.

Das fehlende UN-Mandat war ein gravierender Grund, der gegen diesen Einsatz sprach. Es ist allerdings abwegig, Putins Aggression gegen die Krim und den russischen Überfall auf die Ukraine 2022 mit dem Hinweis auf das fehlende UN-Mandat für den Kosovokrieg retrospektiv zu rechtfertigen oder erklären zu wollen. Die Vertreibung der Kosovaren war eine Tatsache, die Gefahr der weiteren Eskalation real. Die NATO hatte nicht das Ziel, Kosovo zu erobern und sich einzuverleiben.

Strategisch war es wichtig und richtig, das Milošević-Regime zu stoppen. Trotz aller Zweifel an dem Einsatz: Die Unterdrückung des Kosovo wäre wahrscheinlich nicht das Ende der serbischen Aggression gewesen. Eine weitere Destabilisierung des Balkans wäre ein größeres Übel als der NATO-Einsatz gewesen, das weit mehr Opfer hätte kosten können.

2001 drohte in Mazedonien ein neuer Krieg. Bei Gefechten zwischen der UCK und mazedonischen Truppen hatte es bereits 70 Tote gegeben. Die rot-grüne Bundesregierung hat in diesem Konflikt früher als im Kosovo diplomatisch interveniert. Die OSZE wurde mit einbezogen. Vermittelt unter anderem von der NATO, wurde ein Waffenstillstand vereinbart. Die Bundeswehr führte die friedenserhaltende NATO-Operation Amber Fox in Mazedonien an und sorgte für eine Deeskalation. Der Einsatz dauerte gut ein Jahr. Das Beispiel Mazedonien zeigt, dass zivile Krisenprävention, militärische Präsenz und Diplomatie im Zusammenspiel funktionieren können. Für Rot-Grün war der Einsatz in Mazedonien nach dem Kosovokrieg eine Art tätiger Selbstkritik – mit Erfolg.

Es ist allerdings bezeichnend, dass erfolgreiche Interventionen, die ein Zeitfenster für politische und zivile Lösungen schaffen, schneller vergessen werden als Missionen wie im Kosovo oder Afghanistan.

Afghanistan:
Der erste Verteidigungsfall der NATO

Der Krieg im Kosovo war zu einer Zerreißprobe für die Grünen geworden, die ihnen 16 Niederlagen bei Landtagswahlen, eine Halbierung des Ergebnisses bei der folgenden Bundestagswahl sowie den Austritt von über 10 000 ihrer 50 000 Mitglieder bescherte. Es war dann aber ein anderer Konflikt, der sich zu einer existenziellen Herausforderung für die rot-grüne Mehrheit im Bundestag entwickelte.

Am 11. September 2001 flogen islamistische Selbstmordattentäter Flugzeuge in die beiden Türme des World Trade Center in New York und ins Pentagon in Washington. Ich war auf einer Wahlkampftour mit der S-Bahn durch Berlin gewesen, als mich nach der Rückkehr ins Büro die Nachrichten erreichten. Ungläubig beobachtete ich auf dem Bildschirm im Büro, wie die Flugzeuge in die Türme gesteuert wurden. Dann versuchte ich, einen Bekannten anzurufen, der in Lower Manhattan wohnte, um zu fragen, ob es ihm gut gehe. Ich habe ihn nicht erreicht – er war aber nicht betroffen, wie sich später herausstellte.

Zum ersten Mal seit dem japanischen Überfall auf Pearl Harbour 1941 war das Festland der USA militärisch angegriffen worden. Tausende starben. Einmütig verurteilte der UN-Sicherheitsrat diesen Terrorakt am 12. September 2001 und ermächtigte alle Staaten, die USA dabei zu unterstützen, sich dagegen zu wehren und die Verantwortlichen zur Rechenschaft zu ziehen. Die NATO erklärte unter Berufung auf den Artikel 5 des NATO-Vertrages den Verteidigungsfall.

Die Bush-Administration war von diesem Terroranschlag überrascht worden. Warnungen der Sicherheitsbehörden gab es nicht, oder sie wurden nicht weitergeleitet. Die US-Regierung verlangte nun von dem Taliban-Regime in Kabul, Osama bin Laden und die Täter der Terrororganisation al-Qaida auszuliefern. Doch die Taliban hielten an ihrem Schutz für al-Qaida fest und weigerten sich. Darauf begann der Krieg. Der UN-Sicherheitsrat hatte mit seiner Resolution grünes Licht für eine militärische Antwort auf die Anschläge vom 11. September gegeben.

Wir wussten in der Bundesregierung, dass mit diesem Anschlag wenig so bleiben würde wie vorher. Es war klar, dass Deutschland, das den USA seine Befreiung vom Nationalsozialismus zu verdanken hatte, in einer solchen Lage an der Seite der USA stehen würde. Wir müssten uns deshalb auch militärisch beteiligen – alles andere wäre unter unserer Gewichtsklasse als größter Staat Europas gewesen. Der Einsatz der NATO in Afghanistan hatte zudem eine solide völkerrechtliche Grundlage.

Es gab für uns noch einen weiteren Grund. So solidarisch wir mit den USA waren, so wenig trauten wir der neokonservativen Regierung von George W. Bush, seinem Verteidigungsminister Donald Rumsfeld und seiner Sicherheitsberaterin Condoleezza Rice. Sie streuten früh Äußerungen, wonach der 11. September zum Anlass genommen werden sollte, den unvollendeten Irakkrieg, den der ältere Bush vor der Eroberung Bagdads gestoppt hatte, zu »vollenden«. Die USA wären auch im Alleingang in der Lage gewesen, die Taliban-Regierung zu stürzen. Ein Vorgehen im Rahmen der NATO schien den rot-grünen Koalitionären als Chance, den Krieg auf die wirklich Verantwortlichen zu begrenzen. Deshalb stellten wir fast 1000 Marinesoldaten für einen Einsatz gegen ein Land ohne Seegrenzen. Tatsächlich nach Afghanistan ging dann erst mal das Kommando Spezialkräfte (KSK).

Um diese Soldatinnen und Soldaten zu entsenden, war ein Mandat des Bundestages notwendig. Denn selbst wenn Verteidigungsminister Peter Struck mehrfach unterstrich, dass »Deutschlands Sicherheit auch am Hindukusch verteidigt wird«, konnte eine solche Mission nicht als Landesverteidigung ausgegeben werden. Für ein Afghanistan-Mandat hätte es eine breite Mehrheit im Bundestag gegeben, da auch die Union und die FDP in der Sache zustimmten.

Doch innerhalb von SPD und Grünen gab es einige Abgeordnete bis hin zu Parlamentarischen Staatssekretärinnen, die einem solchen Einsatz ablehnend gegenüberstanden. Gerhard Schröder hatte einen einfachen Grundsatz in der Politik: Du brauchst eine eigene Mehrheit. Deshalb hatte er immer Wert darauf gelegt, seine Wahlkreise direkt zu holen. Gerade in schwierigen Zeiten dürfe man sich nicht von anderen abhängig machen. Deshalb verband er die Abstimmung mit der Vertrauensfrage, wissend, dass er damit Union und FDP zur Ablehnung eines Mandats treiben würde, dem sie sonst sofort zugestimmt hätten.

Während die sozialdemokratischen Skeptiker unter der Drohung der Vertrauensfrage schnell beidrehten, bedurfte es bei den Grünen sehr schwieriger Diskussionen, um die Mehrheit zu sichern. Die parlamentarische Linke der Grünen war über diese Frage tief gespalten. Ich hatte viele, sehr ernste Diskussionen zu führen. Am Ende stimmten zwar Hans-Christian Ströbele und Winfried »Winne« Herrmann gegen den Einsatz, andere aber wollten über diese Abstimmung nicht das Ende der Regierung riskieren und stimmten trotz ihrer massiven Bedenken für den Einsatz. Am Ende stimmten 336 Abgeordnete des Bundestages mit Ja und 326 dagegen.

Diese Mehrheit war auch ein Verdienst Ströbeles. Ich habe es auf der Trauerfeier für ihn so ausgedrückt: »… er wusste auch um den Wert von Mehrheiten. Hans-Christian war von Anfang an gegen den Afghanistankrieg. Als Schröder das mit der Vertrauensfrage verband, stimmte er mit Nein. Aber er verhinderte gleichzeitig, dass Rot-Grün darüber die Mehrheit verlor. Die CDU sollte von seinem Nein nicht profitieren.«

20 Jahre währte der Einsatz in Afghanistan und endete im Desaster eines fluchtartigen Abzugs. Die stärkste Militärmacht der Welt musste zusehen, wie die Taliban wieder an die Macht zurückkehrten. In Afghanistan ist die NATO gescheitert. Der erste Einsatz auf der Basis des Artikels 5 NATO-Vertrag endete mit einer Niederlage und einer humanitären Katastrophe.

Es würde den Rahmen dieses Buches sprengen, dieses Scheitern hier nachzuzeichnen. Allein der Zwischenbericht der Enquetekommission Afghanistan des Deutschen Bundestages von 2024 umfasst 365 Seiten.

Aus meiner Sicht lassen sich die Ursachen mit drei Begriffen beschreiben: zu spät, moralisch überhöht, strategisch wirr. Dabei war der Einsatz zu Beginn erfolgreich. Das verbrecherische Taliban-Regime wurde gestürzt. Al-Qaida verlor seinen Rückzugsraum. Die Bedrohung der USA und Europas wurde gemindert.

Zu spät klingt angesichts des überhasteten Abzugs, der Flucht aus

Kabul paradox. Aber weil es die NATO versäumt hat, rechtzeitig abzuziehen, musste sie fluchtartig Afghanistan verlassen.

Zehn Jahre zuvor gab es mit den Ergebnissen der Londoner Konferenz eine Grundlage für einen geordneten Abzug. Er hätte nicht das Ende des State-Building bedeutet. Auch die Sicherheitszusammenarbeit wäre weiter finanziert worden. Aber die gewählte und anerkannte afghanische Regierung hätte dafür die Verantwortung getragen. Mit dieser Vereinbarung entfiel auch die Grundlage für die Internationale Sicherheitsunterstützungstruppe (ISAF) der NATO.

Stattdessen wurde der Einsatz im Rahmen der Mission Resolut Support (RSM) in Afghanistan fortgesetzt. Begründet wurde dies öffentlich mit Defiziten beim Staatsaufbau. In der Tat – von der Vorstellung eines abgeschlossenen State-Building mit guter Governance war Afghanistan noch ein Stück entfernt. Von den berechtigten (Sicherheits-)Interessen der NATO und Deutschlands war öffentlich weniger die Rede. Mit diesen waren die Ergebnisse der Konferenz von London gut vereinbar.

Dass ISAF in RSM überführt wurde, hatte aber stärker mit dem Strategieproblem des Einsatzes zu tun. Hier ist weniger von der mangelhaften Verzahnung zwischen den zivilen und den militärischen Mitteln im Rahmen der deutschen Mission die Rede. Die gab es auch. Vor allem aber gab es im Rahmen der NATO-Staaten und ihrer Verbündeten keine geeinte Strategie. In Wahrheit existierten mindestens zwei Strategien nebeneinander, die sich regelmäßig konterkarierten. Die einen wollten einen Staat aufbauen, die anderen betrieben Counter Terrorism, Aufstandsbekämpfung.

Die Versuche, einen zivilen Staat aufzubauen, wurden von der NATO und den mit ihnen Verbündeten eigenhändig ruiniert. Bomben- und Drohnenangriffe auf die Zivilbevölkerung und Kriegsverbrechen zerstörten das fragile Vertrauen in den neuen Staat. Was Entwicklungshilfe und Polizeiausbildung aufbauten, wurde in nächtlichen Razzien wieder zerstört.

Ich habe 2001 für den Einsatz in Afghanistan gestimmt. Das Nebeneinander zweier sich ausschließender militärischer Strategien hat mich und viele in der Bundestagsfraktion wie etwa Fritjof Schmidt dazu gebracht, sich bei den Mandaten nach 2005 zu enthalten. In einer zwischen Zustimmung, Ablehnung und Enthaltung gespaltenen Bundestagsfraktion stellten wir die größte Gruppe. Wir waren für eine internationale Präsenz, wir bejahten viele der deutschen Ansätze zum State-Building in Afghanistan, aber wir sahen genau das durch das Vorgehen insbesondere der USA infrage gestellt. Ab der Überführung von ISAF zu RSM haben die bis dahin sich Enthaltenden gegen eine weitere Präsenz gestimmt und den Abzug gefordert.

Die USA unter Trump schließlich interessierten sich gar nicht mehr für Aufbau, sondern nur für den Kampf »We are not nation-building again. We are killing terrorists«, so Trump 2017. Die Antwort der Taliban war: »Ihr habt Uhren, wir haben Zeit.« Die Niederlage in Kabul wurde ebenso total wie die 1972 in Saigon. Hier wie dort mussten sich die USA und ihre Verbündeten einem waffen-technisch weiter unterlegenen Gegner beugen.

Die NATO ist in Afghanistan nicht militärisch gescheitert, sondern an ihren eigenen Widersprüchen. Die Lektion aus Afghanistan lautet, dass es unmöglich ist, gleichzeitig einen zivilen Staat aufbauen zu wollen und mit massiver militärischer Gewalt Aufstände zu bekämpfen.

Für einen humanitär begründeten Interventionismus hat das Scheitern des Afghanistan-Einsatzes unbequeme Lehren zur Folge. Es geht um Verantwortungsethik:

Entscheidungen über einen militärischen Einsatz werden – trotz jährlicher Mandate im Bundestag – für mindestens ein Jahrzehnt getroffen. Ethisch vertretbar ist ein solcher Einsatz nur, wenn die Bereitschaft und die Fähigkeit besteht, dieses auch verlässlich über einen solchen Zeitraum zu leisten.

Die Kriegsziele müssen auf der Basis der Interessen klar definiert werden. Nur so kann ein Abrutschen in einen endlosen Krieg vermieden werden.

Die Mittel müssen dazu geeignet sein, die Kriegsziele auch zu erreichen. Dazu bedarf es einer – am besten zivil-militärisch eng verzahnten – Kommandostruktur und nicht mehrerer Strategien.

Fast noch tragischer als das Scheitern des Afghanistan-Einsatzes war der Umstand, dass sich die Hoffnung, mit einer Operation unter dem Dach der NATO die USA von weiteren eskalierenden Interventionen abhalten zu können, nicht erfüllte. Die Bush-Administration destabilisierte den Mittleren Osten in einem vorher nicht gekannten Ausmaß.

Die Überdehnung der USA im Irak

2003 inszenierte Georg W. Bush, unterstützt vom britischen Premierminister Tony Blair, seinen Krieg gegen den Irak. Er wurde zum größten Fiasko der US-Außenpolitik seit dem Vietnamkrieg. Wie dieser wurde er mit einer Täuschung eröffnet. 1964 wurde der inszenierte Tonking-Zwischenfall zur Begründung für den Kriegseintritt der USA. 2003 wiederholte sich das Muster.

Der Vorwand für den Krieg gegen Saddam Hussein war eine Fälschung – vorgetragen vom US-Außenminister Colin Powell ausgerechnet im UN-Sicherheitsrat. Die Verbindung zwischen Saddam Hussein und al-Quaida war ebenso ein Fantasieprodukt wie die Massenvernichtungsmittel, die der Irak angeblich horten sollte.

Der US-Angriff auf den Irak erfolgte nicht nur ohne Mandat der UNO, sondern gegen eine klare Mehrheit im Sicherheitsrat. Er war von Beginn an ein offener Bruch des Völkerrechts – er wurde es nicht erst durch die später von amerikanischen und britischen Soldaten wie Söldnern begangenen Kriegsverbrechen im Irak. Das unterscheidet die Irak-Invasion vom Afghanistankrieg.

Doch wiederholten die USA im Irak die Fehler, die sie zuvor in Afghanistan begangen hatten. Sie vertrauten auf ihre militärische Überlegenheit und die Attraktion der US-Demokratie, ohne die ethnischen, religiösen und politischen Verhältnisse in dem Land ausreichend zu berücksichtigen. Die Neokonservativen in den USA glaubten an eine umgekehrte Domino-Theorie. Hätten sie Saddams Diktatur erst beseitigt, würde der Irak eine blühende Demokratie im amerikanischen Sinne werden. Bald würden sich andere Autokratien in der Region ebenfalls in liberale, prowestliche Staaten verwandeln. Allen voran der Iran.

Der Irak versank nach dem schnellen Sieg über Saddam in einem jahrelangen blutigen Bürgerkrieg. Das Ergebnis der Intervention war neben Hunderttausenden von Toten die Verwandlung des Irak in einen Failed State und der Aufstieg des terroristischen IS zu einem regionalen Player.

Der eigentliche Gewinner des Krieges war ausgerechnet der theokratische Iran, der seine Stellung in der Region massiv stärken konnte. Die Idee der »Neocons«, Demokratie und Menschenrechte mit Waffen zu exportieren, ist im Irak katastrophal gescheitert.

Wir waren in der rot-grünen Regierung nicht bereit, uns an diesem völkerrechtswidrigen Krieg zu beteiligen. Kanzler Schröder und Außenminister Fischer hielten dem Druck der Opposition und der konservativen Medien stand, die mit viel Verve das Gespenst einer außenpolitischen Isolierung Deutschlands an die Wand malten. Schröder hatte recht, dies zum Thema im Wahlkampf 2002 zu machen. Wahlkämpfe sind dafür da, zentrale politische Themen zu verhandeln. Deshalb war die Distanz mancher Grüner zu dem »Marktplatz-Schreier Schröder« für mich nicht nachvollziehbar, zumal es nicht der Marktplatz, sondern die Stadthalle von Goslar war.

Ich war 2002 mit Renate Künast auf vielen Anti-Kriegs-Demonstrationen in Berlin. Auf Transparenten stand »Kein Blut für Öl« oder auch ironisch »Wie kam unser Öl unter Euern Sand?«. Ob man dieses geostrategische Motiv unterstellte oder wie Joschka Fischer formulierte: »I am not convinced«, am Ende sagte die rot-grüne Bundesregierung geschlossen an der Seite Frankreichs Nein. Nein zu einem Krieg, der dem Ansehen der USA und ihrer Verbündeter in der Region und im globalen Süden dann enorm geschadet hat.

Geopolitisch war das Scheitern der USA im Irak von gewaltiger Bedeutung. Dass die USA auch mit 300 000 Soldaten den Irak nicht beherrschen konnten, offenbarte eine strategische Überdehnung ihrer Macht. Der Fall der Mauer, das Ende der Blockkonfrontation und damit der bipolaren Welt waren nicht das Ende der Geschichte. Wenn es ein unilaterales Zeitalter gegeben haben sollte, dann war es mit dem Scheitern des US-Angriffs auf den Irak zu Ende.

Dieses Signal wurde nicht nur in Moskau und Peking verstanden, sondern auch in Pretoria, Brasilia oder Neu-Delhi. Ob es in Europa ausreichend verstanden wurde, ob es Deutschland und Frankreich gleich verstehen, ist eine offene Frage. Tatsache ist, dass seitdem ein Kampf um eine neue Ordnung in einer multipolar gewordenen Welt tobt.

Das Nein von Schröder und Fischer zum völkerrechtswidrigen Krieg gegen den Irak wie die Bereitschaft, in Afghanistan oder auf dem Balkan zu intervenieren, veränderte das Bild Deutschlands im Ausland. Das einst als wirtschaftlicher Riese, aber politischer Zwerg gesehene Deutschland galt nun als politisch ernst zu nehmender Akteur. Dies ist unzweifelhaft der Erfolg der Kanzlerschaft von Gerhard Schröder. Auf diesem konnte seine Nachfolgerin aufbauen. Angela Merkel wusste dies zu nutzen.

Scheitern des Interventionismus in Libyen

Ein Opfer des Kampfs um die Neuordnung einer multipolaren Welt wurde der humanitäre Interventionismus. In Libyen tobte 2011 ein Krieg des Staates gegen seine eigene Bevölkerung. Zum ersten Mal nahm der UN-Sicherheitsrat die Schutzverantwortung, die »responsibility to protect« (R2P), zum Hintergrund für eine Resolution, die zum militärischen Eingreifen in einem Land ermächtigte. Es wurde eine Flugverbotszone verhängt.

Eine Schutzverpflichtung hat der Staat gegenüber seinen Bürgern. Sie erwächst aus einem Verständnis von Souveränität von Nationen, die ihre Bürger vor schweren Menschenrechtsverletzungen zu schützen haben. Kommt ein Staat dieser Verantwortung nicht nach und verletzt so seine Pflichten aus der Souveränität, kann die internationale Gemeinschaft subsidiär diese Souveränität ausüben.

R2P wurde auf dem Weltgipfel der UN 2005 – beschränkt auf den Schutz der Bevölkerung vor Völkermord, Kriegsverbrechen, ethnischer Säuberung und Verbrechen gegen die Menschlichkeit – anerkannt. Das ist mit ein Verdienst des Engagements der damaligen Staatsministerin im Auswärtigen Amt, Kerstin Müller. Im März 2011 beriefen sich erstmals zwei Resolutionen des Sicherheitsrates darauf und forderten Libyen dazu auf, seiner Schutzverantwortung nachzukommen.

Es sollte das erste und – bis heute – letzte Mal sein.

Der Libyen-Einsatz von Großbritannien und Frankreich, unterstützt durch die zögerlichen USA, hatte eine klare völkerrechtliche Grundlage. Im UN-Sicherheitsrat hatten sich Russland und China 2011 bei der Abstimmung über eine Flugverbotszone über Bengasi enthalten und sie damit ermöglicht. Ein Massaker von Gaddafis Truppen, das befürchtet wurde, sollte so verhindert werden. Es gelte in Bengasi selbstlos und als Schutzmacht der Ohnmächtigen einen Völkermord zu verhindern.

Der französische Präsident Nicolas Sarkozy hingegen hatte sehr persönliche Gründe, nicht tatenlos zuzusehen und den libyschen Diktator Gaddafi zum Teufel zu wünschen. Denn Gaddafi hatte 2007 Sarkozy per Koffer 5 Millionen Euro illegaler Wahlkampfspenden zukommen lassen und drohte dem französischen Präsidenten 2011 mit Enthüllungen. Vor allem auf Druck von Frankreich wurde das UN-Mandat der Flugverbotszone überdehnt: Es ging, was Sarkozy nicht unlieb war, um den Sturz von Gaddafi und einen Regimewechsel. Der französische Geheimdienst soll zudem direkt an der Ergreifung Gaddafis beteiligt gewesen sein.

Zu erkennen ist hier, mikroskopiert in einer spektakulären, außergewöhnlichen Situation, die innere Widersprüchlichkeit humanitärer Interventionen. Es geht nie um pure Moral, sondern immer auch um Interessen. Die mussten nicht so primitiv sein wie die von Sarkozy, dem seine zeitweilige Kumpanei mit Gaddafi anhaltende Strafverfolgung in der Schweiz und in Frankreich einbrachte. Aber letztlich intervenierten europäische Staaten immer nur dann massiv, wenn Verbrechen gegen die Menschlichkeit ihre geostrategischen Interessen gefährdeten.

Die Merkel-Westerwelle-Regierung hat sich im UN-Sicherheitsrat bei der Bengasi-Entscheidung enthalten. Die Enthaltung hatte sie mit den Fraktionsführungen der beiden Oppositionsparteien SPD und Grüne abgesprochen. Frank-Walter Steinmeier und ich unterstützten die Regierung in dieser Frage.

Angela Merkel hatte noch 2003 als Oppositionspolitikerin das rot-grüne Nein zum Irakkrieg in der *Washington Post* als Wahltaktik diffamiert. Aber sie hatte offenbar aus dem Scheitern des Irakkriegs gelernt und wollte nicht zweimal gegen die gleiche Wand rennen. Merkel misstraute zu Recht dem Versprechen, dass in Libyen alles anders würde, und war dafür bereit, auch Bundeswehrsoldaten aus denjenigen NATO-Einheiten abzuziehen, die sich an der Intervention beteiligten.

Für dieses Verhalten wurde sie ähnlich wie Schröder und Fischer 2003 von der Mehrheit der bundesdeutschen Leitartikler gescholten. »Mangelnde Bündnistreue« und »Deutscher Sonderweg« waren noch die harmloseren Vorwürfe. Dabei ignorierte der Leitartikel-Bellizismus das Scheitern der USA im Irak wie der NATO in Afghanistan komplett.

Der Überschuss an moralischen Begründungen für die Intervention stand im krassen Gegensatz zur geostrategischen Ignoranz. Die Interventionsmächte Frankreich, USA und Großbritannien interessierten sich für die innere Verfasstheit der libyschen Gesellschaft so wenig wie die USA für jene der irakischen 2003.

Die Befreiung Libyens führte zu einem blutigen Chaos, andauerndem Bürgerkrieg und der Herrschaft von Warlords. Waffenhandel und Menschenhandel blühen. Die Staatsmacht in Libyen ist zerfallen. Konkurrierende Regierungen bekämpfen sich. Der Bürgerkrieg wird von ausländischen Mächten, Russland und der Türkei, Ägypten, den Vereinigten Arabischen Emiraten und auch europäischen Playern angeheizt. Sie kämpfen um Öl, Gas und geostrategische Vorteile.

Dass Frankreich und Großbritannien in Libyen 2011 die Menschenrechte verteidigen wollten, wirkt angesichts dessen wie Hohn. Die EU-Mitglieder Italien und Frankreich unterstützten gegensätzliche Parteien im libyschen Bürgerkrieg. Dahinter standen die Interessen der Energiekonzerne Eni (Italien) und Total (Frankreich) beim Zugriff auf die libyschen Öl- und Gasressourcen. Frankreich unterstützte mit Saudi-Arabien, Ägypten und Russland General Haftar. Italien stand mit der Türkei und Qatar an der Seite der Regierung Sarradsch.

Trotz des Waffenembargos fließen weiter Waffen nach Libyen.

Deutschland exportierte Waffen an alle Unterstützer in dem Krieg: an die Vereinigten Arabischen Emirate und Ägypten ebenso wie an die Türkei und Qatar. Bezahlt werden diese Waffen aus massiv gestiegenen Ölverkäufen, die wieder die Hälfte des libyschen Bruttosozialprodukts ausmachen – während ein Teil der Bevölkerung Nahrungsmittelhilfe braucht.

Der Zusammenbruch Libyens 2011 hat auch Nachbarstaaten wie Mali destabilisiert. In Niger wie in Burkina Faso putschte das Militär, ebenso in Mali. Unter dem Beifall der Bevölkerung musste Frankreich Truppen und diplomatisches Personal aus diesen Ländern abziehen. In das politische Vakuum zogen Russlands Söldner der Firma »Wagner« ein.

Die humanitären Interventionen in Libyen haben die Ausdehnung des russischen Einflusses befördert. Der völkerrechtswidrige Irakkrieg und die fatalen Folgen des Libyenkriegs haben den humanitären Interventionismus diskreditiert und blockiert. Mit Libyen erreichte das Konzept von R2P gleichzeitig seinen Höhepunkt wie sein vorläufiges Ende.

Chemiewaffen in Syrien

Die Blockade von R2P hatte für den seit 2011 in Syrien tobenden Krieg fatale Konsequenzen. Was als brutale Unterdrückung einer breiten Demokratiebewegung begann, führte in einen Bürgerkrieg. Verschärft wurde der Konflikt durch massive Dürren als Folgen der Klimakrise. Diesen Bürgerkrieg sahen andere Staaten als Gelegenheit, in Syrien direkt und indirekt ihre Interessen gewaltsam durchzusetzen.

Europa unterstützte die Opposition politisch. Die Golfstaaten sahen die Chance, die Herrschaft einer städtischen, schiitischen Minderheit über eine sunnitische Bevölkerung auf dem Land zu beenden, und setzten mit Geld und Waffenlieferungen auf einen Regime Change. Der Iran wollte die Herrschaft Assads sichern und schickte seine Revolutionsgarden, unterstützt von Libanons Hisbollah. Im Osten Syriens breitete sich, ausgelöst durch den Krieg der USA gegen den Irak, der Islamische Staat aus. Die USA bekämpften in Syrien wie dem Irak den IS aus der Luft und am Boden mit ihren kurdischen Verbündeten. Russland wollte um jeden Preis seinen militärischen Stützpunkt im westlichen Mittelmeer bei Latakia erhalten. Die Türkei fürchtete einen autonomen Kurdenstaat und fühlte sich von der Zahl der Flüchtenden bedroht. Sie schickte Truppen nach Syrien, kooperierte mit dem IS, bedrohte selbst die USA und betreibt bis heute ethnische Säuberungen in den ehemals kurdischen Gebieten.

Weil Frankreich und Großbritannien das UN-Mandat in Libyen zu einem Regimewechsel und der Ermordung Muammar al-Gaddafis überdehnt hatten, war der Sicherheitsrat trotz Assads Verbrechen gegen die Menschlichkeit blockiert. Die Bemühungen um eine politische Lösung liefen nicht nur leer, es bedurfte zum Teil wochenlanger Verhandlungen, um wenigstens humanitäre Hilfe ins Land zu bekommen. Von einer subsidiären Wahrnehmung einer Schutzverantwortung für die Bevölkerung konnte bis heute nicht in Ansätzen die Rede sein.

Heute sind mehr als die Hälfte der Syrerinnen und Syrer ins Ausland gegangen, geflüchtet oder binnenvertrieben. Für seinen Machterhalt schreckte Assad vor keinem Kriegsverbrechen zurück. Zu diesen Kriegsverbrechen gehörte auch der Einsatz von Chemiewaffen – unter anderem am 21. August 2013. Damit war eine von US-Präsident Barack Obama fahrlässig öffentlich gezogene rote Linie überschritten.

Damit drohte ein militärisches Vorgehen der USA gegen die Chemiewaffen in Syrien. Dieses aber hätte die informelle Arbeitsteilung zwischen Russland und den USA zerstört. Bis dahin überwachte Russland den Luftraum im Westen Syriens – und die USA denjenigen im Osten. Würden die USA Obamas Ansage umsetzen, den Einsatz von Chemiewaffen militärisch zu beantworten, drohte aus dem russisch-amerikanischen »Deconflicting« (so die USA-UN-Botschafterin Susan Rice im Gespräch mit mir) eine Konfrontation der beiden Großmächte zu werden.

Dass es diese Eskalation nicht gab, ist zwei Frauen zu verdanken: Angela Kane und Angela Merkel. Als »Hohe Vertreterin für Abrüstungsfragen« der UN leitete Kane trotz massiver Bedrohungen die Mission, die das Vorhandensein und auch den Einsatz dieser Massenvernichtungswaffen in Syrien bestätigte. Unter anderem dafür erhielt sie den Göttinger Friedenspreis 2024, bei dem ich die Laudatio hielt.

Sie legte aber damit die Grundlage, dass diese Massenvernichtungswaffen aus Syrien in einer internationalen Mission abtransportiert und am Ende im niedersächsischen Munster vernichtet werden konnten – beteiligt waren NATO-Staaten ebenso wie Russland.

So sieht Friedenssicherung und Abrüstung praktisch aus. Bedenklich nur, dass auch bei diesem praktischen Schritt zur Abrüstung, der Vernichtung von Chemiewaffen, die Fraktion der Linken nicht geschlossen zustimmen mochte.

Es ist Angela Merkel zu verdanken, dass aus der Blockade des Sicherheitsrates im Fall Syrien nicht eine unabsehbare Eskalation erwuchs. Merkel gelang es, sowohl Obama wie Putin zu überzeugen. Ein von den Vereinten Nationen organisierter Abtransport dieser Massenvernichtungswaffen war ein für alle Seiten gesichtswahrender Ausweg. Andernfalls hätte eine militärische Konfrontation zwischen den USA und Russland über Syrien gedroht.

Der Preis dafür war bitter. Der brutale Krieg in Syrien ging weiter. Im Jahr 2024 sitzt Assad fest im Amt. Syrien ist wieder in der Arabischen Liga – trotz eine halben Million Toten. Mehr als die Hälfte der Bevölkerung Syriens ist vertrieben – ins Ausland oder im Land.

Im Syrienkrieg bündelt sich das gesamte Problemgeflecht des Nahen Ostens: der Aufstieg des IS, die Stärkung des Irak, der gewachsene Einfluss Russlands, die Unverfrorenheit der Türkei, der Zerfall des Libanon. All dies hat die Sicherheit Israels nicht erhöht.

Erstens kommt es schlimmer
und zweitens, als man denkt

Meine Oma warnte mich: Dummheit und Stolz wachsen auf dem gleichen Holz. Es gibt aber eine Einladung, auf die ich bis heute stolz bin. Ich durfte 2012 bei der Feier des 20-jährigen Bestehens der jüdischen Gemeinde in Oldenburg sprechen. Diese Gemeinde ist 1992 wieder gegründet worden. Das war eine Folge der von der rot-grünen Landesregierung in Niedersachsen geleisteten Integration von Jüdinnen und Juden aus der ehemaligen Sowjetunion.

Wir haben die Integration der Migranten zusammen mit den jüdischen Gemeinden in Niedersachsen organisiert und gegen den Rassismus und Antisemitismus in Deutschland durchgesetzt. Aber das geschah gegen Widerstände der damaligen israelischen Regierung.

Wegen des Konfliktes um die jüdische Zuwanderung war ich 1991 zum ersten Mal in Israel. Die Mission war für mich als Deutscher und Grüner doppelt kompliziert. Es hätte für die Reise eines grünen Landesministers bessere Zeitpunkte gegeben.

Sechs Wochen zuvor war der damalige Vorsitzende der Grünen Hans-Christian Ströbele in Israel gewesen. Er musste seinen Besuch vorzeitig abbrechen. Ein Journalist hatte behauptet, Ströbele habe gesagt, dass der Raketenbeschuss aus dem Irak »die logische, fast zwingende Konsequenz der Politik Israels« sei. Das ließ sich als Rechtfertigung der Angriffe von Saddam Hussein auf Israel verstehen. Israel war demnach selbst schuld an dem Raketenbeschuss. Das war, erst recht für einen Deutschen, eine unglaubliche Äußerung, die in Israel zu Recht für tiefe Verbitterung und Empörung gesorgt hatte.

Nun kam ich kurz danach als grüner niedersächsischer Minister für Bundes- und Europaangelegenheiten nach Israel. Es ging Niedersachsen gemeinsam mit den anderen Bundesländern darum, die aus der zusammenbrechenden Sowjetunion ankommenden Jüdinnen und Juden in Deutschland bestmöglich zu integrieren. Dafür würden Kontingentlösungen sehr hilfreich sein. Das israelische Außenministerium aber wollte uns dazu bringen, den jüdischen

Migranten das Aufenthaltsrecht in Deutschland zu verweigern und sie weiter nach Israel zu schicken.

Unsere Position war das nicht. Die jüdischen Migranten sollten selbst entscheiden können, wo sie leben wollten. Die Verhandlungen mit den israelischen Regierungsvertretern waren heikel. Sie kamen aber zu einem Ende, als ich klarmachte, dass wir nie wieder Jüdinnen und Juden – im Zweifel in Handschellen – aus Deutschland deportieren würden. Am Ende einigten sich beide Seiten auf eine informelle Quote, wonach die Bundesrepublik 15 000 Juden und Jüdinnen pro Jahr aufnahm. Für Niedersachsen waren das – nach dem Königsteiner Schlüssel – jährlich 1500 neue Bürgerinnen und Bürger. Einige von ihnen gründeten ein halbes Jahrhundert nach Kriegsende die jüdische Gemeinde in Oldenburg neu.

Trotz der Vorgeschichte mit der Ströbele-Reise und trotz der Konfliktlage gelang es mir, diese erste Reise ohne schlechte Schlagzeilen zu absolvieren. Dabei geholfen hat das ausgezeichnete Briefing von Jörn Böhme, damals bei der Aktion Sühnezeichen und später Leiter des Büros der Heinrich-Böll-Stiftung. In der deutschen Botschaft wurden wir von einem jungen Attaché namens Andreas Michaelis betreut. Später war er Botschafter in Tel Aviv, London und Washington und zweimal Staatssekretär für Heiko Maaß und Annalena Baerbock.

Ich besuchte auf dieser Reise auch die besetzten Gebiete, unter anderem Gaza. Seitdem war ich mehrfach in Israel und Palästina gewesen – nur in den USA war ich häufiger. Ich habe immer Israel und die palästinensischen Gebiete besucht – mit einer Ausnahme. Bei der Beerdigung des wegen seiner Friedenspolitik ermordeten Jitzchak Rabin war ich nur in Israel. Dieser Mord markiert einen Wendepunkt in der Geschichte Israels.

Seitdem ist Pessimismus die Grundhaltung, mit der ich auf die Möglichkeit einer Friedenslösung blicke. Besuche in Israel und Palästina machte ich in der Haltung, mit dem Schlimmsten zu rechnen. Es kam regelmäßig noch schlimmer.

War es mir 1991 noch möglich, Gaza zu besuchen, so wurde mir dies nach dem Putsch durch die Hamas von der israelischen Seite regelmäßig wegen Sicherheitsbedenken verwehrt. Das war nicht grundlos, zwischen 2008 bis 2014 lösten Raketenangriffe aus Gaza auf Israel mehrere Kriege aus. Das Versprechen der Regierung unter Netanjahu, Militär und Geheimdienst zusammen mit dem Iron Dome würden die Sicherheit Israels und seiner Bürger garantieren, wurde immer wieder vom Terror der Hamas und des Islamischen Dschihad herausgefordert.

Viele Beobachter mahnten, dass die Ignoranz der rechten Regierung Israels, mit der sie eine politische Verständigung behandelte, immer neue militärische Konflikte erzeugen würde. Einer von ihnen war René Wildangel – lange Leiter des Büros der Heinrich-Böll-Stiftung in Ramallah und Nahostreferent der Grünen Bundestagsfraktion. In einem Aufsatz für die Oktober-Ausgabe der *Blätter für Deutsche und Internationale Politik* warnte er 2023 vor einem neuen Gazakrieg »Zwischen Elend und Explosion – Die schwelende Krise im Gazastreifen«.

Während die Blätter an die Abonnenten versandt wurden, geschah der Überfall vom 7. Oktober. Wildangel hatte mit dem Schlimmsten gerechnet, und es war schlimmer gekommen. Das Ausmaß der Hamas-Gewalt übertraf alle Warnungen.

Der Überfall der Hamas kostete 1200 Menschen das Leben, Frauen und auch Männer wurden vergewaltigt, über 200 Menschen als Geiseln verschleppt. Es waren nicht nur Israelis, nicht nur Jüdinnen und Juden, die Opfer wurden. Es war der größte Anschlag auf jüdisches Leben seit dem Holocaust – begangen auf dem Boden des Staates, der eine sichere Heimstatt für die Jüdinnen und Juden der Welt sein wollte und sollte.

Davon waren wir 1991 noch weit entfernt. Aber schon damals ahnte ich, wie kompliziert die international als praktikabel und erreichbar angesehene Zweistaatenlösung mit einem Israel werden würde, das vom Likud regiert wird. Auf dem Flug nach Tel Aviv kam ich mit einem Knesset-Mitglied vom Likud ins Gespräch. Zur Selbstbestimmung der Palästinenser sagte er trocken: »They can have their selfdetermination – on sewage and garbage.«

Dass die Palästinenser aber in Wirklichkeit nicht mal über Abwasser und Müll selbst entscheiden dürfen, musste ich Jahre später erfahren. Bei einem Besuch im Westjordanland fragte ich 2015, warum denn eine zugesagte Kläranlage der Deutschen Gesellschaft für Internationale Zusammenarbeit (GIZ) immer noch nicht gebaut sei. Sie sei von der Besatzungsbehörde noch nicht genehmigt worden, hieß es. Diese bestehe darauf, dass auch die benachbarte israelische Siedlung mit angeschlossen würde. Deutschland weigerte sich aber, die Infrastruktur für völkerrechtswidrige Siedlungen bereitzustellen. Meiner Meinung nach zu Recht: Wir sollten nicht eine rechtswidrige Annexion befördern und so eine politische Lösung noch schwieriger machen.

In Israel und Palästina habe ich bei den Besuchen unter anderem Netanjahu wie den palästinensischen Ministerpräsidenten Schtajjeh getroffen. Ich war im israelischen wie dem palästinensischen Außenministerium und beim israelischen Shin Beth, bei Regierungs- wie Oppositionsparteien, bei zivilgesellschaftlichen Organisationen in Israel wie in der Westbank und Ostjerusalem – ein Spektrum weit jenseits unserer Partnerpartei Meretz. Hinzu kamen die Gespräche mit internationalen Organisationen wie UNWRA, OCHA oder dem Norwegian Refugee Council.

Vor zehn Jahren war ich zum ersten Mal in Hebron, der größten palästinensischen Stadt in der Westbank. Dort leben militante jüdische Siedler illegal mitten im Stadtzentrum. Bei meinem ersten Besuch hat mich die israelische Armee beschützt, als ich durch das Stadtzentrum gehen wollte. Die israelische Polizei erklärte mir nämlich, sie könne meinen Schutz nicht garantieren, weil sie nicht auf jüdische Siedler schießen werde. So begleitete mich damals ein israelischer Soldat mit einer Maschinenpistole, der mit einem Laserstrahl die Fenster der Siedler ins Visier nahm. Es war beklemmend, sich vorzustellen, wie ein palästinensisches Schulkind diese Situation erlebt, das täglich diesen Weg gehen und damit rechnen muss, mit Steinen beworfen zu werden.

2024 haben uns wieder Soldaten in Hebron begleitet. Aber nicht, um uns zu beschützen, sondern um uns klarzumachen, welche Wege für uns verboten sind. Geführt wurden wir von »Breaking The Silence« – einer Organisation ehemaliger Soldaten, die die Besatzung beenden will. Meiner Kollegin, der grünen Bundestagsabgeordneten Lamya Kaddor, wurde in Hebron untersagt, bestimmte

Straßen zu benutzen, weil sie Muslimin ist. Es ist schwer fassbar: Eine deutsche Parlamentarierin wurde aufgrund ihres Glaubens gehindert, durch die illegal von jüdischen Siedlern besetzten Teile Hebrons zu gehen.

Am Ortseingang von Hebron haben die Siedler ein Denkmal für den Terroristen Baruch Goldstein errichtet, der 1994 in einer Moschee 29 Muslime ermordet hatte. Die Inschrift auf dem Denkmal lautet: »Hier ruht der Heilige Dr. Baruch Kappel Goldstein, gesegnet sei das Andenken dieses aufrichtigen und heiligen Mannes, möge der Herr sein Blut rächen, der seine Seele den Juden, der jüdischen Religion und dem jüdischen Land geweiht hat. Seine Hände sind unschuldig, und sein Herz ist rein.« Man stelle sich vor, es würde in Berlin-Wedding eine Statue für den islamistischen Attentäter Anis Amri stehen, der 2016 am Breitscheidplatz 13 Menschen ermordete.

Vor zehn Jahren war die israelische Armee in Hebron noch ein Ordnungsfaktor. Die israelische Staatsmacht beseitigte den Unrechtszustand nicht, den die illegalen jüdischen Siedler geschaffen hatten, aber sie signalisierte, dass es sich um Unrecht handelt, und managte den Zustand. 2024 tritt die Armee als Schutzmacht der Siedler auf, die ihr Terrain ausgeweitet haben.

Die Landnahme in der Westbank folgt seit Jahren dem gleichen Muster. Deutschland hatte zum Beispiel in einem Projekt für Beduinen Fotovoltaik-Paneele geliefert. Die Besatzungsbehörde schickte ihnen eine Abrissverfügung, obwohl die Beduinen auf ihrem eigenen Land lebten. In der Nachbarschaft stand eine illegale Siedlung, damals noch nicht ans Wasser- und Stromnetz angeschlossen. 2023 besuchte ich die Beduinen wieder. Sie lebten nicht mehr in Zelten, sondern in einem Container. Dank des hartnäckigen Widerstands aller seitherigen Bundesregierungen war die Abrissverfügung nie vollzogen worden. Doch um den Outpost war eine 3 Kilometer breite militärische Sperrzone errichtet worden – und selbstverständlich waren die illegalen Siedler inzwischen an die öffentliche Infrastruktur angeschlossen.

Ähnlich entwickelt es sich in Ostjerusalem. Von dort werden systematisch arabischstämmige Bewohner vertrieben. Die sind rechtlich gesehen keine Palästinenser, sondern Bürger Jerusalems. Sie werden genötigt, in einen Stadtteil jenseits der Mauer zu ziehen, der zwar noch zu Ostjerusalem gehört. Doch von dort müssen sie täglich einen israelischen Checkpoint passieren, wenn sie in ihre eigene Stadt wollen.

Ich erinnere mich noch gut, wie Joschka Fischer im Kabinett berichtete, wie während seines Besuches in Israel Selbstmordattentäter in einem Bus sich und andere in die Luft sprengten. Ich habe mit Menschen gesprochen, die während der sogenannten Messer-Intifada Angst hatten, auf belebte Plätze zu gehen. Es ist nicht nur das selbstverständliche Recht, sondern die Pflicht des israelischen Staates, seine Bürger vor solchem Terror zu schützen.

Doch ist die Vertreibung von Bürgerinnen und Bürgern aus ihren Häusern, ihren Vierteln, ihrer Stadt, ist die Annexion besetzten Gebietes durch illegale Siedlungen eine Maßnahme, die die Sicherheit der Menschen in Israel erhöht? Viele Israelis sehen das nicht so – sie glauben, dass es mehr Sicherheit nur in einer politischen Lösung auf der Basis der Zweistaatenlösung gibt. Sie sind aber inzwischen eine kleine Minderheit in Israel.

Es sind Menschen wie der israelische Berlinale-Preisträger Yuval Abraham. Er sagte, als er für den Film »No Other Land« bei der Berlinale 2024 ausgezeichnet wurde: »In zwei Tagen werden wir in ein Land zurückkehren, wo wir nicht gleich sind. … Ich darf mich in dem Land frei bewegen, Basel (sein palästinensischer Co-Regisseur) ist wie Millionen Palästinenser eingeschlossen in der Westbank. Diese Situation der Apartheid zwischen uns, diese Ungleichheit muss ein Ende haben.« Als Folge dieser Äußerungen musste seine Familie in der Nacht die Wohnung wechseln, weil sie von rechten Israelis bedroht wurde.

Ich war Anfang 2024 in Argentinien. Wir erlebten eine Führung durch das jüdische Buenos Aires. Unser Guide freute sich, Deutsche zu führen – sonst buchten diese Touren fast nur Amerikaner. Stolz präsentierte der Sohn einer jüdischen Mutter und eines katholischen Vaters die Einwanderungsgeschichte der zweitgrößten jüdischen Gemeinschaft außerhalb Israels – von der ersten Einwanderungswelle nach der Reconquista über die organisierte Einwanderung von Jüdinnen und Juden aus Osteuropa im 19. Jahrhundert bis zum Exil der von den Nazis Vertriebenen.

Wir sahen in der Synagoge die Fenster, deren Vorbilder einst die Synagoge in Leipzig geschmückt hatten. Natürlich besichtigten wir auch die eindrucksvolle Gedenkstätte im ehemaligen Gemeindezentrum AMIA. Auf sie wurde 1994 ein brutaler Terroranschlag verübt – nach den Ermittlungen von der Hisbollah. 85 Menschen wurden getötet, über 300 verletzt. In der Gedenkstätte hing ein Plakat: »con Israel y por la paz« (Mit Israel und für den Frieden).

Dieses Plakat kommentierte unser Guide: »Mit diesem Apartheid-Regime wird das nicht klappen.« Wir fragten überrascht nach: »Sie nennen das Apartheid?« »Das ist Apartheid«, antwortete mitten in der Gedenkstätte der junge Argentinier, der aus tiefer Überzeugung Touren durch das jüdische Buenos Aires führt und bewusst in einer jüdischen Nachbarschaft lebt.

So wie er denken in der demokratischen Welt Millionen. Nicht nur in Südamerika, nicht nur in Südafrika, in den USA – auch in Israel. Ich musste mich auf Podiumsdiskussionen von israelischen Menschenrechtlern, von »Breaking the Silence« und »B'Tselem«, hart kritisieren lassen, weil ich den Begriff »Apartheid« nicht verwende. Auch nicht für die besetzten Gebiete. Denn dann streiten wir Deutschen lieber über Begriffe als über die brutale Realität der Besatzung.

Bevor wir jedoch über Begriffe streiten, gilt es festzuhalten: Ein Ende der Besatzung zu fordern, die Annexion von besetztem Land in Ostjerusalem und der Westbank zu verurteilen, ist keine anti-israelische Haltung. Es ist geltendes internationales Recht – niedergelegt in Resolutionen der UN-Vollversammlung wie des Sicherheitsrats.

Alle aber, die sich dem demokratischen Israel verpflichtet fühlen, müssen mit Sorgen sehen, welche Rückwirkungen ein halbes Jahrhundert Besatzung auf die innere Verfasstheit der israelischen Gesellschaft hat. Diskriminierung und Ausgrenzung arabischer Israelis haben zugenommen.

Staatsräson im Gazakrieg

Mein politisches Leben in Niedersachsen wie im Bund war geprägt von der Auseinandersetzung mit der verbrecherischen Geschichte Deutschlands. Dazu gehört die historische Verpflichtung, das Existenzrecht Israels zu verteidigen.

Angela Merkel hat 2008 in der Knesset diese historische Verpflichtung zur deutschen Staatsräson erklärt. Für ein Missverständnis halte ich dabei die Deutung, dass Merkel eine sozusagen preußische Definition von Staatsräson vorschwebte, die jenseits und oberhalb von Gesetzen und dem internationalen Recht steht. Wir leben im 21. Jahrhundert.

Aber für mich gehören zu dieser historischen Verpflichtung auch die Tausenden Freiwilligen, die sich im Rahmen der Aktion Sühnezeichen engagieren. Hierzu gehören die vielen Schüler- und Studierendenaustausche – und hierzu gehören auch die Menschen, die gemeinsam in den Klubs von Tel Aviv und Berlin tanzen. Zur Staatsräson gehören Staat und Bürger – Kopf und Herz –, gerade nach dem Massaker vom 7. Oktober, das all das infrage gestellt hat.

Doch zur Staatsräson gehört nicht die Billigung der Vertreibung von Menschen aus ihren Häusern und von ihrem Land in der Westbank. Nicht die Annexion besetzter Gebiete, nicht die Gewalt der Siedler. Die Solidarität mit einem Israel, das sich gegen den Terror der Hamas wehrt, entbindet nicht von der Pflicht, für die humanitäre Hilfe und Versorgung von Millionen Palästinenserinnen und Palästinensern zu sorgen. In diesen Fragen sind sich die US-Administration und die Bundesregierung heute einig wie selten.

Wenn Nähe zu Israel nur noch Räson des Staates, aber nicht der Gesellschaft ist, haben wir verloren. Wir sind leider auf dem Weg dahin. Derzeit haben sich viele in der deutschen Bevölkerung offenbar von Israel abgewandt. Wegen der Rechtsradikalen in der israelischen Regierung und dem Vorgehen der israelischen Armee in Gaza ist Solidarität mit Israel vielfach nur noch eine Räson des Staates, der Regierung und der Außenpolitiker. Das ist bitter.

Der 7. Oktober war eine Zäsur. Er offenbarte nicht nur den Charakter der Hamas als einer brutalen Terrororganisation, die mit

Menschenrechten nichts am Hut hat und die auf Menschenleben – palästinensische wie jüdische – keinerlei Rücksicht nimmt. Die Hamas ist keine Befreiungsbewegung, sondern auf Terror, Unterdrückung aus – letztlich auf die Zerstörung Israels. Sie ist auch keine Ordnungsmacht, die konstruktiv wirkt.

Am 7. Oktober 2023 ist aber auch die Strategie von Netanjahus rechter Regierung gescheitert, Deals mit der Hamas zu machen, um sich die Westbank anzueignen. Dass die israelische Armee in der Westbank konzentriert und die Grenze zu Gaza am Tag des Terroranschlags nur dürftig geschützt war, ist bloß der militärische Aspekt. Dahinter stand Netanjahus Konzept, die Hamas als Ordnungsmacht in Gaza zu akzeptieren und mit der Fatah in der Westbank den eigentlichen Feind zu bekämpfen. Das Ziel dieser Politik ist es, wie es rechtsextreme Minister im Kabinett wie Itamar Ben-Gvir und Bezalel Smotrich offen formulieren, Judäa und Samaria Israel komplett einzuverleiben – vom Fluss bis zum Meer.

Der 7. Oktober zeigt sehr deutlich, dass es eine Fehlkalkulation ist, Sicherheit für Israel ausschließlich militärisch herstellen zu wollen. Es ist dramatisch, dass sich in Israel nur noch eine kleine Minderheit offen für eine Zweistaatenlösung einsetzt. Auch große Teile der Opposition folgen Netanjahus verengtem Sicherheitsdiskurs.

Gerade weil Israel das Recht und die Pflicht hat, seine Bürger vor dem Terror der Hamas zu schützen, ist die Art der Kriegsführung in Gaza strategisch fragwürdig und unverhältnismäßig. Sie richtet sich mit den Blockaden von Hilfslieferungen, mit den Bombardements mehr gegen die palästinensische Bevölkerung als gezielt gegen die Hamas. Über 30 000 Tote zeugen davon. Deshalb forderte die UN-Generalversammlung mit riesiger Mehrheit einen Waffenstillstand. In diesem Sinne mahnen selbst die engsten Verbündeten Israels, die USA und Deutschland, bei der Netanjahu-Regierung eine Änderung der Kriegsführung an.

Schlüsselfrage ist dafür die Ordnung in Gaza nach dem Krieg. Wer die Hamas »vernichten« (Netanjahu) will, muss ihre Verankerung in der Bevölkerung beenden. Oder er muss die Bevölkerung vertreiben, wie es die Rechtsextremen in der Regierung offen fordern. Vertreibung ist aber mit dem Völkerrecht vollständig unvereinbar. Oder Israel und die internationale Gemeinschaft müssen eine zivile Alternative zur Hamas aufbauen. Dafür ist aber die Unbewohnbarkeit des Gazastreifens, wie sie sich nach den Kämpfen darstellt, eine schwere Bürde.

Weder Netanjahu noch die oppositionelle Partei von Jair Lapid hatten und haben Pläne, wie es mit Gaza nach dem Krieg weitergehen soll. Die Idee, eine von den arabischen Staaten überwachte Sicherheitszone an der Grenze zu Israel zu schaffen, bei der sich Israel aber das Recht vorbehält, dort jederzeit militärisch zu intervenieren, ist realitätsfremd. Kein arabisches Land wird da mitmachen.

Paradoxerweise kann aus dem Schrecken des 7. Oktober und des Gazakrieges auch Positives wachsen. Denn Netanjahus Strategie ist gescheitert. Er hat den Gazakrieg eskaliert, ohne ein realistisches Ziel benennen zu können. Es ist möglich, dass in Israel auf den Trümmern dieser Politik die Erkenntnis reift, dass nur eine Vereinbarung mit den Palästinensern dauerhafte Sicherheit bringen kann.

Sicher ist dieses Szenario nicht. Aber es ist einer der wenigen produktiven Lösungsansätze, die es gibt. Zwischen dem Fluss und dem Meer leben 10 Millionen Israelis und 5 Millionen Palästinenser. Es sind Juden, Muslime, Christen. Sie werden da nicht verschwinden. Nur wenn sie alle eine gemeinsame Zukunft haben, wird Israel dauerhaft Sicherheit haben. Dafür zu arbeiten, ist deutsche Staatsräson.

Die Bundesregierung hat nach dem 24. Februar 2022, dem russischen Überfall auf die Ukraine, in Ländern des globalen Südens für die europäische Sicht auf den Ukrainekrieg geworben. Dieser Versuch war wichtig, weil Putin sich als Vertreter eines antiwestlichen, antiimperialistischen Blocks inszenierte. Das Ergebnis war eine überwältigende Mehrheit in der UN-Generalversammlung gegen Putins Krieg.

Der Erfolg dieser deutschen Initiative, die von Singapur bis Senegal reichte, wurde durch den Krieg Israels in Gaza erheblich geschmälert. Deutschland, so der Vorwurf aus Ländern des globalen Südens, lege doppelte Standards an. In der Ukraine kritisiere Berlin die Verletzung der territorialen Souveränität eines Landes massiv, in Gaza akzeptiere Deutschland die Aktionen des israelischen Militärs und damit den Angriff auf einen Staat, den viele Länder des globalen Südens als völkerrechtliches Subjekt anerkannt haben. 144 Staaten, die 80 Prozent der Weltbevölkerung repräsentieren, haben Palästina anerkannt – darunter 10 Staaten der Europäischen Union.

Man muss sich diese auch in europäischen Staaten geäußerte Kritik nicht zu eigen machen. Das Recht auf Selbstverteidigung gegen Angriffe wie vom 7. Oktober zu verteidigen ist kein Doppelstandard. Aber vor dem Hintergrund des Krieges muss es ein Ziel deutscher Politik sein, eine gemeinsame europäische Haltung im Nahost-Konflikt zu ermöglichen. Was kann Europa tun? Wenn wir ernsthaft eine Zweistaatenregelung anstreben, sollte die EU jetzt schon glaubhafte Schritte in Richtung der Anerkennung eines palästinensischen Staates gehen. Allerdings gemeinsam, nicht einzeln wie zuletzt Spanien, Irland und Slowenien zusammen mit Norwegen. Bislang folgt die Politik der USA und Europas der Devise, dass sich Israel und Palästina auf eine Zweistaatenlösung einigen und die Anerkennung Palästinas erst am Ende des Prozesses stehen wird. Diese Politik ist nach 30 Jahren in einer Sackgasse gelandet. Wir sollten umdenken.

Bei der Abstimmung im Mai 2024 in der Generalversammlung der Vereinten Nationen über eine Anerkennung Palästinas hat Deutschland nicht gegen eine Anerkennung gestimmt, sondern sich enthalten. Vielleicht ist es nicht klug, heute ohne Bedingungen die Anerkennung Palästinas auszusprechen. Aber vielleicht ist es klug, mit einer Konditionierung und der Terminierung einer solchen Anerkennung Druck auf Israel wie Palästina für eine Verhandlungslösung zu machen. Sicher aber ist es klug, diesen Schritt zu gehen, bevor Donald Trump ins Weiße Haus zurückkehren könnte.

Viele Staaten des globalen Südens werfen den USA und Europa vor, von Menschenrechten und einer regelbasierten internationalen Ordnung nur zu sprechen, wenn es sich in das eigene Weltbild fügt. Ein Prozess zur Anerkennung Palästinas würde diesem Vorwurf die Spitze nehmen. Europa wieder handlungsfähiger machen – für eine Verhandlungslösung.

In Russland

Russland ist nicht die Sowjetunion. Ich habe Russland, Lettland und Estland zuerst innerhalb der Sowjetunion kennengelernt. 1972 reiste ich als Schüler nach Moskau, Riga, Tallin und Leningrad. Diese Reise organisierte der CVJM, der Christliche Verein junger Männer, wie er damals noch hieß; jetzt hat er sich umbenannt in Christlicher Verein junger Menschen, auch ein Fortschritt. Jenseits der Sozialistischen Deutschen Arbeiterjugend (SDAJ) der DKP bot nur der CVJM diesen Jugendaustausch an – offen auch für Atheisten.

Es war der Beginn der Entspannung zwischen Ost und West. Die Menschen in der Sowjetunion waren extrem freundlich zu uns. Wenn wir kein passendes Geld für den Bus hatten, bezahlte jemand für uns. In der Schlange vor der Bäckerei wurden wir fast genötigt, nach vorne zu gehen. Die Menschen waren uns jungen Deutschen zugewandt, ein Wunder, der Vernichtungskrieg der Wehrmacht war keine 30 Jahre her.

In Riga trafen wir den Chef der KP Lettlands. Er sprach Deutsch und stellte sich als der letzte deutschstämmige Graf aus Riga vor. Auf der Straße haben uns Passanten auf Deutsch angesprochen. Wir trafen auf eine überwältigende Herzlichkeit. Das passte zu dem, was ich von meinem Vater gehört hatte. Er sagte, trotz der fünf Jahre in russischer Kriegsgefangenschaft, nie ein schlechtes Wort über die Menschen in der Sowjetunion.

Wir sahen extreme Versorgungsprobleme, auch in Großstädten wie Moskau und Leningrad. Sympathien für das Regime der KPdSU hatten wir nicht. Für uns war vielmehr seit 1968 Alexander Dubček ein Held, dessen Sozialismus mit menschlichem Antlitz sowjetische Panzer niedergewalzt hatten. In den 1970er-Jahren setzten wir Hoffnungen auf die Eurokommunisten in Italien und Spanien, die sich aus dem dogmatisch erstarrten Marxismus Moskauer Prägung lösten.

Mein Verhältnis zu Russland und der Sowjetunion war lange durch diese positiven Erfahrungen mit den Menschen von 1972 geprägt. Der Angst-Antikommunismus der bundesdeutschen Rechten samt seiner Feinderklärung an den Osten war mir unerträglich.

Die Formel »Wandel durch Annäherung« schien mir eine einleuchtende Alternative zu sein. Michail Gorbatschow zeigte dann Mitte der 1980er-Jahre, dass Veränderungen und Liberalisierungen möglich waren.

Die Sowjetunion aber ging unter. Im August 1991 putschten Generäle, die das alte Sowjetsystem wieder befestigen wollten, gegen Präsident Gorbatschow. Zwar hatte der Putsch keinen Erfolg, aber er beschleunigte den Zerfall der Sowjetunion. Die Putschisten fanden Gorbatschows Dezentralisierungspläne zu weitgehend. Sie erreichten das Gegenteil. Ihr Putsch führte endgültig in den Untergang der Sowjetunion.

Ich habe während der Tage des Putsches als Landesminister in Hannover eine Solidaritätsdemonstration für Gorbatschow mitorganisiert und den widerstrebenden Gerhard Schröder überredet, dort als Ministerpräsident zu sprechen. Am Anfang von Schröders Russland-Engagement stand die Solidarität mit Gorbatschow.

Schröders Russland-Aktivitäten entstanden aus einem anständigen Reflex. Wir wollten den Reformprozess in Russland unterstützen. Es ging um tatkräftige Hilfe für Menschen, die unter den katastrophalen Lebensverhältnissen der Sowjetunion Anfang der 1990er-Jahre litten. In manchen Kreisen gab es sogar Hunger. Es kam zu einer Premiere. Zum ersten Mal in der Geschichte landeten deutsche Bundeswehr-Transalls aus Wunstorf mit Lebensmitteln, Medizin, Babynahrung und Brutkästen aus Deutschland auf dem Moskauer Flughafen. Organisiert von der Landesregierung Niedersachsens.

Wir vereinbarten Partnerschaften mit den Gebieten Perm am Ural und Tjumen in Sibirien. Zur Anbahnung dieser Partnerschaften reisten Gerhard Schröder und ich nach Russland. Später haben wir auch jungen Russen und Russinnen eine Ausbildung bei VW vermittelt und Kontakte geknüpft. Volkswagen eröffnete 2007 in Kaluga ein Werk.

Zur Unterzeichnung der Partnerschaftsabkommen war ich 1992 allein mit einer Delegation unterwegs. Die Situation im Land war absolut prekär. Wir warteten in Moskau acht Stunden auf den Weiterflug, weil die Kreditkarte des Piloten gesperrt war und das Flugzeug kein Kerosin hatte. Als wir dann abhoben, hatte der Pilot noch Passagiere samt Federvieh mitgenommen, für beides gab es keine Sitzplätze.

Das Scheitern des Putsches und die Gründung der Russischen Föderation eröffneten ein Jahrzehnt der Demokratie. Es herrschte eine große Freiheit – der Kunst, der Presse, der Meinung. Doch in den 1990er-Jahren war Russland gleichzeitig von Niedergang, Staatsbankrott, Banden- und Oligarchenkriminalität unter der Präsidentschaft von Boris Jelzin geprägt. Ein räuberischer Turbokapitalismus hielt Einzug in Russland. Im kollektiven Gedächtnis Russlands sind diese Jahre als Katastrophe abgespeichert, die mit dem Zerfall der Sowjetunion begann. Interessanterweise wird kaum die Rolle der Putschisten bei diesem Niedergang betrachtet, sondern Gorbatschow die alleinige Verantwortung dafür zugeschrieben. Diese Phase endete mit der Wahl von Wladimir Putin im Jahre 1999. Nicht nur die Russen, sondern fast alle Staaten Europas und die USA sahen in ihm eine Rückkehr zur Stabilität.

Das Verhältnis zu Russland war denn auch in den Jahren von Rot-Grün mehr von der Hoffnung auf Kooperation als von Konfrontation geprägt. 2003 bildeten Schröder und Fischer im UN-Sicherheitsrat mit Russland und Frankreich einen Block gegen die Kriegsvorbereitungen der USA im Irak.

Am 25. September 2001 hielt Putin seine inzwischen berühmte Rede vor dem Deutschen Bundestag, in der er von Europa eine eigenständige Rolle forderte und für eine europäische Sicherheitsarchitektur samt Rüstungsabkommen plädierte. Er verurteilte die Anschläge vom 11. September und bot eine Zusammenarbeit bei der Bekämpfung des Terrorismus an. Putin hielt die Rede weitgehend auf Deutsch. Am Ende seiner Rede erhoben sich nicht nur Mitglieder der Koalitionsfraktionen von ihren Sitzen und applaudierten.

Wir Grüne waren, konträr zu Schröder und großen Teilen der SPD, Putin gegenüber skeptischer. Es sprach viel dafür, dass Putin für die von ihm in der Rede beklagte Sprengung von Wohnblocks in Moskau im Jahr 1999 mitverantwortlich war. Diese Taten wurden offenbar vom russischen Inlandsgeheimdienst FSB begangen, um sie tschetschenischen Terroristen in die Schuhe zu schieben. Putin war damals Chef des FSB. Das Muster erinnerte an die Bombenanschläge von Bologna 1980. Die mutmaßlichen »false flag«-Bomben halfen Putin 1999, die Präsidentenwahl zu gewinnen und sich als starker Mann zu inszenieren, der mit Krieg den tschetschenischen Terror bekämpfte.

Realpolitiker wie Henry Kissinger und die überwiegende Zahl der Staatsführer haben Putin für einen Faktor der Stabilität gehalten. Das war ein Irrtum. Wer den Ausnahmezustand inszeniert, um seine Herrschaft zu legitimieren, muss auf dieses Mittel immer wieder zurückgreifen. Der Ausnahmezustand verlangt grundsätzlich nach Eskalation, nach Eskalation gegen die Feinde innen und außen.

Das System Putin fußt auf Legitimierung durch Gewalt – und dazu gehören politische Morde wie die an Anna Politkowskaja oder Boris Nemzow, die Vergiftung, Inhaftierung und der Tod von Alexej Nawalny, Kriege wie in Tschetschenien und in Dagestan, die Besetzung von Südossetien und Abchasien, die Besetzung der Krim und der Krieg in der Ostukraine seit 2014.

Es waren nicht nur Schröder und die SPD, die Putin für einen Faktor der Stabilität hielten. Im Kern galt das auch für alle Koalitionen in Deutschland seit 2005. Wenn wir Grüne auf die sich häufenden und dramatischer werdenden Menschenrechtsverletzungen in Russland hinwiesen, konnten wir gelegentlich Gehör bei Angela Merkel finden. Die Spitzen der deutschen Wirtschaft aber standen in Treue fest zum russischen Präsidenten.

Als Bundestagsabgeordneter habe ich in Moskau immer regierungsferne Organisationen wie die inzwischen verbotene NGO Memorial oder die Wahlbeobachter von Golos besucht. Unser Kurs war: Wir sind solidarisch mit der Zivilgesellschaft und halten gleichzeitig den Kontakt zu den Offiziellen. Deshalb gehörten dann auch hochkontroverse Gespräche etwa mit Pawel Sawalny zum Programm, dem mächtigen Vorsitzenden des Energieausschusses und der russisch-deutschen Parlamentariergruppe der russischen Duma. Er war in beiden Rollen Gazprom-Lobbyist, mochte Atomkraftwerke und hasste Erneuerbare. Entsprechend laut wurden die Debatten.

Die sogenannte Realpolitik, die Union und SPD mehrheitlich vertraten, knüpfte an die Entspannungspolitik der 1970er-Jahre an. Das verkennt aber einen wesentlichen Unterschied zwischen der UdSSR und der russischen Föderation. Die Sowjetunion hatte 1975 in Helsinki aus ureigenem Interesse die Unverletzlichkeit der bestehenden Grenzen in Europa unterschrieben. Sie war eine Macht des Status quo. Putins Russland aber ist eine revisionistische Macht, die den Status quo gewaltsam verändern will.

Die Deutung, dass Putin das Chaos unter Jelzin beendet und für Berechenbarkeit gesorgt hatte, war nicht realpolitisch, sondern illusionär. Die demonstrative Herrschaft der Gewalt, die Putin exekutierte, war nicht statisch, sondern verlangte tendenziell nach Eskalation. Das kam in der Denkweise der realpolitischen Schule, die der Doktrin »Handel schafft Wandel« folgte, nicht vor.

Ich war 2016 mit der deutsch-russischen Parlamentariergesellschaft in Russland. Die EU hatte nach der Besetzung der Krim 2014 vorsichtige, im Kern eher symbolische Sanktionen gegen einzelne Personen aus der Moskauer Machtelite verhängt. Russland antwortete darauf mit Handelssanktionen. Der Verantwortliche für Volkswagen in Russland und die Außenhandelskammer in Moskau haben uns für die EU-Sanktionen regelrecht beschimpft. Die Krim sei doch immer russisch gewesen, die Sanktionen seien unverantwortlich.

Diese Kurzsichtigkeit ist ein Defekt der realpolitischen Schule. Man kann nicht unabhängig von der Dynamik autoritärer Systeme Geschäfte machen. Das ging in Russland nicht. Es wird auch in China auf Dauer nicht gut gehen. Es ist in erster Linie keine Frage der Moral, sondern der politischen Realitäten. Das Ausblenden der inneren Dynamik von Gesellschaften gefährdet langfristig die eigenen Geschäftsinteressen.

Viel zu lange haben auch wir Grünen – mit wenigen Ausnahmen – ganz nach Bill Clintons Satz »It's the economy, stupid« geglaubt, dass wir Putin mit zivilen Mitteln und dem Hochschrauben des Preises von einer Aggression abschrecken könnten. Diese Fehleinschätzung wurde spätestens im Februar 2022 offenbar.

Der Ukrainekrieg:
Das Ende der deutschen Illusionen

Als russische Truppen am 24. Februar 2022 die Ukraine überfielen, ging es mir wie vielen. Es war eine Mischung aus Entsetzen und der Überraschung, dass Putin dies wirklich tat. Wir mussten zwar damit rechnen, dass Putin keine Skrupel haben würde, den schwelenden Krieg in der Ostukraine zu eskalieren. Aber den Versuch, die gesamte Ukraine zu erobern, konnte ich mir schwer vorstellen. Es schien dem strategischen Kalkül zu widersprechen, Russland als Macht in einer Balance zu etablieren – an der Seite von China gegen den Westen und gleichzeitig als europäische Macht. Mit dem Krieg aber gerät Russland in eine einseitige Abhängigkeit von China.

Die zweite Überraschung war, dass die Ukraine entgegen den Prognosen der meisten westlichen Militärexperten nicht kollabierte, sondern zäh, effektiv und entschlossen Widerstand gegen den überlegenen Aggressor leistete und leistet. Der brutale russische Überfall hat dazu geführt, dass auch russischsprachige Ukrainer und Ukrainerinnen begannen, sich stärker mit der Ukraine zu identifizieren.

Was ist der Kern dieses Konflikts? Was erschien Putin so wichtig und notwendig, dass er trotz der absehbaren Abhängigkeit von China diesen Krieg riskierte? Manche deuten Putins Krieg als Antwort auf die Osterweiterung der NATO. Aber das erklärt nicht, warum Russland 2022 – immerhin 18 Jahre nach der Osterweiterung – einen Krieg anzettelt.

Entscheidend war etwas anderes. Ja, Putin fühlte sich bedroht. Aber nicht von der NATO, sondern von dem Gesellschaftsmodell Europas. Dass die Ukraine sich 2014 entschieden hatte, zu Europa gehören zu wollen, sah er als Existenzbedrohung. Das Putin-Regime wurde nicht durch die Hardpower der NATO, sondern durch die Softpower der Europäischen Union existenziell herausgefordert.

Die Ukraine galt lange als eine Art kleines Russland, das wie Russland von einer oligarchischen Elite dominiert wurde. Gerade wegen dieser Nähe und Ähnlichkeit wurde die Wendung Kiews nach Westen in Moskau zu dieser existenziellen Herausforderung.

Wenn Kiew in Richtung Demokratie und Anbindung an die EU strebte, dann konnte das auch in Minsk oder Moskau geschehen. Die Proteste gegen die Rückkehr Putins ins Präsidentenamt hatten 2011 gezeigt, dass eine demokratische Reformbewegung die Macht des Regimes real bedrohen konnte. Diese Möglichkeit auszulöschen, ist das zentrale Motiv für diesen Krieg.

Das bedeutet nicht, dass die Ukraine ein demokratischer Musterstaat ist. Die Korruption ist ein ungelöstes Problem. Es existiert ein extremer Nationalismus, der sich allerdings auch in vielen Staaten der Europäischen Union findet. Aber wesentliche Teile der Zivilgesellschaft fordern mehr Demokratie und streben nach Europa.

Die herrschende Gruppe in Russland will mit dem Krieg ihre Macht sichern. Sie hat entgegen vieler Ankündigungen die russische Wirtschaft nicht diversifiziert. Die Diversifizierung der hoch konzentrierten, staatsmonopolistischen Wirtschaft hätte die Gefahr mit sich gebracht, dass auch die Macht diversifiziert wird. Die Angst der Klasse um Putin, die überwiegend aus Geheimdiensten stammt, vor dem Machtverlust ist das treibende Motiv russischer Politik.

Wir haben die Panik, die ein möglicher Umsturz in dieser Machtgruppe auslöst, unterschätzt.

Wir müssen uns selbstkritisch fragen, warum viele in Deutschland das so lange nicht scharf genug gesehen haben. Oder nicht sehen wollten. Die fehlerhafte bundesdeutsche Russland-Politik hatte viele Väter und Mütter. Alle Schuld bei der SPD abzuladen, ist zu einfach.

Dass diese Zuschreibung gelingt, hat natürlich mit dem Wirken von Gerhard Schröder zu tun. Er hatte sein Engagement für Nord Stream 1 noch mit der Wahrnehmung der Interessen der deutschen Minderheitseigner begründet. Dies trifft schon bei Nord Stream 2 nicht mehr zu. Sie ist komplett im Besitz von Gazprom. Als Chef des Verwaltungsrats von Rosneft, einem der größten Ölkonzerne der Welt, ist er dem Wohl des Mehrheitseigners – also dem russischen Staat verpflichtet. Das ist mit den Loyalitäten eines Ex-Kanzlers der Bundesrepublik Deutschland nicht zu vereinbaren. Verschärft wurde dies noch mit dem störrischen Festhalten an seinen Posten nach Putins Überfall auf Russland – selbst als der Chef von Nord

Stream 2, Matthias Warnig, wegen dieses Kriegs seinen Job bereits quittiert hatte.

Aber sowohl CDU wie CSU haben die Politik der Abhängigkeit von russischem Gas aktiv betrieben. Russisches Gas war, weil billig und zuverlässig geliefert, jahrzehntelang ein Vorteil für den Wirtschaftsstandort Deutschland und für die produzierende Industrie hierzulande. Auch BDI und Gewerkschaften haben aus eigenen Interessen diese Politik über Jahrzehnte unterstützt. Es war Gier, nicht Naivität, die Deutschland unter Schröder wie Merkel den Anteil russischen Gases von einem Drittel auf mehr als die Hälfte steigen ließ. Die deutsche Wirtschaft hatte damit einen klaren Wettbewerbsvorteil.

Diese ganz große Koalition war froh, dass Umweltminister wie Schwedens Margot Wallström oder ich uns mit unseren albernen umweltschutzfachlichen, die Meere schützenden Argumenten nicht gegen Nord Stream 1 durchsetzen konnten. Sie haben den Kopf geschüttelt, als wir Grünen 2014 ein Gutachten vorlegten, wonach es möglich sei, durch den Ausbau erneuerbarer Energien und bessere Wärmedämmung bis 2030 gut 400 TWh Erdgasimporte einzusparen und es in einigen Jahren auf null zu bringen. 400 TWh entsprachen den Importen aus Russland im Jahre 2013.

Als Russland die Ukraine überfiel, zeigte sich, dass dieses Gutachten von Fraunhofer-ISE viel zu vorsichtig gewesen war. Was wir in der Opposition schrittweise über mehrere Jahre hatten erreichen wollen, musste Robert Habeck an der Regierung binnen eines Jahres schaffen. Es ist ihm gelungen – zu einem anfangs hohen Preis. Aber inzwischen hat sich der Gaspreis auf einem neuen Niveau eingependelt. Nur die exklusiven Sonderpreise für Deutschlands Wirtschaft sind fort. Es gilt der Weltmarktpreis.

Ich habe vergeblich versucht, Nord Stream 1 zu verhindern. Ich wollte die Abhängigkeit Deutschlands von fossiler Infrastruktur mindern. Durch mehr Erneuerbare und bessere Gebäudedämmung sollte die Abhängigkeit Deutschlands und Europas von fossilen Importen reduziert werden. Sie schränkt Deutschlands und Europas Souveränität ein. Diese Abhängigkeit besteht auch, wenn gerade bei Pipeline-gebundenen Gasimporten der Produzent vom Abnehmer mindestens so abhängig ist wie umgekehrt. Der Abnehmer kann anders als der Produzent auf einem globalen Markt den Produzenten wechseln – wenn er bereit ist, dafür den Preis zu bezahlen. Deshalb müssen Deutschland und Europa ihre Energieimporte senken. Autokratendiversifizierung – von Putin zu Alijew – mindert Risiken, aber beendet die Abhängigkeit nicht.

Doch geirrt habe ich mich dennoch. Ich habe nicht geglaubt, dass das von seinen Exporten abhängige Russland bereit sein würde, auf einen beachtlichen Teil seiner Staatseinnahmen zu verzichten, indem es die Gas-Exporte an seine wichtigsten Abnehmer ohne Aussicht auf baldigen Ersatz stoppt. Anders als für die Gesellschaften des demokratischen Kapitalismus gilt für Putins Russland Bill Clintons berühmter Satz eben nicht: »It's the economy, stupid«. Für Autokratien gilt: »It's politics, stupid«.

Putins Krieg gegen die Ukraine bedroht Europas und Deutschlands Interessen massiv. Wir unterstützen die Ukraine mit Geld und Waffen, aber nicht aus Selbstlosigkeit. Es ist in unserem Interesse. Dass wir von jetzt an mehr als 2 Prozent unseres Bruttoinlandsprodukts in die Landes- und Bündnisverteidigung investieren müssen, hat handfeste Gründe. Es ist bitter, aber notwendig. Die in Helsinki vereinbarte Europäische Friedensordnung war nicht auf eine revisionistische Macht wie Putins Russland ausgerichtet. Sie ist Geschichte. Wir wissen noch nicht, wie eine neue, belastbare europäische Friedensordnung aussieht.

Aber bis die geschaffen ist, müssen wir alles dafür tun, damit die Ukraine nicht überrannt wird. Mir scheint Olaf Scholz' Formulierung, dass wir alles dafür tun müssen, dass die Ukraine diesen Krieg nicht verliert, ohne selbst Kriegspartei zu werden, eine präzise Beschreibung zu sein. Beides ist richtig – aber nur zusammen.

CDU und CSU haben ihn dafür kritisiert, auch liberale, grüne und sozialdemokratische Abgeordnete sprechen davon, dass der Sieg das Ziel sein müsse. Ich bin da eher beim Hanseaten Scholz und US-Präsident Biden. Die Rhetorik von einem Sieg über Russland weckt unrealistische Erwartungen. Die bittere Wahrheit ist: Die militärische Entwicklung in der Ukraine ist nicht dazu angetan, Siegesrhetorik zu pflegen.

Scholz' Position ist keine Absage an die territoriale Integrität der gesamten Ukraine. Die völkerrechtliche Position Deutschlands ist klar. Eine gewaltsame Annexion, wenn auch nur von Teilen eines souveränen Staates, darf und kann niemals legitimiert und schon gar nicht legalisiert werden. Der Weg zur Wiederherstellung der Souveränität führt über Verhandlungen, die nicht an Stelle der Ukraine, sondern durch sie geführt werden.

Wir wissen nicht, wann und wie dieser Krieg enden wird. Aber seine Dynamiken sind erkennbar – und damit auch, was die deutsche Rolle sein muss. Der ehemalige Generalstabschef der Ukraine hat recht mit der Beobachtung, dass Russland bei einem Abnutzungskrieg strategisch im Vorteil ist. Putin glaubt, strategisch überlegen zu sein. Die russische Kriegswirtschaft funktioniert bislang. Die Verluste der russischen Armee sind zwar hoch. Aber es gibt, anders als in der Ukraine, genug Nachschub an Soldaten. Die westlichen Sanktionen verhindern zwar weitgehend den Zugriff auf moderne Waffentechnologie. Aber der Nachschub mit Waffen unter anderem aus Nordkorea und Iran fließt.

Dies ist auch eine Botschaft an die Wagenknechts und andere, die immer wieder Verhandlungen fordern. Solange die strategische Lage so bleibt, wird es keine ernsthaften Verhandlungen geben. Putin hat selbst die Verhandlungsideen in Xi Jinpings 10-Punkte-Positionspapier zurückgewiesen. Zur Ukraine-Konferenz hat er einen Verhandlung genannten Kapitulationsvorschlag an die Ukraine gerichtet. Aktuell sind Verhandlungen nicht in seinem Interesse. Er wird mindestens den Ausgang der US-Präsidentenwahlen abwarten, bis er sich bewegt.

Deswegen ist es die Aufgabe Deutschlands und der NATO, mit Waffenlieferungen dafür zu sorgen, dass die Ukraine dem Aggressor weiter widerstehen kann und den Krieg nicht verliert. Nur so kann die Ukraine in Verhandlungen, die es am Ende dieses Krieges – wann auch immer dies sein wird – geben muss, auf Augenhöhe auftreten. Trotz mancher Irritationen in den Beziehungen zu Deutschland wissen die Ukrainer zu schätzen, was sie an Deutschland haben. Deutschland liefert mittlerweile mehr Waffen an die Ukraine als der Rest Europas zusammen. Auch wenn die Opposition im Bundestag wie manche Medien gelegentlich das Gegenteil suggerieren.

Es ist nötig, mehr zu tun, aber das ist nicht einfach. Das mussten Annalena Baerbock und Boris Pistorius erfahren, als sie zum zusätzlich gelieferten Patriot-System selbst für 1 Milliarde Euro in Europa und den USA kein weiteres bekamen. Davon zeugen auch die Defizite bei der Produktion von Artilleriemunition.

Was im Ukrainekrieg notwendig ist, verstehen wir besser, wenn man sich den Vietnamkrieg vergegenwärtigt. Ich habe es in einer Replik auf Gregor Gysi im Bundestag so ausgedrückt:

»Wie kommt man in einer solchen Situation zu Verhandlungen?

Ich habe mir die Mühe gemacht, in der Geschichte ein Beispiel zu suchen, das der Linken vielleicht hilft.

Wie ist es dazu gekommen, dass Le Duc Tho und Henry Kissinger angefangen haben, über Frieden zu reden, obwohl Richard Nixon angekündigt hatte, Vietnam in die Steinzeit zurückzubomben? Dafür waren zwei Dinge von zentraler Bedeutung: Das eine waren die Waffenlieferungen Chinas und der Sowjetunion an den Vietcong, die verhindert haben, dass die Vietnamesen von der Übermacht der Amerikaner überrannt worden sind. Das andere war der Aufstand einer ganzen Generation auf diesem Globus gegen diesen Krieg – er hat die USA in eine politische Isolierung geführt –, die Nixon dazu gezwungen hat, sich auf Verhandlungen einzulassen.

Und genau das ist es, was wir als Bundesregierung in diesem Krieg versuchen: Wir wollen verhindern, dass die Ukraine überrannt wird, und dafür liefern wir Waffen.«

Dieser Krieg hat eine globale Bedeutung über die Region hinaus. Es geht um die Frage, ob in der neuen multipolaren Weltordnung die gewaltsame Verschiebung von Grenzen und der Überfall auf schwächere Nachbarn zur Praxis werden, die hingenommen werden muss.

Ein Europa, das ein vitales Interesse an einer mehr regelbasierten Ordnung hat, kann das nicht wollen. Auch daher ist es richtig, die Ukraine massiv zu unterstützen und zu verhindern, dass Putin Erfolg hat.

Sanktionen: Den Hammer haben wir.
Einen Nagel finden wir schon?

Neben der militärischen Unterstützung der Ukraine waren die von der EU und vielen OECD-Staaten gegen Russland verhängten Sanktionen immer wieder Gegenstand von Kontroversen. Ihre Wirksamkeit wurde von den einen bezweifelt, während andere für schärfere Sanktionen plädierten. Dahinter steckt ein Dilemma. Sanktionen sind als zivile Instrumente zur Behebung internationaler Konflikte dem Einsatz von Militär vorzuziehen.

Das haben nicht alle immer so gesehen. Ein Teil aktiver Menschenrechtskämpfer hatte sich zu wahren Menschenrechtsbellizisten entwickelt, die etwa bei der gewaltsamen Vertreibung der Rohinya oder in Syrien für einen solchen militärischen Einsatz plädierten. Die Reaktion ist angesichts des Elends und der Gewalt mehr als verständlich. Doch es blieb offen, welche Staaten zu einem solchen Einsatz überhaupt bereit gewesen wären. Eine notwendige Mandatierung durch den UN-Sicherheitsrat war ebenfalls nicht in Sicht. Seit den Desastern in Afghanistan, Irak und Libyen sind solche Stimmen leise geworden.

Die zweite, scheinbar elegantere und ungefährlichere Antwort lautet: Sanktionen. Sanktionen sind das öffentliche Versprechen, brutale Regime international zu isolieren und wirtschaftlich zu schädigen. Sie sollen zudem Handlungsfähigkeit demonstrieren.

Sanktionen sind aber kein Universalschlüssel, der alle verschlossenen Türen öffnet und uns so zu einem guten Gewissen verhilft. Nicht jedes Problem ist ein Nagel, dem man mit dem Hammer von Sanktionen beikommen kann. Sanktionen sind ein Mittel, das je nach Situation nützlich oder schädlich sein kann. Für beides gibt es Beispiele.

Das längste, seit Jahrzehnten bestehende Sanktionsregime zeigt, dass ein Handelsembargo ein unnützes Instrument sein kann. Die USA boykottieren seit den 1960er-Jahren Kuba. Seit 1996 gilt zusätzlich der Helms-Burton-Act, der ausländischen Unternehmen, die Geschäfte mit Kuba machen, Handel in den USA verbietet. Das US-Embargo hat die Lebensbedingungen des kubanischen Volkes verschlechtert. Ob es wie gewünscht die Herrschaft der autoritären regierenden KP erschüttert hat, ist zumindest zweifelhaft. Es spricht im Gegenteil viel dafür, dass die US-Sanktionen das Regime stabilisiert haben, weil es sich bei allen Missständen auf die Sanktionen berufen konnte. Die USA waren im Zweifel an allen Mängeln schuld.

Grundsätzlich können wir zwei Arten von Sanktionen unterscheiden. Die ersten sollen vor allem dem heimischen Publikum zeigen, dass die Regierung etwas tut, und symbolische Kraft nach innen entfalten. In diese Kategorie fallen die Sanktionen gegen einzelne russische Politiker und Geschäftsleute, die die EU 2014 wegen Putins Besetzung der Krim verhängte. Diese Maßnahmen waren so vorsichtig dosiert, dass niemand ernsthaft glauben konnte, dass das Putin-Regime deshalb in Bedrängnis kommen würde. Nach innen wie nach außen signalisierten die Sanktionen: Wir sind damit nicht einverstanden. Das war vor allem symbolisch – aber auch die Symbolik ist angesichts von Völkerrechtsverletzungen bedeutsam.

Von ganz anderer Art sind die von EU und USA nach dem Angriffskrieg auf die Ukraine gegen Russland verhängten Sanktionen. Die Bankkonten der kremlnahen Elite und der russischen Zentralbank (rund 400 Milliarden Dollar) wurden eingefroren. Russische Banken wurden von SWIFT, dem Kreislauf des internationalen Finanzsystems, ausgeschlossen. Öl und Kohle dürfen nicht mehr aus Russland importiert werden.

Es ging darum, Russland ökonomisch vom Weltmarkt abzukoppeln. Die ökonomische Isolierung Russlands ist richtig, auch wenn die Sanktionen nicht zu 100 Prozent wirken. Russland exportiert weiter Öl, etwa nach Indien und China, muss aber Preise nachlassen. Die russische Wirtschaft ist nicht zusammengebrochen. Aber die Sanktionen erfüllen einen wesentlichen Zweck: Ihre Androhung hat den Krieg nicht verhindert. Ihr Verhängen hat den Krieg nicht beendet. Aber sie vermindern die ökonomischen und technologischen Fähigkeiten Russlands, den Krieg zu führen.

Dieses Signal wurde in Peking aufmerksam studiert. China war durchaus überrascht, dass es unter den Staaten des demokratischen Kapitalismus eine so geschlossene Bereitschaft für die Sanktionen gab. Europa und die USA, Japan, Südkorea, auch Singapur beteiligen sich an dem Sanktionsregime. Dass sich wichtige Partner Chinas in den BRICS-Staaten nicht anschlossen, könnte den potenziellen Verlust der Märkte in Europa, Asien und Nordamerika für eine Exportnation wie China nicht kompensieren. Es kann als sicher gelten, dass danach in Peking die Kosten einer gewaltsamen Wiedervereinigung mit Taiwan neu kalkuliert wurden.

Aber richtig ist, dass die Russland-Sanktionen nicht zu einer Verhaltensänderung des Aggressors Putin geführt haben. Dass Sanktionen Verhalten verändern können, haben die Sanktionen und deren Aufhebung gegenüber dem Iran wegen dessen Atomprogramms gezeigt. Deutschland hat dabei mit Joschka Fischer und Frank-Walter Steinmeier eine produktive Rolle gespielt. Die Federführung für Europa lag beim Europäischen Auswärtigen Dienst und seiner Generalsekretärin Helga Schmidt.

Iran stand im Verdacht, Atomwaffen zu entwickeln. Unter dem Eindruck von Sanktionen, die von den USA, Russland, China und Frankreich, Großbritannien und Deutschland im UN-Sicherheitsrat durchgesetzt wurden, kam es zum Abschluss eines Atomabkommens, abgekürzt JCPOA. Der Iran musste sich wieder der Kontrolle der Internationalen Atombehörde unterstellen. Die Inspekteure der Internationalen Atomenergie Organisation bekamen wieder ungehinderten Zugang zu den Atomanlagen. Vom Iran angereichertes Uran wurde nach Russland transportiert. Im Gegenzug wurden wirtschaftliche Sanktionen gegen den Iran aufgehoben. Das Interesse der Atommächte und ihrer Verbündeten, eine weitere Proliferation und ein nukleares Wettrüsten im Nahen Osten zu verhindern, hatte sich durchgesetzt.

Den Erfolg des JCPOA hat US-Präsident Trump handstreichartig zertrümmert. Er verhängte 2019 unilateral neue Sanktionen. Keine Bank der Welt war danach mehr bereit, Geschäfte mit dem Iran zu finanzieren, aus Angst vor sekundären Sanktionen aus den USA. Selbst das, was nach dem US-Sanktionsregime möglich wäre – die Lieferung von Medikamenten und humanitäre Hilfe –, ist nicht mehr abgewickelt worden. Die EU hat dafür zwar extra eine eigene Institution geschaffen, doch die blieb wirkungslos. Das Zuckerbrot für den Iran war weg – und auf Trumps Peitsche reagierte der Iran mit neuer nuklearer Anreicherung.

Bis Trump alles zerstörte, war die UN-basierte Sanktionspolitik ein erfolgreiches Instrument. Iran war ein Beispiel für wirksame Sanktionen – und es ist ein Beispiel, wie es durch nationale Alleingänge kaputt gemacht wurde.

Ein Effekt von Trumps Politik war, dass die BRICS-Staaten Iran aufgenommen haben. Iran hat seitdem zwar nicht wieder Zugang zu allen Technologien. Bestimmte Hightech-Produkte aus Europa können weder Russland noch China ersetzen. Aber spätestens seit dem russischen Angriff auf die Ukraine ist es eine Illusion zu glauben, dass Iran in absehbarer Zeit wieder unter das Atomwaffen-Kontrollregime zurückkehren könnte – im Gegenteil.

Das ist eine unbequeme Botschaft für uns. Die EU hat – vor allem auf Druck von Annalena Baerbock – Sanktionen gegen den Iran wegen des Terrors gegen Oppositionelle und Frauen verhängt. Das ist ein richtiges Symbol – aber nicht mehr. Es gibt keine Aussicht, dass Iran, inzwischen das meistsanktionierte Land der Welt, deshalb sein Verhalten ändert. Die Sanktionen wegen der Unterdrückung der Demokratiebewegung sind eine politische Botschaft. Wir sollten sie nicht mit wirksamen Sanktionen verwechseln, die etwas verändern können.

Manchmal sind andere Instrumente wirksamer als Sanktionen. Marktförmige Instrumente wie das Lieferkettengesetz und das Verbot, Produkte aus Zwangsarbeit auf den europäischen Markt zu bringen, knüpfen beispielsweise direkt an das Interesse Chinas an, auch künftig auf dem europäischen Binnenmarkt verkaufen zu können. Umso fragwürdiger, dass die FDP ausgerechnet diese europäischen Gesetze versuchte zu blockieren und versucht, sie zurückzudrehen. Die Dynamik von Sanktionen ist nicht nur für die EU und die USA mitunter schwierig einzuschätzen. Denn wir sind nicht die Einzigen, die Sanktionen verhängen können. Es gibt Sanktionen wie Gegensanktionen.

In China haben mich 2023 viele gefragt, wie das auf Eis gelegte Investitionsabkommen zwischen der EU und China doch noch ratifiziert werden könne. Die EU hatte gegen zwei Personen, den KP-

Chef in Xinjiang und den Polizeichef in Tibet, personenbezogene Sanktionen verhängt. Daraufhin hat China in einer maßlosen Überreaktion EU-Abgeordnete wie Reinhard Bütikofer, das gesamte Politische und Sicherheitspolitische Komitee der Europäischen Union und Thinktanks wie MERICS mit Sanktionen überzogen.

Das ging nach hinten los. Die chinesischen Verantwortlichen mussten einsehen, dass sie die Gegensanktionen in eine für sie ungünstige Lage gebracht haben. Sie wollten das Investitionsabkommen. Doch das EU-Parlament denkt nicht daran, einen Wirtschaftsvertrag mit einem Land zu ratifizieren, das Sanktionen gegen die eigenen Parlamentarier verhängt hat. China hat überreagiert. Aus dieser blockierten Situation ist es schwierig, wieder herauszufinden. Wenn es also das Investitionsabkommen mit Europa will, wird China sich bewegen müssen.

Das zeigt: Es gibt auch vorschnelle Sanktionen. Eine Spirale von Sanktionen und Gegensanktionen macht die Welt nicht besser. Deshalb ist beim Einsatz Augenmaß gefragt. Es gilt: Je unilateraler Sanktionen sind, umso symbolischer sind sie. Je multilateraler Sanktionen sind, umso mehr können sie tatsächlich etwas bewirken. Sanktionen wirken, wenn sie global oder doch von zentralen Ländern getragen werden.

Dass solche wirksamen Sanktionen verhängt werden, ist aber in den vergangenen Jahren immer unwahrscheinlicher geworden. Das Sanktionsregime gegen den Iran hat Trump in die Luft gejagt – und nun wird es von China wie Russland unterlaufen. Dafür darf der Iran Drohnen an Russland verkaufen und bekommt Luftabwehrwaffen. Das UN-Sanktionsregime gegen Nordkorea ist löchrig, insbesondere seit Kim Jong-un begonnen hat, Munition für Russlands Krieg gegen die Ukraine zu liefern.

Seit der Libyen-Krise ist der UN-Sicherheitsrat bei Mandaten zur Sicherung der Schutzverantwortung blockiert. Gleiches zeigt sich heute hinsichtlich der Verabschiedung von Sanktionen. Sanktionen werden so immer mehr zu einem Instrument symbolischer Politik.

Das ist nicht ausschließlich Folge des Verhaltens von Russland und China. Was die Zahl der Vetos im Sicherheitsrat angeht, müssen sich die USA nicht hinter ihnen verstecken. Auch das freihändige Verhängen von Sanktionen um des eigenen wirtschaftlichen Vorteils willen durch die USA hat dazu geführt, dass nicht nur Autokratien, sondern auch viele Demokratien unilaterale Sanktionen heute als neokoloniale Praxis ablehnen.

Vor diesem globalpolitischen Hintergrund kann die Bundesregierung, kann Annalena Baerbock stolz darauf sein, dass sie trotz alledem ein Sanktionssystem gegen Russland in dieser Breite auf den Weg gebracht hat, das selbst China beeindruckt.

Das ist im Machtkampf um die Neuordnung der Welt keine Kleinigkeit. Denn China ist angetreten, in dieser Welt eine zentrale Rolle zu spielen.

Partner, Wettbewerber, Rivale: Das neue China

Dieses China ist nicht unser neuer Feind. China hat in einer Generation 800 Millionen Menschen aus der absoluten Armut geholt. Das ist eine historische Leistung. Kein anderes Land hat einen so gewaltigen Entwicklungssprung in so kurzer Zeit geschafft. Das war auch ein Effekt der Globalisierung. Der Beitritt Chinas zur Welthandelsorganisation (WTO) 2001, Freihandel und Investitionen fremden Kapitals waren für diesen Prozess elementar wichtig. Die Entwicklung Chinas ist ein Argument, das linke Globalisierungskritiker zum Nachdenken bringen sollte.

Aber wir brauchen eine realistische Chinapolitik. Europa muss zur Kenntnis nehmen, dass sich China mit dem Amtsantritt von Xi Jinping gravierend verändert hat. Die Zeiten von Deng Xiaoping sind vorbei. Das betont Xi selbst. Er unterscheidet drei Phasen in der Geschichte Chinas nach dem Zweiten Weltkrieg. In der ersten habe Mao China antikolonialisiert. In der zweiten habe Deng für die wirtschaftliche Entwicklung gesorgt. In der heutigen dritten Phase gehe es darum, Chinas Platz in der Welt wiederherzustellen.

Wir sollten das ernst nehmen. War es vorher schon eine Illusion zu glauben, dass mit der Öffnung der Märkte auch die Demokratie nach China käme, so müssen Europa und Deutschland, so muss deren Wirtschaft lernen, dass es mit China kein auf das Ökonomische beschränktes Geschäft mehr gibt. All business is politics.

Die Bundesregierung hat unter der Federführung von Annalena Baerbock zum ersten Mal eine Nationale Sicherheitsstrategie vorgelegt. Sie hat unter diesem Dachdokument eine neue Chinastrategie verabschiedet. China wird darin als Partner, Wettbewerber und systemischer Rivale gesehen. Deutsche Chinapolitik müsse europäisch sein. Von den Sonderbeziehungen wie unter Kohl, Schröder und Merkel zulasten der europäischen Partner möchte die Ampel sich verabschieden, auch wenn der Rückfall in alte Gewohnheiten beim Verband der Automobilindustrie und auch bei Olaf Scholz nicht völlig ausgeschlossen scheint.

Die Chinastrategie gibt so eine Antwort auf die Herausforderungen beim geopolitischen Machtkampf um eine neue Ordnung. Dieser Machtkampf wird stark über Ökonomie ausgetragen. Geopolitik ist vor allem Geoökonomie. Für diesen Machtkampf ist Deutschland allein zu klein. In einer multipolar gewordenen Welt kann nur Europa ein Pol mit genügend Gewicht gegenüber China, den USA oder auch dem aufsteigenden Indien sein.

Partner, Wettbewerber und systemischer Rivale beschreiben nicht klar abgegrenzte Bereiche nach dem Motto: Beim Klima sind wir Partner, bei Autos Wettbewerber und im Konflikt um Taiwan systemische Rivalen. Tatsächlich spielen alle drei Elemente in allen Aspekten der Beziehungen zu China eine Rolle.

Nehmen wir die Klimapolitik. Ohne China – inzwischen der größte Emittent von Treibhausgasen vor den USA und Europa, demnächst Verursacher der meisten historischen Emissionen – ist das 1,5-Grad-Ziel von Paris nicht zu erreichen – ohne Europa und die USA auch nicht. Wir müssen beim Klimaschutz mit China partnerschaftlich zusammenarbeiten, deshalb ist es richtig, dass Deutschlands Klimabeauftragte Jennifer Morgan regelmäßig Gespräche in Peking führt.

China verfeuert Unmengen an Kohle, aber gleichzeitig investiert es jährlich rund 100 Milliarden Dollar in Erneuerbare und damit mehr als die USA und die EU zusammen. Hier findet ein brutaler Wettbewerb um Zukunftstechnologien statt. China profitierte nicht nur von der industriepolitischen Ignoranz einer schwarz-gelben Bundesregierung, sie haben dank Großserien und Subventionen ein globales Monopol auf Fotovoltaik-Module. Ähnliches streben sie bei Turbinenflügeln an. Weit vorne sind sie bei Batterietechnologie und in der Fertigung preiswerter E-Mobile. Die USA haben auf die chinesischen Wettbewerbsverzerrungen mit Strafzöllen und den Subventionen aus dem Inflation Reduction Act reagiert. In Europa sind die Mitgliedstaaten sich noch nicht einig, wie man darauf reagieren soll. Ein Teil der Antwort ist der verabschiedete »carbon boarder adjustment mechanism«, der auch für Importe nach Europa einen CO_2-Preis verlangt. Dies wird den Druck auf China erhöhen, endlich sein Emissionshandelssystem zum Laufen zu bringen.

Natürlich spielen beim Klimaschutz Rivalitätsfragen eine Rolle. China hat versucht, seinen Einfluss in Ozeanien zu nutzen, um keine Beiträge für den Fonds für Schäden und Verluste aus der von ihm mitverursachten Klimakrise zahlen zu müssen. Eine kluge Bündnispolitik Annalena Baerbocks mit den kleinen Inselstaaten hat dies zum Ärger Chinas durchkreuzt.

Partner, Wettbewerber, Rivale: Diese Begrifflichkeit schafft einen klügeren, einen realistischeren Umgang mit China als der naive Glaube, Handel schaffe Wandel oder eine Erklärung Chinas zum neuen Feind.

Nichts hat die globale Vorherrschaft der USA und ihrer Verbündeten so herausgefordert wie der Aufstieg Chinas seit 1980. China hatte 2022 mit rund 13 000 $ ein BIP pro Kopf über dem Weltdurchschnitt, etwa ein Viertel der EU. Würde es gleichziehen, wäre seine Wirtschaft viermal so groß wie heute. Es gibt, was Wohlstand und Wachstum angeht, ein Konkurrenzmodell zu den Ländern des demokratischen Kapitalismus. China hat bewiesen, dass Wohlstand auch ohne Demokratie, Parlamentarismus und Gewaltenteilung möglich ist. Chinas Aufstieg zeigt, dass die Welt von morgen multipolar sein wird.

Aber die Erfolgsgeschichte Chinas nährt seit mehr als zehn Jahren verstärkt Befürchtungen. China wird unter Xi Jinping nach innen immer autoritärer und nach außen aggressiver. Die autoritäre Tendenz nach innen befördert die Ruppigkeit nach außen. Die Zeiten, in denen China meinte, in Harmonie mit seinen Nachbarn leben zu müssen, als Deng auf eine offen erklärte Großmachtpolitik verzichtete, sind vorbei.

2005 fand die zweite Konferenz für erneuerbare Energie in Peking statt. Diese von Deutschland zusammen mit China organisierte Konferenz war ein Durchbruch. Anfangs haben die Chinesen das Erneuerbare-Energien-Gesetz der rot-grünen Bundesregierung belächelt. Als klar war, dass dies ein Weg ist, um unabhängig von Energieimporten zu werden, waren sie interessiert. Wir haben zu der Konferenz 2005 auch NGOs eingeladen, darunter Greenpeace. Den Gastgebern haben wir mitgeteilt, dass Greenpeace auf dem Platz des Himmlischen Friedens vielleicht Plakate hochhalten wird. Die Chinesen fanden das nicht gut, aber es gab keinen Ärger. Heute wäre das unvorstellbar.

Ich fahre seit 2001 regelmäßig nach China. Das Land hat sich verändert. Anfang der 2000er-Jahre bin ich mit dem Auto von Nanking nach Shanghai gefahren, 300 Kilometer, zwei Tage durch ein einziges Gewerbegebiet mit allen großen deutschen Firmen. Abends habe ich mit der örtlichen Parteisekretärin zu Abend gegessen. Es war möglich, vieles anzusprechen – und immer kontrovers. Wir konnten zur Sprache bringen, dass die grünennahe Heinrich-Böll-Stiftung kleinen NGOs Rechtshilfe gewährte, die sich gegen Betriebsfürsten oder örtliche Parteikader wehrten.

China erschien mir, so ein Begriff von Barbara Unmüßig von der Heinrich-Böll-Stiftung, lange als ein »fragmentiertes, autoritäres System«. Die Bezirksorganisationen rivalisierten miteinander. Shanghai gegen Peking, Zentrale gegen Provinz. Wenn das Umweltministerium in Peking etwas beschloss, bedeutete das noch lange nicht, dass es in der Provinz umgesetzt wurde.

Dieses System war lernfähig, wie der schnelle Umstieg in die Erneuerbaren zeigte. Die chinesische KP erkannte, dass Kohle nicht die Zukunft sein wird und die Erneuerbaren eine Chance waren, einen globalen Zukunftsmarkt zu dominieren. Die KP Chinas war Anfang der 2000er-Jahre lernfähiger als die Bundesregierung von CDU und FDP, die Fotovoltaik als lästigen Kostenfaktor betrachtete, den sie schnell loswerden wollte.

Doch diese Entwicklung kam an eine Grenze. Viele nahmen den damaligen Satz von Deng »Bereichert euch, akkumuliert, entwickelt eure Wirtschaft« sehr persönlich. Sie entwickelten weniger die Wirtschaft, sondern akkumulierten in die eigene Tasche. Die grassierende Korruption, dass für jede Genehmigung, jede Dienstleistung Schmiergeld bezahlt werden musste, begann die Legitimität der Herrschaft der KP Chinas zu untergraben. »Die Korruption drohte alles zu zerstören«, formulierte die langjährige Abgeordnete des Volkskongresses und ehemalige Botschafterin, Frau Dr. Fu Ying, einmal in einem Gespräch.

Der Aufstieg von Xi Jinping und seinem Rivalen Bo Xilai folgte einem gemeinsamen Muster. Beide wollten sie das Primat der Partei wiederherstellen. Beide pflegten eine soziale Rhetorik. Beide sagten der Korruption den Kampf an. Am Ende gewann Xi Jinping den Machtkampf, und Bo wurde aus der KP ausgeschlossen und zu lebenslanger Haft verurteilt. Auch seine Ehefrau stand in einem spektakulären Prozess wegen Mordes vor Gericht und wurde zu einer bedingten Todesstrafe verurteilt.

Dennoch begann die erste Amtszeit Xis mit großer Akzeptanz und Zustimmung. Der Kampf gegen die Korruption war sehr populär, wie übrigens auch das System der Sozialkreditpunkte von vielen Chinesinnen und Chinesen geschätzt wird. Der Kampf gegen die Korruption war für Xi aber auch das Instrument, die Volksrepublik umzubauen.

Xi Jinping hat sich mit Anti-Korruptionskampagnen seiner Gegner entledigt. In den Augen seiner Anhänger hat er die Fragmentierung der Macht eingedämmt, die Legitimation und das Machtmonopol der Partei wiederhergestellt. Xi Jinpings Popularität rührt von seinem Image her, dafür gesorgt zu haben, dass die korrupten örtlichen KP-Vertreter, die bei jedem Behördengang kassierten, in die Defensive geraten sind. Die chinesische KP hat die Transformation in die Marktwirtschaft überlebt, weil sie in der Lage war, Fehler zu korrigieren, ohne ihre Herrschaft infrage zu stellen. Der Kurs von Xi Jinping gefährdet langfristig diesen Weg.

Das von Deng Xiaoping installierte Machtbegrenzungssystem wurde aufgegeben, die kollektive Führung ebenso wie die zweite

Machtbegrenzung – die Herrschaft auf Zeit. Früher endete die Amtszeit des Staatschefs nach zehn Jahren. Xi regiert nun in der dritten Amtsperiode.

Doch die Ausrichtung von KP und Gesellschaft auf eine Person hat einen großen Nachteil. Die Gesellschaft wird schwerfällig gerade bei der Korrektur von Fehlern. Wenn niemand mehr wagt, Fehler zu analysieren und zu benennen, bewegt sich das System im Blindflug. Das ist die strukturelle Schwäche aller autoritären Regimes.

Die Covid-Pandemie hat exemplarisch gleichzeitig die Fähigkeiten und die Unfähigkeiten dieses Systems gezeigt. China gelang es mit drakonischen Maßnahmen, die Ausbreitung des Virus lange Zeit einzudämmen. Dabei war es anfangs effektiver als Demokratien, wenn auch um den Preis langen wirtschaftlichen Stillstands. Doch diese resolute Politik war zu unflexibel, um auf Omikron, die Mutation des Virus in eine weniger letale, aber ansteckendere Variante, angemessen zu reagieren. Die KP-Führung hat doktrinär und viel zu lange an der Null-Ansteckungspolitik festgehalten. Als nicht mehr zu leugnen war, dass diese Politik gescheitert war, hob die Regierung überhastet und panisch alle Regeln auf. Das Ergebnis: China schaffte es in wenigen Tagen von Null-Covid auf 100 Prozent Covid, samt einer Überlastung des gesamten Gesundheitssystems.

Ich war Anfang 2020 der letzte deutsche Abgeordnete, der in China war, bevor die Pandemie ausbrach. 2022 war ich der Erste, der wieder dort ankam. In Qingdao, früher Tsingtao, waren 2022 viele erleichtert, dass die Quarantäne endlich vorbei war. Aber ich hörte reichlich Kritik an der Covid-Politik der KP. Dass die Bevölkerung so lange eingesperrt war und dann von einem Tag auf den anderen alle Restriktionen aufgehoben wurden, hat niemand verstanden. Kritikwürdig schien vielen auch das extrem willkürliche Covid-Regime. Wer reisen durfte und wer nicht, folgte keinen einsehbaren Kriterien. Wer das Glück hatte, mit dem Zug fahren zu dürfen, kam oft nur bis zur Provinzgrenze und wurde dort zurückgeschickt. Anstatt eine langsame Durchseuchung der Bevölkerung zu ermöglichen, führte die abrupte Aufhebung aller Regeln zu vielen Toten. Vor allem Ältere waren betroffen. Es gab furchtbare Bilder: Kranke, die vor den Polikliniken auf der Straße starben. Das hat viele Chinesen entsetzt. Der Satz lautete: Wir sind doch nicht in Indien.

Covid hat die Schwächen des Regimes von Xi Jinping allen vor Augen geführt. Es hat gezeigt, zu welchen Fehlleistungen die Abschaffung von Debatten führt. Da hilft auch ein Hightech-Überwachungsstaat nichts.

Feldstudie Xinjiang

Xinjiang, die Autonome Region der Uiguren, ist drei Mal so groß wie Frankreich. Seit ungefähr 20 Jahren pumpt Peking viel Geld in die Provinz. Eisenbahnen und Autobahnen wurden gebaut. Nach gewaltsamen Auseinandersetzungen zwischen Han-Chinesen und muslimischen Uiguren setzt Peking seit 2015 auf Umerziehungslager und brutale Repressionen. In Xinjiang wurden bis zu einer Million Uiguren, Kasachen und weitere muslimische Minderheiten interniert.

Die UN-Hochkommissarin für Menschenrechte Michelle Bachelet kritisierte in ihrem Bericht 2022 scharf die massiven Menschenrechtsverletzungen, vermied aber das Aufmerksamkeit heischende Wort Genozid. Zu Recht. Denn mit dem Wort Völkermord ist das Geschehen moralisch eingeordnet, aber nicht begriffen. Es geht um etwas anderes.

Die chinesische Politik zielt nicht auf die Vernichtung der Uiguren. Xinjiang ist vielmehr das Experimentierfeld für die Zwangsmodernisierung einer agrarischen Gesellschaft. Der Stalinismus war in der UdSSR eine ursprüngliche Akkumulation mit vorgehaltener Waffe, eine Barbarisierung der zivilisierten Teile des Imperiums und eine »Zwangszivilisierung« von dessen zurückgebliebenen Teilen.

In Xinjiang passiert etwas Vergleichbares in Hightech-Fassung: eine Umerziehung mit Drohnen und Überwachungskameras, mit Lagern und Bildung. Der Geburtenrückgang bei den Uiguren liegt nicht nur an der repressiven Politik Pekings und an Zwangssterilisationen. Einen viel stärkeren Einfluss auf die Geburtenrate haben die verbesserten Bildungschancen. In Xinjiang gibt es ein kostenloses,

15 Jahre währendes Schulsystem (in China endet die Schulpflicht nach neun Jahren). Ein Ergebnis ist, dass Uigurinnen später heiraten.

Diese Form von autoritärem Social Engineering ist ein Versuchslabor für ganz China. Mit brutaler Unterdrückung, Überwachung und Zwangsmodernisierung versucht die KP, die Grundlagen für das Streben nach Autonomie zu zerstören. Bei den Uiguren werden die Repressionsinstrumente erprobt, die im ganzen Land zum Einsatz kommen können, wenn sich dort der Wille nach mehr Freiheiten regen sollte.

Nach meiner Erfahrung ist es wenig zielführend, der chinesischen Regierung Vorträge über Menschenrechte zu halten. Das Argument, dass es unfairer Handel ist, wenn Firmen in Europa Tariflöhne zahlen, anderswo Arbeiter mit Gewalt gezwungen werden, ohne Lohn zu arbeiten, und wir das unterbinden werden, fällt hingegen eher auf fruchtbaren Boden.

Besser, als Schaufensterreden zu halten, ist es, realpolitisch auf die nachhaltige Wirkung von Marktzugängen zu setzen. Effektiver, als mit lauten Urteilen nichts zu erreichen, ist es, einem anderen Motto zu folgen: Sprich leise und benutze deine Instrumente. Wie das Lieferkettengesetz und das Gesetz gegen Produkte aus Zwangsarbeit.

Ein ruppiger Rivale

Wir befinden uns in einer systemischen Rivalität mit China. China bekennt sich selbst zu dieser systemischen Rivalität. Wir haben es mit einem wachsenden unfairen Wettbewerb zu tun und müssen mit Instrumenten wie dem Lieferkettengesetz und der CO_2-Ausgleichsabgabe CBAM Chancengleichheit auf den Märkten herstellen.

Europa braucht die Auseinandersetzung mit China nicht zu scheuen. Unser demokratisch-parlamentarisches System mit Rechtsstaat und Gewaltenteilung hat viele Vorteile. Es ist kein Zufall, dass die meisten Autokraten ihr privates Geld lieber in Europa oder den USA anlegen als zu Hause.

Ein gravierender Nachteil für uns in dieser Konkurrenzsituation ist: Wir wissen viel zu wenig über China. Europa ist, was die innere Dynamik, die politische Kultur und Entscheidungsfindungen dort angeht, fast blind. Wir kennen die Machtstrukturen Chinas viel zu wenig. Die Erkenntnisse des Bundesnachrichtendienstes BND über das Innenleben chinesischer Politik sind bescheiden. Wir wissen über die Entscheidungsprozesse in Peking noch weniger als über die im Kreml. Umgekehrt ist das völlig anders. China kennt uns exzellent. Viele Chinesen sprechen unsere Sprache, kennen unsere Kultur und wissen, was wir denken.

Wir reden zwar davon, dass China unser systemischer Rivale ist, sind aber unfähig, wissenschaftliche Grundlagenforschung zu finanzieren und zu organisieren, die es uns erlauben würde zu verstehen, mit wem wir es zu tun haben. Verglichen mit den Lehrstühlen und Forschungen in den USA, ist die Sinologie in Europa und Deutschland provinziell. Die USA verstehen als Großmacht, dass es ein notwendiger Teil der Auseinandersetzung ist, den anderen zu begreifen und entschlüsseln zu können.

Mein Eindruck ist: Viele machen sich in Europa im Umgang mit China kleiner, als es nötig ist. Dazu besteht kein Grund. Der europäische Binnenmarkt ist für China nicht schnell zu ersetzen. Weil sie nicht verstehen, dass China ebenso abhängig von uns ist wie wir von China, fühlen sich viele in Deutschland hilflos. Diese Ohnmacht wird dann durch eine aggressive, auftrumpfende und folgenlose Rhetorik kompensiert.

China hat den Anspruch, die Weltmacht des 21. Jahrhunderts zu werden. Das löst in Europa und den USA Ängste aus. Wir müssen die Reichweite und Widersprüchlichkeiten des internationalen Engagements Chinas genau erfassen und dann den Wettbewerb mit Peking annehmen.

Deng Xiaopings Devise lautete nach 1979, China sei keine Großmacht und bedrohe niemanden. Gemeint war damit eher, dass China natürlich eine Großmacht ist, aber klug genug ist, nicht viel darüber zu reden. Die Rhetorik in der Ära Xi Jinping ist fern von dieser Zurückhaltung und unverhohlen aggressiv.

Weil Xi auf das Recht des Ruppigen setzt, ist die Volksrepublik dabei, viele seiner Nachbarn gegen sich aufzubringen. Das ist nicht zu seinem Vorteil. China hat eine 3500 Kilometer lange ungeklärte Grenze mit der Atommacht Indien. Dieser Grenzkonflikt ist nicht akut. Niemand will ihn derzeit eskalieren. Aber er existiert und ist ungelöst. In Indien hört man generell wenig Freundliches über den BRICS-Partner China, der seit Jahrhunderten als Konkurrent wahrgenommen wird.

China, das an 14 andere Staaten grenzt, forciert zudem Konflikte mit den Philippinen und Vietnam im Südchinesischen Meer. Das Xi-Regime tritt provokant auf und ignoriert alle Versuche, Streitigkeiten friedlich über einen Seegerichtshof zu lösen. Damit mobilisiert das Regime in Peking gerade in solchen Ländern Vorbehalte gegen sich, die Teil eines von China angeführten antiwestlichen Blocks sein sollen.

Deutschland tut gut daran, die geostrategischen Chancen dieser Situation zu nutzen und seine Beziehungen zu Indien und Südkorea, Japan, Indonesien und den Philippinen auszubauen. Olaf Scholz und Annalena Baerbock haben dies erkannt. Die EU hat ein Freihandelsabkommen mit Vietnam geschlossen.

Das gehört zu einer, um einen Ausdruck in Indien zu zitieren, »balancierten Außenpolitik« in einer multipolaren Welt mit vielen Machtzentren. Wirtschaftliche Beziehungen sind ein Teil der Geostrategie. Europa hat da viele Möglichkeiten.

China ist mit dem Projekt der neuen Seidenstraße ein globaler Player geworden. Die Volksrepublik hat in den vergangenen zehn Jahren in 165 Ländern Darlehen im Wert von über 1,3 Billionen US-Dollar vergeben. Die Seidenstraße und der chinesische Einfluss in Afrika sind zu Symbolen des Weltmachtanspruchs Chinas geworden. Wir müssen diese Herausforderung annehmen – ohne die Gefahr größer zu machen, als sie ist.

Die Generalsekretärin der WTO, die nigerianische Ökonomin Ngozi Okonjo-Iweala, hat einen bemerkenswerten Satz aus der Sichtweise des globalen Südens formuliert: »Sprechen wir mit China, bekommen wir einen Flughafen. Sprechen wir mit Deutschland, bekommen wir einen Vortrag.« China liefert schnell Infrastruktur an ärmere Länder, während Hilfe aus Deutschland kompliziert und anspruchsvoll ist. Fragen der Menschenrechte spielen für China naturgemäß dabei keine Rolle.

Doch es gibt Anzeichen, dass der Erfolg der chinesischen Handels- und Finanzierungsoffensive nach zehn Jahren Seidenstraßen-Initiative an Grenzen stößt.

Die Länder des globalen Südens, in denen China etliche Großprojekte wie Häfen und Eisenbahnen finanziert hat, haben lernen müssen, dass Flughäfen, anders als Vorträge, viel Geld kosten und China ein erbarmungsloser Gläubiger ist. Die chinesische Staatsbank macht grundsätzlich keinen haircut, also keine Entschuldung. Gegen die chinesischen Verträge ist – wie Argentinien und Ecuador, Sri Lanka und Laos schmerzlich erfahren haben – die zu Recht kritisierte Praxis des IWF eine menschenfreundliche Veranstaltung. Für China ist die neue Rolle als globale Finanz- und Wirtschaftsmacht riskant. Rund 60 Prozent aller chinesischen Auslandskredite sind von Zahlungsausfällen bedroht. Um das zu verhindern, vergibt China Rettungskredite, was das Problem oft nur verschiebt, aber nicht löst.

Zum andern ist der Versuch der Volksrepublik, in Ostmitteleuropa Einfluss zu gewinnen, faktisch gescheitert. Es war geostrategisch kurzsichtig von der EU (namentlich von Deutschland), Griechenland wegen der Austeritätsdoktrin zu zwingen, seine Häfen zu verkaufen, die seitdem in chinesischem Besitz sind. Doch die baltischen Länder haben den »17 plus eins-Gipfel« verlassen, der Investitionen Chinas den Weg ebnen sollte. Der Enthusiasmus für China ist von Warschau bis Budapest verflogen. Auch Italien will nicht mehr. Der Umfang der chinesischen Investitionen ist 2023 wieder auf dem Niveau vor der Seidenstraßen-Initiative 2013 angelangt.

Die Gefahr, dass die Volksrepublik China das »abtrünnige« Taiwan mit Gewalt angreift, ist virulent. Müssen wir uns also schnell aus der wirtschaftlichen Abhängigkeit von China befreien, um vorbereitet zu sein und einem Schock wie nach Putins Überfall auf die Ukraine zu entgehen?

Dazu muss man sehen, dass vor Putins Überfall auf die Ukraine die Gefahr eines Militäreinsatzes gegen Taiwan größer war. Vor dem Februar 2022 hat die chinesische Führung die Stimmung im Volk angeheizt und die Erwartung geschürt, dass Xi Jinping das »Taiwan-Problem« gewaltsam lösen wird. Chinas KP erwartete damals nicht viel Widerstand von den USA und Europa.

Die entschlossene Reaktion der NATO auf Putins Angriffskrieg hat klargemacht, dass diese Kalkulation zu einfach war. Dass die USA, die EU, aber auch Japan, Singapur und Südkorea nach 2022 eine stabile proukrainische Allianz bilden würden, die Kiew mit Waffen versorgt und Russland, so gut es geht, sanktioniert, hatte Peking nicht erwartet. Dass die als schwach verachteten Demokratien Putin, anders als bei der Besetzung der Krim, Widerstand entgegensetzen, hat in Peking Eindruck gemacht.

Die völkerrechtliche Lage ist in Taiwan anders als im Fall der Ukraine. Putin hat ein von anderen Staaten anerkanntes souveränes Land überfallen – Taiwan ist nicht Mitglied der UN und diplomatisch von keinem machtpolitisch relevanten Staat anerkannt. Aber das Prinzip, dass Nachbarstaaten nicht mit Gewalt besetzt werden dürfen, gilt auch für Taiwan und wird von Singapur und Japan, die für China wirtschaftlich wichtig sind, vertreten.

Deshalb ist es klug, an der strategischen Ambiguität der Ein-China-Politik festzuhalten. Xi Jinping hat den Plan der Vereinigung mit Taiwan nicht aufgegeben. Das Eine China als die eine Volksrepublik ist seit Mao strategisches Ziel der KP Chinas. Aber die Umsetzung ist hindernisreich. Das Regime weiß, dass wirtschaftlicher Erfolg die Legitimation des Systems sichert. Das Nationale ist bis jetzt kein ausreichender Ersatz dafür. China hat nach der Pandemie eine der niedrigsten Wachstumsraten in Asien. Ein Krieg und Sanktionen wären ein großes Risiko für die KP. Die Pandemie hat viele Kommunen an den Rand des Bankrotts gebracht. Bisher hatten sie die leeren Kassen durch den Verkauf von Immobilien kompensiert. Seit der Immobilienkrise – 90 Millionen Wohnungen stehen leer – ist das vorbei. Die hohe Jugendarbeitslosigkeit und Streiks zeigen an, dass das System fragil ist.

Deutschlands Chinastrategie spricht von »De-Risking«, nicht »De-Coupling«. Wer heute einen abrupten Abbruch der Wirtschaftsbeziehungen fordert, hat die Unterschiede zwischen der einstigen Rohstoffabhängigkeit Deutschlands von Russland und der ökonomischen Verflechtung Europas mit China nicht verstanden. Es besteht eine wechselseitige Abhängigkeit. China war schon immer ein Land mit einem ungünstigen Verhältnis von Bevölkerungsdichte und landwirtschaftlich nutzbaren Flächen. Es bezieht Getreide aus den USA und ist nicht nur bei Erzen und Fleisch extrem auf Importe angewiesen. Das wird in der Debatte um das Decoupling meist vergessen.

Für Deutschland ist China der wichtigste Handelspartner. Umgekehrt aber ist Europa ein wichtiger Absatzmarkt für China. Der Anteil der chinesischen Exporte, der in die EU geht, liegt bei über 16 Prozent. Damit ist das chinesische Wirtschaftswachstum auch abhängig vom EU-Exportgeschäft. Auch die markigen Beschlüsse des US-Kongresses in Richtung China täuschen kaum darüber hinweg, dass die USA China im Zweifel pragmatisch behandeln. In seiner Zeit als Klimabeauftragter war John Kerry häufiger in Peking als Jennifer Morgan, und trotz Chips-Act darf Intel immer noch Chips an Huawei liefern.

Richtig ist: Europa muss Abhängigkeiten reduzieren. In wichtigen Branchen brauchen Unternehmen künftig zwei Lieferketten – und nicht nur eine chinesische. Eine zu hohe Marktabhängigkeit ist gefährlich. Aber das bedeutet nicht, den Markt in China aufzugeben. Das würde die deutsche Chemieindustrie und wahrscheinlich auch die Automobilindustrie schwer schädigen. Gegenseitige Abhängigkeiten wirken zudem stabilisierend und machen gewaltsame Maßnahmen für Peking riskanter. Wir brauchen neue, alternative Lieferketten, aber keine Ad-hoc-Maßnahmen gegen Peking, die uns selbst schaden.

So geht Realpolitik, wie ich sie definiere, mit dem Partner, Wettbewerber und Rivalen China um.

Henry Kissinger und die Realpolitik

Das ist ein neuer Begriff von Realpolitik. Der 2023 verstorbene Henry Kissinger war jahrzehntelang eine Leitfigur der sogenannten Realpolitiker, deren Motto lautet, dass Staaten keine Freunde, sondern Interessen haben. Werte seien etwas für Sonntagsreden. Im Kern gehe es immer darum, pragmatisch die eigenen Interessen mit den Möglichkeiten, die die Wirklichkeit bietet, abzugleichen.

Als Minister, später als Fraktionsvize und als Fraktionschef war ich jedes Jahr im Frühjahr bei den Vereinten Nationen in New York und habe danach oft Henry Kissinger getroffen. Er fand die Sicht eines deutschen Grünen interessant, ich den realpolitisch-republikanischen Blick auf die Welt.

Kissinger war 1973 als amerikanischer Außenminister im Hintergrund an dem Militärputsch in Chile beteiligt. Er hat die illegale Ausweitung des US-Bombenkrieges auf Laos und Kambodscha der Nixon-Regierung unterstützt. Er hat zwar nicht persönlich Reagans Außenpolitik bestimmt. Aber die Contras in Nicaragua mit Geld aus einem schmutzigen Deal mit dem Iran zu finanzieren, folgte seiner Denkweise, dass die USA ihren Einflussbereich um jeden Preis verteidigen müssen, auch wenn sie dafür mit südamerikanischen Drogenkartellen oder dem Iran gemeinsame Sache machen mussten. Die Logik war: Der Feind meines Feindes ist mein Freund.

Kissinger hat das amerikanische Engagement im Vietnamkrieg beendet, weil es notwendig war. Er war wohl der einzige Kriegsverbrecher, der den Friedensnobelpreis bekam – zu Recht.

Kissinger war weniger klassischer Antikommunist als Machtpolitiker. Die realpolitische Schule fußt auf der Vorstellung, dass Mächte Einflusszonen haben und zu erweitern suchen. Ideologische Begründungen sind zweitrangig. Die Dominotheorie, in den 1950er-Jahren von John Foster Dulles entwickelt, war Ausdruck dieser realpolitischen Denkweise. Ihr zufolge würde ein Land, das kommunistisch würde, die Nachbarstaaten ebenfalls in die kommunistische Einflusssphäre bringen, wie Dominosteine würden alle Länder einer solchen Region nach und nach umfallen. Es galt mit allen Mitteln, die Ausweitung der Einflusszone der Sowjetunion einzudämmen. Die Dominotheorie schien sich in Asien zu bestätigen. Das Schlüsselereignis war Maos Sieg 1949 in China gewesen. Auf China folgte Nordkorea. Die Staaten in Asien drohten ohne US-Interventionen wie Dominosteine umzukippen.

Kissinger war 1971 aber auch der Architekt der Annäherung an Peking. Er bereitete Nixons historischen Besuch in Peking 1972 vor. Es war das erste Wetterleuchten der Öffnung Chinas zur Welt. Die Annäherung und die Intensivierung der Handelsbeziehungen ab 1978 sollten China zu einem Gegengewicht zu Moskau machen. Das war Ausdruck der nüchternen, realpolitischen Strategie, die Kissinger vertrat. Der Preis, den die USA dafür zahlten, war die Anerkennung, dass Peking China vertrat, nicht Taipeh.

Kissinger war hundertmal in China. Kein anderer Politiker hat über 50 Jahre die Transformation Chinas von einem isolierten, armen Agrarstaat in die zweitgrößte Volkswirtschaft der Welt so nah verfolgt wie Kissinger. Vielleicht wurde sein Tod in keinem anderen Land so aufrichtig betrauert wie in China. In Kissingers kühlen Betrachtung war der Aufstieg Chinas ein Fakt, mit dem die USA pragmatisch umgehen mussten – und das auch taten. Fast jeder neue US-Präsident war, bevor er das Weiße Haus bezog »tough on China«. Im Amt sah das, wie Kissinger amüsiert beobachtete, meist anders aus.

Donald Trump, der die antichinesische Rhetorik ausführlich bediente, hat als US-Präsident einen Handelskrieg gegen China inszeniert, aber auch mit China ein Abkommen geschlossen, das Agrarexporte aus dem Mittleren Westen nach China erleichterte und der US-Finanzindustrie in China Türen öffnete. Es ging auch darum, die Folgen des von den USA angezettelten Handelskrieges und seiner Strafzölle einzudämmen.

Es ist die Stärke der realpolitischen Schule, Interessen zu erkennen. Deshalb misstraut sie auch moralischen Begründungen für Kriege. 2003 hatte Kissinger scharf und vergeblich vor dem Krieg der USA gegen den Irak gewarnt.

Die Schwäche dieser realpolitischen Schule ist das starre Denken in Einflusssphären. Die Realpolitiker sind oft zu kurzsichtig, um die innere Dynamik von Gesellschaften zu begreifen. Obwohl Kissinger die politische Klasse Chinas aus erster Hand gut kannte, hat er Xi Jinpings autoritäre Herrschaft mit ihren Folgen nicht vorhergesehen und erst spät bemerkt.

Schon im Kalten Krieg, der Hochzeit der Realpolitiker, war dieser blinde Fleck sichtbar. 1975 unterzeichneten die NATO-Staaten und der Warschauer Pakt in Helsinki die KSZE-Schlussakte, die Krönung der von Willy Brandt und Egon Bahr forcierten Entspannungspolitik. Dort wurde, wie von Moskau gewünscht, die Teilung Europas in zwei Blöcke anerkannt. Die Grenzen seien unverletzlich, aber nicht unveränderlich. Einmischungen in die inneren Angelegenheiten seien verboten. Die Mauer durch Deutschland bekam damit offizielle Weihen, ohne die Möglichkeit der Vereinigung zu verbauen. Kissinger kritisierte den Deal. Der Westen habe sich von Moskau für die vage Absichtserklärung in der KSZE-Schlussakte, die Menschenrechte zu achten, über den Tisch ziehen lassen. Kissinger hielt es für naiv, zu glauben, ein »Vertrag von peripherer Bedeutung« könne im Ostblock etwas verändern.

Damit lag er falsch. Denn die Bürgerbewegungen im Osten nutzten den KSZE-Vertrag, um die inneren Widersprüche der realsozialistischen Regime aufzudecken. Breschnew und Honecker hatten ja unterschrieben, die »Menschenrechte und Grundfreiheiten, einschließlich der Gedanken-, Gewissens-, Religions- oder Überzeugungsfreiheit« zu achten. In der UdSSR entstanden »Helsinki-Gruppen«, in der Tschechoslowakei die »Charta 77«, in Polen Solidarność. Die Schlussakte von Helsinki war ein Ferment in dem Prozess, der in der Selbstabwicklung der Eliten der realsozialistischen Regime 1989 endete. Die Sprengkraft von Werten kam in dem auf harte Fakten und Interessen reduzierten Bild von Realpolitikern wie Kissinger ebenso wenig vor wie der Eigensinn der Zivilgesellschaft.

Zwei Bilder

Bei meiner privaten Reise nach Vietnam Anfang 2019 fiel mir im historischen Museum in Hanoi ein Gemälde von Ho Chi Minh aus dem für die Geschichte des Landes bedeutsamen Jahr 1954 auf. Die Vietminh hatten die französische Kolonialmacht in der Schlacht von Dien Bin Phu vernichtend geschlagen. Danach wurde das Genfer Abkommen geschlossen, das regeln sollte, wie es weiterging. Das Bild zeigt Ho Chi Minh am Vorabend der Unterzeichnung des Vertrages. Er hadert. Wir konnten von seinem Gesicht die großen Zweifel ablesen.

Mit dem Genfer Abkommen wurde das Land in zwei Zonen geteilt, den von den Vietminh beherrschten Norden und den Süden. Man vereinbarte baldige Wahlen. Die Vietminh, die Ho Chi Minh repräsentierte, hielten sich an das Abkommen. Im Süden kam 1955 ein von den USA unterstützter Diktator an die Macht, der die Wahlen mit Unterstützung aus Washington verhinderte. Sie hatten Angst, dass die Vietminh, eine Koalition von Kommunisten und Nationalisten, die Wahlen 1956 in beiden Zonen gewonnen hätten. Die USA zogen die Teilung Vietnams einem Wahlsieg der Vietminh in einem vereinten Vietnam vor.

Der Vietnamkrieg, der in Vietnam »der amerikanische Krieg« heißt, hatte eine lange koloniale Vorgeschichte. Die USA verkörperten nicht die Freiheit, die sie für sich reklamierten. Sie waren die Nachfolger der Franzosen, die Indochina 1887 gewaltsam als Kolonie unterworfen hatten.

Es gibt ein Foto, das von der tief verwurzelten Geschichte der westlichen Arroganz gegenüber anderen Ethnien erzählt. Es stammt von 1919, aufgenommen in Paris, und zeigt einen jungen Asiaten. Er trägt eine Melone. Er heißt Nguyen Sinh Cung, ein Vietnamese, der als Matrose, Koch, Gärtner und Fotograf gearbeitet hatte und in Versailles zum Politiker wurde. Nguyen Sinh Cung hatte acht Forderungen an die französische Regierung mitverfasst. Gefordert wurde nicht die Unabhängigkeit Indochinas von Frankreich, sondern eine liberalere Herrschaft, ohne willkürliche Strafen, Verfolgung und politische Gefangene.

In Versailles verhandelten die Siegermächte des Ersten Weltkriegs 1919 über die neue Weltordnung. Historiker sehen in dem Kriegseintritt der USA 1917 den Beginn des amerikanischen Jahrhunderts. US-Präsident Woodrow Wilson, der erste Präsident der USA, der bis dahin in seiner Amtszeit die Vereinigten Staaten verließ, kam mit einer revolutionären, antiimperialistischen Idee nach Europa: dem Selbstbestimmungsrecht der Völker. Alle Völker sollten frei über ihr Schicksal bestimmen können. Der Versailler Vertrag, sagt Wilson, sollte »garantieren, dass kein Volk mehr von einer stärkeren Macht beherrscht und ausgebeutet wird«.

Nguyen Sinh Cung schaffte es mit Tricks bis in das Vorzimmer von Woodrow Wilson. Aber die Selbstbestimmung war als exklusives Recht für Europäer und Weiße vorgesehen, nicht für Asiaten oder Afrikaner. Die Hoffnungen der Ägypter und Senegalesen, der Inder und Vietnamesen erfüllten sich nicht. Dieses Muster sollte sich jahrzehntelang wiederholen. Nguyen Sinh Cung war bitter enttäuscht von der Doppelmoral des Westens, der 1918/19 in Versailles als politische Formation, als Bündnis der USA mit den westeuropäischen Demokratien Frankreich und Großbritannien, die globale Bühne betreten hatte. Nguyen ging nach Moskau, schloss sich der kommunistischen Weltbewegung an, weil es in seinen Augen die einzige verlässlich antikoloniale Kraft war. 1930 war er einer der Mitbegründer der KP Indochinas. Er nahm ein Pseudonym, einen Nom de Guerre, an: Ho Chi Minh. Später sagt er: »Es war der Patriotismus, nicht der Kommunismus, der mich veranlasste, an Lenin zu glauben.«

Der Vietnamkrieg war der Beginn meiner Auseinandersetzung mit internationalen Fragen. Die USA ignorierten ihre eigenen demokratischen Wertvorstellungen, wenn und weil es ihren Interessen nutzte. Sie entwickelten die Domino-Theorie, der zufolge dem diktatorischen Kommunismus unweigerlich Thailand, Indien und ganz Asien zufallen würde, wenn die USA ihn nicht in Vietnam aufhalten würden. Die Domino-Theorie war von Paranoia getränkt. Sie war ein Wahrnehmungsfilter, der den Blick auf die konkreten Verhältnisse trübte. Sie leitete auch lange die Politik der USA gegenüber Süd- und Mittelamerika, vom Putsch in Chile bis zur Iran-Contra-Connection gegen Nicaragua.

Zwischen Milwaukee und El Paso

Als ich das erste Mal 1987 in den USA war, wohnten meine damalige Lebensgefährtin, unsere Tochter und ich zuerst bei einem lesbischen Paar, das in Florida biodynamische Erdnüsse anbaute und sie an die Westküste verkaufte. Es war ein guter Einstieg in ein Land, das von Ronald Reagan regiert wurde. Wir lernten das andere Amerika, die anderen USA kennen.

Kurz darauf war ich wieder in Florida. Ich fuhr in einem Streifenwagen durch das nächtliche Miami. Im Rahmen eines Besuchsprogramms der US-Information-Agency für »young political leaders« reiste ich vier Wochen kreuz und quer durch die USA. In Miami war der Schwerpunkt für den grünen Landtagsabgeordneten und rechtspolitischen Sprecher aus Niedersachsen die Strafverfolgung und das Gerichtswesen.

Hier begleitete ich einen Beamten auf der nächtlichen Streifenfahrt. Er war aus Venezuela zugewandert. Wir waren im Schwarzenviertel von Miami unterwegs, vor dem wir bei unserem ersten privaten Besuch ausdrücklich gewarnt worden waren. Der Kollege am Lenkrad sprach über die Bewohner des Viertels nur als »cockroaches« – als Kakerlaken. Dieser offene Rassismus aber fiel auf ihn zurück. Immer wenn wir wegen eines Familienstreits oder eines Diebstahls auf die Straße traten, redeten Opfer wie Verdächtige zuerst mit mir. Der lange weiße Blonde musste ja der Vorgesetzte vom kleinen Latino sein.

Ich habe auf dieser Reise sehr viel über die USA gelernt. Ich sprach mit Menschen in Michigan, die vor den Nazis in die USA geflohen waren und mir stolz ihren »German Sauerbraten« machten. Ich lernte, dass auch unter Ronald Reagan in den USA geborene Kinder illegaler Flüchtlinge aus El Salvador US-Bürger waren – und dass ihre Eltern damals noch in regelmäßigen Wellen eingebürgert wurden. Ich erfuhr, dass »public defender«, die Pflichtverteidiger, nicht die schlechtesten Strafverteidiger sind. Schwierig wurde es nur, wenn sie die Seite wechselten und Staatsanwälte wurden. In Pittsburgh hatte bereits der Niedergang der Schwerindustrie Pennsylvanias eingesetzt, den Donald Trump 30 Jahre später rückgängig machen wollte. Um ins Gespräch zu kommen, half mir, dass ich, weil ich doch Deutscher war, immer Bier trinken musste, ob in einer Schwulenkneipe in Washington oder mit bärtigen Holzfällern in Seattle.

Das beeindruckendste Erlebnis war nicht das Konzert von »Police« in Seattle, sondern der Besuch einer Wahlkampfveranstaltung von Jesse Jackson. Jackson war gegen Michael Dukakis in das Rennen um die Nominierung als demokratischer Präsidentschaftskandidat gegangen. Hier trat er in einer Halle im Stil eines baptistischen Gottesdienstes auf, inklusive Gospelchor und eines sich erhebenden und mitsingenden Publikums. Dann erfolgten die Unterstützungserklärungen aller Gruppen der großen Regenbogenkoalition, für die Jesse Jackson stand. Jede begann ihre Rede mit »I endorse Jesse Jackson, because …«. Im Stil dieses Glaubensbekenntnisses erklärten sich so die Frauen, die Gewerkschafter, die Naturschützer, die Gays and Lesbians. Da staunte der atheistische Grüne nicht schlecht, so viel Personenkult, so viel Pathos und eine so breite Koalition. Mit ihr schaffte es Jackson, Dukakis in 11 Staaten bei den Vorwahlen zu besiegen, am Ende verlor Dukakis gegen Reagan.

Ich weiß nicht, ob meine Gastgeber sich das so vorgestellt hatten, aber die Reise hatte ihren Zweck aus ihrer Sicht erfüllt. Ich hatte ein vielfältiges, ein widersprüchliches Land entdeckt, in dem Menschen, die so denken wie ich, Gospel singen.

Ich bin als Bundesminister wie als Fraktionsvorsitzender und Außenpolitiker jährlich in den USA gewesen. Ich habe mit linken und rechten Demokraten, mit klassischen Republikanern wie *tea-party*-Anhängern gesprochen, mit linken und sehr rechten Thinktanks. Als ich 2016 nach Washington reiste, wollte ich auch mit der Kampagne eines gewissen Donald Trump sprechen. Ich war der Erste, der an die Botschaft mit diesem Wunsch herantrat. Das wäre doch nicht nötig, hieß es, Hillary Clinton würde doch gewählt.

Ich traf dann einen späteren Staatssekretär im Landwirtschaftsministerium und seine bibelfeste Mitarbeiterin aus Trumps Wahlkampfzentrale. In fast keiner Frage hatten wir eine Übereinstimmung, von der Energie- über die Klimapolitik bis zur Außenpolitik. Kurz darauf trafen wir uns beim »Center for American Progress«

(CAP) mit den Wahlkämpferinnen von Hillary Clinton. Ich kannte den Gründer des CAP, Jon Podesta. Er leitete nun Hillarys Wahlkampf. Wir stimmten in den meisten Fragen überein. Als wir rausgingen, meinte ich zu meinem Team: »Trump hat eine Botschaft – Make America Great Again. Hillary liefert Lösungen für Probleme, von denen die Menschen nicht wissen, dass sie sie haben.« Alle Umfragen sahen weiterhin Hillary vorne, und ich wollte ihnen zu gerne glauben. Am Ende stimmte mein Bauchgefühl nach diesen Gesprächen. Clintons Vorsprung von rund 4 Millionen Stimmen reichte nicht für eine Mehrheit im Electoral College. Trump wurde Präsident.

Wir wollten diesen Sieg verstehen, nicht nur erleiden. Die Antwort darauf würde man nicht in New York oder San Francisco finden. Sondern zwischen den Appalachen und den Rockies, in dem Teil der USA, den die Küstenbewohner gelegentlich als »fly over zone« schmähen. Hier hatten Staaten wie Wisconsin nicht mehr demokratisch, sondern Trump gewählt. Die landläufige Erklärung war, dass im sogenannten Rustbelt, dem Rostgürtel, der weiße Arbeiter der woken demokratischen Partei den Rücken gekehrt habe. Trump habe auf den Trümmern des industriellen Niedergangs jene Arbeiter gewonnen, denen Clinton mit Arroganz begegnet sei.

Wir fuhren nach Milwaukee und organisierten direkt aus Deutschland Gespräche – auch mit den Trump-Republikanern in Milwaukees City Council. Das Ergebnis der Reise ist aufschlussreich auch für den Wahlkampf 2024, mit dem Donald Trump als Präsident zurückkehren möchte. Die Erzählung von den proletarischen Wechselwählern stimmt nicht. Das Einzige, was stimmt, ist, dass die Weißen überwiegend Trump gewählt haben. Das hätte aber nicht gereicht.

Dass der industrielle Niedergang des Mittleren Westens, die Verlagerung der fertigenden Industrie nach China nicht erst in den 2000er-Jahren, sondern viel früher stattfand, wusste ich schon. Doch wer stand bis dahin etwa am Band von Harley Davidson in Milwaukee? Es waren Schwarze. Sie wiesen damals die höchsten Einkommen der Schwarzen in den USA auf. Aber dann waren sie mit der Deindustrialisierung in die Armut gerutscht, und damit ging es auch mit der Innenstadt von Milwaukee abwärts. Wer es sich leisten konnte, zog in die Vorstädte, meist Weiße. Obama hatte es 2008 und 2012 geschafft, die marginalisierten Schwarzen in der Stadt zu mobilisieren, ihnen Hoffnung zu geben. In den weißen Vororten wählten 2016 fast genauso viele Menschen Trump wie 2012 Obamas Gegenkandidaten Mitt Romney. Doch in den schwarzen Innenstadtbezirken blieben die Wähler zu Hause. Nicht Donald Trump hatte Milwaukee gewonnen, Hillary Clinton hatte es verloren.

Joe Biden hat es 2020 geschafft, dies zu drehen, trotz eines maximal mobilisierten republikanischen Lagers bekam er fast 8 Millionen Stimmen mehr. Er eroberte so die Mehrheit der Wahlleute. Jene Mehrheit, die Trump mit seinem Putschversuch vom 6. Januar 2021 gewaltsam zu verhindern suchte.

Die Präsidentschaft in den USA wird in 30 bis 40 Wahlbezirken entschieden, in denen der Wahlsieger nicht heute schon feststeht. Sie wird aber vor allem über die Mobilisierung der eigenen Anhängerschaft bestimmt, weniger über Wechselwähler. Für die Demokraten heißt das, sie müssen nicht nur mehr Wähler, sondern auch eine sehr viel heterogenere Wählerschaft mobilisieren. Das ist – über das Urteil des Supreme Court zur Abtreibung – den Demokraten 2022 gelungen, etwa John Fetterman in Pennsylvania. Dazu kann der Aufschwung gerade auch in strukturschwachen Gebieten durch Bidens Inflation Reduction Act beitragen, sicher ist es nicht. Das kann erschwert werden, wenn Musliminnen und Muslime in den Staaten des Mittleren Westens zu Hause bleiben, weil sie Biden eine zu große Nähe zu Israel unterstellen, oder wenn umgekehrt Jüdinnen und Juden ihm zu harte Kritik an Netanjahu vorwerfen, und deshalb fernbleiben.

Dass aber alles so bleibt, wie es ist, mit den angestammten roten und blauen Wählerschaften, ist unwahrscheinlich. Die demografischen Veränderungen führen auch in den einst sicher republikanischen oder sicher demokratischen Regionen zu anderem Wahlverhalten.

Als ich 2019 beim Wahlkampfauftakt von Beto O'Rourke in El Paso war, stand ich nicht nur vor einer Mauer nach Mexiko, gegen die die Berliner Mauer provinziell wirkt. Ich musste auch lernen, dass im republikanischen Texas inzwischen fast alle Großstädte demokratisch regiert werden, dass Hispanics und Schwarze die Mehrheiten in ihren Räten stellen. Der deutschen Außenministerin Annalena Baerbock verkündete 2023 der demokratische Bürgermeister der Erdöl-Metropole Houston, er habe die Stadt komplett auf Erneuerbare umgestellt, zum Ärger des republikanischen Gouverneurs.

Die USA bleiben ein dynamisches Land – sind aber vor Rückschlägen nicht gefeit.

»Worse than China«

Es wäre ein historischer Rückschlag, wenn der nächste Präsident wieder Donald Trump hieße. Innenpolitisch würde dies die amerikanische Demokratie vor eine gewaltige Bewährungsprobe stellen. Wenn selbst ein Neokonservativer wie Robert Kagan, der 2003 engagiert den Irakkrieg begrüßte, »Amerika vor der Trump-Diktatur« sieht und sich fragt, wie diese noch verhindert werden kann, dann müssen wir uns über das Mutterland der Demokratie Sorgen machen. Doch dies wird in den USA entschieden.

Europa und Deutschland aber müssen eine erneute Herrschaft Trumps aus eigenen Gründen fürchten. Nicht nur, aber besonders wegen des Klimaschutzes. Trumps Wahl wird die transatlantischen Beziehungen erneut massiv verschlechtern. Dies gilt nicht nur für die Beistandspflichten innerhalb der NATO. In der ersten Präsidentschaft konnte noch ein parteiübergreifendes Bündnis im Kongress unter Nancy Pelosi und John McCain Trumps Rückzug aus der NATO verhindern. McCain ist tot, Pelosi in Rente, und Repräsentantenhaus und Kongress sind blockiert wie lange nicht. Angela Merkels Prognose, »dann sind wir auf uns selbst gestellt«, kann sehr schnell zur Realität werden.

Eines aber wird sicher eskalieren – der Wirtschaftskrieg zwischen Europa und den USA. In seiner ersten Amtszeit verhängte Trump gegen Europa Zölle auf Stahl und Aluminium. Deutsche Oberklasse-Fahrzeuge belegte er mit Strafzöllen, da Audi, BMW und Mercedes angeblich eine Gefahr für die Sicherheit der USA darstellten. Trump formulierte nicht nur »Europe is worse than China«. Er behandelte es auch so.

Dagegen erscheinen die transatlantischen Beziehungen zwischen der Biden-Administration und der Ampel geradezu als Honeymoon. Die USA und Deutschland sind die größten Unterstützer im Kampf der Ukraine gegen die russische Aggression. Sie sind beide enge Verbündete Israels und drängen die rechte Regierung Netanjahus zu einer politischen Zweistaatenlösung. Sie kooperieren beim internationalen Klimaschutz. So eng war es selbst unter Obama und Merkel nicht – und so schön wird es nicht wieder.

Vergessen wird darüber gerne, dass Biden den größten Teil der Trump-Zölle nicht aufgehoben hat. Dass er mit den Strafzöllen gegen China auch Europa trifft, das sich noch mehr dem Druck subventionierter Überproduktion aus China ausgesetzt sieht. Es wäre naiv zu glauben, dass dieser Effekt der Administration unlieb ist. Der Inflation Reduction Act ist das größte Klimaschutzprogramm der USA. Dass damit aber zwischen Europa und den USA industrielle Verwerfungen einhergehen und Abwanderungen aus Europa wie der Solar-Hersteller Meyer-Burger, ist den USA recht.

Europa und Deutschland haben dem außer CBAM wenig entgegenzusetzen. Massive Investitionen in strategische Investitionen sind unter anderen von Deutschland ideologisch blockiert, außerdem sind sie kompliziert zu implementieren. Local-content-Regeln für Solarmodule, Batterien und Windturbinen haben keinen Konsens.

Europa und Deutschland müssen begreifen, dass die USA nicht einfach unsere Freunde sind. China ist Partner, Wettbewerber und systemischer Rivale. Solange Trump die Demokratie nicht abgeschafft hat, sind die USA Europas Partner und gleichzeitig Wettbewerber. Es geht um Interessen. Im geopolitischen Machtkampf um eine neue Ordnung haben die USA und Europa manche gemeinsame Interessen, aber sie sind nicht in allen Fällen Partner.

Dieser Machtkampf hat seine militärische Seite. Europa wird in seine Rüstung mehr investieren müssen, da das Interesse der USA an Europa kein altruistisches ist. Dieser Machtkampf wird aber vor allem geoökonomisch ausgetragen. Auf diesem Feld hat Europa keinen Grund, sich hinter China und den USA zu verstecken. Es muss verstehen, dass die neue Globalisierung nicht über niedrige Löhne, miese Umwelt- und Sozialstandards ausgetragen wird.

Die neue Globalisierung ist der Wettkampf der Industriepolitiken über die Vorherrschaft in strategischen Industrien. Dafür brauchen wir ein gemeinsames europäisches Verständnis und eine gemeinsame europäische Strategie.

Wollen wir uns nicht irgendwann in einer bipolaren Welt zwischen Google und Beidu entscheiden müssen, braucht Europa Bündnispartner.

Gut ist: Es gibt viele Staaten, große wie kleine, auf dieser Erde, die nicht in einer bipolaren Welt leben wollen. Wollen wir sie gewinnen, müssen wir uns von der Vorstellung des überlegenen Westens verabschieden.

Abschied vom Westen – die Idee Europa

Es gibt viele politische Beobachter, die unweigerlich neue Systemkonflikte heraufziehen sehen. In der Zukunft werde eine Wiederauflage des Ost-West-Konfliktes aushärten, mit China und Russland als Gegner der USA und Europas. Andere sehen die Bruchlinie zwischen dem reicheren Norden und dem ärmeren Süden. Recht beliebt ist die Idee, dass die Welt sich wie vor 1989 in ein westliches, demokratisches Lager und einen von China angeführten autokratischen Machtblock spalten wird.

Diese Modelle sind attraktiv, weil sie Übersicht in einer zusehends komplexen globalen Lage versprechen. Aber sie führen in die Irre. Wenn Europa als Teil eines von seiner demokratischen Mission und Überlegenheit überzeugten Westens als globaler Akteur auftreten wird, wird es scheitern.

Wir sollten das Gerede von »dem Westen« ad acta legen. Es schadet Europa mehr, als es nützt. Denn der politische Westen, der 1789 und die Französische Revolution, der die amerikanische Verfassung und die Demokratie, Rechtsstaat und Menschenrechte meint, war nie der reale Westen. Das festzustellen ist keine Rhetorik, sondern historische Realität.

Im globalen Süden hat man die Selbstwidersprüche der Führungsmacht des sogenannten freien Westens, die in Vietnam und anderswo sichtbar wurden, aufmerksam wahrgenommen. Denn sie reihen sich in die lange Kette von kolonialer Selbstüberhöhung der europäischen Mächte und Demütigungen der Nichtweißen ein.

Der US-Politikwissenschaftler Samuel P. Huntington, der 1996 mit dem Buch »Kampf der Kulturen« (»Clash of Civilizations«) berühmt wurde, ist bestimmt kein antiimperialistischer Ideologe. Er schrieb: »Der Westen eroberte die Welt nicht durch die Überlegenheit seiner Ideen oder Werte oder seiner Religion ..., sondern vielmehr durch seine Überlegenheit bei der Anwendung von organisierter Gewalt. Oftmals vergessen Westler diese Tatsache; Nichtwestler vergessen sie niemals.«

Das erhabene Gerede von Westen und Demokratie lässt außer Acht, dass der reale Westen seine Werte in den letzten 200 Jahren oft ignoriert hat, wenn es seinen Interessen diente. Demokratie und Verbrechen sind kein Widerspruch. Großbritannien, die imperiale, kolonialistische Macht des 19. Jahrhunderts, war eine Westminster-Demokratie. Die USA, die Vietnam in die Steinzeit zurückbomben wollten, waren eine Demokratie.

Der Globalhistoriker Jürgen Osterhammel, der 2014 Festredner zum 60. Geburtstag von Angela Merkel war, bemerkt zu Recht, dass »in den Begriffskern des Westens die Vorstellung der eigenen Überlegenheit eingebaut ist. Der Nicht-Westen wird stets inferior gesehen. Westen ist deshalb ein Begriff der Arroganz.« Und: »Kein Westen ohne Zivilisationsgefälle.« Westen ist kein durchweg positiver und erst recht kein unschuldiger Begriff.

Die Zeiten, als der Westen, die USA und Europa, sich diese Arroganz global leisten konnte, sind vorbei. Der wirtschaftliche Aufstieg Chinas und Indiens hat gezeigt, dass Westen nicht mehr das Synonym für den einzigen Weg zu mehr Wohlstand ist. Auch deshalb ist die Teilung »Westen gegen den Rest« oder »Demokratie gegen Diktatur« falsch. Wer so auftritt, wird in weiten Teilen der Welt als hochmütiger Erbe einer finsteren Geschichte gesehen. Es ist auch im pragmatischen Eigeninteresse Europas und Deutschlands, sich von diesem Westen zu verabschieden und global bescheidener aufzutreten.

Die multipolare Welt, in der wir schon jetzt leben, wird nicht von starren Blöcken wie vor 1989 bestimmt, sondern von komplizierten Aushandlungsprozessen, in denen konkrete Angebote und Interessen den Ausschlag geben. Europa kann da durchaus selbstbewusst auftreten. Im Verhältnis zu Indoniesen oder Vietnam, Südafrika oder lateinamerikanischen Staaten hat Europa auch in der Konkurrenz mit China viel anzubieten, zumal die globale chinesische Initiative an Grenzen stößt.

Die Idee Europa ist, so Jürgen Osterhammel, weit weniger »ideologisch, moralisch und normativ aufgeladen« als die des Westens.

Auch das spricht dafür, dass Europa als eigenständiger Spieler mit eigenen Interessen auftritt und nicht als kleiner Bündnispartner der USA. Europa hat ein vehementes Interesse an der NATO, weil dieses Militärbündnis Europa Schutz gewährt. Europa und die USA teilen geostrategisch viele Interessen. In wirtschaftlichen Fragen laufen, auch unter dem Europa zugeneigten US-Präsident Joe Biden, die Interessen oft auseinander. Ökonomisch ist der Westen eine Fiktion. Auf den Märkten sind wir Konkurrenten, keine Verbündeten. In Zukunft wird Europa je nach Interessenlage verschiedene Allianzen eingehen.

Es gibt – grob gesagt – drei außenpolitische Schulen und Traditionen, deren Schwächen und Mängel es zu vermeiden und deren Qualitäten es zu erkennen gilt. Die Alternative Moral oder Realpolitik ist dabei eine populäre, aber extrem verkürzte Sichtweise.

Für die Realpolitiker, die Henry Kissinger wie kein Zweiter repräsentierte, geht es nur um Interessen. Politische Moral gilt Realpolitikern eher als Störfaktor, der rationalen Interessensausgleich behindert. Die Schwäche dieses Ansatzes ist die Fixierung auf gegenwärtige Machtkonstellationen – ohne deren innere Dynamik zu begreifen. Ein Zeichen für die Grenze der Realpolitiker war, dass sie Putins Angriff auf die Ukraine für ausgeschlossen hielten, weil sie nur in Kategorien von Stabilität dachten. Die Stärke der Realpolitik aber ist der nüchterne Blick für das Machbare.

Die Antiimperialisten halten den Westen für eine imperiale Macht, die zivilisatorische oder moralische Ansprüche nur dazu nutzt, ihre wirtschaftlichen und geostrategischen Interessen effektiver umzusetzen. In den 1970er-Jahren schien die antiimperialistische Lesart viele Kriege und Konflikte zu erklären. Die USA behaupteten, für Freiheit und Demokratie zu kämpfen – aber das war von Vietnam bis Chile, von der Verminung der Häfen in Nicaragua bis zur Intervention in Grenada nur ein Deckmantel. Doch die antiimperialistische Sichtweise, die die Aggressionen der NATO-Staaten in den Mittelpunkt rückte, hatte blinde Flecken. Der Krieg zwischen Vietnam, Kambodscha und China markierte einen ersten Riss. Der Krieg, den die Sowjetunion in den 1980er-Jahren gegen Afghanistan führte, hatte auch imperiale Züge. Das Korsett war offensichtlich zu eng.

Die Schwäche dieses Ansatzes ist die Einseitigkeit, mit der alle Verantwortung für Krieg und Gewalt dem Westen zugeschoben wird. Wer Blackwater kritisiert, darf zur Gruppe Wagner nicht schweigen.

Die dritte, liberale oder idealistische Schule betont die moralische und strukturelle Überlegenheit von Demokratien und Rechtsstaaten westlichen Zuschnitts. Die Demokratien setzen demnach auf eine rechtebasierte, internationale Ordnung. Betont wird die Pflicht, auch außenpolitisch moralische Maßstäbe zu achten und Autokraten zu ächten.

Wertegeleitete Realpolitik

Deutschland braucht dagegen eine wertegeleitete Realpolitik, die sich auf die produktiven Teile aus diesen drei Schulen stützt. Das bedeutet, sich der Verbrechen, die im Namen von Fortschritt und Zivilisation auch vom Westen begangen wurden, bewusst zu sein, ohne ihn zum Herz der Finsternis zu erklären. Es bedeutet, nüchtern die Machtverhältnisse und Möglichkeiten zu begreifen und sich nicht von eigenen Wertvorstellungen und moralisch Wünschenswertem verleiten zu lassen. Es bedeutet, anders, als es die alten Realpolitiker taten, einen moralischen Kompass nicht für ein Hindernis zu halten, sondern für eine notwendige Voraussetzung von Politik.

Das haben die Ampelregierung und der Bundeskanzler verstanden. Deutschland hat bei Partnerschaften mit Chile und Namibia für die Wasserstoffproduktion darauf geachtet, dass dort Wertschöpfungsketten entstehen – und nicht der Eindruck, man betreibe grünen Neoimperialismus. Bundeskanzler Scholz ist bewusst auf Schlüsselstaaten des globalen Südens zugegangen, auch wenn die wie Indien auf einer »balancierten Außenpolitik« bestehen und keineswegs mit Russland wegen Putins Überfall auf die Ukraine brechen. Wir müssen verstehen, warum ein Land wie Südafrika im russischen Krieg gegen die Ukraine neutral bleiben will. Wir müssen verstehen, dass, wenn die USA und Europa von Moral reden, im globalen Süden viele an Chile 1973, die Apartheid oder den Irakkrieg 2003 denken.

Die universellen Werte sind ursprünglich im politischen Westen, in Frankreich, den USA und Großbritannien entstanden. Aber sie sind jetzt universelle Werte. Wir dürfen diese Werte nicht als westliche Werte deklarieren und vereinnahmen und damit der Illusion erliegen, dass es zwischen diesen Werten und praktischer Politik ein Gleichheitszeichen gibt.

Außenpolitik 2024 als Kampf des Westens gegen autoritären Imperialismus und Autokratien zu definieren, mag in Talkshows gut klingen. Es ist aber selbstgerecht und geschichtsvergessen.

Ein neuer Kalter Krieg ist nicht im Interesse Deutschlands und Europas. In einer bipolaren Welt würde Europa in der Minderheit landen. In einer multipolaren Welt hingegen gilt es, die strategische Souveränität des Pols Europa zu stärken. Europa ist die Antwort.

ALLES MUSS
ANDERS BLEIBEN

Bei den Überschriften zu den Kapiteln habe ich Verszeilen deutscher Songs zitiert. »Jugend ohne Gott gegen Faschismus« von Tocotronic, »Das ist unser Haus« aus dem Rauchhaus-Song von Ton Steine Scherben, »Es liegt ein Grauschleier über der Stadt« von Fehlfarben und, etwas aus der Reihe fallend, »Ein bisschen Frieden« von Nicole, der Siegerin des European Song Contest 1982. Buchtitel und Schluss verweisen auf eine andere Quelle.

»Wenn wir wollen, dass alles bleibt, wie es ist, dann ist es nötig, dass alles sich verändert«, so heißt es in »Der Leopard« von Giuseppe Tomasi di Lampedusa von 1957. Der Roman erzählt von der Vergeblichkeit der Idee, dass der Adel im Angesicht der bürgerlichen Revolution durch kluge Anpassung seine Stellung halten könne. Er geht unter. Für ihn bleibt nichts, wie es war.

Umgekehrt aber blieb für die Landbevölkerung Siziliens vieles, wie es war. Sie lebte weiter in Armut und Rückständigkeit fernab aller Teilhabe, die sie sich vom Sturz des Adels erhofft hatte.

Die heutige Rezeption des Satzes von Lampedusa ist weniger eine von der Vergeblichkeit der Reform als eine stockkonservative, ja rechte. Alles muss sich ändern, damit die Machtverhältnisse in der Gesellschaft so bleiben.

Der Satz taugt heute eher als Motto für die Steve Bannons der Welt. Erst wenn alle Institutionen zerschlagen sind, ist die Herrschaft der heute Mächtigen und Reichen zu sichern. Als Motto könnte es über einer erneuten Präsidentschaft Donald Trumps stehen. Schon in der ersten behauptete er, die weißen Arbeiter im Rust-Belt zu schützen – um dann die Steuerlast für die Superreichen zu mindern. Künftig möchte er sich dabei nicht von Gewaltenteilung, Parlament oder Gerichten bremsen lassen.

Doch vielleicht täuschen sich die neuen Faschisten. Möglicherweise haben Trump und Bannon mehr Ähnlichkeit mit dem Fürsten Salina und seinem Neffen Tancredi und werden untergehen.

Denn wenig wird bleiben, wie es ist.

Dazu müssen wir nicht die Dystopie eines aus der Kontrolle geratenen Nuklearkriegs in einer Welt globaler atomarer Aufrüstung bemühen. Sowenig Dystopien als Mittel zur nachhaltigen Veränderung taugen, so realistisch sind sie leider.

Auch die härtesten Klimaleugner können sich nicht den Dürren und Fluten, den Stürmen der Klimakrise entziehen. Auch sie werden mit den Folgen einer eskalierenden Klimakrise fertigwerden müssen. Dazu gehört gerade ihre eigene dystopische Erzählung vom Anwachsen der Ströme von Menschen, die aus ihrer unbewohnbar gewordenen Heimat fliehen.

In einer Welt eskalierender Klimakrise, wachsender Ungleichheit, zunehmenden Zerfalls von Staaten und der Kriege um eine neue Weltordnung werden Fluchtursachen nicht weniger werden, sondern mehr. Der Versuch, dem durch mehr Autokratie und weniger Demokratie zu begegnen, wird sie nicht mindern, sondern verstärken. Das Versprechen, die Gesellschaften Europas davon abschotten zu können, hat eine eingebaute Bruchgarantie.

So sieht die unbequeme Wirklichkeit aus. Aber das festzustellen, ist noch keine Politik. Kurt Schumachers Satz »Politik beginnt mit der Betrachtung der Wirklichkeit« wird zwar inzwischen von der Superreichen-Lobby der Stiftung Familienunternehmen missbraucht. Dennoch bleibt der Satz des großen Sozialdemokraten richtig.

Das Wichtigste an Schumachers Aussage ist das Verb »beginnt«. Politik beginnt mit der Betrachtung der Wirklichkeit.

Die neue Linke nach 68 hat vielfach geglaubt, die Analyse der Wirklichkeit sei schon Politik. Sie hat damit viel bewegt, indem sie den Blick der Gesellschaft auf vergessene und verdrängte Teile der Wirklichkeit lenkte. Das gilt für die Gefahren einer atomaren Hochrüstung und die Naivität des Glaubens an die nukleare Abschreckung. Sie hat beleuchtet, dass gestandene Demokratien vor Folter und Diktatur nicht zurückschrecken, wenn es gilt, die eigene Einflusssphäre zu sichern. Sie hat strukturellen Rassismus und die europäische Kolonialgeschichte aufgedeckt. Sie hat lernen müssen, dass der Sieg über Diktatur und Kolonialismus nicht automatisch zu Freiheit und Demokratie führt. Sie kritisierten die strukturelle Benachteiligung von Frauen wie die gesellschaftliche Diskriminierung von Schwulen und Lesben.

Sie hat lernen müssen, dass ein mechanistisches Verständnis kapitalistischer Produktionsweise die realen Risiken von Technologien wie Atomkraft oder Gentechnik übersieht. Mit all diesem Wissen hat sie die Wirklichkeit der Klimakrise und des Artensterbens in die Aufmerksamkeit von Gesellschaften gerückt.

Bei allen Verkürzungen und Irrtümern gilt dennoch: Die neue Linke war immer extrem realistisch, an der gesellschaftlichen Wirklichkeit orientiert.

Es ist absurd, wenn heute aus dem Chor konservativer Leitartikler ausgerechnet die Grünen gemahnt werden, endlich »realpolitisch« zu werden. Denn all diese Aspekte gesellschaftlicher Wirklichkeit wurden von ebendiesen angeblichen Realisten über Jahrzehnte geleugnet, anders als von den Grünen.

Auf eine Schwachstelle der neuen Linken verweisen die konservativen Kommentare allerdings wirklich: Die Beschreibung der Realität ist noch keine Politik. Politik beginnt damit erst.

Tatsächlich angefangen mit Politik hat die neue Linke in und mit den Grünen. Wirklichkeit wurde nicht nur beschrieben, sondern verändert.

Wir Grüne haben eine Botschaft von Veränderung und Sicherheit. Nur wenn wir die Wirklichkeit grundlegend verändern, wird das bleiben, was uns wichtig ist: ein lebenswertes Leben der Gattung Mensch. Deshalb muss alles anders bleiben.

Das sichtbarste Zeichen ist die von uns Grünen in Deutschland eingeleitete Energiewende. Sie hat die Grundlage gelegt für die Dekarbonisierung der Welt. Heute ist die Welt technisch wie wirtschaftlich in der Lage, die Klimakrise zu bremsen, die Gleichung von Wohlstand und Klimazerstörung zu durchbrechen. Aber ob uns das gelingt, ist eine politische Frage.

Die Widerstände dagegen sind größer geworden. Finanzkrise,

Corona, der Überfall Russlands auf die Ukraine haben erschöpfte Gesellschaften zurückgelassen. Die Rückkehr des Krieges nach Europa, die Kriege im Sahel und in Nahost, die wachsende Zahl von Geflüchteten lösen Ängste aus. Gefragt ist Sicherheit – weniger Veränderung. Das ist der Stimmungswandel während der drei Jahre Ampel-Regierung: Bewahren statt Fortschrittskoalition. Das ist kein deutsches Phänomen, wie die Europawahl 2024 zeigte. Kräfte der Beharrung und der Reaktion legten zu, Grüne verloren nicht nur in Deutschland.

So schwer es ist: Wollen wir Ängste nicht nur betäuben, sondern ihre Ursache angehen, muss es aber Veränderungen geben. Sicherheit gibt es nur mit Veränderung. Nur wenn es fundamentale Veränderung gibt, bleibt das, was uns wichtig ist. Verändern ist in den Genen der Grünen fest verankert, aber wir müssen dem Anspruch, Sicherheit zu geben, gerecht werden.

Retro – zur Linken wie zur Rechten

Den Menschen zu versprechen, dass alles so bleibt, wie es (nie) war, ist bequemer. Aber es führt dazu, sie blind in die nächste Krise stolpern zu lassen. 2024 war Nostalgie eine verbreitete politische Haltung. Retroangebote gab es für jeden politischen Geschmack.

Bei der (vormaligen) Linken ist die Sehnsucht nach den 1970er-Jahren in Westdeutschland unübersehbar. Doch dem nationalen Industriekapitalismus mit seinem Sozialstaat für die männliche Industriearbeiterschaft haben Globalisierung und Digitalisierung den Boden entzogen. Die Rolle Chinas in der fertigenden Industrie wird nicht wieder verschwinden. Stattdessen kommen Südostasien und Indien dazu. Wertschöpfungsketten sollten resilienter werden, aber globale, arbeitsteilige Produktion wird bleiben. In der Digitalisierung bestimmen globale, private wie staatliche, Monopole die Richtung der Welt, wo früher BDI und DGB die ökonomische Richtung Deutschlands vorgaben.

Das gilt auch für die Außenpolitik. Russland ist, wie gezeigt, nicht die Sowjetunion. Es will den Status quo nicht bewahren, sondern gewaltsam verändern. Es strebt wie China nach einer Welt, in der sich die einzelnen Pole ihre Einflusssphären gewaltsam schaffen und aufbauen. Putin nimmt dabei in Kauf, inferior in der Einflusssphäre Chinas zu landen.

In dieser Lage wäre eine neue Bipolarität schlecht für Deutschland und Europa. Sie würden ohne die großen Staaten des Globalen Südens im kleineren Block landen. Es wäre weder die Aufteilung der Welt zwischen Demokratie und Autokratie noch die von Wagenknecht kritisierte Aufteilung der Welt zwischen NATO und Russland. Die Neigung zum bipolaren Denken bei gegensätzlicher Intention teilen die Wagenknechts mit den Kräften im US-Kongress, die die USA und Europa in eine neue Blockkonfrontation mit China treiben wollen. Der Realität einer multipolaren Welt mit vielen Akteuren und unterschiedlichen Interessen wird das Kalte-Kriegs-Retro zur Linken wie zur Rechten nicht gerecht.

Bei CDU und FDP ist ein anderer Retrowunsch populär. Wachstumsschwäche und Wettbewerbsschwäche Deutschlands wollen sie mit den Rezepten der 1990er-Jahre bekämpfen: Niedriglöhne, Deregulierung, Senken der Staatsquote – zurück in die Jahre des Neoliberalismus. Deshalb sind sie ideologisch auf die urdeutsche Schuldenbremse fixiert. Besser, wir haben kein Geld für Investitionen, bevor es mehr Gleichheit gibt. Sie wollen keine soziale Marktwirtschaft nach Ludwig Erhard, sondern träumen vom neoliberalen Kapitalismus der Reagan-Zeit.

Marode Brücken, bröckelnde Schulen, notorisch verspätete Züge auf einem verrotteten Schienennetz sind das Ergebnis dieser Politik. Der über die Jahre angewachsene Investitionsstau schafft ein erdrückendes Erbe für künftige Generationen. Vor allem aber: Er behindert Wachstum und Wettbewerbsfähigkeit.

Der Verlust an Wachstum und Wettbewerbsfähigkeit verschärft sich in der neuen Globalisierung. Globalisierung heute ist ein Wettkampf um die Vorherrschaft in strategischen Industrien, von der Digitalisierung über Batterietechnik und erneuerbare Energien bis zur Wasserstoffwirtschaft. Globalisierung heute ist Industriepolitik. Dieser Konkurrenzkampf wird mit Subventionen, Abgaben, Zöllen, Normen geführt. CDU und FDP riskieren, dass Deutschland in diese Schlacht zieht mit »auf den Rücken gefesselten Armen« (Robert Habeck).

Union und FDP scheint das nicht zu stören. Sie haben es nicht so mit den Zukunftsindustrien. Sie wollen lieber zurück zu Atomkraft, Verbrenner und Gasheizung. Das ist so Erfolg versprechend, wie den Vormarsch von E-Mail und Messengerdiensten mit neuen Fax-Geräten bremsen zu wollen. »Digitalisierung first – Bedenken second« – das war einmal.

In der Sehnsucht nach gestern interessieren keine Fakten. Weltweit boomen die Erneuerbaren. China investiert jährlich 100 Milliarden in Erneuerbare, der IRA hat in den USA 2023 fast 240 Milliarden Dollar an Investitionen in grüne Technologien mobilisiert. Deutschland hat eine Schuldenbremse und blockiert Transformationsfonds in Europa.

Weltweit stagniert die Atomenergie, ihr Nischenanteil von unter 5 Prozent an der Primärenergieversorgung der Welt ist rückläufig. Zurück zur Atomkraft hieße in Deutschland Neubau mit Jahrzehnten Bauzeit und Erzeugungskosten des Drei- bis Vierfachen der marktbestimmenden Erneuerbaren. Atomkraft ist nicht wettbewerbsfähig. Über all das wird geschwiegen.

Selbst der deutsche Häuslebauer wendet sich von der Gasheizung ab. Er hat 2023 in zwei Drittel der 100 000 Neubauten Wärmepumpen eingebaut – Tendenz steigend.

Auf dem wichtigsten Automarkt der Welt – in China – ist aus industriepolitischen Gründen die Entscheidung für batterieelektrische Autos schon vor zehn Jahren gefallen. Die deutsche Autoindustrie hat nur die Wahl mitzumachen oder unterzugehen. Doch Union und FDP wollen zurück zum Verbrenner.

Union und FDP leben nach dem Motto: Wenn wir uns in Deutschland die Decke über den Kopf ziehen, sieht uns keiner, und die Probleme gehen weg. So geht rechte Retropolitik.

Man kann sie steigern – durch eine postfaktische Politik samt innergesellschaftlicher Feinderklärung, wie es die CSU in der Landtagswahl 2023 in Bayern praktiziert hat.

Die Spaltung der Gesellschaft über eine auf Lügen und Verleumdung aufgebaute Hetzkampagne gegen die Grünen über angebliche

Sprach- und Fleischverbote hat der gewaltsamen Verrohung der politischen Auseinandersetzung den Weg bereitet. Der postfaktische Diskurs legitimiert – gewollt oder ungewollt – faschistische Gewalt. Deshalb muss er beendet werden.

Nostalgie ist bei der Bewältigung der Gegenwart und Gestaltung der Zukunft ein schlechter Ratgeber. Die Flucht in imaginierte Feindbilder ist eine die Gesellschaft spaltende Donquichotterie.

Kampf um Demokratie

In fast allen Staaten des demokratischen Kapitalismus tobt ein Kampf um die Grundlagen und die Erhaltung der Demokratie – auch in Deutschland. Im 75. Jahr des Grundgesetzes ist das ein erschreckender Befund.

Deshalb gilt es, die Grundlagen der Demokratie zu festigen – ja sturmfester zu machen. Dazu gehört ein Absichern der Unabhängigkeit des Bundesverfassungsgerichts in der Verfassung. Die Stärkung demokratischer Institutionen und eben auch der Gewaltenteilung schützt die Demokratie.

Sicherheit braucht starke Institutionen.

Dazu gehört, dass die Gewalt gegen Demokraten wirksam mit den Mitteln des Rechtsstaates, mit Polizei und Justiz, unterbunden wird.

Sicherheit braucht die Herrschaft des Rechts.

Vor allem aber muss die Grundidee der Mütter und Väter des Grundgesetzes gelebt werden: Wir dürfen Antidemokraten keine Macht übertragen. Nie wieder.

Wir müssen das leben, auch wenn in vielen Ländern Europas die Entwicklung in eine andere Richtung geht und Faschisten an der Macht beteiligt werden – oder gar die Regierungschefin stellen.

Das wird oft Brandmauer genannt. Eine Mauer ist stabil – aber sie ist auch sehr statisch. Die Brandmauer gegen rechts aber ist eine politische. Sie wird nicht erst durchbrochen, wenn erwogen wird, sich von Höckes AfD an der Regierung tolerieren zu lassen. Es durchlöchert diese Brandmauer, wenn durch gesellschaftliche Feinderklärungen gegen Geflüchtete oder Grüne ein Klima erzeugt wird, in dem Antidemokraten sich legitimiert sehen, den »Willen des Volkes« zu vollziehen.

Auch deshalb muss ein Verbot der AfD ernsthaft angegangen werden. Die AfD tritt den Grundkonsens unserer Gesellschaft mit Füßen. Eine Partei, in der heute mindestens drei Landesverbände und die Jugendorganisation als gesichert rechtsextremistisch gelten und die Zustimmungswerte im zweistelligen Bereich erzielt, ist eine Gefahr für den Bestand der Demokratie.

Die übergroße Mehrheit der Bevölkerung steht zu dieser Demokratie. Sie erwartet aber, dass der Staat sie gegen die Feinde der Demokratie schützt – auch in Biberach und am Fähranleger von Schlüttsiel.

Sicherheit ist Schutz der Demokratie vor Antidemokraten.

Good Governance – Vorteil für alle

Sicherheit ist keine Frage martialischen Auftretens. Sicherheit ist eine Frage von ordentlichem Regierungshandeln. Unbenutzbare Turnhallen, kaputte Straßen, bröckelnde Brücken, verspätete Züge sind Symbole des Gegenteils. Sie machen nicht nur ein materielles Problem offenbar. Sie untergraben die Legitimität des Staates und seiner Institutionen.

Sicherheit ist Good Governance.

Deshalb muss der Staat in der Lage sein, gut zu regieren. Dazu gehören stabile Einnahmen – aber auch die Möglichkeit, für Erhaltungs- und Zukunftsinvestitionen Fremdkapital zu nutzen. Deshalb muss es eine Reform der Schuldenbremse geben.

Sicherheit ist auch eine Frage materieller Sicherheit.

Nur wenn sie auf eine gute Zukunft vertrauen können, fühlen Menschen sich sicher. Deshalb darf niemand, der sich anstrengt und dafür arbeitet, in der Armut landen. Dafür muss es für die Entscheidung der Mindestlohnkommission eine Untergrenze geben – die Armutsgrenze. Niemand darf mit Arbeit weniger als 60 Prozent

des mittleren Einkommens haben. Erst darüber beginnt die Tarif-
autonomie.

Sicherheit heißt Chancengleichheit.

Es wird auch künftig reiche und weniger reiche Menschen geben.
Die reicheren Menschen und ihre Kinder haben bessere Chancen
als die ärmeren. Aber Menschen müssen am Start ihres Lebens eine
faire Ausgangsposition bekommen, ihr Leben zu gestalten.

Deshalb sollten wir endlich eine verfassungskonforme Erbschaftssteuer mit dem Erbe für alle, die 18 werden, verbinden. 20 000 Euro
zu Beginn des Berufslebens oder des Studiums führt nicht zu
Gleichmacherei, aber ist ein Startkapital für das weitere Leben.

Gewinn mit Klimaschutz

Klimaschutz gibt Sicherheit gegen die eskalierende Klimakrise. Klimaschutz ist keine Belastung, sondern eine Chance. Aber Klimaschutz ist Veränderung. Wenn Angst vor Veränderung überwunden
werden soll, müssen die Menschen heute einen Gewinn davon erwarten können.

Dieser Gewinn ist offensichtlich bei den neu entstehenden Arbeitsplätzen in Zukunftsindustrien. Er wird gemindert durch die
Verluste, die in den alten Industrien entstehen. Selbst wenn die Bilanz weit überwiegend positiv ausfällt, werden die Verluste immer
lauter wahrgenommen werden als die Gewinne.

Wir brauchen Sicherheit in der Transformation.

Deshalb muss der Staat in der Lage sein, Kosten der Transformation zu kompensieren, durch Zuschüsse und Hilfen. Dafür muss er
sparsam wirtschaften. Will er die Transformationskosten für Klimaschutz kompensieren, muss er aufhören, gleichzeitig das Anheizen
der Klimakrise zu subventionieren. Klimaschädliche Subventionen – vom Dienstwagen- bis zum Dieselprivileg – müssen abgebaut
werden, damit Zuschüsse für Wärmepumpen und Gebäudedämmung finanziert werden können.

Beim Klimaschutz fallen Werte und Interessen vielfach in eins.
Klimaschutz wird dann ein Gewinn, wenn klimagerechtes Verhal-

ten einen Vorteil hat. Menschen handeln nicht altruistisch, sondern nach ihren Interessen. Dafür müssen die Einnahmen aus dem Emissionshandel pro Kopf als Klimageld ausgezahlt werden. Das Klimageld ist wertegeleitete Realpolitik.

Ein starkes Europa in einer multipolaren Welt

Die Klimakrise wird nur zusammen mit China und den USA zu bewältigen sein – trotz der autokratischen Entwicklung in China, und trotz eines möglichen Wahlsieges von Donald Trump. Gelingen wird dies nur mit einem starken Europa. Deutschland allein ist dafür zu klein.

Sicherheit für Deutschland in einer multipolaren Welt gibt es nur mit einem strategisch souveränen Europa.

Der Machtkampf um die Neuordnung der multipolaren Welt wird zunächst ökonomisch ausgetragen. Dafür ist Europa nicht schlecht aufgestellt. In seiner ökonomischen Stärke vereint es viel Softpower.

Unterentwickelt ist in Deutschland die politische Fähigkeit, Europas Softpower im globalen Wettkampf um die Industrien der Zukunft strategisch einzusetzen. Dafür braucht Deutschland nicht nur in der Außen- wie in der Industriepolitik einen engen Schulterschluss mit Frankreich. Wenn EU-Verträge nicht geändert werden können, dann muss mindestens die Anwendung des Mehrheitsprinzips in der Außenpolitik zur Regel werden.

Sicherheit braucht eine handlungsfähige Europäische Union.

Unterentwickelt ist aber Europas Hardpower, will es auch weiterhin die Aggression gegen die Ukraine stoppen. Das gilt erst recht, wenn es nach einem Wahlsieg Trumps stärker auf sich gestellt sein könnte. Wenn wir die europäische Säule der NATO, die gemeinsame europäische Verteidigungspolitik stärken wollen, dann ist es realistisch, künftig nicht weniger, sondern mehr als 2 Prozent für Landesverteidigung und militärische Missionen auszugeben.

Sicherheit erfordert Investitionen in die Landesverteidigung.

Im globalen Wettstreit aber muss sich Europa von der Fiktion des

Westens verabschieden. Wollen wir nicht in einer bipolaren Welt in der kleineren, schwächeren Hälfte aufwachen, müssen wir uns mit denen verbünden, die gleichlautende Interessen wie wir haben. Dazu gehören die demokratischen Staaten des BRICS-Bündnisses ebenso wie die Demokratien Ozeaniens, dazu gehören Südkorea und Japan ebenso wie (semi-)autokratische Länder wie Vietnam. Nur mit ihnen werden wir revisionistische Mächte wie Russland einhegen können.

Sicherheit braucht gleichberechtigte Partner in einer multipolaren Welt.

Das ist wertegeleitete Realpolitik.

Alles muss anders bleiben

»Ich hasse Ungerechtigkeiten«, so beginnt dieses Buch. Diktatur, Krieg, Ungleichheit, Klimakrise sind riesige Ungerechtigkeiten.

Ihnen zu begegnen war, ist und bleibt mein Anliegen. Dafür muss alles anders bleiben. Sicherheit gibt es nur in der Veränderung.

Wer die Gesellschaft verändern will, braucht die Bereitschaft, sich selbst zu verändern. Ich habe hier auch einen Blick darauf geworfen, wie ich mich geändert habe. Ich hoffe, die Bereitschaft zur Veränderung hört mit 70 Jahren nicht auf. Auch Jürgen Trittin wird anders bleiben.

DANKE

»Alles muss anders bleiben« ist der Versuch, über Ungerechtigkeiten auf den Feldern der Demokratie, der Gleichheit, der Ökologie und der globalen Lage nachzudenken. Ich habe es mit dem Blick nach vorne geschrieben, aber diesen Blick mit den Erfahrungen eines 50-jährigen politischen Lebens konfrontiert. Wer eine chronologische Erzählung meines Lebens erwartet, wird enttäuscht werden.

Wer auf einzelne Themen besonders gespannt ist, kann diese auch außerhalb der Reihenfolge lesen – obwohl sich manchmal in den Kapiteln autobiografische Ereignisse verstecken, die entdeckt werden wollen.

Ich begann die Arbeit an »Alles muss anders bleiben«, als ich noch Mitglied des Deutschen Bundestages und außenpolitischer Sprecher der Grünen-Bundestagsfraktion war. In die Zeit der Vorüberlegungen zu diesem Buch fiel meine Entscheidung, zur Mitte der Legislaturperiode mein Mandat niederzulegen.

Ich danke meiner Bundestagsfraktion und meinen beiden Vorsitzenden Britta Haßelmann und Katharina Dröge, dass sie dies so solidarisch begleitet haben. Sie haben mir mit der Abschiedsfeier und der Laudatorin Dr. Angela Merkel eine besondere Freude gemacht. Ich danke der Frau Bundestagspräsidentin Bärbel Bas, dass sie mir bei meiner letzten Rede im Bundestag Raum und Zeit gelassen hat.

»Alles muss anders bleiben« ist entstanden in der Zusammenarbeit mit Stefan Reinecke. Er hat Stunden von mir mündlich vorgetragener Gedanken geordnet und zu bearbeitbarem Text geformt. Er hat vor allem geprüft und gegengecheckt, wenn meine Erinnerungen manchmal nicht stimmten. Er hat mich dazu angehalten, meine Position auch nach der dritten Überarbeitung zu überprüfen. Herzlichen Dank, lieber Stefan, für diese Zusammenarbeit.

Gegengelesen wurde das Manuskript besonders von meiner Frau Angelika Büter. Uns verbindet neben Liebe und Zuneigung auch die Erfahrung eines politischen Lebens. In ihm gab es eine Reihe gemeinsamer Projekte – von den Anfängen der Grünen in Göttingen über den Kampf gegen die Auslagerung des Asylrechts in den 1990er-Jahren. Wir teilen eine tiefe proeuropäische Überzeugung. Für Kritik, Hinweise und Korrekturen danke ich meinem langjährigen Büroleiter Lars Kreiseler. Auch der Co-Autor meines letzten Buches »Stillstand made in Germany«, Ralph Obermauer, war erneut mit Hinweisen und Kritik zum Kapitel Gleichheit dabei. Kritisch gegengelesen haben das Ökologiekapitel Rainer Baake und Michael Schroeren. Das Kapitel zur globalen Lage wurde von Katharina Emschermann gegengelesen. Bei ihnen allen möchte ich mich für ihre Zeit und Arbeit bedanken.

Dass aus dieser Arbeit ein noch lesbarer Text wurde, ist meinem Lektor Ulrich Wank zu verdanken. Thomas Blanck vom Verlag Droemer Knaur hat all diese Prozesse zusammengehalten und die Produktion organisiert.

Sehr traurig ist, dass dieses Buch zwar wie geplant, aber nicht früher fertig wurde. Meine Mutter Helene Anna Trittin hätte es gerne und mit Argusaugen gelesen. Ihr wäre sicherlich der eine oder andere Fehler aufgefallen. Leider ist sie in der Schlussphase der Arbeit mit 93 Jahren und dennoch überraschend verstorben.

Ich wünsche viele Denkanstöße beim Lesen.

BILDNACHWEIS